작은 변화가 만드는 일상의 큰 기적

원스텝 체인징

케빈 하니 지음
권희정 옮김

HANEON.COM

작은 변화가 만드는 일상의 큰 기적

원스텝 체인징

펴 냄   2007년 1월 1일 1판 1쇄 박음 | 2007년 1월 5일 1판 1쇄 펴냄
지 은 이   케빈 하니
옮 긴 이   권희정
펴 낸 이   김철종
펴 낸 곳   (주)한언
          등록번호 제1-128호 / 등록일자 1983. 9. 30
주   소   서울시 마포구 신수동 63-14 구 프라자 6층(우 121-854)
          TEL. 02·701·6616(대) / FAX. 02·701·4449
책임편집   최선혜 sunhae@haneon.com
디 자 인   양진규 jkyang@haneon.com
홈페이지   www.haneon.com
e- mail   haneon@haneon.com

          ISBN 89-5596-390-4   03230

          *이 책은 개역개정판 성경을 사용하였습니다.

작은 변화가 만드는 일상의 큰 기적

원스텝 체인징

기쁨에 겨워 가슴 벅찬 삶을 바라는

모든 하나님의 자녀들에게 바칩니다.

케빈 하니는 단지 변화에 대해서 책을 쓰는 데 그치지 않고 커다란 충만함과 열정을 다해 그런 변화들을 기꺼이 실천한다. 케빈과 그의 아내 셰리야말로 하나님의 도움으로 우리가 더 많이 기대하고, 더 많이 즐기며, 더 크게 될 수 있음을 그대로 보여주는 산 증인이다. 이 책은 당신의 믿음과 만족감, 결실이 한층 더 풍부해지도록 지도해줄 것이다.

— 마크 미틀버그, 《전도 바이러스 *Building a Contagious Church*》의 저자

이 책에는 우리의 비전을 높이고, 우리의 기량을 향상시키며, 변화된 삶을 가져다줄 놀라운 통찰력이 가득하다. 케빈 하니의 이 책은 완전히 새로운 수준에서 변화를 경험하고 다룰 수 있도록 당신을 도와줄 것이다.

— 켄톤 비쇼, 캘리포니아 얼바인 매리너즈 교회 수석 목사

케빈 하니는 목사의 마음과 전도사의 정신, 섬기는 자의 손을 가지고 있다. 이 책에서 그는 자신이 가지고 있는 이 모든 것을 끌어내, 삶의 모든 면을 성령으로 채울 수 있게 돕는 실제적이고, 개인적이며, 목회(牧會)적이고, 진솔하고, 도전적인 지침을 준다. 그는 있는 그대로 말하는 사람이다. 우리 주 예수 그리스도가 우리의 삶을 변화시키도록 허락한다면, 남녀노소 누구나 자기 자신과 사회 조직을 더욱 좋은 방향으로 변화시키고 치료할 수 있을 것이다.

— 찰스 밴 엥겐, 풀러 신학교 선교 대학원 선교 성경 신학 교수

가장 위대한 여행이라도 한 번에 한 단계씩 시작되고 진행되는 법이다. 언제나 다른 사람들에게 에너지를 전파하는 케빈 하니의 이 책은 우리가 그의 삶의 여행에 동참할 수 있도록 성령으로 가는 발판이 된다!

– 낸시 그리샴, 비영리단체 리빙 이그나이티드*Livin' Ignited* 운영

내가 만약 지금 케빈의 친구가 아니었다면, 아마 이 책을 읽은 후 그에게 찾아가 친구가 되었을 것이다. 자신이 교회에 제안하는 것을 진실로 믿으며, 또 그것을 현실의 이야기로 뒷받침하는 목사의 마음을 느끼는 일은 언제나 새롭고 즐겁다. 성경에 근거하였으며, 동시에 삶으로 증명된 실용적인 지혜…, 지금 당장 이 책을 집어들어라!

– 제프 포트, 미시간 캘러머주 서드 리폼드 교회 수석 목사

감사의 말

여기에 언급된 모든 분들은 내 삶과 목사생활에 지대한 영향을 끼쳤다. 이 책을 쓰는 과정에서 많은 사람들이 지혜와 통찰을 주었다. 비록 여기에 그들의 이름이 나오지 않더라도, 그들의 헌신은 이 책의 모든 부분에서 찾을 수 있을 것이다.

일단 내가 10년간 같이 일했던 출판사에게 감사를 표한다. 나는 그들과 오랜 시간을 함께 일했지만, 그럼에도 이 멋진 회사를 구성하고 있는 사람들에게 끊임없이 놀라움을 느낀다. 그들이야말로 무대 뒤에서 지칠 줄 모르고 열심히 일하며, 그들이 사랑하고 섬기는 하나님에 대한 헌신으로 그들의 기량과 기도, 능력을 쏟는 사람들이다. 그들이 가진 책에 대한 열정과 예수님을 영광스럽게 하는 봉사의 정신은 항상 나를 고무시킨다. 그들 모두에게 진심으로 감사하며, 특별히 아래의 사람들에게 감사의 말을 전하게 된 것을 영광으로 생각한다.

린 크라이더맨 │ 나를 저자로서 신뢰하고, 내가 하나님의 사람들에게 들려줄 메시지를 갖고 있다고 믿어줘서 고맙습니다.

잭 쿠하쉘 │ 당신은 내게 형제나 마찬가지입니다. 나에 대한 당신의 우정은 당신이 아는 것 이상의 의미를 지닌다는 것을 알고 있나요? 개념에서 출발해 이 책을 완성하기까지 당신은 내내 이 책의 길잡이가 되어주었습니다. 철이 철을 단련시키듯 하나님은 당신을 통해 내 삶을 단련시키시지요.

마이크 쿡 | 당신이 가진 활발한 성격과 억누를 수 없는 낙관주의를 볼 때마다 종종 나는 예수님을 떠올렸습니다. 다른 사람들이 변화될 수 있도록 이 책의 메시지를 끌어올려주어 진심으로 감사드립니다.

크리스틴 앤더슨과 브라이언 핍스 | 여러분이 하는 편집작업은 필요 없는 것을 모두 없애고, 좋은 것을 정화(淨化)하는 힘을 갖고 있습니다.

또한 이 자리를 빌어 나의 가족과 교회 식구들에게 감사를 표한다.

셰리 | 당신의 나의 반쪽 이상이요. 아니, 당신은 나의 4분의 3

쪽입니다! 하나님께서 어떻게 작은 시작에서 큰 변화를 일으키시는지 당신은 그 좋은 본보기가 됐고, 이 책을 쓰는 데 큰 영감을 주었습니다. 이 책에서 당신이 읽지 않고, 기도하지 않고, 더 멋지게 고쳐주지 않은 부분이 거의 없다는 것을 잘 압니다. 친구이자 아내이며, 연인이고, 격려와 용기를 북돋아주는 사람, 그리고 이보다 훨씬 더 큰 의미인 당신! 당신을 내게 보내주신 하나님께 감사드립니다.

잭, 조시, 네이트 ㅣ 너희가 정말 꼬마였을 때 내가 이 변화의 힘을 발견하기 시작했구나. 너희가 작은 선택과 변화들을 통해 하나님의 사람으로 변해가는 것을 보고 있노라면 나는 겸손함을 느낀단다.

코린스 교회 성도들과 직원들 ㅣ 하나님을 향한 여러분의 사랑과 구세주를 향해 기꺼이 내딛는 큰 걸음은 사회와 세상에 놀랄 만한 영향을 미치고 있습니다. 믿음으로 충만한 지도력을 보여 주는 돈 포터와, '어떤 식으로든 섬길 수 있다'는 마음가짐으로 나의 목사 일을 돕고 있는 데비 로즈에게 특히 감사의 말을 전합니다.

그리고 《티핑 포인트》라는 책의 저자, 말콤 글래드웰에게 특별히 감사하고 싶다. 그의 책 속에 담긴 아이디어는 정말 눈부시다. 작은 일들이 어떻게 큰 차이를 낳는가에 대한 그의 통찰은 내가 변화에 대해 배워가는 데 커다란 영향을 끼쳤다.

또한 이 자리를 빌어 하나님께는 세상을 변화시키는 힘이 있다는 것을 믿는 여러 지도자들과 교회를 언급하게 되어 무척 영광이다. 이들은 이 책이 완성되기까지 기도해주고, 책이 완성되기 전에 미리 검토해주고, 책이 집필되는 과정에서 여러 지혜와 통찰을 나누어주었다. 또한 성도들이 이 책을 통해 원스텝 체인징에 대해 배울 수 있도록 설교하고, 소모임을 만들고, 개인적인 공부를 할 수 있게 6주라는 시간을 할애하는 용기를 내준 교회도 여럿 있었다. 이들의 협력과 용기에 감사드린다.

C●NTENTS

시작하며 : 작은 일들이 정말로 중요하다! 15

1 거대한 기쁨의 파도가 몰려온다!

01 영적으로 성숙한 어른이 되기 위한 원스텝 체인징   031

02 지금 이대로 사랑받는 존재가 되는 원스텝 체인징   053

03 기쁨으로 가슴 벅찬 삶을 위한 원스텝 체인징   074

2 더욱 깊고 진실한 믿음으로의 첫 시작

04 나를 버리고 하나님께로 나아가는 원스텝 체인징   103

05 하나님의 말씀을 양식으로 삼는 원스텝 체인징   121

06 응답 받는 기도를 위한 원스텝 체인징   148

3 한 박자 천천히 휴식과 건강을 되찾자

07 질주를 멈추고 삶의 여유를 즐기는 원스텝 체인징   179

08 건강한 식습관으로 내 몸을 살리는 원스텝 체인징   204

09 불안에서 마음의 평안으로의 원스텝 체인징   232

4 더욱 진실하고 향기로운 인간관계를 위해

10 독설보다 축복의 말을 이야기하는 원스텝 체인징   259

11 섬김을 받기보다 먼저 섬길 줄 아는 원스텝 체인징   287

12 아첨보다 용기로 진실을 밝히는 원스텝 체인징   309

5 진정한 부자로 거듭나기 위한 천국의 투자전략

13 내 것이 아닌 하나님 것으로의 원스텝 체인징   335

14 모으는 사람에서 나누는 사람으로의 원스텝 체인징   362

15 덧없는 부자에서 진정한 부자가 되는 원스텝 체인징   382

6 이 세상 모든 곳에 사랑의 메시지를 전달하라

16 하나님의 자녀가 아닌 이들을 위한 원스텝 체인징   409

17 사랑을 전파하는 다양한 방법들로의 원스텝 체인징   431

18 강압적인 전도보다 사랑으로 감싸 안는 원스텝 체인징   449

마치며 : 영광에서 영광으로   473

부록

원스텝 체인징 6주를 위한 성경가이드   4 7 5

주기도문으로 기도하기   4 7 8

건강한 식습관을 위한 식사 점검표   4 8 1

세상의 가장 좋은 소식   4 8 3

스터디 가이드   4 8 9

추천도서   5 0 5

작은 일들이 정말로 중요하다!

나는 11킬로미터 떨어져 사는 친구와 전화통화를 하고 있었다. 별안간 그녀가 이렇게 외쳤다.

"당신도 느꼈어요?"

"뭐가요?"

"지진 말이에요!" 흥분한 목소리로 그녀가 대답했다.

"아니요, 하지만 곧 나도 느끼겠지!"

아니나 다를까. 몇 초 뒤, 집 전체가 슬며시 움직이기 시작했다. 나는 2층에 있었기 때문에 그 흔들림은 더욱 컸다. 다행히 그것은 덜컹덜컹 요동치는 유형이 아니라 부드럽게 흔들리는 느낌의 지진이었다.

"지진이 멈추면 다시 통화하자고."

나는 말했고, 우리는 전화를 끊었다. 나는 서둘러 집 앞의 골목으로 나왔다. 내가 사는 곳은 지진이 비교적 자주 일어나는 곳이었기 때문에, 이웃들은 지진이 발생할 때마다 이곳으로 나와 서로 이야기를 하며 시간을 보냈다. 그 후 몇 시간에 걸쳐 약간의 여진이 있기는 했지만, 대부분의 지진활동은 내가 느낀 것이 마지막이었다.

나는 30년 가까이 남부 캘리포니아에 살면서 많은 지진을 경험했다. 그러다보니 나와 이웃들은 지진이 일어났다고 결코 당황하는 법이 없었다. 내가 사는 곳에서 지진이란 활발한 지각활동이 언제든 세상을 흔들 수 있는, 그저 생활의 한 부분일 뿐이었다. 지구가 흔들리기 시작하면, 우리는 문틀 아래 잠시 멈춰 섰다가 가능한 한 빨리 집 밖으로 뛰쳐나가곤 했다.

사실 나는 지진을 싫어하지 않는다. 오히려 언제나 지진에 대해 매력을 느낀다. 그 이유는 지구 표면의 단층선을 따라 일어나는 아주 미미한 움직임이 얼마 뒤에는 그토록 중대하고 광범위한 영향을 미친다는 사실 때문이었다. 우리는 어렸을 때 학교에서 작은 지진활동이 일어날 때 그 지진파는 수 킬로미터까지 이를 수 있으며, 여진은 며칠 동안이나 지속될 수 있다고 배웠지 않은가.

나는 지금껏 살아오면서 항상 지진의 흔들림에 대해 생각해왔다. 그리고 그렇게 작은 흔들림이 지구 표면뿐만 아니라 우리 삶의 모든 영역에 큰 영향을 미칠 수 있다는 것을 몇 번이고 계속 목격할 수 있었다.

세상 어디서나 지진파동은 일어난다

우리의 삶에 있어 지진파동은 무엇일까? 매우 작은 움직임이 이후에 놀랄 만큼 중요한 영향을 미치는 경우를 말한다. 이런 변화는 사회나 가정, 교회, 가족, 영적인 삶에서 등 언제 어디에서나 발생할 수 있다. 우리는 큰 영향을 불러일으키는 작은 변화들을 확인할 때마다 지진파동이 실제로 일어나고 있음을 보게 된다. 만약 당신도 조금만 주의를 기울인다면 당신 주위의 모든 곳에서 일어나는 지진파동을 발견하게 될 것이다. 미세한 지진파동이 결국엔 큰 변화를 일으키는 것은, 한걸음씩 앞으로 나가다보면 자신도 모르는 사이에 자신이 원하던 목적지에 이르는 것과 같은 원리다. 한 걸음씩의 변화가 큰 결과를 불러일으키는 것, 이것이 바로 원스텝 체인징이다.

언젠가 아이에게 필요한 약을 사려고 어느 약국에 들어간 적이 있다. 약을 받아 계산대에 서 있을 때, 신용카드 인식기 옆에 놓인 물건을 보고 나는 그만 웃음을 터뜨렸다. 평범한 볼펜 한 자루 끝에 어울리지 않게 벙긋 웃고 있는 얼굴이 그려진 플라스틱 숟가락이 붙어 있었던 것이다. 약사가 다가오자 내가 물었다.

"저 숟가락을 볼펜에 붙인 이유가 뭐죠?"

"왜냐면 사람들이 볼펜을 자꾸 가져가더라고요. 그것도 항상! 그래서 날마다 볼펜을 잃어버렸죠. 그래서 저 숟가락을 볼펜에 붙였는데, 다행히 그때부터는 볼펜이 없어지지 않고 항상 저곳에 있어요."

4개월 후, 나는 또 다른 약을 사기 위해 그 약국에 들렀다. 그리고 계산대 위에서 내가 본 것은, 다름 아닌 그 숟가락이 붙은 볼펜이었다. 나는 약사에게 이것이 저번에 있던 것과 같은 볼펜인지 물었고, 약사는 미소를 지으며 그렇다고 말했다. 어떤가? 이 작은 움직임이, 이 약간의 변화가 앞으로 약사에게 무수한 볼펜을 절약

하도록 도와줄 것이다. 이것이야말로 큰 영향을 불러일으키는 작은 변화다.

원스텝 체인징은 우리의 태도와 행동에도 극적인 영향을 미칠수 있다. 낸시는 교회에서 성장했다고 해도 과언이 아닐 정도로독실한 신자였다. 근 70년 동안 교회음악은 오르간으로 연주되어왔고, 옛 찬송가와 전통적인 음악이 낸시의 영혼을 만족시켰다. 전통적인 음악을 들을 때, 그녀는 하나님과 연결되는 것을 느꼈다. 그리고 그때 낸시의 교회에 신임 목사가 부임했다. 그는 기존의 형식과 달리 예배에 기타연주를 도입했다. 고전적인 것을 좋아하는 낸시는 기타음악을 좋아하지 않았다. 하나님을 만나거나 예배에 몰입하는 데 도움이 되지 않았기 때문이다. 낸시와 그 목사 (사실 나다)가 실제로 나눴던 대화의 일부를 들려주겠다.

"케빈 목사님, 이야기 좀 할 수 있을까요?"

"물론이에요, 낸시."

그녀는 겸손하고 정직하게 말했다.

"제가 그 기타음악을 좋아하지 않는다는 걸 말씀드리고 싶어서요. 저한테는 기타소리가 예배를 드리는 데 도움이 되지 않는군요. 저는 옛날 음악이 좋아요."

"낸시, 솔직히 말해줘서 고마워요. 질문 하나 해도 될까요?"

"그럼요!"

"우리가 교회에서 오직 오르간만 치고 기타는 사용해선 안 된다고 생각하세요?"

"아니에요! 기타음악도 괜찮다고 생각해요. 기타음악은 몇몇 젊은 사람들의 마음에 들 것이고, 그래서 새로운 이들을 교회로 이끄는 데 도움이 된다고 생각하니까요. 저는 다만 그 음악을 제가 즐기지 않는다는 걸 말씀드리고 싶었어요."

　그 순간, 낸시는 나의 원스텝 체인징 주인공 중 한 사람이 되었다. 내 질문에 대답하는 순간, 그녀는 자신의 욕구와 취향만을 중시하는 데서 벗어나, 다른 이들에게 필요한 것 역시 똑같이 중요하다는 사실을 깨달은 것이다. 낸시는 오직 자신만을 생각하는 태도에서 벗어나 다른 이들을 생각하는 사람으로 변했다. 그녀는 의도적으로 다른 이들을 위해 기꺼이 희생하겠다는 움직임을 선택한 것이다. 이 움직임이 그녀의 마음을 변화시켰다. 자신이 탐탁지 않아 하는 것 때문에 괴로워하고 화를 내는 대신에, 여러 사람들이 새로운 음악에 감동을 받고 있으며 새로운 세대의 사람들이 예수 그리스도를 사랑하고 찬양하기 위해 교회로 오는 것을 크게 기뻐했다.

　교회 안에는 변화의 움직임을 만들어내는 많은 원스텝 체인징이 있다. 이런 작은 변화들이야말로 하나님의 비전과 목적을 향해 성도들을 움직이게 하여 놀랄 만한 영향을 불러일으킨다. 이처럼 작은 변화가 큰 결과를 불러일으키는 지진과 같은 현상들은 우리의 삶에서 실제로 일어나고 있으며, 여러 가지 차원으로 변화에 대한 가능성을 만들고 있다.

　예를 들어, 아내에게 "사랑합니다"라고 말하는 일을 어려워하는 어느 남편이 있다고 생각해보자. 그는 여태까지 말보다 행동이 더 설득력이 있다고 믿으며 성장한 사람이었다. 그는 그래서 이런 말을 하며 자신을 변호했다. "나는 아내와 가족을 먹여 살립니다.

나는 열심히 일해요. 내 인생 자체가 모든 것을 보여주고 있는데 굳이 사랑에 대해서 새삼 말할 필요가 있나요?" 그러나 시간이 지나면서 그는 아내의 눈을 바라보며 아내의 고통을 알아채기 시작한다. 그는 아내가 사랑한다는 그 말을 너무나 간절하게 듣고 싶어 한다는 것을 깨달은 것이다. 어느 날, 그가 아내를 바라보며 침을 꿀꺽 삼키고는 그녀가 그토록 듣기 바랐던 세 마디를 말한다. "난 당신을 사랑하오!"

이것이 바로 그의 원스텝 체인징이었다! 그는 이 말을 그저 한 번 내뱉은 것에 그치지 않고, 언제나 말하고 들을 수 있는 일상적인 언어로 만들었다. 그리고 이 선언은 부부의 관계를 새롭게 했다. 이 세 마디 말은 아내의 가슴에 희망을 심어주었고, 오래 전에 잃어버린 그들의 핑크빛 로맨스를 되살아나게 했다. 다시 한 번 말하지만, 작은 변화는 큰 차이를 만들어낸다.

수백 개의 도미노가 펼치는 감격적인 순간

수백 개, 혹은 수천 개에 달하는 도미노가 쫙 펼쳐진 모습을 본 적이 있는가? 모든 도미노가 제 위치에 서 있을 때, 그 기대감은 정말 대단하다. 누군가 손가락 끝으로 첫번째 도미노를 쓰러뜨리기만 하면, 그 연쇄반응이 엄청난 기쁨과 흥분을 낳게 되리라는 걸 모두 알고 있다.

초등학교 6학년 때였나…, 나는 도미노에 완전히 매료된 적이 있었다. 그래서 도미노 칩만 있으면 내 방 안에서 복잡한 배열을 세우며 몇 시간이라도 놀 수 있을 정도였다. 모든 준비가 끝났을 때, 나는 하나의 도미노 칩을 쓰러뜨렸다. 손가락을 까딱 움직이는 이 작은 동작으로 말미암아 모든 도미노들이 쓰러질 때까지 멈추지 않는 거대한 움직임을 끝까지 즐겁게 지켜봤다. 나는 종종 가족들에게도 이 멋진 모습을 보여주었다. 나는 도미노에 완전히 빠져 있었기 때문에 부모님은 크리스마스 선물로 경사로와 다리, 여분의 도미노 칩들이 들어 있는 특별세트를 사주셨다. 지금 생각해보면 그 당시 도미노에 빠져 보냈던 시간이 내게 생각보다 많은 것들을 가르쳐주었던 것 같다. 알맞은 장소에서 알맞은 시간에, 단지 살짝 미는 동작 하나만으로 엄청난 연쇄반응을 일으킬 수 있다는 것을 체험한 것이다.

이 책은 변화에 대한 책이다. 그것도 '큰' 변화. 하지만 이 책은 우리가 변화를 경험하길 원할 때 먼저 만들어 내야 할 '작은' 움직임에 초점을 맞춘다. 다음의 질문을 보라. 각각의 질문을 읽은 뒤 '네' 혹은 '아니오'로 말해보라.

- 더 깊은 차원의 기쁨을 경험하고 싶은가?
- 하나님과 더욱 발전적이고 역동적인 관계를 갈망하는가?
- 식습관과 운동, 몸과 영혼, 감정적인 삶을 돌보기 위해 더 높은 수준의 훈련을 받고 싶은가?
- 당신의 가족과 친구들과 완전히 새로운 차원의 의사소통을 하고 친밀감을 나누고 싶다고 열망하는가?

- 언젠가는 당신의 안정과 행복을 위해 필요한 만큼의 재정과 물질적인 자원을 가지길 바라는가?
- 하나님의 사랑을 다른 이들과 꾸밈없이 나눌 만큼 기분 좋고 편안하게 당신의 믿음을 표현하고 싶은가?

모든 질문에 '네'라고 답했다면, 당신은 지금 꼭 맞는 책을 읽고 있는 것이다! 하나님은 당신이 삶의 모든 영역에서 변화를 경험할 수 있는 충분한 힘을 주신다. 우리는 이 책에서 우리 생활의 가장 일반적인 6가지 부문의 변화를 살펴볼 것이다. 기쁨을 가져오는 파동, 믿음을 넓히는 변화, 건강과 휴식을 제공하는 변화, 인간관계를 쌓는 변화, 부(富)를 나누는 변화, 세상을 변화시키는 변화가 그것이다. 20년간 목사로 일해온 나의 경험에 비춰봤을 때, 이 6가지 부문이야말로 사람들이 가장 간절하게 변화가 일어나길 바라지만 그만큼 또 가장 바꾸기 힘든 영역이라는 것을 알게 되었다. 이 책을 읽으면서 당신은 당신 삶에 큰 영향을 미치는 작은 변화들을 발견할 것이다. 나는 이 책을 통해 당신이 영향력 있는 삶의 여행을 시작했고, 이를 통해 미래에는 주변을 향해 축복의 지진파를 내보낼 수 있을 것이라고 진심으로 믿고 있다.

이 책의 각 장에서 우리는 우리의 삶을 위한 하나님의 소망 중 몇 가지 특별한 것들을 살펴볼 것이다. 우리의 창조주는 우리 각각에 대한 계획을 갖고 계시다. 우리는 그분의 목적을 향해 나가기 위해서 마치 아기가 걸음을 걷기 시작하듯이 걸음마를 배워야 한다. 비로소 원스텝 체인징을 만들 때, 우리는 하나님이 가져다주시는 기쁨과 성장에 깜짝 놀라게 될 것이다.

도미노 칩 하나를 넘어뜨리는 것만으로 환상적인 연쇄반응을 일으킬 수 있듯이, 앞으로 제시될 실천적인 아이디어들은 당신의 삶을 바꿔놓을 수 있다. 모든 장에는 '원스텝 체인징 제안'이 포함돼 있다. 각각의 제안들은 당신이 고민하고 있는 그 분야에서 어렵지 않게 실천할 수 있는 작은 변화의 움직임이지만, 결국엔 당신의 삶에 큰 영향을 미칠 수 있는 것들이다. 또한 각 장의 끝에는 기도를 위한 지침과 더불어 숙고해볼 몇 가지 질문들이 있다. 이 질문들은 당신이 각각의 주제 속으로 좀더 깊이 나아가도록 생각할 기회를 줄 것이다.

하나님은 당신의 삶에서 움직일 준비가 되어 있으시다. 그것도 아주 강력한 방법으로 말이다. 재미있는 것은, 그런 움직임들은 모두 작은 변화들로 시작된다는 것이다. 당신이 작은 변화들을 기꺼이 받아들인다면, 하나님은 당신 앞에 모습을 드러내어 삶의 모든 부분을 새롭게 변화시켜주실 것이다.

당신이 이 책을 읽으면서 하나님의 존재에 놀라고, 하나님의 권능에 움직이며, 하나님의 은총을 접하고, 하나님의 손에 변화되기를 진심으로 기도한다.

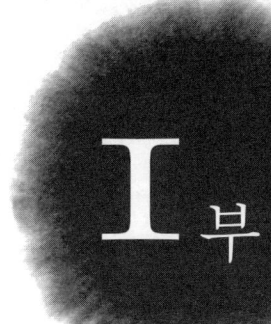

I부

거대한 기쁨의 파도가
몰려온다!

작은 변화가 만드는 일상의 큰 기적
원스텝 체인징

하나님은 우리가 지나치게 즐거워한다고 생각하실까? 혹은 자신의 자녀들이 기쁨으로 폭발할 위험에 있다고 걱정하실까? 작가이자 사회비평가, 또한 신학자인 C. S. 루이스*Clive Staples Lewis*는 그렇게 생각하지 않았다. 그는 하나님이 우리 대부분이 상상하거나 꿈꿀 수 있는 것보다 훨씬 더 많은 기쁨을 우리를 위해 비축해놓으셨다고 믿었다. 루이스는 이렇게 말한다. "사람이란 무한한 기쁨이 우리에게 주어질 때조차 술과 섹스와 헛된 야심으로 시간을 낭비하는 열의 없는 피조물이다. 마치 바닷가에서의 근사한 휴가를 제안 받아도 그것이 무엇인지 상상조차 할 수 없기 때문에 빈민굴에서 그저 계속 진흙놀이나 하고 싶어 하는 무지한 아이처럼 말이다. 우리는 너무나 쉽게 기쁨에 빠지는 존재다." 그리고 이런 그의 믿음은 성경에서 몇 번이고 되풀이하여 입증된다.

다윗 왕은 풍족한 수확이 있을 때면 공동체 전체가 기뻐하며 축제를 여는 농업 중심의 환경에서 살았다. 곡식이 풍부하고 포도가 덩굴 가득히 열리면, 그 자체로 기쁨이 바로 가까이에 있다는 뜻이었다. 그러나 다윗은 "주께서 내 마음에 두신 기쁨은 그들의 곡식과 새 포도주가 풍성할 때보다 더하니이다"(시편 4:7)라고 분명히 말한다.

또한 어려운 시기에 하나님께 나아가 보호를 구했던 다윗은 다음 시편에서 "그러나 주께 피하는 모든 사람은 다 기뻐하며 주의 보호로 말미암아 영원히 기뻐 외치고 주의 이름을 사랑하는 자들은 주를 즐거워하리이다"(시편 5:11)라고 적었다.

하나님을 따르는 세월 동안 다윗은 놀라운 승리의 절정뿐만 아니라 비탄의 심연도 경험했었다. 젊었을 때 그는 도망자가 되어 황야의 동굴에서 동굴로 추적을 당했다. 단지 투창으로 그를 벽에 박아 세우길 원하는 미친 왕 때문이었다. 나중에 다윗은 이스라엘의 왕위에 오르지만, 자신의 아들인 압살롬이 군사 쿠데타를 일으켜 그를 내쫓자 예루살렘 궁전을 떠나지 않을 수 없게 된다. 그는 이 모든 일들을 통해 하나님이야말로 자신의 기쁨의 원천이었으며 언제나 그러할 것임을 이해했다. 눈물과 기쁨의 시간을 통해 다윗은 "주께서 나의 슬픔이 변하여 내게 춤이 되게 하시며 나의 베옷을 벗기고 기쁨으로 띠 띠우셨나이다"(시편 30:11)라고 분명히 선언한다.

그리고 시계를 수세기 앞으로 돌리면, 우리는 한 무리의 양치는 사람들 앞에 나타나 드디어 메시아가 이 땅에 오신다고 큰 소리로 알리는 천사를 만날 수 있다. 예수 그리스도의 탄생은 '큰 기쁨의 좋은 소식'으로 여겨진다. "천사가 이르되 무서워하지 말라. 보라 내가 온 백성에게 미칠 큰 기쁨의 좋은 소식을 너희에게 전하노라"(누가복음 2:10)라는 구절을 보면 이를 잘 알 수 있다.

그리고 33년이 지나 메시아는 십자가에 못 박히고 죽어서 무덤에 안치되었다. 사흘 후 예수 그리스도는 영광으로 다시 살아나 죽음과 무덤에 맞서 승리하셨다. 막달라 마리아와 다른 마리아가 무덤에 갔을 때 그들은 천상의 사자(使者)를 만났다.

천사가 여자들에게 말하여 이르되 너희는 무서워하지 말라 십자가에 못 박히신 예수를 너희가 찾는 줄을 내가 아노라 그가 여기 계시지 않고 그가 말씀 하시던 대로 살아나셨느니라 와서 그가 누우셨던 곳을 보라 또 빨리 가서 그의 제자들에게 이르되 그가 죽은 자 가운데서 살아나셨고 너희보다 먼저 갈릴리로 가시나니 거기서 너희가 뵈오리라 하라 보라 내가 너희에게 일렀느니라 하거늘 그 여자들이 무서움과 큰 기쁨으로 빨리 무덤을 떠나 제자들에게 알리려고 달음질할새 예수께서 그들을 만나 이르시되 평안하냐 하시거늘 여자들이 나아가 그 발을 붙잡고 경배하니

마태복음 28:5-9

여러 해가 지나고, 바울이라는 사람이 부활한 예수에 대해 설교를 했다는 이유로 감옥에 갇혔다. 옥중에서 바울은 빌립보에 있는 기독교인들에게 편지를 썼다. 이 짧은 편지에서 그는 기쁨이라는 단어를 무려 14번이나 다르게 표현하여 사용했다. 그는 옥에 갇혀 있을 때조차 예수 그리스도에 대한 믿음 덕분에 여전히 자신에게 기쁨이 넘쳐흐른다는 것을 깨달았다. "주 안에서 항상 기뻐하라 내가 다시 말하노니 기뻐하라 너희 관용을 모든 사람에게 알게 하라 주께서 가까우시니라 아무 것도 염려하지 말고 다만 모든 일에 기도와 간구로, 너희 구할 것을 감사함으로 하나님께 아뢰라 그리하면 모든 지각에 뛰어난 하나님의 평강이 그리스도 예수 안에서 너희 마음과 생각을 지키시리라" (빌립보서 4:4-7).

구약에서 신약까지 성경이 우리에게 주는 메시지는 이것이다. '즐거울 때와 힘들 때 하나님과 가까이 걷는 이들은 삶을 변화시키는 기쁨을 경험할 수 있고, 틀림없이 경험할 것이다.'

당신은 혹시 성경에 '기쁨, 기뻐하다, 환희, 즐거운'이라는 말들이 350번이 넘게 나온다는 것을 아는가? 아마 당신도 이 사실에 놀랄 것이다. 이런 구절에 대한 연구는 우리와 하나님 사이의 지극히 자연스러운 상태가 바로 기쁨이라는 것을 명백하게 보여준다. 어떤 구절들은 기쁘지 않은 상태에 직면한 사람들에 대해 이야기하지만, 기쁨이 없는 것이 기독교도 마음에서 자연스럽고 지속적인 상태가 아니라는 건 분명하다.

하나님께서는 기쁨의 강이 우리의 마음과 삶으로 마음껏 흘러들어가도록 준비하고 계시다. 그러나 너무 자주 우리는 겨우 한 모금이나 극소량에 만족해한다. 또한 너무 적은 양의 기쁨을 익숙하게 받아들인다. C. S. 루이스의 비유처럼 우리는 하나님이 바닷가에서의 휴일을 제공하시는데도 빈민굴에서 진흙을 갖고 노는 데 만족해하는 아이들과 같다는 말이 옳을지도 모르겠다.

하나님은 우리를 위해 이제껏 우리가 상상했던 것보다 더 많은 기쁨을 예비하고 비축해놓으셨을까? 정말로 하나님은 자신의 자녀들이 깊은 찬양의 수준에서 살기를 기대하실까? 그래서 어려운 시기와 상실, 고투, 이 세상의 고통조차 그가 주는 기쁨과 비교하여 사소하게 생각하기를 바라시는 걸까?

내가 말하고 싶은 것은 이제 기쁨이 없는 빈민굴에서 진흙놀이나 하는 삶은 이것으로 족하다는 것이다. 이제는 바닷가에서 휴일을 보낼 때다!

영적으로
성숙한 어른이 되기 위한
원스텝 체인징

이는 우리가 이제부터 어린 아이가 되지 아니하여 사람의 속임수와 간사한 유혹에 빠져 온갖 교훈의 풍조에 밀려 요동하지 않게 하려 함이라 오직 사랑 안에서 참된 것을 하여 범사에 그에게까지 자랄 지라 그는 머리니 곧 그리스도라

에베소서 4:14-15

때가 오래 되었으므로 너희가 마땅히 선생이 되었을 터인데 너희가 다시 하나님의 말씀의 초보에 대하여 누구에게서 가르침을 받아야 할 처지이니 단단한 음식은 못 먹고 젖이나 먹어야 할 자가 되었도 다 이는 젖을 먹는 자마다 어린 아이니 의의 말씀을 경험하지 못한

자요 단단한 음식은 장성한 자의 것이니 그들은 지각을 사용함으로 연단을 받아 선악을 분별하는 자들이니라 그러므로 우리가 그리스도의 도의 초보를 버리고 죽은 행실을 회개함과 하나님께 대한 신앙과 세례들과 안수와 죽은 자의 부활과 영원한 심판에 관한 교훈의 터를 다시 닦지 말고 완전한 데로 나아갈지니라

히브리서 5:12-6:2

갓난아기들은 정말 천사처럼 귀엽다. 아기는 세상에서 가장 작은 일들을 하며, 어른은 이 작은 일들을 기쁘게 응원하고 즐겁게 웃으며 눈을 동그랗게 뜨고 바라본다. 주변의 부모들이 자신의 작고 깜찍한 아들이 어떻게 고개를 드는지, 혹은 자신의 작고 사랑스런 딸이 어떻게 미소를 짓는지에 들떠서 이야기하는 걸 생각해보면 금방 알 수 있을 것이다. 부모는 아이들의 비교적 일상적인 움직임도 마치 훌륭한 운동선수의 뛰어난 활약에 대해 이야기하는 것처럼 대단하게 여긴다.

이제 조금 자라서 아장아장 걷는 아이들도 마찬가지다. 그 시기의 아이들이 하는 모든 행동은 모든 사람을 깊이 감동시킬 수 있을 것만 같다. 첫 걸음마는 가족과 친지들의 "아!" 하는 찬사를 이끌어낸다. 또 말에 있어서는 어떤가? 단 몇 마디를 말하는 일이 커다란 성취로 받아들여진다. 어떤 부모는 자신의 작고 귀여운 아이가 처음으로 '어린이용 변기'를 사용해서 볼일을 볼 때 정말로 박수를 치며 기뻐한다.

갓난아기나 아이들이 이런 일들을 할 때 주변 사람들이 기뻐하

며 흥분하는 건 별로 놀랄 일이 아니다. 이런 순간에 힘을 북돋아 주고 격려와 환호를 해주는 것은 당연한 일이다. 성장의 단계를 하나씩 밟아나갈 때 아이들은 그에 합당한 축하를 받아야 한다. 어른들이 보기에는 작은 성취에 불과할 수 있지만, 아이들의 발전은 성장과 성숙을 위한 하나님의 계획의 하나이므로 실제로 대단한 일이다.

반면에 건강한 열다섯 살짜리 소녀가 엎드렸다가 앞구르기를 한다고 해서 사람들이 주위에서 응원하는 것을 목격한다면 아마 이상하게 느껴질 것이다. 또한 다 자라서 능력 있는 남자가 콧물을 닦고 신발 끈을 묶는 단순한 일을 하고 싶지 않다는 이유로 다른 누군가가 대신 해주기 바란다면 이는 완전히 괴상망측한 일일 것이다. 요컨대 어른이 계속 어린아이처럼 행동하려고 하는 모습은 어색하고 이상하게 보인다.

우리는 정상적이고 건강한 삶을 통해 갓난아이가 일련의 성장 단계를 밟으며 자연스럽게 성인이 된다는 사실을 잘 알고 있다. 그러나 이 과정에서 방해를 받으면 문제가 생기기 마련이다. 우리는 신체의 성장 중에 문제가 생길 수도 있다는 사실을 알고 있지만, 영적인 삶의 성장에 대해서도 이와 같은 자연스러운 과정이 필요하다는 것을 자주 잊어버린다. 마치 아이가 어른으로 자라는 것처럼, 하나님은 자신의 자녀들이 믿음 안에서 영적인 아이에서 어른으로 성장하기를 바라신다. 이 성장과 발전의 과정은 하나님이 우리를 보시는 것처럼 우리 자신을 볼 수 있을 때, 삶에 기쁨과 흥분을 가져올 것이다.

하나님의 꿈은 무엇인가?

하나님은 자신의 자녀들을 바라보며 꿈을 꾸신다. 이 세상 모든 부모가 자신의 자녀들이 자라서 어떤 사람이 됐으면 좋겠다고 꿈꾸는 것과 똑같이, 하나님은 그의 자녀들과 그 자녀들의 미래에 대해 꿈을 갖고 계신다. 하나님의 꿈이란 바로 우리가 영적인 아이 단계를 지나 그의 아들 예수 그리스도를 점점 더 닮아 가는 것이다. 히브리 사람들에게 보낸 편지를 보면 하나님께서 "우리가 다 하나님의 아들을 믿는 것과 아는 일에 하나가 되어 온전한 사람을 이루어 그리스도의 장성한 분량이 충만한 데까지 이르리니"(에베소서 4:13)라고 말씀하신다. 이를 통해 우리를 돕고 계시다는 것을 알 수 있다.

부모로서 자신의 아이가 걷고 말하고 스스로 먹을 수 있도록 돕는 것과 마찬가지로, 하나님은 우리가 영적인 성숙을 향해 나아가도록 우리를 도우려고 하신다. 하나님께서는 자신의 자녀들이 진지하고 끊임없이 노력하여 성장해나가는 모습을 보길 간절히 원하신다. 하나님은 성경을 통해 가르침을, 그의 사람들을 통해 든든한 지지를, 성령을 통해 힘을 주시지만 우리를 억지로 성장시키지는 않으실 것이다. 그러므로 우리는 하나님의 권유와 격려에 응답하여 영적인 성숙에 다다를 수 있는 행동을 해야만 한다.

하나님의 꿈은 우리가 자신을 향해 다가오는 모습을 보는 것이다. 그리고 우리가 비틀거리거나 넘어졌더라도 이에 굴하지 않고 다시 일어나 계속 시도할 때 기뻐하신다. 하나님은 우리가 결코 허우적거리지 않을 거라고 약속하지는 않으시지만, 우리가 좀더 예수님과 닮은 모습으로 성장하기 위해 계속 노력하기를 간절히 바라신다.

몇 년 전 큰아들이 수영을 배우기 시작한 적이 있다. 그때 내가 경험한 것은 아마도 하나님이 자신의 자녀들을 지켜보며 느끼시는 것과 비슷하지 않을까 생각된다. 나와 내 아내는 자신의 집 뒤뜰 풀장에서 수영을 가르치는 어떤 선생님에 대한 이야기를 듣게 됐다. 그녀를 거쳐 간 아이는 누구라도 수영을 할 수 있게 됐기 때문에 그녀는 우리 지역에서 아주 유명했다. 또한 그녀는 간호사였으므로 이제부터 꽤나 도전적인 경험을 할 아들을 맡겨도 안전하겠다는 확신이 들었다.

확신과 흥분을 안고 우리는 잭을 첫 수업에 데려갔다. 간단한 인사말과 지시가 있은 후, 아이들이 풀장에 들어갈 때가 되었다. 그런데 잭이 곧장 울타리로 달려가더니 얼굴이 하얗게 질려서 철조망을 움켜쥐고 떨어지지 않았다. 잭은 물이 너무나 두려웠던 것이다. 잭은 풀장에 들어가 리타 선생님을 위해 수영할 의향이 전혀 없었다. 잭은 선생님에게 제안은 감사하지만 이 모든 수영수업은 나중에 하겠다고 겁먹은 아이답게 더듬더듬 말을 이어나갔다.

그 순간 아내와 나는 결정을 내려야 했다. 우리는 어린 아들에게 멋진 어른이 되기 위해서는 꼭 이 단계를 거쳐야 한다고 설명할 수 있었다. 혹은 두려움에 가득 찬 잭을 차에 태워 수영을 포기하고 집으로 돌아갈 수도 있었다. 우리가 내린 결정은 잭이 비록 어렵더라도 두려움을 이기고 수영하는 모습을 보고 싶다는 것이었다. 어차피 억지로 수영을 시킬 수 없다는 건 알고 있었지만, 우리는 잭이 시도할 수 있도록 가장 큰 격려를 해줄 수는 있었다.

우리는 잭을 타일러 철조망을 단단히 붙들고 있는 손을 풀도록 만든 후, 잭에게 최선의 노력을 다하기 바란다고 이야기했다. 그리고 잭에게 우리가 얼마나 자기를 사랑하는지 확신시켰다. 절대 풀장 바닥으로 가라앉는 일은 없을 거라고 약속했다. 그런 다음 우리는 잭을 선생님에게 맡기고 떠났다. 결과가 어땠을 것 같은가? 짧게 말하면, 그 주가 끝날 무렵 잭은 다이빙대에서 깊은 물속으로 껑충 뛰어내려 풀장 끝에서 끝까지 헤엄치는 일을 사랑하게 됐다! 우리는 아들의 성장을 보고 기쁨을 느꼈으며, 아들이 이 두려운 걸음을 스스로 내딛었다는 데 감사했다. 또한 우리를 믿고 두려움을 헤쳐 성장한 것이 무척 자랑스러웠다.

이와 같이 하나님은 자신의 사랑하는 자녀인 우리를 바라보시고, 우리가 영적인 여행에서 한 걸음 앞으로 나아갈 때마다 기뻐하신다. 하나님은 우리가 두려움에 용감히 맞서거나 장애를 극복해서 좀더 예수님을 닮은 모습으로 성장할 수 있을 때 자랑스러워하신다. 그리고 하나님은 우리가 믿음으로 성장하려 하지 않을 때 슬픔을 느끼신다. 우리가 삶의 철조망을 꼭 붙잡고 떠나기를 거부할 때, 하나님은 부드럽게 우리의 손가락을 떼어 내신 뒤 우리와 함께하실 것이며 우리가 풀장 바닥으로 가라앉지 않을 거라고 일깨워주려 하신다. 하나님은 우리가 영적인 성장의 승리와 기쁨을 경험할 때마다 격려해주시며, 이런 성장의 단계들을 축하해주신다. 왜냐하면 믿음 안에서 성장할 때, 바로 영원한 기쁨을 발견할 거라는 걸 아시기 때문이다.

하나님은 무엇을 꿈꾸실까? 바로 당신과 나를 꿈꾸신다! 하나님은 우리가 자신을 향해 조금 더 가까이 다가오기를 꿈꾸신다. 넘어졌을 때 씩씩하게 일어나고, 무릎이 벗겨졌을 때조차 다시 시도하기를 바라신다. 하나님은 우리가 순수하게 영적인 유아기에서 성인기로 나아가는 과정에 전념할 때 이룩할 수 있는 우리의 모습을 꿈꾸신다.

영적으로 빠른 성장이란 것이 있을까?

혹시 주변에 대단히 빠르게 영적인 성장을 한다고 생각되는 사람이 있는가? 그런 사람들은 예수 그리스도에 진정한 믿음을 두고 곧바로 성장하기 시작한다. 마치 영적인 영양제를 섭취하는 것과 비슷하다고나 할까? 하루 이틀이 지나면서 하나님을 향한 열정이 그들의 삶을 아름답게 꽃 피운다. 그리고 몇 주, 몇 달이 지나면 예수님의 이런 새로운 성도들은 굶주린 사람이 뷔페에 처음 초대받은 것처럼 하나님의 말씀을 마구 탐독하기 시작한다. 이들은 아주 자연스럽게 교회에서 봉사할 장소를 찾고, 그들이 가진 것을 어려운 이들과 나누기 시작하며, 하나님의 사랑과 하나님이 자신의 삶을 어떻게 변화시키고 있는지에 대해 자유롭게 이야기한다. 그들은 마치 돌연변이처럼 매우 빠르게 영적으로 성장해서 훨씬 더 오랫동안 기독교인으로 지내 온 많은 사람들을 앞질러 나간다.

반면에 예수님을 믿으며 성실하게 교회에 나가지만, 해가 바뀌어도 똑같은 자리에 머물러 있는 것 같은 사람들이 있다. 마찬가지로 그들은 목사의 설교에 귀를 기울이지만, 사실 어떤 것도 마음에 와 닿지 않는다. 그들에게서 영적으로 진보하는 기색은 찾아볼 수 없다. 달이 바뀌고, 해가 바뀌고, 심지어 몇 십 년이 지나도 똑같은 자리에서 헤엄을 치는 것 같아 보인다. 어쩌다 영적인 영감의 순간을 경험할지도 모르지만 그 불꽃은 재빨리 깜빡이며 사라질 뿐, 그들은 오랜 세월 그들의 영적인 삶을 규정지어온 그 자세로 다시 돌아간다.

문제는 바로 이것이다. 무엇을 정상적인 영적성장으로 보아야 할까? 빠르게 성장해가는 사람들을 보고 놀라워하는 것이 맞을까? 아니면 이것을 예수님을 따르는 사람들의 정상적인 속도로 생각해야 하는가? 혹은 해가 바뀌어도 영적인 성장의 모습을 보이지 않는 교회 사람들을 지켜보며 이것을 정상인양 합리화시키는 것이 옳은 일인가? 그리고 또 하나 어쩌면 당신에게도 해당될 수 있는 질문이 있다. 만약 당신의 영적인 삶을 돌아본 뒤 그 자리에서 벗어나지 못하고 한 자리에서만 계속 헤엄을 치고 있다는 걸 깨닫는다면, 어떻게 해야 할까?

만약 부모가 자녀가 자라는 데 무엇인가 방해요인이 있다는 것을 알게 된다면 어떻게 할까? 대답은 명백하다. 부모는 깊이 걱정할 것이다. 아이에게 신체적으로 문제가 있으면 부모는 의사를 찾는다. 전문가들을 찾아다니며 아이가 장애를 극복하도록 돕기 위해 할 수 있는 한 모든 일을 할 것이다. 만일 정서적 혹은 정신적인 장애를 겪고 있다면 기독교 카운슬러나 심리치료사를 찾아가 도움을 구할 것이다. 세상의 모든 부모는 자식의 성장에 방해가 되는 것을 발견하는 즉시 그에 대해 어떤 것이라도 조처를 취할 것이다.

영적인 성숙으로 이끌어주는 원스텝 체인징

어느 일요일 아침, 나는 하나님의 소망에 대해 설교하고 있었다. 하나님은 우리가 예수님을 따라 성숙한 성도로 성장하기를 보고 싶어 하신다는 내용이었다. 요점을 말하기 위해 나는 비디오를 틀었다. 비디오에는 어린 아이와 아이에게 걷는 법을 가르치는 아빠와 엄마의 모습이 담겨 있었다. 첫아이에게 걷는 법을 가르치는 존과 크리산의 이 60초짜리 영상은, 내가 단지 말로 할 수 있는 것보다 더 분명한 메시지를 전달했다.

어린 에번은 양팔을 공중에 똑바로 뻗으며 균형을 잡기 위해 최선을 다하고 있었다. 흰 티셔츠에 기저귀를 찬 에번은 흔들흔들 걸음으로 부엌을 가로질러 싱크대 옆 작은 매트까지 왔다. 매트 위로 걸음을 옮길 때, 매트가 약간 움직이면서 에번이 발을 헛디디고 바닥에 넘어졌다. 엄마는 "잘했어, 에번! 아주 잘하고 있어"라고 응원했다. 에번은 가까스로 일어나 팔을 뻗고 단호한 표정으로 계속 바닥을 걸어나갔다. 그런데 에번이 이번에는 앞으로 기울어지더니, 차가운 타일바닥에 쿵 쓰러진 것이다. 이것을 보고 있던 교회의 모든 사람들은 깜짝 놀라서 숨을 멈췄다. 아마도 이 꼬마가 다시 일어서는 걸 응원하기 위해 모두들 화면 앞으로 다가가고 싶었을 것이다.

에번은 작은 엉덩이가 위로 들린 채 큰 대자로 엎드려 있었다. 다행히 코가 바닥에서 딱 3센티미터 떨어진 상태로 말이다. 그때 아빠가 "에번, 일어나서 아빠한테 걸어와"라고 말했다. 에번은 잠시 얼어붙은 듯 멈춰 있었다. 그리고 깊은 내면 어딘가에서 자기 자신을 일으켜 아빠를 향해 걸어갈 수 있는 힘을 찾은 듯했다. 교회 성도들은 소리쳐 응원하고 싶지만 완전히 숨을 죽이며 지켜보았다. 에번은 일어서서 한 걸음 한 걸음 바닥을 가로질러 마침내 아빠의 품에 안겼다. 동시에 사람들은 기쁨과 함께 안도의 한숨을 크게 내쉬었다.

이 장면 속에는 하나님께서 우리 모두가 이해하길 바라시는 모든 것이 들어 있다. 하나님은 우리를 바라보신다. 자신의 사랑하는 자녀들을 바라보고 계신다. 우리가 어린 에번처럼 균형을 잃고 푹 쓰러질 때, 하나님은 바로 그곳에 계신다. 그때 하나님은 "일어나서 아빠한테 걸어와"라고 말씀하신다. 그것이 바로 당신과 나를 향한 하나님의 마음이다. 하나님은 우리가 넘어질 때마다 꿋꿋이 다시 일어나서 영광스러운 여행을 계속하기를 원하신다. 삶의 타일바닥을 가로질러 하나님 아버지의 품에 안길 때까지 말이다.

어쩌면 당신은 지금 부엌바닥의 한 가운데에 엎드려 있는지도 모른다. 피로하고 낙심했으며, 일어나서 앞으로 나아갈 수 없다고 생각한다. 그곳에 그냥 머물러 있는 편이 낫다고 느낀다.

그러나 저 앞에 아버지가 계신다. 그분의 음성을 들을 수 있는가? "일어나서 아빠한테 걸어와! 너는 할 수 있어!" 아버지, 바로 하나님 아버지는 당신 생각보다 매우 가까이 계신다. 그분은 당신을 향해 팔을 활짝 벌리고 계시다. 포기하지 마라. 다시 한 번 일어서서 계속 시도하라.

사도 바울은 고린도 교회에 편지를 쓸 때, 사람들이 영적으로 성장하고 있지 않다는 사실을 한탄했다. 그 사람들은 미끄러지고 넘어졌을 때 일어나서 다시 시도하기를 거부했다. 바울은 "형제들아 내가 신령한 자들을 대함과 같이 너희에게 말할 수 없어서 육신에 속한 자 곧 그리스도 안에서 어린 아이들을 대함과 같이 하노라 내가 너희를 젖으로 먹이고 밥으로 아니하였노니 이는 너희가 감당하지 못하였음이거니와 지금도 못하리라"(고린도전서 3:1-2)라고 쓴다. 바울은 고린도 교회 교인들을 영적인 갓난아이라 불렀다. 그리고 이어서 그들이 영적인 유아기에 있음을 표시하는 몇 가지 것들에 대해 말하고, 그들에게 믿음으로 성장하는 과정에 들어가도록 요구한다.

성령은 모든 그리스도인에게 영적인 성장의 기쁨에 들어가라고 권유한다. 그리고 우리는 영적으로 성숙한 성인이 됐음을 알 수 있는 증거에는 무엇이 있는지 배우고, 성장을 향해 부단히 발을 내딛겠다고 다짐하는 것으로 성령에 답한다. 이러한 원스텝 체인징은 우리를 하나님과 더 깊은 친밀함을 나눌 수 있는 곳으로 나아가게 한다. 그 길에서 열심히 귀를 기울이면, 천상의 아버지가 매 단계마다 우리를 격려하시고 기뻐하시는 소리를 들을 것이다.

그러면 이제부터 우리가 영적으로 성숙해지고 있음을 나타낼 수 있는 7가지 지표를 살펴보자.

영적인 성장을 말해주는 7가지 지표

1. 스스로 먹는 법을 배운다

아기가 태어나면 적어도 짧은 한 시기 동안은 아기가 음식을 먹을 수 있게 도와주어야 한다. 갓난아기가 자신이 먹을 우유를 찾고 직접 데울 수 없지 않은가? 어머니는 아기의 생명을 위해 모유를 준다. 만일 엄마와 아빠가 아기를 돌보려 하지 않는다면 아기는 머지않아 죽을 것이다. 누군가는 수개월 동안 이 갓난아기에게 음식을 떠먹여줘야 하는 법이다. 그렇지만 모든 부모는 언젠가 그들의 건강한 어린 아들딸이 결국 스스로 먹는 법을 배우기를 기대한다. 만약 그렇게 되지 못한다면 이는 무엇인가 문제가 있다는 뜻이다.

마찬가지로 하늘에 계신 우리 아버지는 그의 자녀들이 그의 말씀, 즉 성경을 규칙적으로 섭취하고 소화하는 법을 배우기 원하신다. 성경은 영적인 성장을 지속하게 해주는 가장 중요한 양식이다. 영적으로 성숙한 성인의 단계를 향해 나아가는 사람들은 영원히 다른 이들이 자신에게 양식을 제공할 수 없다는 것을 배우게 된다. 영적인 조언자, 주일 학교 교사, 자신보다 나이가 많은 식구, 목사 등 우리의 성장을 돕는 스승이 있다는 건 분명 도움이 된다. 하지만 스스로 성경을 공부하는 방법을 배워야 한다. 영적으로 우리에게 양식을 제공하는 이들을 의지하는 데서 벗어나, 스스로 양식을 구하는 능력을 갖추는 것, 그것이 바로 우리 각자가 만들어야 할 원스텝 체인징이다. 남에게 의지하지 않고 스스로 성경을 공부하려 노력할 때 더욱 빠른 속도로 영적으로 성숙하게 되며, 또한 놀라운 기쁨을 발견한다. 어떤 사람이 영적으로 성장하고 있는지 알고 싶다면 그가 규칙적으로 성경공부를 하고 있는지, 그리하여 그것이 그의 영적인 여정의 한 부분으로 자리 잡았는지 확인하면 된다.

원스텝 체인징 ■ 당신의 이번 주 메뉴는 무엇인가요?

제안 영적인 성숙을 향한 큰 걸음이 무엇인지 알고 싶은가? 매일 하나님의 말씀을 읽는 데 약간의 시간을 보내는 것으로 이 물음에 충분한 답이 된다. 이제 다음주부터는 매일 단 5분씩이라도 혼자서 성경을 읽어라. 5분이면 족하다. 조용한 장소를 찾아 하나님의 말씀을 펴서 읽어라. 어디서부터 시작해야 할지 모르겠다면, 이 책의 부록인 '원스텝 체인징 6주를 위한 성경가이드'를 이용해보라.

2. 말하고 듣는 법을 배운다

갓난아기는 처음에는 그저 소리를 내고 남의 소리를 흉내 내다가, 마침내 자신이 원하고 느끼며 필요로 하는 것을 남과 소통하게 된다. 그리고 이 광경을 목격하는 일은 언제나 주변 사람들을 흥분시킨다. 말하는 법을 배우는 것은 성장의 중요한 척도다. 아무

것도 하지 않던 아기가 주변의 소리에 귀를 기울이고 반응하기 시작할 때 부모는 너무나 큰 기쁨을 느낀다.

마찬가지로 하나님과 이야기하고 그분의 말씀에 귀 기울이는 능력을 계발하는 것은 우리가 영적으로 성장하고 있다는 분명한 표시다. 기도는 예수님을 따르는 모든 이들에게 가장 기본이 되는 일이다. 일찍이 예수님은 자신이 누구인가를 이해시키기 위해 그 시대 사람들이 쉽게 이해할 수 있는 비유를 사용하셨다. 그래서 예수님은 자신을 목자, 자신을 따르는 이들을 양이라 부르셨다. "문지기는 그를 위하여 문을 열고 양은 그의 음성을 듣나니 그가 자기 양의 이름을 각각 불러 인도하여 내느니라 자기 양을 다 내놓은 후에 앞서 가면 양들이 그의 음성을 아는 고로 따라오되"(요한복음 10:3-4).

예수님은 양이 목자를 따르듯, 자신을 따르는 이들은 자신의 음성을 알아듣고 자신을 향해 올 수 있다고 분명히 말씀하셨다. 하나님과 이야기를 나누고 그분의 말씀에 귀를 기울이며 성장하는 기도의 삶은, 우리가 영적인 여행에서 앞으로 나아가고 있다는 또 하나의 표시다.

3. 혼자 차지하기보다는 함께 나눈다

모든 부모에게 가장 큰 과제 중 하나는 자신의 아이에게 '나눔'을 가르치는 일이다. 일단 말을 배운 아이들이 가장 먼저 배우고, 또 가장 단호하게 하는 말 중의 하나가 "내 거야!"일 것이다. 아이들은 이 말을 자주, 그리고 떼를 쓰면서 말한다. 부모는 아이의 손에서 장난감을 떼어내 다른 아이에게 건네주면서 "애야, 친구랑 같이 갖고 놀아야지"라고 여러 번 타이른다. 아이는 엄마의 말을 듣고 존경스럽게 엄마를 바라보며 "맞아요. 엄마가 정말 옳고 현명하세요. 제가 이미 알고 있고, 제 마음 가장 깊은 곳에서 진심으로 원하는 것을 일깨워주셔서 감사해요. 이제부터 제 장난감을 친구들과 함께 나누며 관대함의 표본이 될 만한 사람이 되려고 노력할게요"라고 말한다.

내 말이 맞는 것 같은가? 천만에! 이런 일은 절대 일어나지 않는다! 아이든 어른이든 관대함을 키우는 일은 전쟁처럼 어렵고 힘들다. 그러기에 나눔을 배우는 여행은 평생 계속된다.

우리가 영적인 유아기에서 성인기로 성장하고 있다는 표시는 관대한 마음을 가지고 사람들과 하나님을 향해 나아갈 때 드러난다. 그런 의미에서 성경에서는 '우리가 가진 모든 것이 나의 소유가 아닌 하나님의 선물' 이라는 말이 반복되고 또 반복된다. 야고보의 편지에는 "온갖 좋은 은사와 온전한 선물이 다 위로부터 빛들의 아버지께로부터 내려오나니"(야고보서 1:17)라고 쓰여 있다. 하나님은 우리가 하나님께 아낌없이 바치고, 또한 우리의 자원과 능력을 어려운 사람들과 함께 나누는 그 참된 기쁨을 발견하기 원하신다. 나눔의 마음이 자연스럽게 흘러나올 때, 우리는 유아에서 성인으로 성장하고 있다는 확신을 할 수 있다.

제안 다음주에는 당신이 소유한 것들을 다른 이들과 함께 나누는 방식에 대해 돌이켜보라. 특히 돈이나 물질적인 것들에 대해 생각하라. 당신은 아낌없이 나누고 있는가? 다른 이들을 돕고 후원하는 방법을 찾고 있는가? 다행히 그렇다면 그것을 축하하고 계속할 수 있는 힘을 달라고 기도하라. 만약 함께 나누는 습관을 좀더 키워야 한다고 느낀다면, 용기와 관대한 마음을 달라고 기도하라.

4. 다른 사람을 도울 줄 안다

갓난아이는 집안일을 하거나, 청구서를 내는 데 보탬이 되도록 돈을 벌거나, 잔디 깎는 일을 도울 수 없다. 오히려 아기는 모든 일을 할 때 누군가의 도움을 필요로 한다. 하지만 아기는 점점 커가면서, 가족의 구성원이 된다는 뜻은 곧 도움을 받는 것뿐만 아니라 자신이 다른 사람들을 도와주는 것임을 알게 된다. 그리고 마침내 쓰레기를 버리고, 식탁을 차리며, 자신의 방을 청소할 수 있는 나이에 이른다. 현명한 부모는 아이들이 원하지 않더라도 그들 몫의 집안일을 하도록 시켜야만 할 것이다. 영적인 여행도 마찬가지다. 우리는 또한 도움을 받는 존재에서 도움을 주는 존재로 나아가야 한다.

우리가 성숙하게 전진하고 있다는 또 하나의 확실한 표시는 "절 돌봐주세요"라는 말을 멈추고 "어떻게 도와드릴까요?"라는 말을 건네는 것이다. 우리는 모두 다른 이들의 도움을 필요로 한다. 그러나 믿음으로 성장할 때, 우리는 하나님이 나 자신을 도구처럼 이용하여 다른 이들을 위한 사랑과 보살핌과 원조를 베푸신다는 것을 몸소 경험하게 된다. 성경에는 "너희가 짐을 서로 지라 그리하여 그리스도의 법을 성취하라"(갈라디아서 6:2)라고 한다. 하나님은 우리가 다른 사람들에게 나의 짐을 대신 져달라고 요구하는 것이 아니라, 어려운 시기에 있는 다른 사람의 짐을 기꺼이 받아드는 영적인 삶에 이르기를 기대하신다.

어떤 기독교인들은 봉사에 매우 능하다. 그런데 때때로 그런 사람들은 남을 위해 봉사하는 일은 잘하지만, 정작 자신의 짐을 다른 사람과 나누는 것을 원하지 않는다. 그들은 성장과정 중에 자신이 어려운 시기에 놓여 있어도 다른 사람들이 자신을 적극적으로 도와주는 것보다는 자기의 옆에 서서 나란히 걷는 것만을 허락하기도 한다.

5. 사람들에게 사랑을 준다

자신을 사랑해줄 누군가가 생길 것이라고 잔뜩 기대하던 젊은 엄마가 아이를 낳은 후 경험하게 되는 좌절과 실망에는 어떤 것이 있을지 한번 상상해보라. 젊은 부모 중에는 세상으로 나오자마자 자신들의 애정에 즉각적으로 보답해주는 사랑스런 아이를 꿈꾸는 이들이 있다. 그러나 기저귀 더미와 급성 복통, 한밤중에 물려야 하는 젖병은 핑크빛 환상을 처참하게 깨뜨린다. 마침내 부모들은 엄연한 현실, 즉 아기는 많은 사랑을 필요로 하며 좀처럼 되돌려주지 않는다는 사실을 깨닫게 된다. 세상의 진실을 하나 알려주자면, 아이들은 성인으로 자라면서 남을 사랑하는 방법을 배워나가야 한다는 것이다. 왜냐하면 사랑을 주는 것은 절대 저절로 되는 일이 아니기 때문이다.

그렇기 때문에 예수님은 다른 사람을 사랑하는 일에 대해 가르치기 위해 그토록 많은 시간을 보내셨다. 예수님은 진정한 사랑을 표현하는 것은 우리가 좀더 예수님과 닮은 모습이 될 때 가능하다는 것을 알고 계셨다. "새 계명을 너희에게 주노니 서로 사랑하라 내가 너희를 사랑한 것 같이 너희도 서로 사랑하라 너희가 서로 사랑하면 이로써 모든 사람이 너희가 내 제자인 줄 알리라"(요한복음 13:34-35). 이 짧은 구절에서 예수님은 '서로 사랑하라'고 무려 3 번이나 말씀하신다. 예수님은 서로에 대한 우리의 사랑이 영적인 성숙의 표시라고 믿으셨다. 가장 큰 계명이 무엇이냐는 질문을 받으셨을 때, 예수님은 첫째 되고 가장 중요한 계명은 하나님을 사랑하는 일이지만 둘째는 "네 이웃을 네 자신 같이 사랑"(마태복음 22:39)하는 일이라고 말씀하셨다. 영적인 아이에서 성숙한 어른으로 성장할 때, 우리는 예수님의 마음을 반영하는 방식으로 사람들을 사랑할 수 있다.

6. 하나님을 사랑한다

부모는 자식에게 아낌없이 사랑을 주기 위해 온갖 노력을 기울인다. 자식이 태어난 날부터 아이가 되고 청년에 이를 때까지, 심지어 성숙한 어른이 되었을 때조차 애정 넘치는 아버지와 어머니는 계속 자녀들에게 사랑을 쏟아 부을 것이다. 이 세상 모든 부모의 희망과 기도는 언젠가 자식들이 자신의 사랑에 보답하길 바라는 내용이 아닐까? 그렇기 때문에 어린아이가 "아빠 엄마, 미워!"라고 소리치거나, 십대 아이들이 부모를 외면하고 그들의 손길을 거부할 때 매우 안타깝고 가슴 아픔을 느낀다. 그렇다. 모든 아빠와 엄마는 자녀에게서 진정한 사랑의 말을 애타게 듣고 싶어 한다.

하늘의 아버지이신 하나님 역시 자신의 자녀들이 자신을 사랑하기를 간절히 바라신다. 예수님은 "네 마음을 다하고 목숨을 다하고 뜻을 다하여 주 너의 하나님을 사랑하라"(마태복음 22:37-38)라고 말씀하셨다. 예수님은 살아가는 동안 우리가 할 수 있는 모든 일들 가운데, 하나님을 사랑하는 일이 가장 우위에 있음을 분명히 하셨다. 그러므로 우리가 우리의 창조를 가장 사랑하며 성장하는 것은, 우리가 영적인 유아기에서 성인기로 여행을 하고 있다는 표시가 된다.

7. 더 큰 세상에서 산다

우리는 태어나기 전 어머니의 자궁이라는 작고 안전한 장소에 머문다. 그리고 일단 어머니의 자궁 밖으로 나오면 세상은 상당히 한정된다. 자동차 의자, 아기 침대, 유아용 크레용 등이 아기의 세상을 한정짓는다. 그러나 시간이 지나서 집 안을 아장아장 돌아다닐 수 있을 정도로 성장하면 세상은 점점 커진다. 그러다 한번 밖으로 나가 자전거를 타기 시작하면, 오우! 세상은 정말 거대해진다! 이러한 발견은 면허증을 따고 스스로 운전을 시작할 때까지 계속된다. 사실 지금은 휘발유 가격에 따라 얼마나 멀리 돌아다닐 수 있는지 결정되지만 말이다.

이와 마찬가지로, 우리는 믿음의 발걸음으로 작은 세상에서 큰 세상으로 더 넓은 곳을 여행한다. 하나님이 하시는 일은 세상에 대한 사랑을 가지고 우리의 마음을 넓히는 것이다. 그리고 또한 하나님은 자신이 온 세상 사람들을 대할 때의 그 느낌을 어렴풋이라도 우리가 알아차리기를 원하신다. 그렇기 때문에 성경에는 "하나님이 세상을 이처럼 사랑하사 독생자를 주셨으니 이는 그를 믿는 자마다 멸망하지 않고 영생을 얻게 하려 하심이라 하나님이 그 아들을 세상에 보내신 것은 세상을 심판하려 하심이 아니요 그로 말미암아 세상이 구원을 받게 하려 하심이라"(요한복음 3:16-17)라고 쓰여 있다.

예수님을 갓 따르기 시작한 사람들은 그들 자신의 성장과 삶에 초점을 맞추어 시간을 보내기 마련이다. 이것은 자연스러운 출발점이다. 그러나 영적인 성숙이 이뤄지면 그 사람들은 예수님의 사랑을 알지 못하는 이들에게 사랑의 마음을 넓히게 된다. 우리의 세상이 커질수록, 우리는 다른 이들이 예수님에 대한 믿음을 통해 하나님과의 충만하고 구원받는 관계가 될 수 있기를 진심으로 바라고 열망한다. 이런 일이 일어날 때, 우리는 영적인 성인기를 향해 나아가고 있다는 분명한 확신을 가질 수 있다.

원스텝 체인징 ■ 기도로 시작하는 행복한 하루

제안 세상을 향해 마음을 넓히는 가장 큰 방법은 기도다. 당신이 사랑하고 예수님과 아직 관계를 맺지 못한 사람들의 목록을 만들어라. 또한 하나님과 멀리 떨어져 있는 다른 나라의 이름을 적어보라. 그런 다음 매일 아침이나 저녁 동안 그런 사람들과 장소에 하나님의 사랑이 쏟아지기를 기도하라.

감격적인 성장의 기쁨

아기가 첫걸음마를 떼는 순간, 행복한 기쁨이 넘쳐흐른다. 부모는 환호하고 친지들은 함께 축하해주며, 아기도 뭐가 좋은지 방긋방긋 웃거나 꺄륵 소리를 지른다. 하나님 역시 우리를 지켜보시며 미소를 지으신다!

마찬가지로 하나님은 자신의 자녀들이 영적으로 성숙할 때 크게 기뻐하시고, 우리가 자신과 함께 경축하기를 원하신다. 하나님은 우리를 성장하도록 만드셨다. 이번 장에서는 우리가 영적인 유아기에서 성인기로 나아가는 궤도에 있다는 것을 보여주는 7가지 지표를 살펴봤다. 이어지는 장들에서는 각각의 지표들을 좀더 자세히 살펴볼 것이다. 문제는 이것이다. 당신은 하나님과 함께 앞으로 나아갈 때 기쁨에 가득 찬 상태로 성장하길 원하는가? 지금 당신은 얼마나 기뻐하고 있는가? 만약 당신의 기쁨이 썰물과 같이 쑥 빠져나간 상태라면, 이제 당신은 변화를 만들어야 할 때다!

● 작은 변화를 일으키는 오늘의 깊은 생각

- 이번 장에서 언급된 7가지 지표들을 되짚어나가면서 내가 좀더 성숙해져야 할 필요가 있는 영역이 하나 있다면 그것은 무엇일까? 또한 성장을 위한 여행을 시작하기 위해 어떤 활동을 할 수 있을까?

- 내가 영적으로 성숙하는 것을 돕기 위해 하나님께서 사용하신 사람은 누구일까? 그 사람의 어떤 삶의 특성 때문에 예수님을 따라 영적으로 성숙해지는 내 여행이 더욱 풍요로워질 수 있었을까? 하나님께서 나를 사용하시어 다른 이들에게 영감을 불어넣어주시려면 내가 내 삶의 특징 중 하나를 어떻게 계발해야 할까?

● 작은 변화를 일으키는 오늘의 기도

- 영적인 여행에서 당신을 앞으로 나아가도록 도우신 하나님의 방식에 감사하라. 처음 예수님을 따르는 사람이 되었던 그때를 떠올리면서 그동안 일어났던 어떤 획기적인 변화들을 되돌아 봐도 좋겠다.

- 하나님을 향하고, 기쁨으로 가득 찬 영적인 성장의 궤도에 계속 머물게 해달라고 하나님께 도움을 청하라.

02

지금 이대로
사랑받는 존재가 되는
원스텝 체인징

주께서 내 내장을 지으시며 나의 모태에서 나를 만드셨나이다 내가
주께 감사하옴은 나를 지으심이 심히 기묘하심이라 주께서 하시는
일이 기이함을 내 영혼이 잘 아나이다 내가 은밀한 데서 지음을 받
고 땅의 깊은 곳에서 기이하게 지음을 받은 때에 나의 형체가 주의
앞에 숨겨지지 못하였나이다 내 형질이 이루어지기 전에 주의 눈이
보셨으며 나를 위하여 정한 날이 하루도 되기 전에 주의 책에 다 기
록이 되었나이다

시편 139:13-16

좀 옛날로 거슬러 올라가긴 하지만, 내가 어린 시절 다니던 유치

원에서는 낮잠시간이 있었다. 나는 아직도 이 낮잠시간이 기억나는데, 대부분의 아이들은 작고 푹신한 매트 위에 가만히 누워 말썽도 피우지 않고 금방 잠들었다. 만약 잠자는 데 점수가 매겨질 수 있었다면 훌륭한 낮잠기술에 A⁺를 받을 정도로! 아이들은 선반에서 작은 매트를 꺼내 교실 바닥에 깐 다음 조용히 누웠다. 나도 사실 아이였긴 했지만, 다른 아이들의 자제력은 나를 깜짝 놀라게 했다. 그들은 쥐 죽은 듯이 조용히 미동도 하지 않고 그림처럼 예쁘게 누워 있었고, 어떤 아이들은 정말로 잠이 들었다. 그리고 낮잠시간이 끝날 때쯤, 우리 반 선생님은 이 착한 아이들 중 특별히 말을 잘 들은 한 명을 뽑아 '잠 깨우는 요정'으로 지정하셨다. 그래서 나는 그해 내내 기도했다. 언젠가는 낮잠시간 동안 매우 얌전히 굴어서 선생님의 사랑을 받고, 그래서 다른 아이들을 깨우는 요정으로 선택되기를.

나는 일 년 내내 가만히 누워 있으려고 애썼다. 작은 매트 위에서 잠들어 있는 척하기 위해 최선을 다했다. 하지만 사실 내 정신은 장난꾸러기 어린아이답게 금방이라도 피부 밖으로 튀어 나갈 것처럼 끓어오르고 있었다! 결국엔 그 마음이 나도 모르게 밖으로 표현되었던 것 같다. 왜냐하면 그 해가 끝날 때까지 내 소망은 절대 실현되지 않았기 때문이다. 나는 그 마술 지팡이(실제로는 자였지만)를 쥐고 친구들 사이를 사뿐사뿐 돌아다니며 어깨를 두드리면서 잠을 깨우지 못했다. 그리고 모두가 그것을, 특히 나 자신이 알고 있었다. 말하자면 나는 낮잠시간의 낙제생이었다.

이 이야기로 나에 대해 짐작할 수 있을 것이다. 내 주변의 사람들은 내가 아주 어렸을 때부터 어떤 아이인지 판단할 수 있었다. 바로 내 행동 그 자체가 내가 살기 위해 있어야 할 장소, 상태, 위치를 말해주었다. 그렇다. 만일 내가 1990년대에 유치원을 다녔다면 ADD(Attention Deficit Disorder : 주의력 결핍 장애)라는 진단과 함께 알약을 처방받았을 것이다. 2000년대에 다녔다면 글자가 하나 더 추가되어 ADHD(Attention Deficit Hyperactivity Disorder : 주의력 결핍 과잉 행동 장애)라고 명명되었겠지. 어쩌면 약물치료와 더불어 상담을 받았을지도 모른다.

하지만 나의 유치원 낮잠시대는 1960년대였고, 그때로 되돌아가면 몸을 비꼬고 꿈틀거리며 과도하게 활동적인 사내아이에 대한 유일한 진단은 단 한마디였다. '요 장난꾸러기!' 그 당시, 장난꾸러기에게 처방되는 알약은 없었다. 단지 꾸중과 벌만 있을 뿐. 그리고 잠 깨우는 요정이라는 높은 지위에 오르는 명예를 누리고 싶다고 해서, 막상 나의 낮잠시간 동안의 행동이 얌전해진 것도 아니었다는 것을 예상할 수 있으리라.

아주 어릴 때부터 나는 내 행동이 내 가치를 결정한다는 걸 깨달았다. 이 말은 올바른 때에, 올바른 방식으로, 올바른 일들을 해야 한다는 걸 뜻했다. 나를 둘러싼 세상에는 얌전한 아이들과 장난꾸러기 아이들이 있었으며, 내가 어느 부류에 속하는가는 의심의 여지가 없었다.

세상이 우리에게 주는 슬픈 메시지

어렸을 때, 우리 대부분은 자신의 행동에 의해 스스로의 가치가 결정된다는 것을 발견한다. 그리고 이런 현실은 어른이 되면서 한층 강해진다. 우리의 수행능력, 승리, 성취와 성과, 성공의 사다리를 올라가는 정도에 따라 세상의 사회구조와 조직에서 우리의 지위가 결정된다. 슬프게도 많은 사람들은 일생 동안 좋고 뛰어난 일들을 하려고 끊임없이 노력하고, 결국 스스로 '가치 있다'고 느끼고 싶어 하는 삶을 살고 있다.

무슨 일이 일어나고 있는지 깨닫기도 전에, 우리는 누군가에게 점수를 받고, 등급이 매겨지며, 평가를 당한다. 우리는 태어나자마자 바로 첫 점수를 받는다. 의사와 간호사가 신생아의 건강상태를 평가하기 위해 아프가APGAR 점수라는 것도 주고 말이다. 이 숫자는 아기의 몸무게를 재고 심장박동 등을 측정한 뒤 결정된다. 아기가 태어나자마자, 허파로 숨을 들이쉬는 그 순간부터 이미 평가를 당하는 것이다.

아기의 몸무게와 측정값은 부모에게 매우 중요하다. 아버지가 자신의 아들이 4.5킬로그램이나 나간다고 함박웃음을 지으며 자랑하고 다니는 일은 별로 이상한 일이 아니지 않은가? 만약 딸이라면 그리 자랑할 만한 몸무게가 아니라고 생각하지만 말이다. 그때의 목소리는 마치 거대한 물고기를 낚아 올리거나, 뿔 갈래가 8개인 수사슴을 잡았을 때와 비슷하게 들릴 정도다!

이런 일은 유년기로 계속 이어진다. 축구장, 교실 등 사람들이 모인 곳에서의 행동에 따라 다른 사람들이 우리를 바라보는 가치가 결정된다. 세상은 기준을 세운다. 그리고 조금만 방심하다 이 기준을 놓쳐버리면 평생 스스로의 가치를 증명하는 데만 시간을 보낼지도 모른다.

이 모든 과정들이 어른이 되었을 때 끝난다고 믿으면 조금이라도 위안이 되겠지만, 전혀 그렇지가 않다. 오히려 우리의 가치를 드러내고 증명하라는 외부의 요구는 끊임없이 증가하기만 한다. 어른이 되면 새로운 성취목록과 성공을 향한 새로운 기준에 직면할 뿐이다. 당신은 어떤 종류의 집에서 사는가? 어떤 기종의 차를 운전하는가? 연봉은 얼마나 되는가? 몇 번이나 승진했는가? 몸무게는 얼마나 나가는가? 이러한, 그리고 이와 비슷한 질문들에 대한 대답이 다른 사람들이 우리를 어떻게 바라보고, 또 우리가 스스로를 어떻게 보는지를 규정짓는다.

어떤 수학적 등식을 쓰면 우리의 순(純)가치를 뽑아낼 수 있을까? 간단하다. 감정이라는 계산기로 학교, 학위, 상장, 재산, 우리가 세상에서 했던 모든 것을 더하면 된다. 그러나 그 총계가 자신의 성공과 스스로의 가치평가에 도움이 안 된다는 가슴 아픈 사실을 발견한다.

그러나 염려할 필요 없다. 이런 일은 절대 사실이 아니다! 세상의 수학적 계산이 당신을 영원한 기쁨과 평화의 장소에 데려다주지는 못할 것이기 때문이다.

하나님의 보좌에서 내려다보이는 광경은…

좋은 소식은 우리 본연의 가치는 아프가 점수나 평균 성적, 대학 시험 점수에 근거하지 않는다는 것이다. 또한 수입이나 예금통장의 잔고, 외모, 우리가 모는 자동차에 근거하지 않는다. 하나님은 세상의 가치 따위가 하나님이 바라보시는 우리의 가치를 결정하지 않는다는 걸 우리가 알기 원하신다. 이 사실은 절대 틀린 적이 없었으며, 앞으로도 절대 달라지지 않을 것이다.

하나님은 우리와 매우 다른 생각을 갖고 계시다. 하늘과 땅의 창조주는 우리가 하는 일에 관심을 두지 않으신다. 그분의 가장 큰 걱정거리는 우리가 어떤 사람이며, 어떤 사람이 되어 가고 있는가다.

우리의 관점은 이 세상의 오물과 진창에서 비롯될 뿐이다. 그리고 우리는 그 거짓을 받아들인다. 평가, 점수, 예금 잔고, 성적표, 심리 평가서를 우리의 가치를 매기는 타당한 척도로서 그대로 받아들인다. 하지만 하나님은 근본적으로 다른 시각을 갖고 계시다. 하나님은 천상의 보좌에서 우리의 실제 모습을 바라보신다. 또한 하나님은 우리가 그분의 눈을 통해 우리 자신을 보길 바라신다.

이제부터 우리가 이런 원스텝 체인징을 시작한다면, 우리의 삶은 평화와 기쁨으로 충만하게 될 것이다! 하나님이 우리를 보시는 것처럼 자신을 바라볼 때, 삶은 새로운 의미를 갖게 된다. 경이로운 사실은, 하나님은 우리를 너무나 귀중하게 바라보시고 모든 것을 주셨기 때문에 다행히 우리가 그분과의 관계를 회복할 수 있다는 것이다. 하나님은 우리를 귀하고 소중한 자신의 자녀로 생각하신다. 요한은 이런 진리를 "보라 아버지께서 어떠한 사랑을 우리에게 베푸사 하나님의 자녀라 일컬음을 받게 하셨는가, 우리가 그러하도다"(요한1서 3:1)라고 표현했다. 하나님은 우리가 상상하고 우리의 마음이 수용할 수 있는 것보다 더 많이 우리를 사랑하신다는 것을 잊지 말라.

문제는, 과거에 내렸던 자신에 대한 결정이 여전히 현재에도 영향을 미쳐서, 비밀스럽게 마음 깊이 자리 잡았다는 것이다. 어떤 경우는 너무 비밀스러워서 내가 도대체 언제 그런 결정을 내렸는지조차 기억하지 못한다. 하지만 과거를 죽 따라가다보면, 어딘가에서 어떤 특정한 사람이나 집단의 눈을 통해 우리의 삶을 바라보고 우리의 가치를 평가하게 됐다는 사실을 깨닫게 될 것이다. 부모나, 친구, 상사, 주변 사람들, 심지어 자기 자신의 눈이었을지도 모른다. 그 순간부터 우리의 가치는 그 사람들이 보기에 우리가 어떻게 일을 수행하느냐에 따라 결정되고, 우리는 그들의 인식에 부합하기 위해 스스로의 행동을 조절한다.

나의 아내 셰리는 어린 나이에 이것을 체험했다고 한다. 그녀가 아직 초등학교 저학년일 때, 아내는 학교의 음악 선생님이 다른 선생님에게 자신의 노래하는 목소리가 밋밋하다고 말하는 것을 우연히 들었다고 한다. 이 말은 어린 소녀였던 아내에게 큰 상처가 되었고 이후 10년 동안 아내는 다른 사람은 물론이고 자신에게조차 들리지 않을 만큼 작게 노래를 불렀다. 그 사려 깊지 못한 타인의 한 마디 때문에, 아내는 누군가 자신의 나쁜 목소리를 듣지 않을까 걱정하면서 학교와 교회에서 10년을 넘게 보냈던 것이다.

세월이 많이 지나고, 아내는 교회에서 성가대 아이들을 지도해 달라는 권유를 받았다. 아내는 비록 '노래는 못하지만' 하나님께서 자신이 이 일을 하기 원하신다고 느꼈다. 하나님께서 아내에게 두려움을 뛰어넘을 수 있는 용기를 주셨던 것이다. 하나님은 바로 자신이 아내의 목소리를 만드셨으며, 아내의 노랫소리를 사랑하신다는 걸 아내가 이해하도록 도우셨다. 마침내 아내는 자신의 노랫소리에 대한 하나님의 긍정을 받아들였고, 그 순간 자신이 노래하는 것을 매우 좋아하며 하나님이 결코 자신에게 단조로운 목소리를 주지 않으셨다는 2가지 놀라운 사실을 발견했다. 단지 그녀의 초등학교 선생님이 틀렸던 것이다. 이후 아내는 20년 동안 수백 명의 어린 아이들에게 기쁜 마음으로 하나님을 찬양하며 노래하는 법을 가르쳤다. 아내는 성가대 아이들을 이끄는 동안, 하나님께서 자신들의 목소리와 찬양의 노래를 사랑하신다는 것을 그 작은 아이들로 하여금 깨닫게 도와주었다.

하나님은 우리 각자가 원스텝 체인징을 시작하기를 갈망하신다. 또한 하나님께서는 주위의 다른 사람들 눈이 아닌, 우리가 하나님의 눈을 통해 우리 자신을 바라보길 원하신다. 하나님은 우리가 무슨 일을 하는지 혹은 어떻게 하는지를 가장 중요하게 생각하지는 않으신다. 오직 우리가 어떤 사람인가에 관심을 가지신다. 하나님의 시각으로 우리 자신을 만날 때, 우리는 하나님의 자애로운 사랑이 말로 다할 수 없는 은총으로 충만하다는 것을 알 수 있다. 하나님은 말로 설명할 수 없을 만큼 인내하시고 이해하시며 사랑하신다. 그러므로 하나님의 눈을 통해 우리 자신을 바라볼 때 너무나 단순하고 순수하며 놀라운 진실, 즉 분명 사랑받고 있다는 것에 가슴이 움찔해짐을 느낀다. 비록 의지도 약하고, 걸핏하면 다투며, 죄가 큼에도 불구하고 우리에 대한 하나님의 열렬한 사랑은 결코 시들지 않는다.

누군가는 당신의 목소리가 밋밋하다거나, 당신이 어떤 일도 해내지 못할 거라거나, 실패자라고 말한 적이 있을지도 모른다. 문제는 언젠가부터 당신은 그 거짓말을 믿기 시작했다는 것이다. 그렇지만 이제 하나님의 음성을 들을 때다. 하나님은 당신이 어디에서 상처를 입었는지, 타인의 특별한 요구나 기대에 부응하기 위해 당신이 어떤 행동을 했는지 모두 알고 계신다. 하나님은 당신이 행동하는 것을 멈추고, 당신의 모습 그대로 다가오기를 원하신다. 오늘 당신에게 하시는 하나님의 말씀을 마음으로 들어보라. "하나님이 세상을 이처럼 사랑하사 독생자를 주셨으니 이는 그를 믿는 자마다 멸망하지 않고 영생을 얻게 하려 하심이라 하나님이 그 아들을 세상에 보내신 것은 세상을 심판하려 하심이 아니요 그로 말미암아 세상이 구원을 받게 하려 하심이라"(요한복음 3:16-17), "우리가 아직 죄인 되었을 때에 그리스도께서 우리를 위하여 죽으심으로 하나님께서 우리에 대한 자기의 사랑을 확증하셨느니라"(로마서 5:8). 예수님은 여전히 "사람이 친구를 위하여 자기 목숨을 버리면 이보다 더 큰 사랑이 없나니"(요한복음 15:13)라고 말씀하신다. 이렇게 말씀하시고 예수님은 우리의 죄를 대신해 십자가에 못 박힘으로써 자신의 깊은 사랑을 증명하셨다.

하나님의 놀라운 사랑의 파도가 우리 마음속으로 물밀듯이 밀려오는 것을 느끼는 그 놀라운 순간, 우리는 삶이 변화하는 원스텝 체인징을 경험한다. 그리고 실행하고 기준에 부합하라는 사회의 요구에서 자유로워지며, 결코 부응할 수 없는 기대를 하는 가족의 속박에서 해방된다. 또한 주위 사람들의 눈이나, 심지어 우리 자신의 눈을 통해 더 이상 우리 자신을 바라보지 않게 된다. 기쁨을 주는 변화를 일으킬 때, 우리는 하나님이 우리를 보시는 방식으로 자신을 바라본다.

나는 하나님이 가장 사랑하시는 사람

하나님은 그만큼 나를 사랑하신다

우리가 '행위'를 멈추고 '존재' 그 자체를 바라보는 원스텝 체인징을 시작할 때, 우리는 하나님이 우리를 보시는 것처럼 자신을 보기 시작한다. 예수 그리스도께서 하늘의 영광을 떠나 이 땅에 오시어 우리에게 집으로 가는 길을 보여주셨을 때, 우리는 하나님의 위대한 사랑의 계시가 일어난 것을 깨닫는다. 하나님이 우리를 그토록 사랑하신다는 것은 어림짐작조차 하기 힘든 일이지만, 이는 모든 기독교인이 받아들여야 하는 근본적인 진리다.

수년 전, 나는 어느 목사가 고집스러운 거위들에 대해 이야기하는 것을 들으면서 이 진리를 크게 실감하게 됐다. 그의 이야기에 따르면, 교회에 성실히 나가며 예수님에 대한 신심이 두터운 여자가 있었다고 한다. 그녀는 하나님의 존재를 믿었으며, 예수님이 인간의 모습으로 인간의 역사에 나타나셨고, 죄를 대속하기 위해 돌아가셨다는 것을 알았다. 그녀를 아는 모든 사람들은 그녀의 믿음이 진실하며 자신에 대한 하나님의 사랑을 이해하고 있다는 것을 알고 있었다.

그녀의 남편 역시 친절한 사람이었고 그녀를 매우 사랑했다. 그렇지만 그는 하나님이나 예수님의 존재를 믿지는 않았다. 그럼에도 아내의 믿음을 말린 적은 한 번도 없었다. 그것이 아내에게는 진실이라는 것을 알았으므로 아내의 '신앙생활'을 격려했지만 스스로가 믿고 따르지는 않았다.

이따금 여자는 남편에게 교회에 나가자고 말했다. "여보, 딱 한 번만 나와 교회에 가지 않을래요?"

남편의 반응은 언제나 똑같았다. "나는 정말 이해가 안 된다오. 하나님은 왜 천상을 떠나 인간의 모습으로 나타나셨던 거요? 그리고 만일 진짜 하나님이 있다면, 왜 인간이 되어 이 땅 위를 걸으셔야 했는지 난 모르겠소. 난 그냥 이해가 안 되는 걸 어쩐단 말이오."

여자는 남편의 말에 슬펐지만 홀로 교회에 나갔다. 그리고 언젠가는 하나님께 나아가는 길을 보여주시기 위해 예수님이 정말 이 땅에 오셨다는 것을 남편이 이해하고 받아들이게 되기를 기도했다. 또한 자신이 사랑하는 남편의 마음에도 자신이 매일 경험하는 예수님의 사랑의 기운이 가득 차기를 기도했다.

어느 크리스마스이브에 여자가 생각했다. '그래, 남편에게 한 번 더 권해봐야지. 남편을 크리스마스이브 촛불예배에 초대하는 거야.' 그녀가 부드럽게 같이 가자고 말을 건넸지만, 남편은 여전히 단호하게 거절했다.

여자가 교회로 출발했을 무렵, 갑자기 눈이 내리고 바람이 불기 시작했다. 남편은 혼자 난롯가에 앉아 책을 읽었다. 한 시간 가까이 지났을 때, 창가에서 쿵 하는 소리가 들리더니 계속해서 그 소리가 이어졌다. 그는 혹시 이웃집 아이들이 눈 뭉치를 던지는 건지 살펴보려고 자리에서 일어섰다. 창밖에는 가랑눈이 험한 소나기눈으로 바뀌어 있었고, 창문 아래에는 어디선가 나타난 거위 떼가 있었다.

그 거위들은 세차게 내리는 눈 때문에 방향을 잃고 헤매던 중 그의 집 창문에서 나오는 빛을 보고 집 안으로 날아오르려 했다. 그는 거위들이 창문에 부딪혀서 상처 입고 당황해하는 것이 안타까웠다. 그래서 거위를 돕기 위해 서둘러 밖으로 나갔다. 그러나 그가 가까이 다가가자 거위들은 자신이 아프다는 것도 잊고 그를 두려워하며 종종걸음을 쳤다. 그는 헛간 문을 열고 거위를 안으로 넣어주려고 했다. 하지만 그가 가까이 갈 때마다 거위들은 다른 방향으로 흩어졌고, 결국 그는 거위들을 안전한 헛간으로 넣을 수 없었다.

그는 진이 다 빠질 정도로 지쳐서, 거위들을 도와주려는 노력을 포기하고 바닥에 털썩 앉았다. 그리고 그 순간 이런 생각이 떠올랐다. '내가 잠깐 동안만 거위가 될 수 있다면 저놈들을 안전한 곳으로 이끌어줄 수 있을 텐데. 거위들은 상처를 입고 혼란에 빠져서 나를 무서워하고 있어. 오히려 내가 거위라면 안전한 곳으로

이끌 수 있을 텐데.'

바로 그때, 멀리서 교회 종이 울렸고 그는 마치 큰 깨달음을 얻은 듯한 표정으로 눈 위에 무릎을 꿇었다. 그리고 태어나서 처음으로 기도를 했다. "하나님, 저는 왜 당신이 인간으로 오셨어야 했는지, 그리고 크리스마스가 진정 무슨 의미인지 이해하기 시작한 것 같습니다. 처음으로 예수님이 어떤 분이시며, 왜 이 땅에 오셨는가를 알기 시작한 것 같습니다. 예수님, 저를 안전한 곳으로 이끄시려 하신다면 당신을 따르도록 가르쳐주십시오. 당신이 저 위에 계시고 저를 그토록 사랑하신다면 당신께 제 삶을 바치겠습니다!"

남자는 거위 떼가 일으킨 소동으로 인해 마침내 하나님의 사랑과 관심, 걱정 때문에 예수님이 이 세상에 오시게 되었다는 것을 깨닫게 됐다. 만약 당신이 영원한 기쁨으로 살아가고 싶다면, 당신은 하나님의 사랑하는 자녀라는 진리를 받아들여야 한다.

이 진리는 성경을 통해 몇 번이고 계속 이야기된 요한1서에 나오는 다음 구절들을 천천히 숙고하며 읽어보라. 그리고 이렇게 청하라. 당신을 향한 그 크신 사랑에 대해 하나님이 말씀하시길 원하는 것을 듣게 해달라고.

보라 아버지께서 어떠한 사랑을 우리에게 베푸사 하나님의 자녀라 일컬음을 받게 하셨는가, 우리가 그러하도다

요한1서 3:1

사랑은 여기 있으니 우리가 하나님을 사랑한 것이 아니요 하나님이 우리를 사랑하사 우리 죄를 속하기 위하여 화목 제물로 그 아들을 보내셨음이라 사랑하는 자들아 하나님이 이같이 우리를 사랑하셨은즉 우리도 서로 사랑하는 것이 마땅하도다

요한1서 4:10-11

하나님은 사랑이시라 사랑 안에 거하는 자는 하나님 안에 거하고 하나님도 그의 안에 거하시느니라

요한1서 4:16

당신은 하나님의 아들이신 예수 그리스도를 통해 하나님에 대한 믿음에 이르렀다고 느끼는가? 그렇다면 당신은 하나님이 가장 아끼시는 사람이다. 만약 그렇지 않다면, 하나님은 두 팔을 활짝 벌리시고 당신에게 아낌없는 사랑을 전해주고자 열망하신다는 사실을 알라. 하나님의 사랑을 받고, 그것을 믿으며, 기쁨으로 걸어 들어가라! 예수 그리스도에 대한 믿음을 통하여 하나님의 가장 사랑하는 사람이 될 수 있음을 아는 기쁨으로 말이다! 그리고 몇 세기 동안 쉴 새 없이 메아리치는 성경의 말씀을 들어라. "그러나 이 모든 일에 우리를 사랑하시는 이로 말미암아 우리가 넉넉히 이기느니라 내가 확신하노니 사망이나 생명이나 천사들이나 권세자들이나 현재 일이나 장래 일이나 능력이나 높음이나 깊음이나 다른 어떤 피조물이라도 우리를 우리 주 그리스도 예수 안에 있는 하나님의 사랑에서 끊을 수 없으리라"(로마서 8:37-39).

■ 절 대 잊 어 버 릴 수 없 는 소 중 한 가 치 를 되 새 겨 라

우리는 하나님께서 우리를 얼마나 사랑하시는지 자주 잊어버린다. 성경 곳곳에서 하나님은 그를 따르는 이들에게 자신의 진리를 계속 상기시키고 기억하게 만드는 것들을 만들라고 하신다. 다음 성경구절 중 한두 가지를 카드나 종이에 적어라. 그리고 당신이 매일 보는 곳에 붙여라. 냉장고 문이나 욕실거울에 붙일 수도 있고, 손가방이나 지갑 안에 넣을 수도 있다. 이 메모를 볼 때마다 천천히 읽고 하나님이 당신을 얼마나 사랑하시는가를 기억하고 찬양하라. 하나님이 당신을 어떻게 생각하시는지 묵상하면서, 다른 사람들의 기대가 아닌 하나님의 뜻을 따르겠다고 다짐하라.

추천하는 성경구절 :

요한복음 3:16, 로마서 8:38-39, 요한1서 3:1, 4:10-11

하나님은 나의 아버지이시며, 나는 그분의 자녀다!

하나님의 눈을 통해 우리 자신을 바라보고 우리가 정말로 누구인가를 알게 되면, 우리는 하나님의 소중한 자녀라는 것을 깨닫는다. 낯선 이의 사랑을 받는 것과 하나님의 사랑을 받는 것은 다르다. 하늘에 계신 아버지의 사랑은 우리가 저마다 마음 깊이 원하는 것을 충족시켜주시기 때문이다.

여러 해 동안 나는 구치소와 교도소에서 목사로 일해왔다. 교도소에 가면 교도관은 죄수들이 살고 있는 소위 '둥지' 안으로 우리를 안내한 뒤 문을 잠그고 떠난다. 아직도 나는 내 뒤로 문들이 쿵,

쿵 닫히고 자물쇠가 채워지는 소리를 들을 때면 등골이 서늘해진다. 일단 우리가 안으로 들어가면 상급 교도관이 멀리 떨어진 곳에서 버튼을 눌러 모든 감방의 문을 연다. 그러면 예배를 드리기 원하는 죄수들이 나와서 우리를 만난다.

어느 일요일, 내가 설교하기로 예정된 그 날은 우연히 '아버지 날'이었다. 나는 교도소에 들어가기 전, 교도소에 있는 사람들에게는 아버지가 없는 경우가 많다는 이야기를 들었다. 혹은 아버지가 있었다 해도 폭력적이거나 자식을 돌보지 않았을지도 모르겠다. 나는 교도관으로부터 하나님을 어떤 식으로든 아버지로 표현하지 말고, 하나님을 아버지로 비유할 경우 오히려 그들이 갖고 있는 아버지에 대한 이미지 때문에 역효과를 불러일으킬 수 있으니 조심하라는 말을 들었다.

그렇지만 나는 '아버지 날'에 전할 메시지를 준비하면서 그들 역시 하늘에 계신 애정 어린 아버지의 자녀들이라는 사실을 알려야 한다고 확신했다. 어쩌면 위험할지도 모른다는 것을 알았지만, 하나님께서 그들에게 자신의 자애로운 사랑을 알리고 싶어 하신다는 느낌이 들었다.

그리고 드디어 설교가 시작됐다. 조용히 기도한 후, 나는 이 상처 입고 외로운 사람들에게 하나님께서 그들에게 들려주시기 원한다고 생각하는 것들을 말하기 시작했다.

"오늘은 '아버지 날'입니다. 저는 여러분이 자신의 아버지에 대해 좋은 감정을 갖고 있지 않을 수 있으며 어떤 분들은 아버지로부터 깊이 상처 받았을 수도 있다는 것을 알고 있습니다. 또한 제가 여기 교도소에서 설교할 때 하나님을 아버지로 언급해서는 안 된다는 것도 알고 있습니다. 하지만 오늘 저는 그 규칙을 깰 것입니다!" 아마도 그들은 목사가 약간 반항적이라는 사실을 마음에 들어 하지 않았을까 생각한다.

내가 계속 말했다. "우리 중 누구도 완벽한 아버지를 갖고 있지 않습니다. 이 세상에 그런 사람은 단 한 명도 없습니다. 그러나 좋은 소식은, 하늘에는 더할 나위 없이 애정 깊은 아버지가 계시다는 것입니다. 땅의 아버지는 여러분을 실망시켰을지도 모르지만, 하늘의 아버지는 그러하지 않을 것입니다! 땅의 아버지는 여러분을 버렸을지도 모르지만, 하늘의 아버지는 '내가 너를 떠나지 아니하며 버리지 아니하리니'(여호수아 1:5)라고 약속하십니다. 지상의 아버지는 무관심하거나 심지어 폭력적이었을지도 모르지만, 하나님은 여러분이 아는 것보다 더 많이 여러분을 사랑하십니다. 하나님은 그의 아들인 예수 그리스도를 통해 여러분을 그의 품으로 초대하십니다."

나는 그들에게 아버지의 돈을 가지고 집을 떠나 탕진한 뒤, 결국 빈털터리로 집에 돌아온 반항적인 아들에 대해 말했다. 그리고 그 이야기 속 아버지의 응대가 천상의 아버지의 마음과 같으며, 이야기 속의 아버지가 자신을 아들을 보았을 때 "측은히 여겨 달려가 목을 안고 입을 맞추"(누가복음 15:20)었다고 설명했다. 그때 내가 교도소에서 했던 설교를 모두 옮겨 적을 수는 없지만, 내가 이들에게 이야기했을 때 일어난 일은 한 마디로 거의 기적에 가까웠다. 그들은 내가 하늘에 계신 그들의 아버지에 대해 말했다는 이유로 분노하지 않았다. 오히려 어떤 이들은 조용히 눈물을 흘리고 있었다. 또 어떤 이들은 크고 환하게 미소를 짓고 있었다. 그들은 누구보다 열심히 귀 기울이며 감응했다.

그날 이후, 나는 교도소에 있는 그들이 우리와 별로 다르지 않다는 사실을 깊이 깨달았다. 왜냐하면 교도소 안의 그들이나 교도소 밖의 우리나, 하늘의 하나님이 우리를 그의 소중한 자녀로서 품에 안기를 원하신다는 사실을 알아야 하기 때문이다. 우리는 모두 빈털터리이며 우리의 죄에 갇혀 있다. 또한 우리 중 누구도 완벽한 땅의 아버지를 갖고 있지 않다. 그러나 그들이나 우리에게는 우리를 극진히 사랑하시는 하늘의 아버지가 계시지 않는가! 하나님은 멈추지 않으실 것이다. 하나님은 결코 약해지지 않으실 것이다. 하나님의 사랑은 감춰질 수 없다!

매일 아침 눈을 뜨면서 우리가 하나님의 사랑하는 자녀라는 사실을 깨닫고 놀라워할 때, 우리는 삶의 새로운 방식으로 변화해가고 있는 것이다. 세상을 살다보면 누군가가 우리에게 화를 내고 우리를 형편없이 다룰지도 모른다. 일들이 우리 뜻대로 되지 않을지도 모른다. 우리가 원하는 평가를 받지 못할지도 모른다. 그리고 삶이 힘들고 고통스러울 수도 있다. 하지만 예수 그리스도에 대한 믿음으로 우리는 하나님의 자녀가 된다. 이 세상의 어떤 투쟁도, 다른 사람에 의한 어떤 판단도, 어떤 감옥의 벽도 우리의 마음과 삶을 가득 채우는 하나님의 사랑을 막지 못한다.

원스텝 체인징 ■ 매일 아침 사랑을 외쳐라!

제안 매일 아침에 일어나서 거울을 보고 큰 소리로 이렇게 말하라.

“나는 하나님의 사랑을 받고 있다!”

머리칼이 헝클어지고 눈곱이 끼었더라도, 처음 말할 때는 믿지 않을지라도, 거울에 비친 하나님의 사랑을 받는 아이, 즉 당신의 얼굴을 바라보며 그것이 진실임을 알 때까지 계속 말하라.

“나는 하나님의 사랑을 받고 있다!

나는 하나님의 사랑을 받고 있다!”

존재의 그 행복한 기쁨

우리는 살면서 2가지 길 중 하나를 선택할 수 있다. 하나는 ‘행동’을 하는 것이고, 다른 하나는 ‘존재’하는 것이다. 우리는 행동이라는 빠른 선로에 올라가 어떤 특정한 요구나 기대에 부응하려 애쓰며 일생을 보낼 수 있다. 업무를 수행하고, 열심히 일하며, 다른 이들이 원하는 모습의 사람이 되기 위해 모든 것을 내줄 수 있다. 그 결과 이 길은 우리를 영원히 당근을 쫓고 채찍을 맞는 불안한 삶으로 이끈다. 이것은 분명 자신의 자녀들을 위한 하나님의 계획이 아니다.

하나님께서 우리가 선택하길 원하시는 그 길을 따라간다면, 우리 모두는 그분의 소중한 자녀라는 것을 깊이 이해하게 된다. 존재라는 길은 우리를 참된 기쁨으로 이끈다. 왜냐하면 그리스도 안에서는 우리가 누구인가 하는 점으로 우리의 가치와 의미가 발견되기 때문이다. 당신은 앞으로 대기업의 사장이 되지 못할지도, 미인대회에서 우승할 수 없을지도, 또는 잠을 깨우는 요정으로 선택받지 못할지도 모른다. 하지만 이에 연연하지 않아도 좋다. 당신이 하나님의 사랑을 알고 있을 때, 이 모든 것들은 비교의 가치를 잃어버리기 때문이다.

우리의 세상은 행동하는 길로 가라는 이정표들로 가득하다. 요람에서 무덤까지 그 메시지는 동일하다. '수행하라, 특정한 요구나 기대에 부응하라, 승리자가 되라, 성공하라!' 그런데 하나님 또한 이정표를 세워두셨다. 그리고 자신의 아들을 보내시어 우리가 소중하다는 것을, 우리는 우리가 꿈꾸었던 것보다 더 소중하다는 것을 보여주셨다. 때로는 하나님이 세상보다 더 교묘하다고 생각되지 않는가? 하나님은 작은 소리로 속삭이며 말하신다. 그러므로 우리가 발걸음을 조금 늦추고 귀를 기울인다면 하나님의 이런 음성을 듣게 될 것이다. '나는 너를 사랑한다. 내게 있어서 너의 가치는 네가 하는 일에 좌우되지 않는다. 내게 기대어라. 나의 사랑과 은총을 받아라. 그리고 너를 향한 나의 사랑이 언제나 충만할 거라는 분명한 사실에서 기쁨을 찾아라!'

● 작은 변화를 일으키는 오늘의 깊은 생각

10분에서 15분 정도의 시간을 내어 방해받지 않을 조용한 장소를 찾아라. 그리고 스스로에게 다음과 같이 물어보라.

- 내 개인적인 가치를 결정하는 데 내가 사용하는 기준이나 표준은 무엇인가?
- 내 삶에 대해, 그리고 나를 소중하고 가치 있게 느끼도록 만드는 것에 대해 생각할 때 나는 누구의 눈을 통해 보는가?

● 작은 변화를 일으키는 오늘의 기도

- 내 자신이나 다른 사람의 눈을 통해서가 아니라, 하나님의 눈을 통해서 자신을 바라볼 수 있게 해달라고 하나님께 기도하라.
- 당신이 선해서가 아니라 하나님의 은총이 있기 때문에 하나님이 당신을 사랑하신다는 사실을 감사하라.

O3

기쁨으로
가슴 벅찬 삶을 위한
원스텝 체인징

주 안에서 항상 기뻐하라 내가 다시 말하노니 기뻐하라

빌립보서 4:4

느헤미야가 또 그들에게 이르기를 너희는 가서 살진 것을 먹고 단
것을 마시되 준비하지 못한 자에게는 나누어 주라 이 날은 우리 주
의 성일이니 근심하지 말라 여호와로 인하여 기뻐하는 것이 너희의
힘이니라

느헤미야 8:10

생각하건대 현재의 고난은 장차 우리에게 나타날 영광과 비교할 수

없도다

로마서 8:18

기쁨은 선택할 수 있는 것이다! 정말로 그렇다!

만약 당신이 이 말에 확신할 수 없다면 에스더와 베티에게 한번 물어보라. 두 사람 모두 일찍이 삶의 진실을 알았다. 삶이 언제나 우리가 계획하는 대로 되는 것은 아니며, 기쁨이란 일생 동안 저절로 샘솟는 것이 아니라는 것을 말이다. 어렸을 때 에스더는 가슴과 목에 심한 화상을 입는 사고를 겪었다. 미국 독립 기념일인 7월 4일에 불꽃놀이를 하다가 그만 옷에 불이 붙었던 것이다. 평생 흉터는 사라지지 않았으며, 그로 인해 그녀는 70여 년 동안 사람 앞에 나서기를 꺼렸다. 성인이 되어 사랑에 빠지고 결혼을 했지만, 결국 가슴 아픈 이혼으로 끝나고 말았다. 또한 그녀의 두 번째 결혼은 여섯 달 동안 행방불명이었던 그녀의 남편이 2차 세계 대전에서 전사했다는 전보를 받는 것으로 끝이 났다. 그녀의 두 번째 남편은 인생의 비전도 없었고, 또 전투에 참가할 사람도 아니었지만, 전방으로 잘못 보내져 목숨을 잃고 말았다. 그녀는 서른이라는 젊은 나이에 이혼을 하고, 게다가 미망인까지 되어 혼자서 아이들을 키웠다. 그리고 말년에 뇌졸중으로 쓰러져 반신불수가 되었다. 이후 10년을 더 살았지만 결코 다시 걷거나 혼자서 생활할 수도 없었다. 그녀가 삶의 진짜 고통과 괴로움에 직면했다는 것은 명백해 보였다.

에스더처럼 베티도 사랑에 빠져서 일찍 결혼했다. 그러나 슬프게도 그녀의 남편은 곧 심각한 알코올 중독에 빠졌고, 가족을 버렸으며, 뉴욕 거리에서 방황하다 세상을 떠나고 말았다. 서른한 살의 나이에 베티는 미망인이 되어 어린 세 아들과 함께 남겨졌다. 결국 재혼을 했고 4명의 아이들을 더 키우게 되었다. 이 상황은 그녀에게 두 가정이 혼합된 상태에서 다섯 아들과 두 딸을 키워야 하는 유례없는 과제를 던져주었다. 그리고 둘째 아들이 교통사고로 죽으면서 또 다른 비극을 맞았다. 심지어 말년에 그녀는 심한 심장발작을 일으켰다. 건강을 회복하기 위해 애쓰며 여러 해를 보냈지만, 치유할 수 없는 손상을 입었다. 당연히 베티 역시 이 세상에서 그녀 몫의 고통과 슬픔을 겪었다고 말할 수 있다.

에스더는 혼자서 아이를 키우는 젊은 엄마였을 때 미국 미시간 주를 떠나 캘리포니아 주 패서디나로 이주했다. 베티 또한 펜실베이니아 주에서 캘리포니아의 패서디나로 이사를 했다. 이 새로운 장소에서 두 사람은 각자 새로운 시작을 경험할 기회를 얻고, 세월이 흐르면서 에스더와 베티 모두 '패서디나의 중년부인'이 되었다. 하지만 두 사람이 가진 유사점은 거기까지다. 둘 다 커다란 상실과 고통을 겪었다는 점에서는 같지만, 그들은 근본적으로 자신의 상황에 다르게 반응했다.

에스더는 사람들과 벽을 쌓았다. 근처의 길 잃은 고양이들에게나 관심을 쏟았으며, 별로 웃지도 않았다. 사람들은 그녀에 대해 기쁨이나 즐거움이라는 말을 사용하지 않았다. 반면에 베티는 마음을 열고, 미소와 따뜻한 식사와 포옹이 필요한 모든 길 잃은 아이들을 집으로 맞아들였다. 그녀의 집에는 웃음소리가 항상 가득했다. 심장발작 후에도 그녀의 자비로운 사랑과 즐거운 영혼이 사람들을 그녀에게 끌어당겼다. 거의 어느 때든 상관없이 그녀의 집에 들어서면 그녀의 즐거운 노랫소리나 휘파람소리를 들을 수 있었다.

베티와 에스더는 40여 년을 함께 작은 도시에서 살았지만, 베티의 아들이 에스더의 딸에게 청혼을 하지 않았다면 서로 한 번도 만나지 않았을지도 모른다. 이 두 집안의 결합을 계기로, 나는 기쁨이 있는 삶과 기쁨이 없는 삶에는 현격한 차이가 있다는 것을 배우게 되었다. 그런데 내가 이 두 분을 어떻게 알게 됐냐고? 두 분들은 바로 나의 할머님이다.

크리스마스가 돌아오면, 부모님은 누나들과 나를 파란 SUV 자동차에 태우고 패서디나로 향하셨다. 우리는 항상 친가에 먼저 들렀다. 우리는 사랑을 담뿍 담아 "할머니!"라고 외치며 집안에 뛰어 들어갔고, 항상 집 안은 빛과 활기, 진정한 크리스마스 기쁨으로 가득했다. 나의 친할머니는 매일 착하고 올바르게 살고자 끊임없이 노력하는 것으로 자신의 심장발작, 남편과 십대 아들의 죽음, 그리고 그 이상의 고통들을 극복하셨다. 그녀의 기쁨은 그녀가 만나는 모든 사람에게 전염되었다. 그리고 하나님을 향한 참된 사랑이 그녀의 모든 관계에 영향을 미쳤다.

그런 다음 크리스마스이브에 나의 외할머니를 만나기 위해 도시를 짧게 가로질렀다. 외가가 주는 느낌은 매우 달랐다. 외할머니가 우리를 사랑하신다는 걸 잘 알고 있었지만 그곳은 미소나 행복, 기쁨의 장소가 아니었다. 어렸기 때문에 설명할 수는 없었어도, 우리 모두 가능한 한 빨리 친할머니에게 돌아가길 원했다. 그리고 솔직히 말하자면 외할머니도 우리가 빨리 떠나기를 원하셨다고 생각한다. 외가에 가는 일은 소중한 경험이 아니라 견뎌야 할 의무였다.

돌아보면 나는 이 두 분이 똑같이 많은 고통과 상실에 직면하셨음을 깨닫는다. 한 분의 경우 삶의 고통이라는 혹독한 시련이 자비와 사랑과 기쁨의 마음을 일으켰다. 그러나 다른 한 분의 경우 삶의 고투와 상실이 기쁨이 없고 고립되며 외로운 존재가 되도록 이끌었다.

성장하면서 나는 기쁨이 선택이라는 것을 분명히 이해하게 되었다. 어떤 사람들은 이 세상의 믿을 수 없는 고통과 괴로움에 직면해서, 그들이 가진 것에 더 많이 감사하고 기쁨에 새롭게 몰두함으로써 불사조처럼 잿더미에서 날아오른다. 다른 이들은 유사한 환경에 직면해서 분노와 비탄으로 응한다. 그들은 기쁨에 넘치는 마음과 지속적인 행복을 얻을 수 없다고 판단하고 시도하기를 멈춘다. 훨씬 더 놀랍고 충격적인 것은, 무수한 축복을 받고 풍부한 재원(財源)과 자신에게 필요한 것 이상을 소유하고 있으면서도 여전히 기쁨을 찾지 못하는 사람이 있다는 것이다. 많은 사람들은 충분한 경제적 능력과 커다란 자유, 더 길어진 수명, 번창하는 연예산업의 시대에 살면서 정말 중요한 영속적인 기쁨은 경험하지 못한다.

다행히 하나님은 좋은 소식을 갖고 계시다. 하나님은 기쁨의 원천이시며 그것을 우리와 아낌없이 나누길 원하신다. 기쁨은 하나님 마음의 본바탕이며 하나님은 우리가 날마다 기쁨으로 놀라기를 원하신다. 우리가 무엇에 직면하든 올바로 선택하고 온 마음으로 하나님을 따른다면, 우리가 이제껏 상상했던 것보다 더 많은 기쁨을 경험할 수 있다.

원스텝 체인징 ■ **당신 주변의 베티는 누구인가요?**

제안 사람들은 자신과 함께 어울려 시간을 보내는 사람들을 닮아 간다는 걸 아는가? 부모가 어린 자녀들의 또래 친구들이 어떤지 관심을 가지는 것도 바로 그 때문이다. 놀랍게도 이 현상은 성인이 되어서도 계속된다. 당신의 삶에서, 당신 주변에서 항상 밝게 웃으며 기뻐하는 사람을 찾아보라. 그리고 적어도 한 달에 한 번 그 사람과 같이 시간을 보내라. 그 사람의 기쁨에 찬 얼굴과 몸짓을 지켜보고, 삶에 대한 그 사람의 태도를 당신의 것으로 받아들여라. 그리고 하나님께 그와 닮은 사람이 되도록 도와달라고 청하고 이 '기쁨의 멘토'가 당신을 기쁨이라는 삶의 새로운 방식으로 이끌도록 하라.

하나님께 드릴 수 있는 최고의 선물

최근 결혼식에서 얼굴을 찡그린 채 울상으로 식장으로 걸어 들어오는 신부를 본 적이 언제였는가? 대답은 아마도 '한 번도 없었다!'일 것이다. 기쁨은 사람의 마음을 사랑으로 가득 채운다. 사랑하는 사람을 향해 걸어 들어오는 신부의 미소는 번쩍번쩍한 조명 없이도 식장 전체를 눈부시게 비춘다. 그리고 사랑이 진실할 때, 기쁨은 저절로 샘솟는다.

우리 기독교인들은 다른 어떤 사람들보다 기쁘게 살 수 있다. 왜? 깊이, 열렬히, 그리고 영원히 사랑받고 있기 때문이다! 하나님의 사랑은 우리의 삶으로 넘쳐흘러서 마치 우리 머리 위에 폭포가 되어 떨어질 만큼 풍요롭다. 그러므로 걸을 때마다 우리의 발걸음은 기쁨에 가득 차 힘차게 움직여야 한다. 또한 우리의 눈은 크리스마스 아침을 맞는 아이의 눈처럼 반짝반짝 빛나야 한다. 우리의 목소리는 우리의 마음을 가득 채운, 그 표현할 길 없는 환희를 고스란히 담고 있어야 한다.

단언하건데, 예수님을 따르는 이들은 기쁨의 사람들이다. 물론 엄숙해야 할 때는 분명히 있지만, 마음의 본바탕은 무한한 기쁨이다. 사도 바울은 하나님의 성령이 우리 삶에 충만할 때 열매가 자연스럽게 맺힌다고 가르쳤다. 성령의 첫 두 열매는 사랑과 희락이다(갈라디아서 5:22). 이것들은 서로 떼려야 뗄 수 없는 관계이기 때문에 사랑이 흘러넘칠 때면 기쁨이 자연스럽게 생겨나는 법이다. 다윗의 이 말들을 숙고해보라. "주께서 나의 슬픔이 변하여 내게 춤이 되게 하시며 나의 베옷을 벗기고 기쁨으로 띠 띠우셨나이다 이는 잠잠하지 아니하고 내 영광으로 주를 찬송하게 하심이니 여호와 나의 하나님이여 내가 주께 영원히 감사하리이다"(시편 30:11-12).

하나님은 그의 자녀들이 기쁨에 충만하여 걷는 모습을 보실 때 기뻐하신다. 하나님은 우리가 춤추고 노래하며 베옷을 벗을 때 축하해주신다. 기쁨이 자유로이 샘솟는 삶을 사는 것, 그것은 우리가 하늘에 계신 아버지께 드릴 수 있는 최고의 선물 중 하나다.

우리는 결코 혼자가 아니다!

예수님이 인간의 역사에 들어오셨을 때, 하나님은 우리와 함께 걷고 계셨다. 하나님은 외로움과 굶주림, 말할 수 없는 육체적 고통, 벗들의 외면, 유혹 등 우리가 경험하는 모든 괴로움을 알고 계셨다. 그리고 예수님 또한 우리가 상상할 수 없는 깊은 고통을 느끼셨다. 십자가에 못 박히셨을 때, 예수님은 모든 인간의 죄를 짊어지는 뼈아픈 무게를 느끼셨다. 하나님은 우리가 아는 것 이상으로 우리의 고통을 보시며 이해하신다. 그럼에도 항상 우리에게 기쁨으로 살라고 말씀하신다.

하나님의 가장 위대한 종인 사도 바울은 시련과 고통으로 가득한 삶 한가운데에서도 기쁨으로 우뚝 선 놀라운 본보기다. 고린도의 교인들에게 보내는 편지에서 바울은 예수님을 따르는 결과로 자신이 겪었던 괴로움을 이야기한다.

내가 수고를 넘치도록 하고 옥에 갇히기도 더 많이 하고 매도 수없이 맞고 여러 번 죽을 뻔하였으니 유대인들에게 사십에서 하나 감한 매를 다섯 번 맞았으며 세 번 태장으로 맞고 한 번 돌로 맞고 세

번 파선하고 일주야를 깊은 바다에서 지냈으며 여러 번 여행하면서 강의 위험과 강도의 위험과 동족의 위험과 이방인의 위험과 시내의 위험과 광야의 위험과 바다의 위험과 거짓 형제 중의 위험을 당하고 또 수고하며 애쓰고 여러 번 자지 못하고 주리며 목마르고 여러 번 굶고 춥고 헐벗었노라 이 외의 일은 고사하고 아직도 날마다 내 속에 눌리는 일이 있으니 곧 모든 교회를 위하여 염려하는 것이라

고린도후서 11:23-28

또한 바울은 예수님에 대해 설교했다는 이유로 옥에 갇혀 있는 동안 이렇게 쓴다. "주 안에서 항상 기뻐하라 내가 다시 말하노니 기뻐하라 너희 관용을 모든 사람에게 알게 하라 주께서 가까우시니라 아무 것도 염려하지 말고 다만 모든 일에 기도와 간구로, 너희 구할 것을 감사함으로 하나님께 아뢰라 그리하면 모든 지각에 뛰어난 하나님의 평강이 그리스도 예수 안에서 너희 마음과 생각을 지키시리라"(빌립보서 4:4-7).

오늘날 성경을 읽는 사람들은 바울이 혹시 성격장애가 있는 사람이 아니었을까 생각할지도 모르겠다. 자신이 한 일 때문에 그런 엄청난 고통을 겪은 사람이 어떻게 여전히 '주 안에서 항상 기뻐하라'라고 외칠 수 있었을까? 그는 수도 없이 매질을 당했는데? 그의 말은 인간 인내의 한계를 넘어서는 고통에 노출되었을 때 저절로 나오는 몸과 마음의 절규였을지도 모른다. 육체적으로 정신적으로 그토록 극심한 고통을 겪은 사람이 진심으로 즐거운 마음으로 살 수가 있을까?

바울에게 그 답은 명백했다. 그에게 기쁨이란 우리가 놓인 환경이 아니라, 삶을 변화시키고 희망을 주는 예수님과의 관계에서 나오는 것이다. 우리의 환경은 날마다 변할지도 모르지만, 예수님은 늘 우리와 함께 계시며 사랑과 믿음을 주신다. 우리가 예수님을 알 때 이 세상의 가장 큰 고통조차 비교할 바가 되지 못한다. 바울 역시 "생각하건대 현재의 고난은 장차 우리에게 나타날 영광과 비교할 수 없도다"(로마서 8:18)라고 쓰고 있다.

그런데 왜 우리는 더 이상 기뻐하지 않는 걸까?

그런데 우리의 삶과 교회와 이 세상에는 왜 기쁨이 더 많이 존재하지 않는 것일까? 하나님 마음의 본바탕이 기쁨이고 하나님의 자녀들이 그분을 닮는다고 한다면, 찬양은 왜 그렇게 적고 근심은 왜 그렇게 많은 것일까?

한 가지 이유는 이 세상에 실재하는 고통과 괴로움이 우리의 기쁨을 무디게 한다는 것이다. 하나님은 우리의 고통을 이해하시기 때문에 분명 살면서 슬픔과 아픔의 시기가 있을 거라는 것을 알고 계시다. 그렇다고 하나님은 우리가 상실과 고통의 시기에도 즐거운 것처럼 가장하는 것을 원치는 않으신다. 시편과 기도서를 읽어보면 이것이 명백해진다. 시편의 3분의 1 이상은 학자들이 '비탄'이라고 부르는 것으로 채워져 있다. 시편에는 상처와 외로움, 슬픔, 두려움, 영적인 투쟁, 심지어 분노까지 가슴 아프도록 정직하게 표현되어 있다. 하나님은 비탄의 시기에 있는 우리를 도우시려고 이런 기도들을 기록하게 하셨다. 하나님은 우리에게 결코 거짓된 모습을 요구하지 않으신다. 중요한 건 우리가 이런 비탄의 시기가 곧 끝날 거라는 사실을 아는 일이다. 기쁨은 다시 생겨날 수 있으며, 다시 생겨날 것이다.

하나님은 인생의 큰 고난 한가운데서도 하나님에 대한 기쁨과 감사, 신뢰가 우리 마음속에 더욱 깊이 남아 있을 수 있다는 것을 우리가 알기 원하신다. 시간을 내서 시편에 실린 비탄에 젖은 구절들을 찬찬히 읽어보라. 세상에서 가장 애절한 기도를 하는 가운데 표현되는 기쁨과 확신에 찬 믿음을 발견한다면 아마 깜짝 놀랄 것이다!

오늘날 기쁨이 부족한 또 한 가지 이유는, 우리가 진정한 기쁨을 값싼 모조품과 바꿔버리기 때문이다. 요즘 사람들은 너무나 쉽게 연예나 오락을 기쁨의 대용물로 받아들인다. 화려하고 짜릿했으면, 눈이 돌아갈 정도로 번쩍거렸으면, 성적인 충동이 만족됐으면 한다. 그러나 이상하게도 영원한 기쁨에 이를 수 있는 믿음의 여행은 원하지 않는다.

늦은 밤에 텔레비전 보기를 절대 빼먹지 않는 것을 보면, 마치 의사가 힘든 하루를 보낸 다음에는 꼭 텔레비전을 보라고 처방을 내린 것이 아닐까 의심이 될 정도다. 그러다 소파에서 졸다가 바닥에 쿵 떨어졌을 때, 가슴 속이 뻥 뚫린 것 같은 공허함이 밀려온다. 이성관계에 있어서는 또 어떤가? 상대가 정해지지 않은 무수한 성적 만남은 잠깐의 로맨스와 형언할 수 없는 흥분을 약속하지만, 결국 죄의식과 외로움이라는 쌍둥이를 낳는 것으로 끝난다. 이처럼 많은 사람들에게 기쁨이 부족한 이유는 왜일까? 왜냐하면 온통 잘못된 장소에서 기쁨을 찾고 있기 때문이다!

하나님은 우리 모두가 근심에서 찬양으로의 원스텝 체인징을 시작하길 원하신다. 우리는 절대 슬픔이 지배하는 삶을 살 필요가 없다. 당신의 마음과 삶에 작은 변화만 일으켜보라. 기쁨이 당신의 변치 않는 동반자가 될 것이다.

기쁨으로의 여행을 떠나자

사도 바울은 극도의 고통을 겪으며 기쁨의 심원(深遠)을 경험했다. 때문에 그의 이야기는 기쁨의 여행에 나선 우리에게 도움을 될 것이다. 이 여행은 녹색 신호등이 켜져 있는 일방통행로만 달리는 것이 아니다. 울퉁불퉁한 길도, 꽉 막혀서 몇 시간쯤은 전혀 움직이지 않는 길도 있을 것이며, 때로는 잘못된 방향으로 나아가게 될지도 모른다. 그러나 우리가 예수님을 따른다면 하나님 안에서 점차 커지는 기쁨을 느끼며 이 세상을 여행한다는 게 무슨 의미인지 점점 배우게 될 것이다. 다음에 이어지는 것들은 사도 바울의 가르침으로서 기쁨의 여행에 나선 우리 각자에게 도움을 줄 것이다.

1. 뒤에 있는 것은 잊어버려라

바울이 이해했던 한 가지 변화는 우리의 눈을 과거로부터 떼어내는 것이었다. 꼭 요즘 사람들처럼, 바울의 시대에도 사람들은 과거의 오물과 진창에 빠져서 진정한 기쁨을 자주 잊어버렸다. 과거의 실패, 나쁜 선택, 심지어 승리조차도 우리가 현재에 발 딛고 걷는 데 방해가 될 수 있다.

비주류권의 영화 중에 '나폴레옹 다이너마이트*Napoleon Dynamite*'가 있다. 이 영화에서 주인공 나폴레옹의 삼촌 리코는 매일 한 가지, 또 한 가지만을 생각하면서 산다. 인생의 전성기였던 1982년으로 돌아가기를 원하는 것이다. 그해 그는 고등학교 미식축구계의 영웅이었다. 그는 찬란한 과거를 놓을 수 없었기 때문에, 천당과 지옥을 오가는 듯한 불안한 정신상태로 산다. 마치 과거의 영광을 되찾을 수 있을 것처럼, 상상 속의 다른 선수에게 풋볼 공을 던지는 자신의 모습을 촬영하면서 시간을 보낸다. 하지만 슬프게도 그런 일은 결코 일어날 수 없다.

하나님은 우리가 과거 성공과 실패를 넘어서서 나아가, 기쁨이 충만한 현재에서 살기를 원하신다. 그리고 이렇게 행동할 때 하나님께서 오늘과 내일 우리에게 바라시는 것을 향하여 전진할 수 있다. 바울은 "내가 이미 얻었다 함도 아니요 온전히 이루었다 함도 아니라 오직 내가 그리스도 예수께 잡힌 바 된 그것을 잡으려고 달려가노라 형제들아 나는 아직 내가 잡은 줄로 여기지 아니하고 오직 한 일 즉 뒤에 있는 것은 잊어버리고 앞에 있는 것을 잡으려고 푯대를 향하여 그리스도 예수 안에서 하나님이 위에서 부르신 부름의 상을 위하여 달려가노라"(빌립보서 3:12-14)라고 말한다.

이 성경구절을 보노라면 육상경기의 한 장면이 연상되지 않는 가? 바울은 앞으로 힘껏 달려가 상을 받는 일을 설명하는데, 이 모습은 결승선으로 질주하는 달리기 선수들과 비슷하다. 그들의 눈은 뒤나 옆에 있는 선수가 아니라, 오직 정면에만 초점이 맞춰져 있다. 영화 '불의 전차Chariots of Fire'를 알고 있는가? 이 영화에는 주인공 해럴드 에이브러햄Harold Abrahams이 간발의 차이로 승리하는 인상 깊은 장면이 나온다. 실제로 에이브러햄은 1924년 올림픽에 출전했던 가장 빠른 육상선수 중 한 명이었다. 마지막 순간 그는 결승선에서 눈을 돌려 힐긋 뒤를 돌아본다. 그러자 순식간에 다른 선수가 그를 따라잡고 에이브러햄은 우승을 놓친다. 이후 그는 코치와 함께 결승선 사진을 쳐다보면서 만약 자신이 정면을 계속 보았더라면, 뒤를 돌아보지 않았더라면 우승했을 거라는 것을 깨닫는다. 그리고 그 순간 앞으로 다시는 뒤를 돌아보지 않겠다고 맹세한다.

사도 바울은 세대를 초월하며 모든 사람들에게 조언하기 위해 이 말들을 기록했다. 과거 속에 살면서 시간을 보낼 때, 우리는 하나님이 우리 앞에 준비해놓으신 경주에서 지는 위험에 처한다. 그러나 뒤에 있는 것은 잊어버리고 앞에 놓인 것에 초점을 맞출 때, 우리는 말로 다할 수 없는 기쁨을 발견한다.

2. 하나님의 용서를 받아들여라

과거로부터 자유로워져 미래로 질주할 때, 우리는 용서받고 깨끗해지고 예수 그리스도에 대한 믿음으로 새로워졌다고 선언한다. 바울은 그것을 이렇게 표현한다. "그런즉 누구든지 그리스도 안에 있으면 새로운 피조물이라 이전 것은 지나갔으니 보라 새것이 되었도다"(고린도후서 5:17).

사실 이 말은 바울의 과거를 알게 된다면 무척 충격적으로 다가온다. 예수님을 믿게 되기 전 바울은 교회의 적(敵)이었다. 그는 스데반이라는 초기 교회의 지도자를 공개적으로 돌로 쳐 죽이자고 찬성을 한 사람이다. 그리고 자신이 군중의 폭력을 방관하고 찬성했기 때문에 이 신앙심 깊은 남자가 죽었다는 것을 아는 죄를 지었다(사도행전 6:1-10, 7:54-8:1). 바울은 기독교인을 박해하고, 예수를 따르는 이들을 옥에 가두며, 교회를 황폐화시킬 목적으로 도시에서 도시로 이동했다. 그러나 그는 말년에 자신이 예수님을 알기 전 했던 모든 험악한 일을 돌아보며 "미쁘다 모든 사람이 받을 만한 이 말이여 그리스도 예수께서 죄인을 구원하시려고 세상에 임하셨다 하였도다 죄인 중에 내가 괴수니라 그러나 내가 긍휼을 입은 까닭은 예수 그리스도께서 내게 먼저 일체 오래 참으심을 보이사 후에 주를 믿어 영생 얻는 자들에게 본이 되게 하려 하심이라 영원하신 왕 곧 썩지 아니하고 보이지 아니하고 홀로 하나이신 하나님께 존귀와 영광이 영원무궁하도록 있을지어다 아멘"(디모데전서 1:15-17)이라고 적었다.

하나님의 사랑으로 그 어떤 죄나 도전, 냉혹함이 다 극복된다는 것을 깨달았을 때, 바울의 삶은 바뀌었다. 그는 깨달았다. 예수 그리스도를 통해 죄의 용서가 찾아온다는 것을 온전히 받아들일 때,

하나님의 은총이 과분하다는 것을 알게 된다고 말이다. 그리고 죄의 용서가 선물로 주어질 때, 가장 악한 죄인이라도 눈보다 더 하얗게 씻겨진다.

예수님을 따르는 이들은 하나님의 커다란 은총과 사랑을 이해하고 그 안에 살고자 몹시 애쓴다. 언젠가 리치라는 이름의 남자는 하나님의 용서를 받아들이려는 자신의 노력에 대해 말하고 싶어서 내 사무실을 찾아왔다. 그는 베트남 전쟁에 참전했고, 기억하는 것은 물론 남들에게는 절대 말할 수 없을 그런 끔찍한 행동들을 저질렀다. 사실 그는 자신에게 내려진 명령을 따른 것뿐이었지만 여전히 죄의식과 수치심을 느꼈다. 그래서 하나님께서 자신을 용서하신 것을 알았지만 자기 자신을 용서하기가 힘들다고 말했다. 나는 그의 이야기를 들으면서 이 형제가 용서의 자유와 기쁨 속에서 걷게 되기를 간절히 바랐다. 그러나 그에게 무슨 말을 해줘야 할지 몰랐다. 그토록 깊은 죄의식에 힘들어하는 사람에게 말할 수 있는 쉬운 대답이나 빠른 해결책은 없는 법이니까. 그러나 그와 대화를 나누는 동안 성령이 내게 생각을 불어넣으셨고, 내 입에서 이 힘들어하는 남자를 돕는 말들이 흘러나왔다.

나는 리치에게 하나님께서 그를 용서하신 것을 확신하는지 물었다. 그는 강한 어조로 "네!"라고 대답했다. 나는 그의 죄를 씻어낼 만큼 십자가에 못 박히신 예수 그리스도의 용서가 충분하다는 것을 그가 진심으로 확신하는지 다시 물었다. 그는 내가 좀 아둔한 사람이 아닌가 의심하는 눈길로 말했다. "하나님의 용서를 이해하는 데는 전혀 문제가 없어요. 제 문제는 제 자신을 용서할 수 없다는 겁니다."

그의 단언에 대한 나의 응답은 그를 화나게 하거나 기분 상하게 만들 수도 있었지만 다행히 그런 일은 일어나지 않았다. 나는 이렇게 말했다. "당신은 당신 자신을 용서해야 합니다. 당신에게 다른 선택권은 없어요. 하나님께서 당신을 용서하셨는데 당신이 자신을 용서하지 않는다면, 스스로를 하나님보다 위에 두고 있는 것 아닙니까."

그는 깜짝 놀라서 나를 빤히 쳐다봤다. "사실 한 번도 그렇게 생각해본 적이 없었어요. 맞습니다. 저는 제 자신을 정말로 용서해야 해요."

그때부터 리치는 자기를 용서하는 기쁨의 여행을 시작했다. 느닷없이 그의 삶을 덮쳐서 기쁨을 몰래 빼앗아 갔던 우울증을 깨끗이 없애고, 자유로 이끌어줄 여행 말이다. 그는 용서에 관한 몇 개의 성경구절을 외우고, 어두운 죄의식이 엄습할 때마다 그 말씀들을 묵상하겠다고 다짐했다.

예수님을 따르는 모든 이들은 기쁨에 가득 차 걷는 방법을 배운다. 우리의 죄가 우리에게서 멀리 옮겨졌다는 것을 알기 때문이다. 그렇다면 죄는 얼마나 멀리 옮겨졌을까? 이 사실을 잊지 않도록 노력하라. 시편에는 "동이 서에서 먼 것 같이 우리의 죄과를 우리에게서 멀리 옮기셨으며"(시편 103:12)라는 구절이 있다. 도대체 동에서 서는 얼마나 먼가? 조금만 생각해보면 아마 깜짝 놀랄 것이다. 동과 서는 서로 무한히 떨어져 있기 때문이다! 이 진리를 마음에 새길 때, 우리의 마음에 기쁨이 곧 찾아오게 될 것이다.

■ 마음에 새겨둘 성경구절 3개

제안 어쩌면 당신은 도저히 놓아버릴 수 없는 과거의 어떤 죄나 비밀을 갖고 있을지도 모른다. 그렇지만 당신은 하나님께서 당신을 용서하신다는 것을 알고 있지 않는가? 하나님은 예수님을 통해 당신의 죄가 씻겨 나간다고 약속하셨으며, 당신은 그분을 믿는다. 하지만 여전히 당신 자신을 용서하는 일은 힘들어 보인다. 그런 마음이 들 때는 다음의 3가지 짧은 성경구절을 기억하겠다고 다짐하라.

- 시편 103:12
- 이사야 1:18
- 갈라디아서 2:20

과거의 죄가 소리 없이 다가와 당신의 현재에 독을 끼칠 때, 이 성경구절들을 묵상하라. 하나님께서는 당신을 용서하셨으며, 당신은 하나님과 논쟁할 위치에 있지 않다는 것을 스스로에게 일깨워라. "당신은 무죄!" 하나님의 판결을 순순히 받아들여라.

3. 사물을 바르게 보라

우리가 사도 바울에게서 배우는 또 한 가지 가르침은, 이 세상의 고통스런 고투와 하나님이 그의 자녀들에게 주시는 기쁨이 가득한 은총을 비교해본다면 충분히 알 수 있는 것이다. 바울은 수없는 매질과 친구의 배신, 일족의 박해, 그리고 우리 대부분이 상상할 수 있는 것보다 더 많은 고통에 직면했지만 그는 여전히 당당히 이렇게 외쳤다. "그러므로 우리가 낙심하지 아니하노니 우리의 겉사람은 낡아지나 우리의 속사람은 날로 새로워지도다 우리가 잠시 받는 환난의 경한 것이 지극히 크고 영원한 영광의 중한 것을 우리에게 이루게 함이니 우리가 주목하는 것은 보이는 것이 아니요 보이지 않는 것이니 보이는 것은 잠깐이요 보이지 않는 것은 영원함이라"(고린도후서 4:16-18).

바울은 또한 "생각하건대 현재의 고난은 장차 우리에게 나타날 영광과 비교할 수 없도다"(로마서 8:18)라고 말했다.

바울은 기쁨을 위해 절대 굽힐 수 없는 헌신을 다해 살았다. 그는 자신을 기다리고 있는 천국의 집이 이 땅의 어떤 집보다 더 크다는 것을 알고 있었다. 자신이 영생에서 받게 될 영광은 이미 현재로 흘러들고 있으며, 그것이 이 세상 사람들의 칭찬보다 훨씬 더 중요하다는 것을 이해했다. 그리고 천상의 저울이 있어 한 쪽에는 이 세상의 투쟁과 고통, 괴로움 모두를 올려놓고, 다른 한 쪽에는 이 세상과 영생에 가득한 하나님의 보이지 않는 은총을 올려놓는다면 비교조차 되지 않을 것이라고 확신했다. 저울은 분명 영원한 은총과 기쁨의 무한한 무게 쪽으로 기울어질 것이므로. 하나님께서 그를 따르는 모든 사람들에게 약속하시는 기쁨을 향해 말이다.

'기쁨이 필요하세요? 들어와서 문의하세요!'

하나님의 사람들이 기쁨으로 충만하다면 교회는 지상에서 가장 행복한 장소가 되어야 한다. 또한 그렇게 된다면 교회에 다니지 않는 사람이라도 교회의 성도들에게 마음이 끌려야 한다. 왜냐하면 주변으로 사랑과 찬양, 기쁨이 넘쳐흘러 폭포처럼 쏟아질 것이기 때문이다. 교회는 사람들이 모일 때마다 경험하게 되는 과다하고 엄청난 기쁨으로 유명해야 하며, 심지어 악명 높아야 한다.

'세계 최고의 갈비'나 '세계적으로 소문난 갈비'라고 자랑하는 바비큐 전문 레스토랑처럼, 교회는 '세상에서 가장 기쁨이 넘치는 장소'나 '기쁨이 필요하세요? 들어와서 문의하세요!' 같은 간판을 내걸 수 있어야 한다. 그러면 진정한 기쁨에 굶주린 세상 모든 사람들이 교회로 모여들어 영혼이 간절히 원하는 상쾌한 기운을 체험할 것이다.

문제는 그런 간판을 내건다면 아마도 많은 교회가 허위광고라고 고발을 당할 거라는 것이다. 정직히 말한다면, 많은 성도들은 '기쁨장애'를 갖고 있다. 하지만 걱정할 필요는 없다. 우리가 기쁨 속에서 자라날 때, 그 기쁨은 성도들을 통해 자연스럽게 반영될 것이다. 교회는 하나님의 사람들이 모인 곳이다. 그러므로 우리가 기쁨의 사람들로서 모인다면, 교회는 환희의 장소가 될 것이다.

기쁨은 돈으로 살 수 있거나, 만들어지거나, 빌리거나, 과대 선전될 수 없다. 모든 기독교 교인은 자신의 기쁨지수를 평가해봐야 한다. 교회에 다니지 않는 사람들이 교회에 들어왔을 때 어떤 기분을 느끼겠는가? 그들이 우리의 예배에 참석해서 무엇을 경험하겠는가? 예배의 느낌은 차가운 엄숙함인가 아니면 흘러넘치고 전염되는 기쁨인가? 당신은 예배를 보며 "그분이 일어나셨다! 그분은 살아 계시다! 사랑의 하나님이 여기 계시다!"라고 큰소리로 외치고 있는가? 사람들이 당신의 교회에 모여서 살아 계신 그리스도의 힘과 열정을 날이 갈수록 더욱 크게 경험하는가?

우리의 환영은 기쁨이 충만해야 한다. 우리는 그리스도의 마음을 담아 서로 인사하고 방문객을 환영해야 한다. 우리의 음악은 기쁘게 울려 퍼져야 한다. 특정한 음악 스타일에 대해 말하는 것이 아니라, 예배의 활력이 돼야 한다는 뜻이다. 교회의 심오한 옛 찬송가도 현대적인 찬양의 노래처럼 기쁨이 넘치는 방식으로 부를 수 있지 않은가.

물론 예배의 태도와 분위기가 고요하며 경건해야 할 때도 있다. 어떠한 설교주제와 성경구절과 노래는 우리를 반성과 회개, 자기 성찰의 장소로 이끌 수도 있다. 그러나 명심해야 할 것은 기독교인의 마음과 예배의 본바탕은 기쁨이라는 점이다.

하나님은 자신의 자녀들이 어떻게 살기를 원하실까? 우주만물을 만드신 분은 자신의 백성들에게 침울한 표정과 무거운 마음, 엄숙한 태도를 기대하실까? 대답은 단호히 '그렇지 않다'다! 예수님을 따르는 이들은 지상의 모든 사람들 중에서 가장 큰 기쁨으로 살아야 한다. 전도서에도 "범사에 기한이 있고 천하 만사가 다 때가 있나니 울 때가 있고 웃을 때가 있으며 슬퍼할 때가 있고 춤출 때가 있으며"(전도서 3:1, 4)라는 말이 있지 않은가.

원스텝 체인징 ■ 기 쁨 의 전 령 으 로 거 듭 나 다

제안 당신의 교회에 사람들이 모일 때, 기쁨의 기운이 흘러넘치는 것을 느끼는가? 그렇지 않다면, 당신이 먼저 기쁨을 불러일으켜라! 당신 곁의 예수님과 함께 미소로 사람들에게 인사하라. 애정을 가득 담아 친구를 꼭 껴안아라. 열정적으로 노래를 불러라! 목사를 보고 방

굿 웃어라. 누군가에게 "하나님은 당신을 사랑하십니다!"라고 말하라. 교회를 처음 방문하거나 당신이 한 번도 본 적이 없는 사람을 찾아서, 그들이 예배하러 온 것을 당신이 기뻐한다는 걸 알게 하라. 마음속에 예수님의 기쁨을 지니는 것을 당신의 미션으로 삼고, 기쁨을 온 얼굴로 표현하라. 기쁨이 마치 전염처럼 주변 사람들에게 서서히 퍼져나가는 것을 발견한다면 당신은 깜짝 놀랄 것이다. 당신 스스로 기쁨의 전령이 되라!

● 작은 변화를 일으키는 오늘의 깊은 생각
- 내 삶에서 기쁨을 파괴하는 한 가지는 무엇이며, 어떻게 이 장애물을 통과할 수 있을까?
- 내가 다니는 교회의 사람들이 충만한 기쁨을 느끼도록 도울 수 있는 한 가지 특별한 방법은 무엇일까?

● 작은 변화를 일으키는 오늘의 기도
- 과거로부터 자유로이 벗어날 수 있도록 하나님께 도움을 청하라. 그리고 하나님의 용서를 아는 능력과 당신 자신을 용서하는 힘을 달라고 기도하라.
- 당신의 삶에서 기쁨의 원천이 되는 10가지를 목록으로 만들고, 감사의 기도를 드릴 때 기도제목으로 사용하라.

거대한 기쁨의 파도가 몰려온다!

2부

더욱 깊고 진실한 믿음으로의
첫 시작

카메론은 아홉 살이었다. 그리고 카메론의 가족은 이번 휴가에 커다란 비행기를 타고 플로리다로 날아갈 계획이었다. 그러나 어린 카메론은 마음속에 큰 고민이 있었다. 디즈니 랜드에 가는 일은 너무나 기대됐지만, 다른 한편으로는 비행기를 탄다는 것이 너무 무서웠기 때문이다. 자신이 가장 좋아하는 디즈니 캐릭터들과 멋진 배를 타고 항해를 하기로 했기 때문에 마음이 한껏 부풀어 올랐다. 드디어 꿈이 실현되는 것이었으니까! 하지만 땅에서 떠올라 공중으로 아주 높이 올라가는 일을 생각하면 머릿속이 새하얗게 될 정도로 두려움이 잔뜩 밀려왔다. 카메론은 앞으로 결코 잊지 못할 즐거운 가족휴가를 앞두고 있었지만, 일단 비행기가 하늘을 날면 다시 땅으로 내려온다는 공포를 떨쳐버릴 수가 없었다.

다행히 카메론은 생각이 깊고 창의적인 소년이었기 때문에 비행에 대한 두려움을 물리칠 수 있는 방안을 생각하기 시작했다. 그래서 자신이 할 수 있고, 비행을 무사히 마치는 데 도움이 되는 일들을 죽 적어보았다. 그래서 내린 결론은 자신을 제외한 다른 무언가에서 눈을 떼지 말자는 방법이었다. 그리고 여행 며칠 전부터 부모님과 나를 포함한 다른 많은 사람들에게 비행기에 타서부터 내릴 때까지 자기가 어떻게 할 것인지를 말했다.

"비행기가 이륙할 때 다른 모든 사람들을 쳐다볼 거예요. 하늘을 나는 동안에는 의자 팔걸이를 정말로 꽉 붙잡고 있을 거예요. 그리고 착륙할 때는 있는 힘을 다해 아빠 팔을 붙잡고 아빠를 올려다보겠어요."

그것이 카메론의 비행계획이었다.

그리고 그들의 여행이 끝난 후, 카메론의 아버지 마이크는 비행기에서 카메론이 어떻게 행동했는지 나에게 새로운 정보들을 알려주었다. 카메론의 전술은 한 가지를 제외하고는 비행기가 움직이기 시작하자마자 바람결에 사라졌다는 것이다. 카메론은 이륙할 때 결코 다른 여행자들을 쳐다보지 않았고, 비행기가 하늘을 나는 동안 의자 팔걸이에 작은 손가락 자국도 남기지도 않았다고 한다. 카메론이 사용한 유일한 전술은 아버지의 팔을 꼭 붙들고 아버지를 올려다보는 일이었다. 이 어린 소년이 비행이라는 두려운 경험을 무사히 마칠 수 있었던 것은 아버지를 꼭 붙들고 자신에게서 시선을 뗀 덕분이었다.

카메론의 최종 비행전략은 인생의 기복(起伏)을 통과하는 탁월한 방법이라고 생각한다. 그러므로 두려움이 밀려올 때 우리가 할 수 있는 최선의 방법은 하나님 아버지를 꼭 붙들고 우리의 눈을 그분에게 고정시키는 것이다. 이것이 바로 믿음의 본질이다. 만약 우리 자신이나 우리가 두려워하는 것들에 대해 생각을 집중하면, 여행은 항상 덜커덕거리고 두려움으로 가득할 것이다. 그러나 우리의 눈을 우리 자신에게서 하나님께로 옮길 때, 비록 그 여행이 힘들고 두려운 경험이라고 할지라도 우리는 완전히 새로운 시각을 갖게 된다.

이제 2부에서는 우리의 시선을 계속 하늘의 아버지께 집중할 수 있는 3가지 방법을 살펴볼 것이다. 다음 소개하는 것들은 우리의 믿음을 넓히고 하나님을 향한 우리의 사랑을 키우는 데 큰 도움이 되는 것이다.

1. 예배에서 더욱더 하나님을 받들기.
2. 하나님의 말씀을 읽고 즐기기.
3. 하나님과 기도로 의사소통하는 법 배우기.

이러한 영역에서 원스텝 체인징을 만들어 성장할 수 있다면, 우리는 더 높은 수준의 변화를 경험하며, 이 세상을 사는 동안 더욱 안전한 여행을 할 수 있을 것이다.

04

나를 버리고
하나님께로 나아가는
원스텝 체인징

옷시야 왕이 죽던 해에 내가 본즉 주께서 높이 들린 보좌에 앉으셨
는데 그의 옷자락은 성전에 가득하였고 스랍들이 모시고 섰는데 각
기 여섯 날개가 있어 그 둘로는 자기의 얼굴을 가리었고 그 둘로는
자기의 발을 가리었고 그 둘로는 날며 서로 불러 이르되 거룩하다
거룩하다 거룩하다 만군의 여호와여 그의 영광이 온 땅에 충만하도
다 하더라

이사야 6:1-3

그는 흥하여야 하겠고 나는 쇠하여야 하리라

요한복음 3:30

더욱 깊고 진실한 믿음으로의 첫 시작

이러므로 우리에게 구름 같이 둘러싼 허다한 증언들이 있으니 모든 무거운 것과 얽매이기 쉬운 죄를 벗어 버리고 인내로써 우리 앞에 당한 경주를 하며 믿음의 주요 또 온전하게 하시는 이인 예수를 바라보자 그는 그 앞에 있는 기쁨을 위하여 십자가를 참으사 부끄러움을 개의치 아니하시더니 하나님 보좌 우편에 앉으셨느니라 너희가 피곤하여 낙심하지 않기 위하여 죄인들이 이같이 자기에게 거역한 일을 참으신 이를 생각하라

히브리서 12:1-3

근시는 사물이 매우 가까이 있을 때만 볼 수 있는 것을 말한다. 근시로 고심하는 사람들은 눈의 상태에 따라 세상을 바라보는 시야가 크게 달라진다는 것을 안다. 심한 경우 사물이 바로 코앞에 있어야만 겨우 보이기 때문에, 그들의 시야는 한정적일 수밖에 없다. 이 말은 그들의 세계가 작아진다는 뜻이다.

이처럼 요즘 사람들은 근시안적인 태도를 가지고 삶을 살아간다. 많은 사람들에게 중요한 건 오직 '나'와 '내 것'이라는 매우 작은 세계에 한정돼 있다. 그렇다면 영적인 면에서는 어떠한가? 영적인 근시안은 사물을 우리의 한정된 시야로만 바라볼 때 생긴다. 이 병에 걸리면 우리를 둘러싼 세상은 점점 더 작은 원을 그리며 돌기 시작한다. 이 영혼의 병에 걸리면 많은 증상이 드러난다. 내가 원하는 식으로 예배가 진행되지 않는다는 이유로 교회를 비판하고 반대하게 된다. 또한 다른 이들이 우리에게 봉사하기를 기대하면서, 정작 어려운 사람들을 위해 희생하려는 생각은 별로 하

지 않는다. 그리고 거리낌 없이 불평한다. 그리고 언젠가 이 병에 만성이 되면, 더 이상 하나님의 자리를 마련해놓지 않는 상태까지 이른다. 오로지 자신의 욕망, 꿈, 취향, 일시적인 기분에만 집중하여 만약 하나님을 위한 장소가 있다 해도 작은 비둘기장 구멍 정도가 된다. 그래서 그 안으로 하나님을 억지로 밀어 넣은 후 우리가 망가뜨린 뭔가를 고쳐달라고 조르면서 하나님을 그곳에 내버려둔다.

예수님은 많은 기적을 행하셨으며, 장님까지 고치셨다. 하나님은 오늘날에도 여전히 이런 기적을 행하신다. 그래서 하나님은 자신의 손으로 우리의 눈을 만지시어 영적인 근시안을 치료할 수 있으시다. 이런 일이 일어날 때, 우리는 그분의 얼굴을 보면서 세상이 우리가 알았던 것보다 훨씬 더 크다는 것을 배운다. 그때 우리의 믿음은 넓어지며, 하나님은 더 이상 우리가 호주머니 속에 넣어두는 행운의 마스코트 정도로 그치지 않으신다.

이것을 기억하라. 우리 자신에게만 집중할수록 세상은 더욱 작아진다는 것을. 그러나 이 세상의 먼지투성이 길에서 하늘의 영광으로 눈을 돌리면, 세상은 점점 커지고 풍요로워지며 우리가 결코 상상하지 못한 영광으로 충만해진다. 당신은 예수님을 따르는가? 그렇다면 이제 자기 자신에서 하나님으로 시선을 돌리는 변화의 힘을 발견할 때다. 이런 원스텝 체인징을 행하여 우리의 눈이 치유되기 시작할 때, 우리가 한 번도 꿈꾸지 못한 일들이 가능해지는 것을 두 눈으로 보기 시작한다.

이제는 하늘을 향해 눈을 돌릴 때

성경에는 자신에서 하나님으로 변화를 행한 사람들의 이야기가 가득하다. 그들은 자신에게서 그리스도로 눈을 옮길 때, 삶의 모든 것이 새로운 무늬와 의미를 갖기 시작한다는 것을 배웠다. 예언자 이사야는 "주께서 높이 들린 보좌에 앉으셨는데"(이사야 6:1)라고 말하며 이 장면을 보았을 때 자신의 마음속에서 변화가 일어나는 것을 경험했다. 그는 그 순간, 하나님에 대한 비전이 생겨나고 은총이 더욱 필요하다는 사실을 확실히 깨달은 것이다. 주님이 광휘와 영광으로 떠오르는 모습을 보았을 때, 그의 삶은 새로운 궤도로 나아갔다.

세례 요한은 메시아를 기다리며 여러 해를 보냈다. 그는 메시아, 즉 그리스도를 위한 길을 준비하기 위해 그보다 먼저 보내진 사자(使者)였다. 그러나 인간의 몸을 가진 하나님, 예수 그리스도를 보았을 때 변화를 경험했다. 그리고 "그는 흥하여야 하겠고 나는 쇠하여야 하리라"(요한복음 3:30)라고 선언했다. 요한은 영적으로 자신의 보호를 받던 제자들이 자신을 떠나 예수 그리스도를 따르는 것을 지켜보았다. 이때 요한은 후회하거나 화를 내지 않았고, 오히려 즐거워했다. 사실 그 스스로 자신의 제자들을 예수님에게 향하게 했기 때문이다. 신약을 보면 "또 이튿날 요한이 자기 제자 중 두 사람과 함께 섰다가 예수께서 거니심을 보고 말하되 보라 하나님의 어린 양이로다 두 제자가 그의 말을 듣고 예수를 따르거늘"(요한복음 1:35-37)이라는 구절이 있다. 요한의 기쁨은 다른 이들을 자신에게 끌어당기는 것이 아니라, 그리스도를 향하도록 가리키는 데 있었다. 이것은 모든 그리스도인이 반드시 행해야 할 변화이며, 이러한 변화는 우리의 눈을 자신에게서 떼어 하나님께로 옮길 때 일어난다.

예수님을 따르는 모든 사람은 자신의 믿음이 커지기를 원하며, 겨자씨에 대한 예수님의 가르침이 오늘날에도 여전히 유효하다는 것을 알고 싶어 한다. 예수님께서는 "진실로 너희에게 이르노니 만일 너희에게 믿음이 겨자씨 한 알 만큼만 있어도 이 산을 명하여 여기서 저기로 옮겨지라 하면 옮겨질 것이요 또 너희가 못할 것이 없으리라"(마태복음 17:20)라고 가르치셨다. 과연 우리의 믿음은 얼마나 크게 자랄 수 있을까? 대답은 간단하다. 우리의 믿음은 우리가 알고 있는 하나님만큼 크게 자랄 수 있다!

우리는 혹시 우리도 모르게 신을 작고 무력하게 만들고 있지 않는 걸까? 상자 속에 넣어서 선반 위 어딘가에 버려두는 그런 신 말이다. 만약 우리가 그런 신을 섬긴다면, 우리의 믿음은 작아질 것이다. 우리가 하나님을 스스로 다룰 수 있는 대상 정도로 축소시킨다면, 아마 두려움 속에 살아가는 우리 자신을 발견할 것이다. 그러나 하늘과 땅의 창조주, 영원(永遠)의 강력한 하나님을 섬기는 사람은 다른 우월한 관점을 갖는다.

C. S. 루이스는 《은의자 The Silver Chair》에서 하나님을 다루기 쉬운 크기로 축소하려는 인간의 욕망을 그린다. 이 책은 루이스의 《나니아 연대기 The Chronicles of Narnia》 중 일부인데, 이 책에 나오는 질이라는 어린 소녀는 거대한 사자 아즐란과 정면으로 마주

친다. 질은 개울로 가서 물을 마시고 싶어 한다. 하지만 사자 아즐란, 즉 루이스의 이야기에서 예수님을 상징하는 그가 떡 하니 서서 길을 막고 있다. 그래서 질은 이렇게 부탁한다.

"저, 저기, 제가 물을 마시는 동안 잠깐 떠나주지 않으시겠어요?"

사자는 그저 바라보며 매우 낮게 으르렁거리는 것으로 대답을 대신했다. 조금도 움직이지 않는 사자를 쳐다보면서 질은 차라리 산 전체를 움직이는 편이 낫겠다고 생각했다.

목마른 질은 개울에서 들리는 청량한 잔물결 소리를 듣고 더 이상 참을 수 없었다.

"제가 진짜 다가가도, 저한테 아무 행동도 하지 않겠다고 약속하실래요?"

"나는 어떤 약속도 하지 않는다."

사자가 대답했다.

이제 질은 너무나 목이 말랐기 때문에, 그 말에 주의하지 않고 한 걸음 가까이 다가갔다.

"혹시 당신은 여자 아이를 잡아먹나요?"

질이 물었다.

"나는 지금까지 여자 아이와 남자 아이, 여자 어른과 남자 어른, 왕과 황제, 도시와 왕국을 삼켰다." 사자가 말했다. 사자는 이것을 자랑하지도, 미안하게 생각하지도, 성을 내지도 않으면서 말했다. 다만 그렇게 말했다.

우리가 어떻게 할 수 없을 정도로 크신 하나님을 상대로 우리는 무엇을 해야 할까? 우리의 지시를 따르지 않는 절대적인 위치의 구원자와 어떻게 관계를 맺어야 하는가? 고민할 것 없이, 지금까지 수세기 동안 그리스도인들이 해왔던 일을 하면 된다. 무릎을 꿇고 예배를 올리는 것이다! 하나님의 지고한 지혜에 모든 것을 맡길 수 있다는 확신으로 우리의 눈을 그분께 돌려라. 이로서 우리는 근시안적인 삶을 벗어나 하나님을 완전히 믿고 의지하는 원스텝 체인징을 만들 수 있다.

원스텝 체인징
제안

■ 매 순간마다 하나님께 시선을 돌리는 방법

날마다 당신의 눈을 예수님께 돌리도록 일깨워주는 무언가를 정해보자. 이것은 마치 이메일을 확인하거나, 전화통화를 끝내거나, 모임이나 수업이 끝난 후 집중할 대상을 정하는 것만큼 간단한 일일 것이다. 하루에 당신이 자주 하는 일 중에 어떤 것을 택해서, 항상 그 일을 할 때마다 하나님께 시선을 돌리는 기회로 삼아라. 그 일을 통해 근시안적인 삶을 멈추고 당신이 원래 바라보아야 할 곳, 즉 하나님의 보좌로 눈을 돌릴 수 있도록 청하는 계기를 만들어라.

'나' 중심의 예배에서 벗어나자

예배의 중심은 누구일까? 너무나 많은 사람들이 '바로 나!'라는 정직한 대답을 할 것이다. 특히 여러 사람이 모여 예배를 드릴 때,

우리는 우리 자신에 대해서만 더 많이 생각하는 근시안이 되기 십상이다. 우리가 예배를 드리고 있다고 말하는 예배의 대상, 즉 하나님보다도 더 말이다. 우리는 '축복'을 받거나 '만족'을 느끼거나, 심지어 '즐거움'을 맛보려는 목적으로 예배에 참석할 수 있다. 이런 일이 일어날 때 우리의 주요 관심은 '내가 여기에서 무엇을 얻을 것인가?'가 된다. 이런 점에서 슬프게도 사람들의 자기중심적인 시각에 부응하는 교회들이 있다.

우리 주변에는 역동적이고 번영해나가는 교회들이 많이 있다. 그 교회들은 하나님의 말씀을 성실히 가르치고, 그 가운데서 성령의 작용을 경험한다. 그리고 사람들은 즐겁게 "나는 이 교회의 성도입니다"라고 이야기한다. 하지만 이런 공동체 안에도 너무나 많은 사람들의 영혼에 깊이 퍼져 있는 병이 있다. 나는 이것을 '교회 이동 증후군'이라고 부른다. 이 병에 걸리면 예배에서 자신이 원하는 것을 얻기 위해 이 교회에서 저 교회로 옮겨 다니게 된다.

이런 사람들 중 한 명에게 "어느 교회에 나가십니까?"라고 묻는다면, 아마 다소 이기적으로 들릴지도 모르는 대답을 들려줄 것이다. "제가 좋아하는 설교를 듣기 위해 '가' 교회에 나가지만, 소모임은 '나' 교회에서 합니다. 프로그램이 훌륭하거든요. 그리고 친교활동을 위해서는 '다' 교회에 나가고, '라'와 '마' 교회에는 콘서트를 보러 다닙니다." 좀더 나아가 소속된 교회가 있느냐고 묻는다면 이런 대답을 들을지도 모른다. "실제로는 '바' 교회의 성도지만, 그곳에 나가지 않은지 몇 년 됐습니다."

그 사람에게 정말로 개인적으로 "당신은 영적인 뿌리를 어디에 두고 계십니까? 어디서 예배하세요? 기부는 어디에 하시나요? 다른 사람들을 위해 어디에서 봉사를 하십니까?"라고 묻는다면, 아마 그 사람은 당황한 눈빛으로 당신을 바라볼 것이다. 이런 사람들은 실제로 교회는 그들에게 봉사하고, 그들이 필요로 하는 것을 만족시키고, 그들을 행복하게 만들기 위해 존재한다고 믿는다. 이것이 바로 그들 대부분이 매우 불행하고 텅 비어 있는 이유다!

이스라엘에 있는 갈릴리 호수와 사해(死海)의 차이가 무엇인지 아는가? 두 호수 모두 요단강을 수원(水源)으로 한다. 갈릴리 호수는 맑고 생명으로 충만하다. 물을 받아들이고 또한 내보내기 때문이다. 맑은 물이 갈릴리 호수로 흘러들고, 또한 밖으로 흘러 나간다. 그러나 사해는 다르다. 맑은 물을 받아들이지만 내보내는 출구가 없다. 받기만 할 뿐 주는 법이 없기 때문에, 당연히 물은 탁하고 유해하며 생명체가 살지 못하는 곳이 됐다.

나는 성지를 여행하면서 이 차이를 직접 경험했다. 우리가 갈릴리 호수 옆에 머물렀던 첫날은 해가 비치고 따뜻했으며 하늘이 높고 푸르렀다. 나는 같이 여행하던 일행을 떠나 내 방으로 들어가 수영용 바지로 갈아입었다. 그리고 밖으로 나와 호수 기슭에 있는 커다란 돌 위에 앉았다. 내가 거기서 하루 종일 한 일은 예수님의 제자들 중 한 명이 됐다고 상상하며 종일 낚시를 하는 것이었다. 그러다 문득 자리에서 일어나 갈릴리 호수로 뛰어들었다. 호수의 물은 맑고, 상쾌하고, 깨끗했다. 그래서 물 속에서 눈을 떴을 때도 아주 멀리까지 볼 수 있었다. 그리고 며칠 뒤 우리는 사해로 갔다. 안내자는 사해의 물에는 광물질이 가득하기 때문에 눈에 물이 튀지 않게 조심하라는 주의를 주었다. 그리고 물 안으로 들어갔는데, 물이 매우 탁해서 실제로 그 위에 떠 있을 수 있을 정도였다. 나의 아내가 인솔하던 사람들은 호숫가에 있는 사람들에게 보여주려고 함께 수중발레 쇼를 흉내 내며 한껏 수영을 즐기고 있었다. 그 순간 갑자기 날카로운 비명소리가 오후의 뜨거운 공기를 가로질렀다. 어떤 여자가 물속에서 자기도 모르는 순간 우연히 눈을 뜬 것이다. 물은 산(酸)처럼 따갑고 쓰라렸다. 여자는 무려 15분 이상 소리치고 울면서 흐르는 물에 눈을 씻으며 아픔을 달랬다.

수원지가 같은 2개의 호수. 이 얼마나 극적인 대조인가? 하나는 돌려주면서 맑게 살아 있다면, 다른 하나는 받기만 하면서 그에 걸맞은 이름을 얻은 것이다.

계속 받기만 하면서 더 많은 것을 요구하는 사람들도 이와 똑같다. 그들은 갈수록 탁해지고 생명을 잃어간다. 이 교회 저 교회로 뛰어다니면서 끊임없이 높아지는 자신의 기준과 팽창하는 필요를 충족시켜줄 무언가를 찾아 헤매지만, 언제나 실망으로 끝난다. 그들과 이야기를 나눠보면, 그들은 교회를 1회 분량의 가르침과 영감(靈感), 즐거움을 얻고, 그저 매주 식사를 할 수 있는 장소로 바라본다는 사실이 너무나 명백해 가슴이 아플 정도다. 그러다 자신이 원하는 것을 얻지 못하면, 그때는 옮겨야 할 시간인 것이다. 만약 그 어떤 교회도 자신의 모든 기준과 욕구를 채워줄 수 없다면, 그들은 아마 한 주 동안 두세 군데의 교회에 나갈 것이다.

무언가를 돌려주거나, 누군가에게 봉사하거나, 다른 이들을 돌보겠다는 생각이 멀리 있을 때, 근시안이 생겨난다. 그 순간 예배는 하나님께 영광을 돌리고 그분의 이름을 높이는 일이 아니라, 우리가 원하고 필요로 하며 바라는 것을 요구하는 자리가 된다.

만약 그리스도를 따르는 모든 이들이 이렇듯 자기중심적인 생각으로 예배를 드린다고 상상해보라. 아마 교회는 몇 주 안에 문을 닫게 될 것이고, 성도들은 모두 자신의 취향이 충족되기를 요구하는 사람이 될 것이고, 결코 우리는 진정한 예배를 드릴 수 없을 것이다.

우리는 결코 예배의 중심이 아니다. 예배는 오직 하나님의 영광을 노래하고, 그분의 이름을 들어올리며, 그분에 대한 찬양을 표현하는 자리다. 우리가 중심에 있다면 그것은 예배가 아니라 우상숭배가 될 것이리라. 모든 사람이 하나님의 영광이라는 한 가지 일에만 마음을 두고 모이는 예배를 상상해보라. 각각의 사람들은 하늘과 땅을 만드신 한 분, 즉 영광의 하나님을 찬양하고 열정을 다해 찬송하며 드높이게 될 것이다. 사람들이 모여서 성령의 인도로 가르침을 받고, 아낌없이 즐겁게 베풀며, 열정적으로 노래하고, 겸손히 기도하며, 친교를 나누고, 온 마음으로 하나님을 찬미하는 일에 전념하는 교회를 꿈꾸어보라. 무슨 일이 일어나게 될까?

바로 신앙부흥이 일어날 것이다. 하나님이 권능을 보여주실 것이다. 하나님께 바쳐진 이 진정한 예배에 온 세상이 이끌릴 것이다.

예배에 대해 가장 놀라운 것은 그 거꾸로 된 특성이다. 예배를 할 때 우리의 눈을 자신에게 두고 개인적인 욕구에만 초점을 맞추면, 우리는 텅 비어 있는 자신을 발견하게 된다. 그러나 우리의 눈을 하늘로 돌리고 하나님을 찬미하는 단 한 가지 마음으로 예배를 드리면, 크나큰 기쁨과 목적을 발견한다. 이제는 하나님의 사람들이 예배에서 원스텝 체인징을 시작 할때다. 우리의 눈을 자신에게서 떼어 하늘의 보좌에서 찬양받으시는 분께 돌려야 한다. 그렇게 하지 않는다면 우리는 결코 하나님을 만나고 하나님이 우리에게 원하시는 친밀한 영적교감을 나누지 못할 것이다.

훌륭한 예배자로 성장하려면

우리의 눈을 예수님께 돌릴 때, 우리는 삶 그 자체와 삶에서 더욱 중요한 일들에 초점을 맞출 수 있다. 우리는 예배자로 성장하는 과정에서 하나님이 어떤 분이신가를 발견한다. 그런 다음 하나님의 영광에 비추어 우리가 누구인가를 이해한다. 하나님은 분명 예배하는 자들을 찾고 계시다.

예수님은 "아버지께 참되게 예배하는 자들은 영과 진리로 예배할 때가 오나니 곧 이 때라 아버지께서는 자기에게 이렇게 예배하는 자들을 찾으시느니라"(요한복음 4:23)라고 말씀하셨다. "아버지께서는 자기에게 이렇게 예배하는 자들을 찾으시느니라." 이 말씀을 명심하도록 하라.

만일 누군가 "하나님은 무엇을 찾고 계십니까?"라고 묻는다면, 이제 당신은 대답할 수 있을 것이다. 하나님은 바로 자신에게 예배할 사람들을 찾고 계시다.

예수님을 따르는 이들로서 우리가 받은 가장 큰 선물 중 하나는 하나님의 사람들과 함께 하나님을 예배하는 기쁨이다. 우리는 15명이나 20명 정도가 들어갈 만한 작은 집 같은 교회에서 만날지도 모른다. 또한 어쩌면 거대한 강당에 모인 수천 명의 성도로 만날지도 모른다. 예배의 규모는 전혀 문제가 되지 않는다. 예배는 오직 하나님의 백성이 보좌에 앉아 계신 그분께 영광과 경의, 찬양을 드리기 위해 만나는 일이기 때문이다.

그렇다면 이제 예배에서 하나님의 가족들과 만날 때 충분히 전념하기 위해 몇 가지 제안을 하겠다.

1. 예배를 미리 준비하자

우리가 예배에서 겪는 경험은 예배를 드리러 오기 전에 어떤 일이 일어나느냐에 따라 크게 영향을 받는다. 그러므로 영적으로 충만하고 의미 있는 예배를 드리고 싶다면, 그 전에 몸과 마음이 편안하고 상쾌해지도록 당신이 할 수 있는 모든 일을 하라. 사실 살면서 몸과 마음을 편안하고 상쾌하게 하는 것이 참 힘든 시기들이 있다. 그렇지만 분명 예배를 준비하기 위해 우리가 계획하여 할수 있는 일들이 있는 법이다. 일요일 아침에 교회에 나간다면, 토요일에 새벽 2시까지 깨어 있다가 왜 설교에 집중할 수 없는지 고민하지 마라. 반드시 제시간에 잠자리에 들고 생기 있게 일어나자. 하나님께 최상의 모습을 보여드릴 준비를 하는 것이다.

또한 예배를 드리기 전에 하나님과 만나는 시간을 계획하라. 하나님께 권능으로 말씀하시고, 성령이 임하시게 해달라고 기도하라. 성가대를 이끌거나 하나님의 말씀을 설교할 사람들을 받들어

라. 예배를 보면서, 하나님이 당신의 삶에서 하고 싶으신 모든 일들을 하시도록 청하라. 여러 사람들과 함께 예배를 보러 간다면, 차로 이동하는 시간 동안 함께 기도하고 성경을 읽도록 하라. 만약 자녀가 있다면 예배를 통해 함께 기도하는 법을 가르칠 수 있는 소중한 시간이 될 것이다.

어떤 사람들은 하나님과 하나님의 사람들을 만나는 마음의 준비를 위해 교회에 일찍 도착해서 조용히 앉아 있는 것을 좋아한다. 성경을 읽는 것으로 마음의 준비를 하고 싶다면 시편의 '성전에 올라가는 노래'(시편 120-134)를 묵상하라. 이 부분은 수세기 동안 하나님의 백성이 특별한 예배를 드리기 위해 예루살렘으로 여행하면서 불렀던 노래이다.

안식을 취하고 마음을 준비하는 일과 더불어, 예배 전에는 기쁨에 넘치는 기대감을 품어라. 다윗은 이런 마음으로 "사람이 내게 말하기를 여호와의 집에 올라가자 할 때에 내가 기뻐하였도다"(시편 122:1)라고 적었다. 우리가 예배를 위해 모일 때, 하나님이 임하실 것이고, 성령이 작용하실 것이며, 예수님이 높이 들어올려질 것이다. 우리는 바로 이 안에서 크게 기뻐할 수 있다. 기대감을 키울 수 있도록 성경의 역사에, 또 당신의 역사에 하나님이 행하셨던 놀라운 일들을 돌이켜 생각해보라. 이러한 준비를 위해 도움을 받고 싶다면 시편 136편을 읽어보라. 이스라엘 백성들이 마음속에 간직했던 많은 기억들을 살펴볼 수 있을 것이다.

■ 하루 전부터 예배를 계획하라

예배를 매주 신성한 경험으로 생각하라. 왜냐하면 실제로 예배는 신성한 경험이기 때문이다. 예배를 드리러 가기 전, 예배를 어떻게 준비할 것인지 결정하라. 그리고 반드시 휴식을 취하라. 아침에 교회에 나간다면 전날 밤 제시간에 잠들어라. 그리고 교회로 출발하기 전 성경 두세 구절을 읽을 수 있도록 시편의 '성전에 올라가는 노래' (시편 120-134)를 표시해두어라. 그리고 아침에는 서두르지 않도록 일찍 떠나라. 운전하는 시간을 기도하는 시간으로 이용하라. 예배가 시작되기 5분이나 10분 전에 도착하고, 자리에 앉아서 마음을 고요히 가라앉혀라. 이런 준비를 통해 예배하는 데 도움이 됐다면 앞으로 이것을 규칙적으로 반복해보자.

2. 예배에 온 마음으로 참여하자

일단 준비를 마치고 예배장소에 도착하면, 온 마음으로 예배를 드려야 한다. 예배는 관람하는 스포츠가 아니다. 우리는 몇몇 사람들이 우리 앞에서 공연하는 동안 관객으로 있기 위해 모인 것이 아니다. 예배에도 물론 관객이 있지만, 그건 성도들이 아닌 하나님이시다. 하나님의 백성인 우리는 모두 무대 위에 서 있고, 하나님 한 분만이 우리가 표현하는 찬양을 받으신다. 이는 우리가 예배에 참가하는 사람으로서 우리의 마음을 온전히 쏟아야 한다는 것을 뜻한다. 찬양의 노래가 울려 퍼질 때, 우리는 열정을 다해 합창해야 한다.

"나는 정말로 노래하는 것을 좋아하지 않습니다"라고 말하는 사람이 있다면? 이제 그는 이러한 하나님의 말씀을 들어야 할 때이다. "너희 의인들아 여호와를 즐거워하라 찬송은 정직한 자들이 마땅히 할 바로다"(시편 33:1), "할렐루야 새 노래로 여호와께 노래하며 성도의 모임 가운데에서 찬양할지어다"(시편 149:1).

하나님은 우리에게 자신을 찬양하라고 말씀하거나 바라시지 않는다. 찬양의 노래를 부르라고 말씀하신다. 설사 자신의 목소리가 마음에 들지 않는다고 해도, 하나님이 당신의 목소리를 사랑하신다는 것을 확신할 수 있다. 하나님은 당신의 모든 것을 만드셨다. 당신의 성대까지 포함해서 말이다. 당신이 하나님을 위해 노래 부를 때, 하나님은 누구보다 기뻐하신다.

또한 하나님은 우리가 마음을 열고 하나님의 말씀을 경청하기 바라신다. 성령이 설교를 통해 말씀하실 때, 우리는 그것을 겸손히 받아들여야 한다. 예배를 드릴 때는 성경책을 챙겨가고, 집중하는 데 도움이 된다면 설교를 들으며 메모를 하는 것도 좋다. 설교의 중요한 가르침과 하나님의 말씀에 당신이 어떻게 응답하기를 하나님이 원하시는지 당신이 생각하는 것을 적어라.

기도가 시작될 때, 딴 데 정신을 팔면서 다음 주의 쇼핑 목록을 생각하지 말라. 기도가 시작되면 그에 귀 기울이고 함께 공감해야 할 시간이다. 예배를 하면서 자기도 모르게 자꾸 잡념이 시작된다면, 온 마음과 영혼, 정신, 힘을 다하여 예배에 전념할 수 있도록 하나님께 도움을 청하라. 예배할 때는 솔직하고 자유로이 하나님께 이야기하라. 당신의 기쁨과 슬픔 모두를 하나님께 말하라.

예배는 우리 자신을 하나님께 아낌없이 드리는 일이다. 당신이 노래를 부르고, 하나님의 말씀을 받아들이며, 기도하고, 하나님을 찬양할 때, 하나님은 당신에게서 기쁨을 느끼신다. 또한 찬양의 헌금을 아낌없이 준비하라. 나중에 이 주제를 다루겠지만, 십일조와 헌금을 내는 일은 예배의 특권이자 중요한 부분이라는 것을 기억해야 한다.

　마지막으로 예배는 마무리 기도나 축복을 비는 것으로 끝나지 않아야 한다. 예배는 평상시 우리의 마음상태가 돼야 한다. 예배를 어떤 일정한 장소의 정해진 시간에 한정시킬 수 없다. 우리는 언제나, 그리고 어디에서나 하나님을 예배하는 사람들이다. 그러나 예수님을 따르는 다른 이들과 다함께 예배를 드리기 위해 모이는 특별한 시간에, 우리의 시선은 변화된다. 하나님은 우리의 근시안을 치료하기 위해 영적인 수술을 행하시고, 그때 우리는 우리의 눈이 아닌 하나님의 눈을 통해 세상을 바라본다. 예배에서는 자신에게만 멈춰진 시선에서 해방된다. 그리고 우리를 만드시고, 우리를 사랑하시며, 우리의 경배를 받으셔야 하는 하나님의 위엄에 휩쓸린다. 이렇듯 예배란 우리가 계속해서 얻을 수 있는 믿음을 넓히는 경험이다. 이 얼마나 멋진 선물인가!

원스텝 체인징　■ 노 트 를 준 비 하 라

제안　수첩이나 작은 노트를 구입해서 한 달간 설교를 들으며 내용을 적어보라. 당신이 배운 것을 적고, 한 주일 동안 그 메모를 살펴보아라. 전문가들의 연구결과에 따르면, 학습기억은 듣는 것뿐만 아니라 듣는 것을 적을 때 크게 좋아진다고 한다.

● 작은 변화를 일으키는 오늘의 깊은 생각

- 영적인 근시안이 나의 시야에 어떤 나쁜 영향을 끼쳤는가? 이러한 영적인 근시안과 맞서 싸우기 위해 내가 할 수 있는 일은 무엇일까?
- 나는 과연 '교회 이동 증후군'에 휩쓸린 적이 없었나? 있다면, 나의 관심을 나에게서 하나님께 돌리기 위해 내가 할 수 있는 일은 무엇인가?

● 작은 변화를 일으키는 오늘의 기도

- 하나님을 보다 분명히 볼 수 있고, 눈을 자신에게서 떼어 하나님께 고정시키는 방법을 배울 수 있도록 당신의 눈을 치료해달라고 하나님께 청하라.
- 예배를 드리는 동안, 성경을 가르치고, 예배를 이끌고, 기도하고, 여러 가지 방식으로 봉사를 하는 사람들 안에서, 또한 그들을 통해 성령이 강하게 움직이시기를 기도하라.

05

하나님의 말씀을
양식으로 삼는
원스텝 체인징

주의 말씀은 내 발에 등이요 내 길에 빛이니이다

시편 119:105

모든 성경은 하나님의 감동으로 된 것으로 교훈과 책망과 바르게
함과 의로 교육하기에 유익하니 이는 하나님의 사람으로 온전하게
하며 모든 선한 일을 행할 능력을 갖추게 하려 함이라

디모데후서 3:16-17

주의 말씀의 맛이 내게 어찌 그리 단지요 내 입에 꿀보다 더 다니이다

시편 119:103

너희는 말씀을 행하는 자가 되고 듣기만 하여 자신을 속이는 자가 되지 말라 누구든지 말씀을 듣고 행하지 아니하면 그는 거울로 자기의 생긴 얼굴을 보는 사람과 같아서 제 자신을 보고 가서 그 모습이 어떠했는지를 곧 잊어버리거니와 자유롭게 하는 온전한 율법을 들여다보고 있는 자는 듣고 잊어버리는 자가 아니요 실천하는 자니 이 사람은 그 행하는 일에 복을 받으리라

야고보서 1:22-25

피터 팬 이야기를 현대적으로 들려주는 영화, '후크Hook'에는 네버랜드의 소년들과 피터가 진수성찬이 차려진 식탁 앞에 앉는 장면이 있다. 소년들은 고기조각을 핥고 침을 흘리며 그릇에 뛰어들기 일보직전이다. 그러나 어른이 되어 소년시절을 잊어버린 피터는 텅 빈 그릇과 비어 있는 잔, 아무 것도 담겨 있지 않은 거대한 접시들만 놓여 있는 식탁을 바라본다. 피터는 풍성하게 잘 차려진 음식을 볼 수가 없는 것이다.

매우 짧은 '기도' 후 드디어 소년들이 허겁지겁 음식을 먹기 시작한다. 산해진미가 가득한 신나는 잔치가 시작된 것이다! '음음!' 만족의 탄성과 신음소리가 하늘을 가득 채우고, 소년들은 입꼬리가 귀에 걸릴 만큼 싱글벙글 웃으며 네버랜드의 성찬을 만끽한다.

이 순간, 여전히 피터는 빈 접시 앞에 앉아 있다. 그를 제외한 모두가 칠면조 다리와 양고기, 으깬 감자, 새콤달콤한 과일, 모락모락 따끈한 옥수수, 상상할 수 있는 모든 빛깔의 디저트에 환호하며

배불리 먹고 있다. 피터의 앞에는 분명 성찬이 차려져 있지만 그는 먹을 수가 없다. 왜냐하면 피터는 식탁에 음식이 있다고 믿지 않기 때문이다.

어디서 많이 본 모습 같지 않은가? 일찍이 성경이 오늘날보다 더 구하기 쉬웠던 때는 없었다. 그러나 또한 사람들이 오늘날보다 성경에 더 무지(無知)한 때는 역사상 거의 없었다. 우리는 지금 하나님의 말씀이 성찬으로 차려진 식탁 앞에 앉아 있고, 또한 영적으로 굶주린 상태다. 그래서 성찬이 우리를 위해 차려졌지만, 안타깝게도 우리는 거의 먹지 않으며 하나님 말씀의 풍부한 양식을 즐기지 않는다.

예언자 아모스의 시대에 하나님은 기근이 닥치게 될 것이라고 말씀하셨다. 식량과 물이 부족한 때보다 더 나쁜 기근이 될 것이라고 말이다. 일찍이 없었던 최악의 기근이 될 것이었다. 아모스는 하나님의 말씀을 이렇게 기록한다. "주 여호와의 말씀이니라 보라 날이 이를지라 내가 기근을 땅에 보내리니 양식이 없어 주림이 아니며 물이 없어 갈함이 아니요 여호와의 말씀을 듣지 못한 기갈이라"(아모스 8:11).

바로 지금, 우리 세대는 하나님 말씀의 기근에 직면해 있다. 이것은 우리가 성경을 접할 수 없기 때문이 아니라, 하나님이 바로 우리 코앞에 차려 주신 성찬을 보지 못하기 때문이다.

기독교 출판사는 교회에 성경이라는 선물을 베풀고 있다. 우리가 성경을 읽기 위해 그리스어나 히브리어까지 배울 수는 없지 않는가? 다행히 현대의 성경은 우리의 일상적인 언어로 쓰여 있다.

게다가 한 번도 들어보지도 못한 성경의 옛 언어를 이해할 필요도 없다. 현대의 독자들이 이해할 수 있게 번역되었기 때문이다. 이해를 한층 더 돕기 위해 출판사는 특정한 연령에 맞춘 성경도 출간한다. 또한 남자와 여자, 십대, 노인, 심지어 회복기에 있는 환자들을 위해 일일 묵상이 담겨 있는 성경도 찾을 수 있으며 거실 탁자를 장식할 만한 큰 성경도 있고, 어디든 가지고 다닐 수 있는 작은 크기의 성경도 있다. 아마 성경이라는 그 영광스러운 책에 담긴 진리의 성찬을 즐기는 일이 이보다 더 손쉽고 간편했던 적은 한 번도 없었으리라.

그런데 왜 기근이 생긴 것일까? 성실하고 진지하게 성경을 읽는 사람들이 왜 이토록 적은 것일까? 그 이유는 식탁 위에 오직 텅 빈 접시와 잔만을 보기 때문이다. 우리는 역사상 가장 훌륭한 향연이야말로 성경, 즉 하나님의 말씀이라는 것을 깨닫지 못하고 있다. 그 어떤 것도 성경보다 더 만족스러울 수 없으며, 어떤 것도 성경에 나타난 하나님의 진리처럼 우리를 채워주지 못할 것이다.

'후크'에서 피터는 마침내 식탁을 가득 덮고 있는 빵과 고기를 보게 된다. 그의 눈이 열린 것이다. 이제는 하나님의 자녀들이 하나님의 말씀을 생명의 양식으로 바라볼 때다. 우리가 마음 깊이 아주 간절히 바랐던 양식 말이다. 자, 이제 기근을 끝내고 연회를 시작하자!

당신은 이미 가장 근사한 잔치에 초대받았다

중국의 만리장성과 독일의 베를린 장벽은 분리의 역사적 상징물이다. 마찬가지로 기원 후 1세기 유대 사람에게 예루살렘 성전에 둘러쳐진 휘장은 거대한 장벽처럼 쉽게 뚫을 수 없는 것이었다. 이 휘장은 일반 사람은 함부로 성소에 들어갈 수 없음을 항시 깨닫게 하기 위한 것이었다. 일 년에 단 한 번, 대제사장만이 사람들의 죄를 대신하는 공물을 바치기 위해 휘장을 통과할 수 있었다. 흥미로운 것은 대제사장이 제를 올리다 갑자기 쓰러지는 경우를 대비하여 발목에 밧줄을 묶고 성소 안으로 들어갔다는 것이다. 다른 사람들은 성전의 가장 신성한 장소에 접근하는 일이 허락되지 않았으므로, 피치 못할 사고가 생기면 밧줄로 대제사장을 끌어내기 위해서 말이다. 단지 한 장의 천으로만 만들어진 휘장이었지만, 이는 강철로 만들어진 것이나 다름없었다.

이 휘장이 둘로 찢어진 것은 예수님이 십자가에서 돌아가셨을 때다. 이 의미심장한 행동은 깊은 영적진리를 뜻한다. 우리는 십자가에서 돌아가신 예수님을 통해 창조주 하나님께 완전히 나아갈 수 있다. 그러므로 예수님을 따르는 이들은 구약의 제사장들이 경험했던 것과 똑같이 휘장은 걷고 하나님께 나아갈 수 있다는 것이다. "그러나 너희는 택하신 족속이요 왕 같은 제사장들이요"(베드로전서 2:9). 이것은 기독교인이라면 누구나 하나님의 보좌가 놓인 바로 그 방까지 완전히 나아갈 수 있다는 것을 의미한다. 예수 그리스도와의 관계 안에서, 그 어떤 것도 우리가 하나님과 직접 만나는 일을 방해할 수 없다.

이 세상에서, 우리는 다른 이들로부터 많은 초대를 받는다. 청첩장은 다양한 색의 봉투에 글씨체도 도드라지고, 화려하고 장식적인 경우가 많으며 생일잔치 초대카드는 재미있고 다채로우며, 때때로 아주 익살스럽다. 예수님께서 십자가에서 돌아가셨을 때 "성소 휘장이 위로부터 아래까지 찢어져 둘이 되고"(마태복음 27:51)라는 기록이 있다. 마찬가지로 하나님은 우리를 연회에 초대하기 위해 그의 독생자를 보내셨다. 그리고 그 메시지는 인간의 몸에 실려서 왔다.

사도 바울은 "우리가 그 안에서 그를 믿음으로 말미암아 담대함과 확신을 가지고 하나님께 나아감을 얻느니라"(에베소서 3:12)라고 말한다. 히브리서의 저자는 이렇게 놀라운 초대를 한다. "그러므로 형제들아 우리가 예수의 피를 힘입어 성소에 들어갈 담력을 얻었나니 그 길은 우리를 위하여 휘장 가운데로 열어 놓으신 새로운 살 길이요 휘장은 곧 그의 육체니라 또 하나님의 집 다스리는 큰 제사장이 계시매 우리가 마음에 뿌림을 받아 악한 양심으로부터 벗어나고 몸은 맑은 물로 씻음을 받았으니 참 마음과 온전한 믿음으로 하나님께 나아가자"(히브리서 10:19-22). 계속해서 성경은 하나님과의 친밀한 관계를 통해 우리에 대한 하나님의 꿈이 더욱 자라날 수 있다고 가르친다.

하나님은 언제나 팔을 활짝 벌리고 계시다. 하나님은 언제나 성경을 통해, 기도 안에서, 성령의 낮고 작은 목소리로 우리에게 말씀할 준비가 되어 있으시다. 휘장은 이미 둘로 찢어졌고, 우리는 하나님의 선함을 함께 나눌 수 있게 이미 성대한 식탁으로 초대받았다.

매일 잠깐이라도 시간을 내어 성경을 펼치고 읽는 일은 아주 쉽다. 하나님의 제사장으로서, 당신은 목사가 성경에 대해 읊어주길 바라면서 일요일이 될 때까지 기다릴 필요가 없다. 성경이 제공하는 영적인 음식을 일요일에 한 번, 오직 교회 예배에 갈 때만 먹는 사람은 결국 영적으로 영양실조에 걸릴 것이다. 일주일에 단 한 끼만 먹고 사는 사람은 없지 않은가? 하나님은 그의 말씀인 성경을 주심으로써 우리에게 매일 풍요로운 식탁을 차려 주셨다. 그러므로 우리는 일요일 한 끼의 식사를 넘어 날마다 성경을 맛보아야 한다.

하나님께 스승이 되기를 청한 뒤, 신나게 먹어라! 그러나 우리가 먹을 것들을 미리 계획하고 준비하는 일이 중요하다는 것을 기억하라. 집에서 만든 맛있는 음식을 먹고 싶다면, 장을 보고 재료를 준비한 후 여러 요리과정을 거쳐 식탁에 내놓아야 한다. 그리고 드디어 근사한 식사가 시작되는 것이다! 마찬가지로 영적으로 성숙해질수록 성경에서 무엇을 읽고, 하나님과 언제 시간을 보낼지를 계획한 뒤, 하나님의 말씀을 규칙적으로 공부하는 일이 중요하다.

그렇다고 오해는 하지 마시길. 나는 분명 설교하는 목사이며, 예배와 말씀을 공부하기 위해 하나님의 사람들과 모이는 일을 나의 영적인 성장의 중요한 부분이라고 믿는다. 그러나 일주일에 한 번 하는 식사는 분명 충분하지 못하다! 하나님의 말씀을 매일 접하는 일은 믿음으로 성장하기 위한 삶의 열쇠다. 하나님의 말씀을 마음껏 즐기게 될 때 우리는 성숙한다. 며칠 동안 제대로 먹지 못하면 영양실조에 걸릴 수 있듯이, 하나님의 말씀을 양분으로 섭취하지 못하면 우리는 영적으로 약해진다.

원스텝 체인징 ■ 혼자서 드리는 기도
제안　진리가 마음속에 있고 말로 표현될 때, 우리는 변화하기 시작한다. 히브리서 10장 19~22절의 진리를 스스로 깨달을 수 있도록 하루에 한 번 일주일 동안 아래의 기도를 드려라.

"예수님, 저는 당신의 피로 가장 신성한 곳에 들어간 것을 믿습니다. 예수님은 십자가에 못 박히심으로써 제게 그 길을 열어주셨습니다. 예수님은 저의 대제사장이시며 저의 죄를 대속하셨습니다. 그리하여 저는 진실한 마음과 담대함과 저의 죄가 깨끗이 씻겨졌다는 확신으로 가까이 나아갑니다. 십자가에서 돌아가신 예수님의 희생을 통해 제가 하나님의 보좌가 있는 바로 그 방으로 초대받았다는 놀라운 진리에 감사드립니다! 아멘."

성찬을 거의 놓칠 뻔했던 세 사람의 이야기

브라이언은 이렇게 말했다. "저는 아무래도 성경을 읽을 수가 없습니다. 겉으로만 빙빙 돌지 완전히 이해할 수 없어요. 성경에는 제 삶과 직접 관계된 것이 아무 것도 없으니까요."

브라이언의 목사는 그의 말에 마음이 언짢았지만, 귀 기울여 듣고 하나님께 지혜를 구했다. 그런 다음 한 가지 제안을 했다. "브라이언, 그렇다면 잠언을 하루에 한 장씩 읽고 무슨 일이 일어나는지 지켜보는 건 어떨까요? 잠언은 31장으로 되어 있으니, 한 달 동안 하루에 한 장씩 읽는 것은 어렵지 않을 겁니다." 목사는 브라이언이 지금까지 실제로 성경을 탐독한 적이 없다는 것을 알았다. 그는 그저 몇 년 동안 교회에 앉아만 있은 채 성경이 자신에게 아무 의미도 없다고 단정을 지었다.

다행히 브라이언은 그 도전을 받아들였다. 그리고 약속대로 잠언을 읽었다. 몇 주 후 브라이언이 목사를 만났다.

"브라이언, 무언가 배운 것이 있었나요?"

브라이언이 약간은 당황스럽고, 또 약간 더 현명해진 표정으로 말했다.

"네, 제가 바보라는 것을 배웠습니다. 그리고 대부분의 제 친구들도 다 바보고요!"

"왜 그렇게 말하는 거지요?" 목사가 물었다.

브라이언의 대답은 정직하고 통찰력이 있었다.

"잠언에서 바보에 대해 말하는 대부분의 것들이 저와 제 주변 사람들에게 꼭 들어맞았거든요. 그런데 현명한 사람에 대해 말하는 것들 중 저와 제 친구들에게 들어맞는 건 거의 없더라고요."

목사는 브라이언에게 2가지 질문을 했다. 먼저 목사는 이렇게 물었다. "그럼 이제 어떻게 할 생각입니까?" 브라이언은 앞으로의 생활에 대해 여러 가지 대답을 했으며 덕분에 그 대화는 매우 의미 있는 것이 됐다. 그리고 보다 중요한 것은 그 대답이 실제로 그의 삶의 방식을 변화시켰다는 것이다.

그러고 나서 목사가 물었다. "아직도 성경이 당신의 삶에 대해 별로 이야기하지 않는다고 생각합니까?"

브라이언이 미소를 지으며 고백했다. "이제는 성경이 너무 많은 것을 이야기하고 있어서 걱정입니다!"

10대 소녀인 수잔은 교회에서 자신을 지도해주는 선생님과 이야기를 나누고 있었다. 수잔은 이제 막 기독교인이 되었고 구약을 읽으려고 노력하다 포기한 상태였다. 선생님이 왜 구약읽기를 멈췄는지 이야기해달라고 하자, 수잔이 간단히 대답했다.

"신약은 좀 이해할 수 있는데, 구약은 잘 안 돼요."

구약은 성경의 첫 3분의 2를 차지할 만큼 중요한 부분이다. 그래서 선생님은 수잔이 이 구약의 가치를 새롭게 바라볼 수 있게 도와주고 싶었다.

"그렇다면 구약의 39권 중 하나를 택해서 우리가 함께 읽어 보자. 우리의 삶에 관계된 뭔가를 발견하게 될지도 모르잖아?"

수잔은 동의했고, 두 사람은 성경을 펼쳐 목차를 보았다. 그 중에서 특히나 아주 오래되고 동떨어진 것처럼 보이는 구약 한 편을 골랐다.

"학개를 읽어보자."

두 사람은 학개의 첫 구절을 읽었다. "다리오 왕 제이년 여섯째 달 곧 그 달 초하루에 여호와의 말씀이 선지자 학개로 말미암아 스알디엘의 아들 유다 총독 스룹바벨과 여호사닥의 아들 대제사장 여호수아에게 임하니라 이르시되"

"보세요! 제가 말하는 게 바로 이거예요. 발음조차 하기 힘든 고대 사람들의 이름만 나오잖아요!" 수잔이 말했다.

수잔의 선생님은 여기서 포기하지 말고 성경구절을 좀더 읽으면서 우리와 관련된 뭔가가 있지 않은지 살펴보자고 수잔을 달랬다. 그들은 계속 읽어나갔다.

만군의 여호와가 이같이 말하여 이르노라 이 백성이 말하기를 여호와의 전을 건축할 시기가 이르지 아니하였다 하느니라 여호와의 말씀이 선지자 학개에게 임하여 이르시되 이 성전이 황폐하였거늘 너희가 이 때에 판벽한 집에 거주하는 것이 옳으냐 그러므로 이제 만군의 여호와가 이같이 말하노니 너희는 너희의 행위를 살필지니라 너희가 많이 뿌릴지라도 수확이 적으며 먹을지라도 배부르지 못하며 마실지라도 흡족하지 못하며 입어도 따뜻하지 못하며 일꾼이 삯을 받아도 그것을 구멍 뚫어진 전대에 넣음이 되느니라

학개 1:2-6

그들이 6절을 읽었을 때 수잔이 말했다. "잠깐만요! 그 부분을 다시 읽어요. 요즘 제가 느끼는 것이 바로 그거거든요."

수잔의 마음이 활짝 열리기 시작했다. "저는 항상 공허함을 느껴요. 물을 마시고 싶은 마음이지만, 그래도 제 갈증은 채워지지 않아요. 충만함을 느낀 적이 없어요. 한 번도 충분하지 않았어요. 그리고 가장 기분 나쁜 건, 나의 공허함이 결코 진정으로 채워지지 않을 것 같다는 거예요."

멋진 통찰이 아닐 수 없다! 수잔과 수잔의 선생님은 그 당시의 사람들이 왜 그렇게 공허함을 느꼈는지 알기 위해 그 뒤로 계속 학개를 파헤쳤다. 왜 그들은 그렇게 많이 심고도 적게 거두었을까? 왜 그들은 수잔과 똑같이 자신의 호주머니와 영혼에 구멍이 나 있다고 느꼈을까?

두 사람은 마침내 결론을 내렸다. 이스라엘 백성들이 먼저 해야 할 중요한 일들을 잘못 정했다고 말이다. 그들은 시간과 에너지, 자원 등 모든 힘을 자기 자신에게 쏟고 있었다. 하나님의 거처가 비틀거릴 때, 그들은 자신의 집을 짓고 있었다. 예언자 학개는 그들이 무엇을 먼저 해야 하는지 바로잡지 않는다면 그들의 호주머니는 구멍으로 가득할 것이라고 분명히 말했다.

두 시간 동안 이어진 대화가 끝나고, 수잔과 수잔의 선생님은 학개에 완전히 반하고 말았다! 학개를 읽고 난 뒤 단지 기분이 좋아졌기 때문만은 아니었다. 학개는 그들 각자에게 그들이 중요하게 생각해야 할 일이 어떻게 어긋나 있는지 보여주는 밝은 등불이 돼주었다. 두 사람은 하나님 말씀과의 이런 만남과 성령의 확신을 통해 원스텝 체인징을 시작했다. 또한 성경의 첫 3분의 2나 되는 구약은 힘이 넘치며 현실에 도움이 된다는 사실을 발견했다.

빌은 예수님을 따르는 일에 온 마음을 쏟았다. 종교를 가지지 않은 집안에서 성장했지만 그는 예수님을 만나서 기독교로 개종했다. 개종하면서 그는 성경을 사랑하게 되었다. 매일 성경을 읽었으며, 성경의 가르침을 따르기 위해 모든 노력을 기울였다. 그러던 어느 날, 그는 성경을 내려놓고 더 이상 읽지 않았다.

기독교 신자인 친구가 이유를 물었고, 그는 정직하게 말했다.

"나는 성경 읽는 것을 정말로 좋아하네. 하지만 성경을 읽을 때 이따금 불편함을 느껴. 내가 해서는 안 되는 일들을 하고 있다고 계속 지적하거든. 때로는 내가 정말 해서는 안 되는 일을 실제로 저지르고 있다고 잘못을 꼬집어주지. 그래서 나는 불편함을 느끼기 시작했어. 죄의식도 좀 느끼고 말이야. 그래서 그만 읽어야겠다고 생각했다네."

실로 빌의 대답은 슬프면서도 동시에 마음을 후련하게 해준다. 슬픈 이유는 그가 성경 읽는 것을 포기했기 때문이다. 그것이 일시적일지라도 말이다. 또한 마음이 후련한 이유는 많은 사람들이 느끼고는 있지만 좀처럼 분명히 표현하지 않는 것을 솔직하게 말했기 때문이다. 빌은 하나님 말씀 때문에 생기는 양심의 가책을 직면하기 어렵다는 것을 인정했다. 소설가 마크 트웨인*Mark Twain*은 이렇게 말했다. "내가 걱정하는 건 내가 성경을 이해하지 못하는 것이 아니라, 정말로 이해하는 것이다." 이것이 바로 빌이 느낀 것이었다. 빌은 성경이 명확하지 않다거나 모호하다고 불평하지 않았다. 오히려 그의 문제는 성경 속의 말들이 가슴에 비수처럼 꽂혀서 자신이 피하고 싶어 하는 것들을 드러내는 것이었다.

브라이언과 수잔, 빌은 모두 우리와 공통점이 있다. 조심하지 않으면 하나님이 우리 앞에 차려 놓으신 놀라운 성찬을 놓칠 수 있다는 것이다. 매주 교회에서의 간단한 식사에 만족하고 그 사이에 한 번도 하나님의 말씀을 탐독하지 않는다면, 우리 스스로가 깨닫는 것보다 더 많은 것을 잃어버린다. 이제 모든 변명과 두려움을 내버리고 식탁 앞으로 곧장 나아가 하나님이 우리 앞에 차려 놓으신 좋은 것들을 함께 나눠야 한다.

행동으로 꽉 차고, 삶을 변화시키며, 영혼을 움직이는 하나님의 말씀

우리가 성경을 펼칠 때마다, 하나님은 일을 하신다. 그러나 안타깝게도 우리가 언제나 그것을 느끼는 것은 아니다. 우유를 마시는 일과 비슷할 수도 있겠다. 우유를 벌컥벌컥 마시자마자 "와, 내 뼈가 정말 더 튼튼해진 것 같아!"라고 말하는 사람은 없다. 왜냐하면 뼈를 튼튼하게 하는 일은 순간이 아니라 시간을 거쳐 일어나기 때문이다.

마찬가지로 하나님의 말씀을 마음껏 즐기게 될 때, 우리는 영적으로 성장한다. 그 어떤 것도 성장을 방해하지 못한다. 하나님의 말씀을 읽고, 공부하며, 묵상하는 경이로움과 아름다움은 우리가 항상 느낄 수 있는 일이 아니다. 식탁에 하나님의 말씀이 그득하게 차려져 있고 우리가 그 앞에 앉아 있을 때, 우리는 하나님께서 무엇을 하실지 미리 알지 못한다. 그러나 성경은 늘 우리의 삶에 영향을 미칠 것이다.

성경은 성경 그 자체를 표현하기 위해 모든 종류의 이미지를 사용한다. 그 각각의 이미지는 성령이 성경을 통해 움직이고 말씀하시는 독특한 방식을 반영한 결과다. 물론 더 많은 것들이 있지만, 우리가 하나님 말씀의 식탁에서 식사할 때 하나님이 어떻게 작용하시는가를 알 수 있게 해주는 5가지의 이미지를 살펴보자.

1. 등불: 성경은 빛을 밝힌다

주의 말씀은 내 발에 등이요 내 길에 빛이니이다

시편 119:105

발을 헛디디고, 비틀거리고, 넘어져서 온갖 험한 일을 당하기 쉬운 이 캄캄한 세상에서 우리는 길을 밝혀줄 밝은 빛이 필요하다. 성경이 바로 그 빛이다. 우리가 하나님의 말씀을 읽을 때, 하나님은 우리에게 빛을 밝혀 길을 비춰주신다. 그러나 이 성경구절이 쓰인 배경을 기억할 필요가 있다. 그 당시 등불은 대개 작은 기름 그릇에 가는 심지가 담긴 정도였다. 촛불 하나 정도의 빛이었으리라. 그러므로 하나님께서는 우리가 길을 훤히 볼 수 있을 정도로 눈부신 빛을 주시고 싶어 한다고 생각한다면 오산이다. 단 하나의 불꽃은 빛을 내면서 우리 앞에 놓여 있는 것을 보여주지만, 대개 한두 걸음 앞만을 비추기 때문이다.

우리가 성경을 읽을 때, 성령은 성경을 사용하여 우리 인생의 바로 다음 여정을 지시해주신다. 예수님을 따르는 이들이라면 특정한 날에 읽은 하나님의 말씀이 그들에게 곧 닥칠 일에 꼭 필요한 지혜와 통찰, 깨우침을 준다는 사실을 발견하고 놀라워한 적이 많았을 것이다.

2. 꿀의 맛: 성경은 달콤하다

주의 말씀의 맛이 내게 어찌 그리 단지요 내 입에 꿀보다 더 다니이다

시편 119:103

때때로 우리는 하나님께서 우리에게 주기 원하시는 하나님의 사랑과 은총, 평화, 격려를 그저 즐겨야 한다. 하나님의 말씀이 펼쳐질 때, 그것이 꿀맛처럼 달콤할 때가 있다. 이런 경험을 하는 날, 어쩌면 우리 삶을 변화시키는 어떤 작용이 일어나지 않을 수도 있다. 또한 심오한 신학상의 진리를 깨치지 못하며, 무엇을 읽었는지 정확히 기억하지 못하는 때도 있다. 그러나 오직 우리가 아는 것은 하나님의 존재 안에 있는 일이 즐거웠다는 것이며, 하나님께서 말씀하시는 진리가 달콤하고 놀라웠다는 것이다.

3. 훈련교본: 성경은 준비시킨다

모든 성경은 하나님의 감동으로 된 것으로 교훈과 책망과 바르게 함과 의로 교육하기에 유익하니 이는 하나님의 사람으로 온전하게 하며 모든 선한 일을 행할 능력을 갖추게 하려 함이라

디모데후서 3:16-17

성경은 하나님께서 우리가 경험했으면 하는 삶을 준비시키기 위한 훈련교본의 역할을 한다. 바울이 친구 디모데에게 편지를 쓰면서 사용한 중요한 말들에 주목하라. 바울은 하나님의 말씀이 우

리를 가르치고, 꾸짖으며, 잘못을 바로잡고, 교육할 것이라고 말한다. 이 말은 정말 효과가 있는 사실이다. 그 결과 하나님의 백성은 하나님의 일을 수행할 준비를 갖추게 된다.

성경을 읽을 때, 하나님께서 우리가 하길 원하시는 어떤 일을 명확히 준비시키실 때가 있다. 이런 순간 우리는 하나님의 말씀이 얼마나 실제적이고, 적절하며, 나를 위한 것인가에 깜짝 놀란다. 그때 성경은 우리의 삶을 안내하는 훈련교본처럼 느껴진다. 어쩌면 우리는 우리가 받고 있는 이 특별한 훈련이 왜 필요한지조차 모를 수 있다. 그 순간에는 이런 저런 조각들이 잘 맞춰지지 않을지도 모르며, 우리의 영적인 체험이 이해가 되지 않을 것이다. 갓 군대에 들어간 신병처럼 말이다. 그러나 머지않은 장래에 우리는 하나님의 지혜를 발견하고, 날마다 성경공부를 통해 받았던 훈련을 감사한 마음으로 돌아보게 될 것이다.

4. 의사의 메스: 성경은 칼로 베어 고친다

하나님의 말씀은 살아 있고 활력이 있어 좌우에 날선 어떤 검보다도 예리하고 혼과 영과 및 관절과 골수를 찔러 쪼개기까지 하며 또 마음의 생각과 뜻을 판단하나니 지으신 것이 하나도 그 앞에 나타나지 않음이 없고 우리의 결산을 받으실 이의 눈 앞에 만물이 벌거벗은 것 같이 드러나느니라

히브리서 4:12-13

이것은 쉽게 받아들일 수는 없지만 절대적으로 필요한 성경의

이미지다. 성경을 읽을 때 하나님께서 드러내시는 진리가 마치 의사의 메스처럼 날카롭게 다가올 때가 있다. 그 말씀이 우리를 깊이 베고, 우리 안의 죄라는 암을 드러낸다고 느낀다. 하지만 우리가 기억해야 할 것은 하나님이 상처를 주시려는 게 아니라 병을 낫게 하려고 칼을 쓰신다는 것이다. 솜씨 좋은 의사처럼 하나님은 깊이 꿰뚫고, 태도를 제거하며, 행동을 폭로하고, 사악한 마음을 잘라내신다. 그 어떤 것도 하나님 앞에 숨겨지지 못하며, 하나님은 레이저처럼 날카로운 칼날을 잡고 우리를 위하여 수술하신다.

한때 환자였지만 수술을 받고 성공적으로 완치된 사람은 이후 그 고마움을 뼈저리게 느낀다. 하나님 말씀의 메스도 마찬가지다. 성령은 메스로 우리를 아프게 하시지만, 우리는 언젠가 우리를 좀먹고 있던 태도와 행동을 안에서 밖으로 꺼내주신 하나님께 감사드릴 것이다.

5. 검: 성경은 영적인 전투를 위한 무기다

구원의 투수와 성령의 검 곧 하나님의 말씀을 가지라

에베소서 6:17

예수님은 광야에서 마귀의 시험을 받으셨을 때 그의 검을 꺼내어 맞서 싸우셨다. 마귀의 3가지 시험에 대항하기 위해 예수님은 그것에 각각 반격할 수 있는 특별한 성경구절을 인용하셨다(마태복음 4:1-10, 누가복음 4:1-13). 우리도 예수님에게서 배워야 한다. 우리는 살면서 각자가 영적인 전투에 직면하게 된다는 것을 안다. 사도 바울은 "우리의 씨름은 혈과 육을 상대하는 것이 아니요 통치자들과 권세들과 이 어둠의 세상 주관자들과 하늘에 있는 악의 영들을 상대함이라"(에베소서 6:12)라고 쓴다. 그리고 바울은 방어에 쓸 수 있는 모든 종류의 무기를 나열한다. 그러나 이 영적인 전쟁의 최고 무기는 "성령의 검 곧 하나님의 말씀"(에베소서 6:17)이다.

성경을 규칙적으로 읽고 하나님 말씀의 진리를 마음껏 즐기는 일은 우리 앞에 가로놓인 전투에 대비하여 훈련을 하는 것과 같다. 검을 소유하고 있다고 모두 다 전사가 되는 것은 아니지 않는가? 10개의 검으로 집 주위를 그냥 둘러싼다고 더 강해지는 것은 아니다. 훈련만이 우리를 전투에 대비시킬 것이다. 하나님의 말씀을 읽고, 공부하며, 말씀을 아는 일은 영적인 공격에 맞서 우리를 강하게 준비시킨다. 오늘날 너무나 많은 사람들이 집 주위에 성경을 쌓아놓지만, 막상 그것을 어떻게 사용하는지는 모르는 것 같다. 이제 '하늘의 왕국에서 악의 영적 군대'와 싸울 훈련을 할 때다. 우리 자신의 힘만으로는 이 전투에서 승리할 수 없지만, 하나님의 말씀으로 무장하고 하나님의 말씀을 사용하는 훈련을 받을 때, 우리는 언제라도 싸울 수 있다.

우리가 성경을 꺼내어 읽을 때, 무슨 일이 일어날 것인지 어떻게 알 수 있을까? 정답은 '우리는 모른다!'다. 다만 우리가 확신할 수 있는 건 무언가가 일어나긴 할 것이라는 것이다.

당신이 하나님의 말씀을 펼친 어느 날, 의사의 메스 같은 성경구절이 당신의 마음속 깊이 파고들지도 모른다. 성경을 펼친 또 다른 날, 가장 좋아하는 과일을 한 입 베어먹은 것 같은, 혹은 달콤한 꿀을 한가득 먹은 것처럼 느낄지도 모른다. 아마 그날 당신이 아는 건 오직 그 맛이 훌륭하다는 것과 축복 받은 기분이라는 것이다! 그 다음날 당신이 성경을 펼칠 때, 하나님은 당신이 맞서고 있는 전투를 위해 당신의 손에 검을 쥐어주신다. 성경을 읽는 또 다른 때에는 빛으로 인생의 다음 여정을 밝게 비춰주신다. 당신이 하나님 말씀의 성찬 앞에 앉아 있을 때 이보다 훨씬 더 많은 일들이 일어날 수 있다. 우리는 하나님께서 무엇을 계획하셨는지 알지 못한다. 그러나 성경이 펼쳐지면 우리의 미래에 원스텝 체인징이 일게 된다.

성찬을 즐기기 위한 아이디어

성경을 깊게 탐독하는 일이 처음이라면 여러 가지 방법을 쓸 수 있다. 첫 단계는 성경을 읽는 시간을 내는 것이다. 이 단계를 밟으면 성령이 움직이고 작용하기 시작한다. 여기 하나님의 말씀을 간단한 식사에서 근사한 성찬으로 변화시킬 수 있는 몇 가지 아이디어를 일러주겠다.

1. 하루에 한 끼를 먹는다

하나님의 말씀으로 성장하는 가장 좋은 방법은 일정한 시간을 들여서 매일 성경을 펼치고, 성령이 말씀하시기를 기도한 후, 그리고 읽기 시작하는 것이다. 매우 쉽게 들릴지도 모른지만 사실 가장 중요한 과정이다. 하루에 성경을 한 장(章) 읽거나, 아니면 10분 정도밖에 읽지 못한다 하더라도, 이 영적인 자양분을 끊임없이 섭취한다면 분명 당신의 삶이 변화할 것이다.

이때는 편안한 장소에서 정신이 흐트러지지 않는 시간을 고르는 것이 현명하다. 누군가는 이른 아침 시간이 가장 좋을 수 있다. 나의 장인어른의 경우는 트럭에서 보내는 점심시간이었다. 여러 해 동안 장인어른은 조용한 예배음악을 틀고 성경을 읽으며 트럭에서 점심시간을 보내셨다. 빨간 트럭의 운전석이 하나님과 만나는 신성한 장소가 된 것이다. 누군가는 저녁시간을 선호할 수 있다. 중요한 것은 몸에 에너지가 넘치고 머리가 맑을 때를 찾는 일이다.

적당한 공간과 때를 찾았다면 이제는 성경을 공부할 수 있는 방법을 살펴보자. 몇 가지를 소개하자면 다음과 같다.

- 하루에 한 장(章) 읽기. 어디에서 시작해야 할지 모르겠다면 마태복음이나 잠언, 또는 야고보서부터 시작하라.
- 하루에 10분 읽기. 성경을 매일 10분 동안 읽겠다고 결심하라.
- QT책 사용하기. 성경 구절과 기도 묵상이 담겨 있는 일일 기도 성경을 구입하라. 이런 종류의 성경을 사용할 때는 반드시 성경구절을 주된 목적으로 하고, 기도는 성경을 읽는 보조도구로 활용하라. 기도 구절은 사람들에 의해 쓰인 것이지만 성경은 하나님의 말씀이므로 이것을 영적인 식사의 중심으로

만들어야 한다.

- 이 책의 부록 1에 마련된 성경가이드 이용하기. 이 책의 커다란 6가지 주제에 맞춰 6주간의 성경읽기를 안내해줄 것이다.

원스텝 체인징 ■ 성대한 식사를 위해 미리 계획하라

제안 1주일 동안 하나님의 말씀을 매일 즐길 수 있도록 성대한 식사를 계획하라.

- 언제 식사할 것인가?
- 어디서 식사할 것인가?
- 무엇을 메뉴로 할 것인가?

성경을 언제, 어디서, 무엇을 공부할지 결심한 다음, 다른 누군가에게 당신의 목표에 대해 말하고 당신을 위해 기도해달라고 부탁하라. 그리고 한 주가 끝나면 당신이 배운 것을 그 사람과 함께 나눠라. 매일의 성찬에서 영적인 자양분을 얻고 있다고 느끼면, 또 그 다음 주를 위한 근사한 식사계획을 세워라.

2. 마음과 머릿속에 깊이 새긴다

하나님의 말씀을 간단한 식사에서 근사한 성찬으로 변화시키는 한 가지 확실한 훈련은, 정말로 마음에 와 닿는 성경구절들을 외우는 것이다. 성경을 읽다가 어떤 구절이 눈에 확 들어오면 메모지나 쪽지에 옮겨 적어라. 그날 하루 그것을 지니고 다니며, 마음속에 깊이 새겨질 때까지 계속해서 읽어라. 이것은 우리의 영적인 성장에 놀라운 결과를 가져온다.

나는 성경을 외우는 것이 얼마나 중요한 일인지 직접 경험한 적이 있었다. 은행에 볼일을 보러 갔을 때였는데, 나는 금전적인 일을 충분하게 쌓일 때까지 두었다가 한꺼번에 처리하는 편이다. 그래서 모든 일을 끝내기까지 창구에서 대략 5~6분 정도를 지체했다. 미처 알아채지 못했던 건, 그때 그 은행에서 내 일을 처리해주던 은행직원 외에는 그 누구도 창구에 있지 않았다는 것이다. 한마디로 일을 처리해주는 곳은 단 한 곳이었고, 따라서 내 뒤로는 줄이 길게 늘어서 있었다.

은행을 떠날 때, 줄서서 기다리는 것에 짜증이 난 것인지 한 남자가 차마 글로는 옮겨 적을 수 없는 상스러운 말을 나에게 했다. 그는 나에게만 들릴 정도로 나직이 중얼거렸다. 그 순간 나는 욱하는 마음이 치밀어 올랐고, 그리고 내가 '잠언의 순간'이라고 부르게 된 것을 경험했다.

그날 일어났던 일은 이렇다. 나는 일단 그 남자를 지나쳐 걸었다. 그러더니 그는 오히려 한마디 말을 더 내뱉었다. 나는 잠시 발을 멈추고 그를 돌아보기 시작했다. 방금 했던 말이 도대체 뭘 뜻하는지 확실하게 물어볼 참이었다. 그 순간 갑자기 나는 걸음을 멈췄고, 빠르게 잠언 한 구절이 머릿속을 스쳐지나갔다. "미련한 자는 당장 분노를 나타내거니와 슬기로운 자는 수욕을 참느니라"(잠언 12:16).

이 깊은 진리가 내 마음과 머리를 꿰뚫었을 때, 나는 그냥 걸어서 은행을 나가기로 결심했다. 이 모든 일은 단 몇 초 사이에 일어났다. 그때 줄에 서 있던 사람들은 남자가 어떤 말을 했다는 것과,

내가 그를 흘긋 보려고 잠시 멈췄다가 그냥 걸어갔다는 것만을 알아차렸을 것이다. 건물 밖으로 나왔을 때, 나는 마치 큰 농구시합에서 종료휘슬이 울리는 순간 승리를 결정하는 골을 넣은 선수처럼 힘차게 두 주먹을 하늘로 뻗었다. 그리고 내 자신에게 말했다. '이제 누가 바보지? 그리고 누가 현명한 사람이지?' 이때 성령이 내 마음에 조용히 대답해주셨다. '너는 지혜를 얻고 있다.' 만약 이 잠언 구절을 외워서 마음에 깊이 새기지 않았더라면, 이런 소중한 경험은 결코 할 수 없었을 것이다.

3. 기도를 할 때 성경을 이용한다

성경을 하나의 기도 안내서, 즉 적절한 성경구절을 기도의 길잡이로 사용하는 일도 좋다. 성경구절을 기도나 기도를 이끄는 출발점으로 삼을 수 있다(이런 방법의 예가 궁금하다면 다음 장의 주기도문을 사용한 기도를 참고해보자). 이전에 이렇게 해본 적이 없다면, 아래와 같은 구절들로 시작하면 좋다.

- 마태복음 6:9-13(주기도문)
- 시편 23
- 시편 19
- 시편 51
- 시편 63
- 시편 123
- 에베소서 1:1-10

- 골로새서 1:3-14
- 요한복음 17

하나님의 말씀을 통해 당신의 기도생활을 인도하고 형성하도록 하라.

4. 성경을 지니고 다닌다

예수님의 시대에 모든 군인은 검을 지니고 다녔다고 해도 과언이 아니다. 마찬가지로 예수님과 함께 걸으며 24시간, 7일, 1년 내내 영적인 전투에 임하고 있다는 것을 이해하는 사람이라면 누구도 빠짐없이 성경을 지니고 다닐 것이다.

물론 성경 한 줄을 찾는 일이 언제, 어느 때에 도움이 될지 가늠할 수 없을 것이다. 또한 하루 중 언제쯤 성경을 잠깐 펼치는 여유가 생길지도 확신하지 못한다. 그러나 당신이 자동차나 손가방, 심지어 주머니 속에 계속 넣고 다닐 수 있는 작은 성경을 마련하였으면 한다.

5. 배우고 있는 것을 남에게 가르친다

하나님이 당신에게 가르치시는 것을 더욱 마음에 새기는 가장 좋은 방법은, 그것을 다른 이들과 함께 나누는 일이다. 당신의 영적인 삶에 근본적인 변화를 일으키고 싶다면, 당신에게 자신이 성경에서 배우고 있는 것을 말해주고, 또한 당신이 배우고 있는 것을 듣고 싶어 하는 사람을 주변에서 한두 명 찾아라. 날마다 당신이 하나님의 말씀을 펼치고 배운 다음, 하나님이 당신에게 말씀하신 것을 다른 사람에게 이야기하며 나누면 어떨지 그 느낌을 한번 상상해보라.

규칙적으로 성경말씀을 다른 사람들과 이야기하라. 혼자서 공부를 하며 가르침을 얻는 것은 물론, 다른 이들의 지혜와 통찰까지 얻게 된다. 또한 이런 습관은 각각의 사람들에게 책임감을 부여하는 계기도 된다.

6. 직접 실천하는 사람이 된다

야고보서에 "너희는 말씀을 행하는 자가 되고 듣기만 하여 자신을 속이는 자가 되지 말라"(야고보서 1:22)라는 구절이 있다. 만약 우리가 하는 모든 일이 더 많은 지식을 축적하려는 것이라면, 우리는 성경을 펼치고 말씀을 보는 핵심을 놓치는 것이다. 하나님은 지식과 함께 실질적인 변화를 보고 싶어 하신다. 성경을 읽을 때마다, 하나님께 이렇게 청하라. 당신이 배운 진리가 당신의 삶에 영향을 미칠 수 있도록 방법을 보여달라고. 어쩌면 변화를 위해서 찬양의 기도를 하도록 이끌어주실지도 모른다. 또한 당신으로 하여금 누군가를 격려하거나, 새로운 방식으로 봉사하거나, 태도를 조정하게 할지도 모른다. 때로는 하나님의 말씀을 읽음으로써 자신의 과거를 고백하고 행동이 변하게 될 것이다. 야고보가 말하고 있는 것은 하나님의 말씀이 실제로 우리를 변화시키는 힘을 갖고 있다는 것이다. 그것이 바로 원스텝 체인징의 근원이다. 우리가 성경을 읽고, 성령이 우리에게 말씀하시며, 우리가 기꺼이 응답할 때, 변화는 필연적으로 일어난다.

● 작은 변화를 일으키는 오늘의 깊은 생각

- 성경을 탐독하기 위한 나의 황금 시간대는 언제인가? 내 몸에 에너지가 넘치고 머리가 맑은 때가 언제인가? 이런 시간의 일부를 이용해 성경공부를 하려면 어떻게 해야 할까?
- 나는 다음과 같은 성경의 특징을 어떻게 경험해왔는가?
  - 등불
  - 꿀의 맛
  - 훈련 교본
  - 의사의 메스
  - 검

● 작은 변화를 일으키는 오늘의 기도

- 하나님의 말씀이 당신 삶의 어두운 부분을 환하게 밝히는 등불로 사용되게 해달라고 청하라.
- 성경을 도구로 삼아 비뚤어진 당신의 마음을 수술해달라고 성령께 청하라. 또한 치유를 위해 말씀이라는 메스로 죄라는 암이 베어지기를 간절히 바란다고 하나님께 기도하라.

06

응답 받는
기도를 위한
원스텝 체인징

새벽 아직도 밝기 전에 예수께서 일어나 나가 한적한 곳으로 가사 거기서 기도하시더니

마가복음 1:35

내가 진실로 진실로 너희에게 이르노니 문을 통하여 양의 우리에 들어가지 아니하고 다른 데로 넘어가는 자는 절도며 강도요 문으로 들어가는 이는 양의 목자라 문지기는 그를 위하여 문을 열고 양은 그의 음성을 듣나니 그가 자기 양의 이름을 각각 불러 인도하여 내느니라 자기 양을 다 내놓은 후에 앞서 가면 양들이 그의 음성을 아는 고로 따라오되 타인의 음성은 알지 못하는 고로 타인을 따르지

아니하고 도리어 도망하느니라 예수께서 이 비유로 그들에게 말씀하셨으나 그들은 그가 하신 말씀이 무엇인지 알지 못하니라

요한복음 10:1-6

내가 열다섯이었을 때, 하나님께서는 처음으로 내게 말씀하셨다. 그 일은 캘리포니아 주 새크라멘토 델타 지역의 하우스보트(집처럼 꾸며진 배)에서 일어났다. 그날 밤, 나는 예수님을 구원자이자 내 인생의 지도자로 받아들였다. 그리고 잠자리에 들면서 하나님의 사랑에 감사드리고 십자가에서 돌아가신 예수님을 찬양했는데, 그때 성령의 말씀이 내 귓가에 들렸다. 나는 아직도 성령께서 하신 말씀을 정확히 기억한다. "너의 남은 생애 동안 네가 예수님에 대해 배운 것을 다른 이들에게 이야기하며 살아라. 그렇지 않으면 너는 불행하게 될 것이다."

사실 이 말씀이 매우 심오하고 위대하다거나, 아름다운 시처럼 들린다거나, 혹은 사람들이 기대하는 그런 종류의 하나님의 말씀과는 좀 다르게 들린다는 것을 안다. 하지만 이것 그대로가 바로 내가 들은 것이다. 이 말씀은 일종의 위협이나 최후통첩이라기보다는 그저 사실을 간단히 말씀해주시는 것처럼 느껴졌으며, 무엇보다 나의 어린 마음에 온전히 와 닿았다.

그것은 귀를 통해 소리로 들리는 음성이 아니었다. 말씀은 내 마음 깊은 곳에서 온화하고 조용히 일어났다. 그럼에도 나는 내게 말씀하고 계시는 분이 누구인지 조금도 의심하지 않았다. 그리고 주님을 섬기려는 계획이 전혀 없던, 자기중심적인 십대 소년에게

그 메시지는 완벽하게 보였다. 열다섯 살의 나이에 확신할 수 있는 것들은 많지 않았지만, 적어도 나는 남은 생애를 불행하게 보내고 싶지 않다는 건 확실히 알고 있었다!

우리 집안은 교회와 전혀 관련이 없었고, 나 또한 '종교적인 직업'에 종사하겠다는 생각도 한 번도 해본 적이 없었다. 그러나 하나님께서 말씀하셨을 때, 나의 앞으로의 일생을 예수님에 대해 가르치고 설교하며 말하는 데 보내리라는 것을 알았다. 이튿날 아침 나는 교회의 선생님을 찾아가 목사가 되려면 어떻게 해야 하는지 물었다. 그는 2가지를 제안했다. 우선 "이발을 해라"라고 말했으며, 그 다음 "좀더 좋은 성적으로 중·고등학교를 졸업하면 좋겠구나"라고 말했다. 그는 고등학교 2학년 말의 내 학교성적이 정말 바닥수준이라는 것을 알고 있었기 때문에 보다 열심히 공부하기 시작하는 게 중요하다는 말을 해주고 싶어 했다.

새크라멘토 델타에서의 그날 밤, 나는 하나님이 말씀하시는 소리를 듣고 놀라지 않았다. 또한 내게 말씀하시는 이분이 누구인지도 의심하지 않았다. 그것은 극히 자연스러운 일로 생각되었다. 예수님은 부활하셨고 성령은 이 세상에 작용하고 있었으므로, 하나님이 말씀하신다는 것은 전혀 의심할 만한 일이 아니었다. 나는 하나님이란 분은 너무나 애정이 깊은 아버지와 같다고 들어왔었다. 그러한 아버지라면 분명 자녀들과 이야기하려 하실 것이었다. 당연한 일 아니겠는가?

시간이 지나면서, 나의 기도하는 생활은 하나님과의 자연스러운 대화가 되었다. 나 혼잣말이 아니라 서로 이야기를 주고받는 그런 대화 말이다. 나는 하나님께 나의 꿈과 두려움, 내게 필요한 것들을 말씀드리고, 또한 찬양의 말씀을 올렸다. 그때마다 하나님은 내게 용기를 북돋고, 방향을 바로잡아 주시며, 능력을 시험하고, 축복하고, 가르침을 주셨다. 그래서 나는 예수님을 아는 모든 사람은 이렇게 대화를 주고받는다고 짐작했다.

그 이후, 나는 예수님을 깊이 사랑하고 자신의 믿음에 열렬한 다른 기독교인들과 이야기를 나누기 시작했다. 그리고 많은 사람들이 기도에 대해 어떻게 생각하는지 의외의 점을 발견했다. 그들은 기도를 자신의 속마음이나 자신에게 필요한 것을 하나님께 말하는 한 방향 대화라고 생각했다. 그들은 애초에 자신에게 말씀하시는 하나님의 음성을 듣겠다고 기대하지 않았다. 그렇다고 이 사람들에게 믿음이 부족한 것도 아니었다. 단지 기도를 대화라고 생각해본 적이 한 번도 없었던 것이다.

아내와의 첫 결혼기념일에 우리 부부는 이것을 화제로 대화를 나눴다. 아침예배를 드리고 있을 때, 내가 기도에 대해 말하게 되었다. 갑자기 아내가 물었다. "당신은 왜 기도에 대해서 마치 하나님과 서로 끊임없이 대화를 주고받는 것처럼 말하는 거죠?"

"그건 정말 그렇기 때문이오." 내가 대답했다.

아내는 당황하고, 다소 믿지 않는 눈치였다.

"지금껏 나 역시 거의 기독교인으로 살아왔지만 내 기도생활은 그렇지 않아요. 큰 결정을 해야 할 때와 특별한 때에 하나님께서는 분명 우리를 인도하신다고 믿지만, 그렇다고 내게 일상적으로 말씀하신다고는 생각하지 않아요."

"그렇다면 당신은 하나님께 대화를 청해본 적이 있소? 그것을 기대하는 거요? 하나님의 말씀을 들으려고 기다리면서 귀를 기울인 적은 있소? 당신은 하나님의 자극에 반응하는 것이오?"

아내는 그렇게 기도하는 것을 배운 적은 없지만, 그 누구보다 하늘에 계신 아버지와의 더 깊은 의사소통을 간절히 원한다고 말했다. 나는 아내에게 스스로 원하는 것을 이루기 위해 노력하고, 또한 성령께서 새롭고 생생하며 쉽게 알아차릴 수 있는 방식으로 말씀하시기를 청해보라고 아내를 격려했다. 아내는 그렇게 하겠다고 다짐했다.

그날 이후, 달이 지나고 해가 바뀌면서 아내의 기도생활은 완전히 새로운 에너지를 얻었다. 하나님의 음성을 실제로 인지하게 된 것이다. 아내는 하나님의 말소리를 들으려고 귀를 기울였다. 그리고 독백이었던 기도를 대화의 기도로 만드는 변화를 체험했다. 아내는 당신에게 이렇게 말해줄 수 있을 것이다. 하나님께서 정말 소리를 내어 말씀하시는 것을 들어 본 적은 없지만, 그럼에도 끊임없이 자신을 위해 해주시는 하나님의 말씀은 분명히 듣고 있다고 말이다.

당신은 하나님이 정말 말씀하신다는 것을 믿는가?

대부분의 기독교인은 성경이 배경이 됐던 옛날의 그 시대에는 하나님이 직접 사람들에게 말씀을 하셨다고 확신한다. 동시에 많은 사람들은 어떠한 이유로 하나님께서 2~3천 년 전에 말씀을 멈추셨다고 생각한다. 혹은 인생을 살면서 정말로 큰 결정을 해야 할 때만 말씀을 하신다고 생각한다. 그러나 문제는 성경은 하나님이 역사의 어느 때에 말씀을 멈추셨다고 말하지 않는다는 데 있다. 하나님은 여러 가지 놀라운 방식으로 우리와 계속 의사소통하고 계신다. 그러므로 우리가 귀 기울여 듣는다면, 하나님이 우리의 삶을 어떻게 인도하실 수 있는지 사뭇 놀라게 될 것이다.

예수님은 양이 목자의 음성을 알아듣는다고 가르치셨다. "양은 그의 음성을 듣나니 그가 자기 양의 이름을 각각 불러 인도하여 내느니라 자기 양을 다 내놓은 후에 앞서 가면 양들이 그의 음성을 아는 고로 따라오되"(요한복음 10:3-4). 예수님은 우리의 선한 목자시며, 자신을 따르는 이들에게 여전히 말씀하고 계신다. 또한 우리가 귀 기울여 듣고 자신을 따르기를 기대하신다. 예수님을 구원자라고 부르는 사람이라면, 하나님이 말씀하시는 것을 듣고 하나님이 인도하시는 것을 느끼는 일을 당연하게 생각하는 것이 옳다.

세상은 이것을 이해하지 못할지도 모르지만, 그리스도인은 해야 한다. 수년 전 릴리 톰린Lily Tomlin이란 영화배우는 이렇게 말했다고 한다. "우리가 하나님께 말할 때는 기도라고 부르면서, 왜 하나님이 우리에게 말씀하시는 것을 듣는 것은 정신 분열증이라고 부르는가?" 당신이 하나님께 이야기하고, 하나님의 말씀을 듣는 일은 둘 다 믿음의 행위이다. 말하자면 동전의 양면인 것이다. 예수님을 선한 목자라고 부르는 이들이여, 이제는 예수님의 음성을 듣고 예수님이 이끄시는 곳으로 가는 방법을 배워야 할 때다.

하나님의 음성을 듣는 방법

하나님이 말씀하시는 것을 귀로 듣는 사람이 있는가 하면, 마음으로 듣는 사람이 있다. 또한 자극이나 신성한 접촉의 느낌을 느끼기만 하는 사람도 있다. 하나님은 여러 사람들에게 다양한 방식으로 말씀하신다. 중요한 건 우리가 하나님의 음성을 듣고 하나님이 인도하시는 대로 따르는 일이다.

1. 성경

하나님께서 말씀을 전하시는 첫번째 방법은 성경을 통해서다. 성경은 언제나 모든 사람에게 하는 말씀이며, 성경 속의 진리는 결코 변하지 않는다. 성경을 읽거나, 설교를 듣거나, 성경을 공부하는 모임에 참석하거나, 혹은 다른 이들과 하나님의 말씀에 대해 이야기할 때, 성령은 성경을 통해 우리에게 말씀하신다.

성경을 읽던 중에 어떤 구절만 유독 생생하게 눈에 들어왔던 때를 기억하는가? 그것이 바로 당신을 위한 하나님의 말씀이시다. 성경을 읽고 깊은 양심의 가책을 느꼈거나, 어쩌면 회개의 눈물까지 흘렸던 때가 있는가? 그 순간, 하나님이 당신에게 말씀하신 것이다. 성경을 읽고 하나님의 은총과 사랑을 체험했을 때, 그것은 주님의 말씀이셨다. 이와 같은 일들은 설교를 듣거나 친구들과 성경공부를 하는 동안에도 똑같이 일어난다. 바로 성령이 성경의 말들을 통해 말씀하시는 것이다. 우리는 듣고 응답할 준비가 되어 있어야 한다.

2. 다른 사람들

하나님이 우리에게 말씀하시는 또 다른 방법은 다른 이들의 말과 삶, 본보기를 통해서다. 하나님은 다른 사람을 통해 당신에게 확신이나 도전, 꾸짖음을 주신다. 그리고 본이 되는 그 사람은 기독교인이 아닐 수도 있다.

"네? 하나님께서 자신에게 복종하지 않는 누군가를 통해 일을 하고 말씀하신다고요?" 아마 당신은 고개를 갸웃거리며 이렇게 물을 것이다. 믿을 수 없다면, 하나님이 그의 목적을 이루시기 위해 이교도의 지도자였던 고레스 왕을 어떻게 사용하셨는지 읽어 보라(에스라 1:1-4, 5:13-16, 이사야 44:28-45:1). 또는 민수기에서 발람의 나귀를 통해 어떻게 말씀하셨는지 생각해보라(민수기 22). 하나님은 그의 자녀들에게 말씀을 전하기 위해 누구라도 사용하실 수 있다. 오직 우리가 해야 할 일은 귀를 기울여 그분의 음성을 알아듣는 연습을 하는 것이다.

여러 해 전, 아내와 나는 하나님께서 우리가 캘리포니아에 있는 집과 교회를 떠나도록 이끌고 계실지도 모르겠다는 생각이 들었다. 익숙했던 집을 떠나 새롭게 봉사를 시작할 수 있도록 말이다. 우리는 이제 막 어렴풋하게 하나님의 말씀을 느끼고 있었기 때문에, 그때까지 그 일에 대해 다른 사람들에게 말하지 않은 상태였다. 지금 생각해보면 하나님은 우리에게 새로운 방향을 지시해주시기 위해 여러 가지 방식으로 말씀하셨다. 그 중에서도 가장 가슴을 철렁하게 만들었던 순간은, 종교라고는 그 어떤 것도 믿지 않던 친구가 별안간 나에게 "자네는 아마 6개월 후에 이 교회에 없을 거야!"라고 말했을 때였다. 나는 깜짝 놀라 어디서 그런 생각이 떠올랐느냐고 물었고, 그는 단지 "그냥 그럴 것 같아"라고만 대답했다. 그는 예수님을 알지 못했지만 우리를 매우 좋아했다. 교회의 청소년 봉사를 통해 우리가 그의 아이들을 돌보았기 때문이다. 그래서 그는 결단코 우리가 캘리포니아와 그의 아이들의 삶에서 떠나는 것을 바라지 않았다. 하지만 우리는 그가 했던 말은 분명 주님으로부터 왔으며, 그의 말을 통해 하나님이 우리를 다른 곳으로 옮기도록 준비하고 계신다는 또 하나의 확증을 얻게 됐다.

하나님은 어떤 사람을 통해서든 말씀하실 수 있지만 하나님의 음성을 듣기 위한 보다 지혜로운 방법은, 당신 곁에 있는 믿음이 깊은 사람들과 함께 있을 때 하나님의 음성을 주의해서 듣는 일이다. 그들은 하느님께서 당신 옆에 두신 사람들이기 때문이다. 여러 해 동안 예수님과 함께 해온 사람들과 이야기하고 그들의 말에 귀 기울이는 일을 중요하게 생각하라. 일상에서 여러 사람을 통해 하나님이 당신을 인도하신다는 것을 감지할 때, 그들에게 당신을 위해 기도해달라고 청하라. 그리고 하나님이 우리의 마음에 내려주신 그 어떤 것이든 함께 나누자고 청하라. 아마 당신이 주님에게서 느끼고 있는 것들을 그들도 똑같이 듣고 있다는 사실에 깜짝 놀랄 것이다. 또한 하나님이 역사하고 계심을 확인하게 만들어줄 것이다.

3. 주변의 상황

하나님은 또한 당신 주변의 상황을 통해 말씀하신다. 하나님은 문을 닫고 여는 데 능숙하시다. 장애물을 눈에 잘 보이는 곳에 두실 것이며, 그렇게 하심으로써 "그 길로 가지 마라"고 말씀하신다. 또한 다른 때에는 문을 걷어차 활짝 여시는데, 그 상황은 당신이 더욱 앞으로 나아가야 한다는 분명한 지시다. 그렇다고 열려 있는 문이 언제나 하나님의 부름이 아닐 수도 있다는 것을 깨달아야 한다. 그러나 이 일을 그냥 지나치기보다는 하나님이 어떻게 인도하실지 반드시 기도하고 연구하도록 하자.

우리 가족이 중요한 이사를 했던 시점에, 우리는 집을 구입하기 위해 여러 방법을 찾고 있었다. 우리 부부는 결혼 후 8년 동안은 아파트에서, 그 다음은 교회에 딸린 집에서 살았다. 우리는 우리 가족 소유의 집에서 살 수 있게 될 거라고 생각해본 적이 한 번도 없었다. 그러나 놀랍게도 우리 교회의 한 교인이 다가와, 하나님께서 우리 부부가 집을 마련하는 데 자신이 돕기를 원하시는 것 같다고 말했다. 그의 제안은 그가 다니는 회사의 경비로 우리집을 짓는 것이었다. 우리는 뜻밖의 제안에 놀라서 시간을 들여 이 일에 대해 생각하며 기도했지만, 분명 하나님께서 이끌어주시는 것이라는 인상을 받았다. 우리는 기도를 할수록 그 상황이 하나님께서 지시하는 거라고 확신이 들었고, 그 집은 아내와 나, 우리의 세 아이들에게 큰 축복이 되었다.

당신의 삶을 되돌아보라. 그리고 하나님께서 당신에게 어떤 식으로 말씀하셨던 것인지, 또 어떤 식으로 성경과 다른 사람들, 상황, 나직하고 작은 음성, 기타 여러 가지 방법을 통해 당신을 이끄셨던지 차분히 생각하고 인지해보라. 당신을 인도하신 하나님께 감사드려라. 또한 앞으로 하나님의 음성을 더욱 명료히 알아들을 수 있도록 지금까지 그 음성을 어떻게 들었는지 숙고해보라.

4. 나직하고 작은 음성

하나님이 말씀하시는 또 다른 방법은 성령의 나직하고 작은 음성을 통해서다. 분명하고 크게 들을 수 있는 음성은 아닐지 모르지만, 그것이 바로 성령의 말씀이시다. 이렇게 작고 낮은 음성이라도 이것은 분명 어려운 시기를 겪는 동안 우리의 영혼을 되살려주는 말씀일 수 있다. 어쩌면 우리의 숨겨진 죄를 자각하게 하고, 회개를 하라고 말씀하실 수도 있다. 때로는 하나님의 사랑을 확언하는 말일 수도 있다. 많은 경우 성령의 음성은 삶의 특정한 영역에서 어떻게 나가야 할지 그 방향을 지시해준다. 그러므로 예수님을 따르는 모든 이들은 성령이 어떻게 말씀하시고, 또한 우리를 자극하시며 지도하시는지 그 방식을 알도록 배워나가야 한다. 시간이 지나면서 성령의 음성은 꼭 전화를 거는 친한 친구의 목소리를 알아차리는 것처럼 쉽게 인지할 수 있을 것이다. 말씀을 듣는 순간, 바로 그 목소리가 누구인지 알게 된다.

5. 꿈과 환상

하나님은 꿈과 환상을 통해서도 말씀하실 수 있다. 이것은 구약에서 진실이었고, 신약에서 다시 확증되었다. 베드로는 오순절 설교에서 선지자 요엘의 말을 인용했다. "하나님이 말씀하시기를 말세에 내가 내 영을 모든 육체에 부어 주리니 너희의 자녀들은 예언할 것이요 너희의 젊은이들은 환상을 보고 너희의 늙은이들은 꿈을 꾸리라"(사도행전 2:17).

오늘날 어떤 기독교인은 꿈과 환상이라는 것에 어색하고 불편함을 느끼지만, 성경은 여전히 하나님이 환상과 꿈을 통해 말씀하신다고 분명히 말한다. 나는 하나님이 내게 말씀하신다고 느꼈던 꿈이나 환상을 한 번도 경험한 적이 없지만, 내가 존경하는 신앙심이 깊은 사람들 몇몇은 하나님이 이런 방법으로 말씀하시는 것을 들었다고 한다. 우리가 주의해야 할 점은, 하나님이 그의 자녀들과 의사소통을 하시는 방식에 대해 선입견을 가지거나 한정 짓지 않아야 한다는 것이다. 하나님은 우리보다 훨씬 더 크신 분이다. 그러므로 그분의 방식은 우리의 것보다 더 높이 있다.

하나님께서 내게 말씀하실 때

교회의 한 지도자가 의논거리가 있다면서 나를 찾아왔다. 그가 물었다. "하나님이 내게 말씀하실 때, 그것을 어떻게 알 수 있지요? 어떤 암시가 정말로 하나님으로부터 왔다고 어떻게 확신할 수 있지요?" 보통 이런 질문은 뭔가 실질적인 사건이 있어야 떠오르는 것이라는 것을 알기 때문에, 나는 그에게 왜 그런 생각을 하게 되었는지 물었다. 그는 일주일 전에 하나님이 자신에게 어떤 일을 하라고 부르시는 것을 느꼈다. 그러나 그는 그 암시가 하나님에게서 왔는지 확신할 수 없었기 때문에 그 일을 하지 않았다고 했다. 자신의 생각에 불과한 것을 하나님의 말씀으로 생각한 것은 아닐까 걱정한 것이다.

나는 그에게 당신뿐만 아니라 우리 대부분이 똑같이 느낀다고 말해줬다. 그리고 무언가가 정말로 하나님으로부터 온 말씀인지 아닌지를 결정하는, 간단한 4단계 과정을 가르쳐주었다. 당신에게도 도움이 되리라 생각한다.

1단계 : 목소리의 근원을 확인하라

하나님이 말씀하신다고 느껴질 때 제일 먼저 해야 할 일은, 우리가 듣고 있는 것의 근원을 판단하는 것이다. 대부분의 상황에는 3가지 근원이 있을 수 있다. 그 3가지란 바로 하나님이나 사탄, 자기 자신이다. 그러므로 근원을 판단하기 위해서는 내가 듣는 이 말이 내가 말할 종류의 것인지, 하나님께서 말씀할 종류의 것인지, 또는 악마가 말할 종류의 것인지 생각해봐야 한다.

나와 이야기하고 있던 그 사람에게 내가 이렇게 물었다.

"이전에 당신에게 하나님께서 뭔가를 하라고 하실 때 무엇을 느끼셨나요?"

"매우 강한 이끌림을 느꼈었죠. 누군가의 삶에 필요한 것을 위해 기도하고 단식하는 시간을 보내라는 것을 느꼈습니다."

"그런데 과연 사탄이 그런 일을 하도록 강요할 거라고 생각합니까?"

"절대 그럴 리 없죠!"

그리고 나서 나는 그에게 스스로 단식하고 기도하는 경향이 있는지 물었다. 그는 웃으며 "전혀요!"라고 말했다. 그러므로 우리 두 사람은 그 이끌림이 하나님으로부터 왔을 가능성이 가장 크다는, 꽤 논리적인 결론을 내렸다.

원스텝 체인징
제안

■ 인생을 풍요롭게 하는 좋은 질문을 던지자

기도할 때 좋은 질문을 던지고 그 답을 경청하도록 하라. 특정한 질문을 한 뒤 하나님께서 대답하시기를 조용히 기다려라. 몇 가지 예를 들어보면 아래와 같다.

- 제 인생에서 격려의 말이 필요한 그 사람은 누구입니까?
- 하나님은 제가 무엇을 그 사람에게 말하게 하실 건가요?
- 하나님의 사랑을 표현하기 위해 제가 다른 이들을 위해 어떤 일한 가지를 할 수 있습니까?
- 제 인생에서 제가 버리기를 원하시는 한 가지 죄는 무엇입니까?
- 하나님의 사랑에 대해 오늘 저에게 하시고 싶은 말씀은 무엇입니까?

2단계 : 성경 테스트를 사용하라

우리가 듣고 있는 것이 어디서 나온 것인지 숙고한 후에는, 그것을 성경의 가르침으로 시험해봐야 한다. 성령은 절대 성경 속의 하나님의 뜻에 반대되는 일을 하도록 우리를 이끌지 않는다. 절대로! 그러므로 우리는 우리가 들은 것을 하나님 말씀의 기준으로 평가해야 한다.

내가 기도하고 단식하라는 이끌림을 받았던 그 사람과 이야기했던 것을 다시 떠올려보라. 우리는 '이 암시가 성경의 가르침과 일치하는가?' 하고 물었다. 대답은 '그렇다!'라는 강한 긍정이었다. 성경에는 어려운 시기에 기도하고 단식하는 사람들의 예들로 가득하지 않던가? 따라서 우리는 3단계로 이동했다.

3단계 : 행동하라

우리가 듣고 있는 것의 대부분은 하나님에게서 나오는 것이라는 결정을 내리고, 그것을 성경으로 판단해본 후, 우리는 이제 행동에 옮길 준비를 했다. 행동이란 봉사를 수행하거나, 기존의 행동을 다른 것으로 바꾸거나, 다른 이에게 희생적인 선물을 하거나, 관계가 깨어진 사람과 화해를 하거나, 또는 셀 수 없이 많은 다른 일이 될 수 있다.

나와 의논을 했던 그 사람에게 행동이란 하나님이 그의 마음에 요구하시는 기도와 단식에 전념해야 한다는 것을 뜻했다. 그것은 전혀 복잡하지 않았다.

제안 하나님의 말씀을 듣고 따르는 능력을 키우는 일은 우리가 꼭 습득
해야 하는 기술이다. 듣는 것도 연습해야 하는 법! 이런 능력이 저
절로 생기는 것은 아니다. 그러므로 하나님이 어떤 일을 암시하신
다고 느끼게 되면, 여기에 나와 있는 4단계 과정을 사용하라. 또한
현명한 기독교인 친구에게 삶의 이런 부분에서 하나님이 당신을 인
도하시도록 기도해달라고 부탁해보자. 무슨 일이든 앞으로 밀고 나
아갈 때 그들의 의견과 도움을 구한다면 큰 도움이 될 것이다.

4단계 : 평가하고, 강화하고, 기억하라

행동을 취한 후에는 반드시 일어났던 일을 평가하는 것이 중요
하다. 좋은 결과가 있었는가? 하나님이 영광을 받았는가? 사람들
이 축복을 받고 교화되었는가? 좋은 결과가 있고 하나님의 이름이
높여졌다면, 당신이 들은 그것이 바로 하나님의 말씀이었음을 확
신할 수 있을 것이다. 그렇다고 언제나 측정할 수 있는 결과가 있
다는 말은 아니다. 열매는 때때로 훨씬 늦게 맺힌다. 때로는 우리
의 복종이 결과가 되기도 한다. 중요한 건 하나님이 어떻게 당신
과 의사소통을 하셨는지 돌아보고 기억하는 일이다. 하나님의 음
성은 어떠했는가? 순한 양처럼, 하나님이 당신에게 말씀하셨던 그
음성을 기억장치에 기록해둬라. 그리고 다음에 하나님이 말씀하
실 때, 훨씬 더 분명히 알아들어야 한다.

만약 당신이 들었던 말이 하나님에게서 나온 것이 아니라고 확
신이 든다면, 단계의 어느 때라도 머뭇거리지 말고 그만 두라. 1단

계에서 당신이 듣고 있는 음성이 악마의 것이라고 느끼면 그대로 멈춰라. 조금도 더 나아가지 마라. 당신 자신의 목소리라는 생각이 들면 그에 주의를 기울이고 지혜를 사용하라. 하나님은 우리의 마음을 통해 말씀하실 수 있지만, 우리가 품은 동기가 언제나 순수한 것은 아니기 때문이다. 2단계에서 당신이 하나님의 암시라고 생각하는 일이 성경의 내용에 어긋난다면 이때도 그냥 멈춰라. 성경은 옳고, 당신은 그르다. 단계를 밟는 어떤 순간이든 잠시 멈춰서 더 많은 통찰과 성령의 지도를 기도하라.

마지막으로, 일어났던 일을 평가하고 하나님이 인도하셨음을 확신할 때 하나님을 찬양하라. 당신의 삶을 지도하시는 하나님께 복종하여 좋은 결과와 축복을 받았다면, 반드시 그 영광을 하나님께 돌려라. 그런 다음 당신의 마음과 삶과 귀를 계속 열고, 다시 하나님을 따를 준비를 하라.

예수님과 기도하는 법 배우기

어느 여름, 우리 가족 모두 네덜란드의 암스테르담으로 선교여행을 떠난 적이 있었다. 그 당시 아내와 나는 날마다 세 아이들에게 짧은 성경구절을 읽게 한 뒤, 자신이 배운 것을 한 가지씩 적게 했다. 여러 봉사경험과 성경공부, 기도하는 시간을 통해 배운 것들을 기록하면서 아이들은 많은 통찰을 얻었다.

아들 중 한 명이 이렇게 적었다. "우리가 기도할 때마다, 뭔가가 일어난다." 도저히 꼬마아이에게서 들을 것 같지 않은 훌륭한 말이었다! 우리 모두는 기도 후 무슨 일이 일어나게 될지 정확히 예견할 수 없다. 그러나 우리는 하나님이 권능을 베푸시고, 그에 따라 우리가 변화되는 그런 환경을 만들 수는 있다. 문제는 우리의 기도가 종종 매우 협소하기 때문에 하나님이 크게 움직이시는 걸 전혀 보지 못한다는 것이다.

우리의 기도가 단지 우리가 원하는 것들의 희망목록이라면, 우리는 하나님과 얼마나 깊이 의사소통할 수 있는지 전혀 측정하지 못할 것이다. 기도란 하나님께 자신이 원하는 것을 말하는 것이라고 생각하는 사람은 하나님과 진정한 의사소통을 하는 영광을 놓치고 있는 것이다. 하나님과 더욱 깊고 친밀하게 대화를 나눌 수 있을 때, 그 순간 정말로 더 많은 일들이 일어날 수 있다.

예수님과 함께 걷는 이들이라면 단순히 하나님께 크리스마스 선물목록을 드리고 선물이 배달되기를 기다리는 데서 벗어나자. 이제 더 크고, 더 풍요롭고, 더 강한 기도생활을 발전시킬 때다. 이를 위해 기도생활을 생기 있게 유지시키는 가장 좋은 방법은 예수님이 보이신 모범을 사용하는 것이다.

주기도문은 예수님이 제자들에게 가르치신 말을 그저 단조롭게 읊으라고 만들어진 것이 아니다. 실제로 예수님은 성경에서 주기도문이 등장하기 바로 전에 이런 말을 하셨다. 말을 그냥 쌓아올리지 말며, 말을 끊임없이 반복하는 일이 하나님께 무슨 의미를 전달하는 것처럼 행동하지 말라고 훈계하셨다. 지금도 매우 많은 사람들이 기도에서 똑같은 말을 몇 번이고 되풀이한다. 그렇지만 그들의 생각은 움직이지 않으며, 그들의 마음은 입으로 하고 있는 말과 완전히 분리되어 있다.

주기도문(마태복음 6:9-13)의 목적은 의미 있는 기도를 위해 그 방향과 출발점, 도약판을 제공하는 것이다. 주기도문을 통해 예수님은 우리의 초점이 가장 중요한 것에 계속 맞춰질 수 있도록 하나하나 예시와 기본 범주를 보여주신다. 주기도문의 각 구절을 깊이 생각해보자. 이 중요한 기도는 예수님에 대한 경배로 시작된다.

1. 경배

'하늘에 계신 우리 아버지여 이름이 거룩히 여김을 받으시오며.' 하나님을 찬양하고 그 이름을 경배하는 일은 우리의 기도에서 언제나 중심이 되어야 한다. 예수님도 바로 여기에서 시작하셨고, 우리 또한 그래야 한다. 예수님은 하나님 아버지의 이름, 그 신성함에 초점을 맞추셨다. 당신의 기도생활 속에 하나님을 기뻐하는 공간을 마련하라. 하나님의 깊으신 품성을 명상하는 일은 당신의 기도를 구체화시키는 데 도움을 줄 수 있다. 하나님의 품성을 깊이 숙고할 때, 우리의 눈은 자신을 떠나 하늘에 계신 아버지께 나아간다.

하나님을 경배하기 위해 내가 쓰는 한 가지 방법은, 당신이 경배하는 하나님의 성품을 자음 순서대로 떠올리는 것이다. 예를 들어, 'ㄱ'부터 시작하는 것이다. 그리고 이 글자로 시작되는 하나님의 성품을 열거하면 된다. "하나님, 당신은 거룩하시고, 경외감을 불러일으키시며…". 단지 단어를 떠올리고 특성을 나열하는 데 그치지 말고, 그 의미를 숙고하라. 당신의 삶에서 하나님의 거룩함을 직접 체험한 적이 있는가? 'ㄱ'이 다 끝나면 'ㄴ', 'ㄷ' 등 다음 글자로 넘어가라. "저는 하나님을 찬양합니다. 왜냐하면 하나님은 놀라우시고, 뛰어나시며, 무한하시고, 바르시고, 성스러우시며, 아름다우시고, 자비로우시고…." 하나님의 경이로움과 위대함을 탐구하기 위해 이런 또는 다른 여러 가지 접근방식을 사용하라.

원스텝 체인징 　■ 예 수　그 리 스 도 에 게　배 우 자

제안　다음 한 주일 동안 당신이 하나님과 이야기하는 길잡이로 주기도문을 사용하라. 단순히 입으로만 암송하지 말고, 각각의 구절을 깊이 느끼고 새겨라. 시간이 있다면 매일 주기도문의 각 구절을 자세히 음미하라. 시간이 없다면 하루에 한 구절씩 음미하는 것도 좋다.

2. 복종

'나라가 임하시오며 뜻이 하늘에서 이루어진 것 같이 땅에서도 이루어지이다.' 기도는 복종과 떼려야 뗄 수 없는 관계다. 예수님은 "내 원대로 마시옵고 아버지의 원대로 되기를 원하나이다"(누가복음 22:42)라고 기도하며 이 사실을 가르치셨다. 예수님께서 기도로서 자신의 뜻과 삶을 아버지 앞에 겸손히 내려놓는다면, 그보다 부족한 우리는 얼마나 더 겸손하고 복종해야겠는가. 당신은 당신의 기도생활을 통해 영적인 근시안이 치료되고 더 넓은 것을 보기 원하는가? 그렇다면 하나님께 길고 긴 소망목록을 읊는 것을

멈춰라. 마치 하나님이 당신의 모든 요구를 들어주기 위해 존재하시는 것처럼 생각하지 말고, 기도에 있어서 원스텝 체인징을 만들라. 그리고 오히려 하나님의 나라가 임하시고 하나님의 뜻이 이루어지기를 기도하라. 하나님의 뜻을 발견할 때, 당신의 삶과 꿈은 하나님의 소망으로 모양이 갖춰질 것이다.

하나님의 뜻이 땅에서 이루어지기를 기도할 때, 우리는 '하나님의 뜻' 안에 우리의 삶과 가족, 교회 등 우리 대부분에게 중요한 모든 것을 포함시키곤 한다. 그러나 이것은 위험한 기도다. 우리는 우리의 소망과 꿈을 하나님의 뜻에 복종시켜야 한다. 이 얼마나 놀라운 겸손의 자세인가! 우리가 있기 위해 이보다 더 좋은 자리는 없다.

3. 기원

'오늘 우리에게 일용할 양식을 주시옵고.' 우리에게 필요한 것을 하나님께 아뢰는 일은 옳다. 기도의 이 부분은 기원이라고 불린다. 기원이란 우리에게 필요한 것을 하나님께 말씀드리고, 하나님께서 우리를 보살펴주실 것이라고 믿는 것이다. 우리는 하나님의 자녀들이며 하나님은 우리가 마음속에 있는 것은 무엇이든 자신에게 말하기를 원하신다. 일용할 양식에 대한 예수님의 기도에서, 우리는 광야를 헤매던 이스라엘 백성을 생각해야 한다. 하나님은 그들에게 필요한 '만나'를 주셨지만, 하루에 단 한 번만 주셨다. 예수님은 우리의 일용할 양식을 주시는 하나님에 대한 믿음을 기도로 보여주신다. 그러나 너무 자주 우리는 몇 주, 몇 달, 몇 해를 걱정 없이 보내기 위해 분에 넘치는 양식을 갈망한다. 그러나 넘치는 양식을 갖게 되면, 그 순간 우리는 우리 자신을 믿게 되고 근시안이 발생하게 될 것이다.

하나님은 분명 그날의 양식을 주신다고 약속하신다. 다음 날이 밝으면 우리는 양식을 구하고, 하나님께서 어김없이 다시 주신다는 것을 믿는다. 날마다 우리는 하늘에 계신 아버지께 다가가 우리에게 필요한 것을 말씀드린다. 우리가 필요한 것들이란 금전적이거나 물질적, 관계적, 감정적, 또는 여러 가지 종류의 것들이 될 수 있다. 하나님께서 우리의 일용할 양식을 주신다는 것을 이해하며 살 때, 우리는 만족과 감사를 배우게 된다.

4. 고백

'우리가 우리에게 죄 지은 자를 사하여 준 것 같이 우리 죄를 사하여 주시옵고.' 우리 죄를 겸허히 고백하는 일은 하나님을 경배하는 기도생활의 중심이다. 우리의 싸움과 결점, 죄를 하나님께 순순히 내보일 때 우리는 "만일 우리가 우리 죄를 자백하면 그는 미쁘시고 의로우사 우리 죄를 사하시며 우리를 모든 불의에서 깨끗하게 하실 것이요"(요한1서 1:9)라는 것을 깨닫게 된다. 진심 어린 고백을 할 때, 우리는 또한 성령이 말씀하시는 소리를 듣는다. 성령은 이렇게 물어본다. '당신이 용서하지 못하는 사람들이 있는가? 당신은 노여움과 분노를 품고 있는가?' 우리의 고백기도는 우리를 함부로 대한 사람들, 또한 우리가 상처를 준 사람들과의 관계를 회복하도록 이끌어준다.

5. 보호

'우리를 시험에 들게 하지 마시옵고 다만 악에서 구하시옵소서.' 하나님은 애정이 넘치는 하늘의 아버지시며, 우리를 보호하고 지키기를 원하신다. 그러나 일상에서 우리는 사방으로 유혹의 함정과 악에 직면해 있다. 그럴 때, 우리는 기도를 하여 하나님의 보호를 구한다. 우리는 하나님에 대해 "나의 반석이시요 나의 요새시요 나를 건지시는 이시요 나의 하나님이시요 내가 그 안에 피할 나의 바위시요 나의 방패시요 나의 구원의 뿔이시요 나의 산성이시로다"(시편 18:2)라고 인정한다. 또한 우리는 유혹이라는 현실, 그리고 영적인 싸움과 정면으로 직면하게 된다. 유혹에서 보호받고 악에서 구해지기를 기도할 때, 우리는 영적인 세계가 실제로 존재한다는 것과, 하나님의 힘이 절실하게 필요하다는 현실을 인정한다. 우리가 강건하게 서 있기 위해서 말이다. 승리는 예수님 안에서 발견된다. 왜냐하면 "너희 안에 계신 이가 세상에 있는 자보다 크심이라"(요한1서 4:4)는 말은 틀린 것이 아니기 때문이다.

주기도문은 우리를 위한 선물이다. 기도를 위해 이 순수한 예를 사용할 때, 하늘에 계신 아버지와 친밀하고 정직하게 만날 수 있는 아름다운 장소들을 발견한다. 주기도문을 사용하는 기도를 따르고 싶다면, 이 책의 뒤쪽에 있는 부록을 참고하는 것도 좋다.

기도에 대해서, 그리고 하나님과의 대화를 배우는 일에 대해서 말할 수 있는 것들은 너무나 많다. 마찬가지고 부록에 이를 주제로 한 훌륭한 책들을 몇 권 추천하였으니 참고하길 바란다.

예수님의 품에서 나는 잠이 드네

기도의 핵심을 포착하는 데 도움이 되는 이야기로 이 장을 마치고자 한다. 나는 여러 해에 걸쳐 많은 기독교인으로부터 이런 고백을 들었다. "밤에 기도하려고 하지만 결국엔 기도 중간에 잠들어 버리는 날이 많기 때문에 죄책감이 들어요." 이런 사람들은 꾸벅꾸벅 졸 때마다 자신이 하나님을 실망시켜 드린다고 생각한다. 하루를 마무리하는 공식적인 아멘을 말하기도 전에 말이다.

나는 그들에게 이렇게 말한다. 이 이야기가 당신의 마음에도 전해지기를 바란다.

다섯 살짜리 딸을 품에 안고 흔드는 어머니를 상상해보라. 하루해가 저물었고, 어머니와 딸은 이야기를 나누고 있다. 어머니는 아이가 내일 할 일이 무엇인지 나지막이 말하고 있다. 또한 어린 딸은 그날의 재미있었던 일에 대해 종알종알 말하고 있다. 곧 딸이 말하면서 하품을 하고 눈을 비빈다. 그들은 계속 이야기를 하지만, 머지않아 어린 딸의 목소리는 곧 사라져버린다. 어머니는 사랑하는 딸을 사랑이 가득 담긴 시선으로 내려다본다. 이야기를 나누는 가운데, 어린 딸은 바로 엄마의 품속에서 잠이 든다.

이때 어머니는 어떻게 느낄까? 딸이 그냥 잠들었다고 화를 낼까? 자신의 이야기에 귀기울이지 않는다고 실망할까?

아니다. 어머니는 소중한 딸을 바라보며 미소를 짓고 기뻐한다. 자신의 어린 딸을 재우고 싶은 곳은 자신의 품안이기 때문이다. 그곳이 가장 좋은 장소이기 때문이다.

우리가 하나님과 이야기하며 하루를 마감하다가 우연히 잠들 때, 하나님은 화를 내시거나 실망하지 않으신다. 하나님은 인자한 아버지처럼 우리를 두 팔로 꼭 껴안고 이마에 입맞춤을 해주신다. 하나님은 우리와 함께 계시는 것, 우리에게 말씀하시는 것, 우리 마음속에 있는 말을 들으시는 것을 매우 좋아하신다. 그리고 우리가 하나님의 품에서 우연히 잠들 때 하나님은 기뻐하신다. 우리가 바쁜 하루를 마감하기에 그보다 더 좋은 곳은 없으므로.

● 작은 변화를 일으키는 오늘의 깊은 생각

- 나는 하나님이 내게 말씀하시는 소리를 어떻게 듣는가? 지금보다 더 자주 듣기 위해서 어떻게 할 수 있을까?
- 예수님은 그의 나라가 이 땅에 임하기를 내가 기도하셨으면 한다. 나의 가정이나 일터, 교회에 예수님의 나라를 알리기 위해 내가 무엇을 할 수 있을까?

● 작은 변화를 일으키는 오늘의 기도

- 지금까지 하나님이 당신에게 말씀하시고 당신을 인도하셨던 방식에 감사하라. 앞으로 하나님의 지시에 귀 기울일 수 있도록 기도하라.
- 당신의 삶에서 죄를 짓고 있는 부분이 있다면 고백하라. 고백한 후에 요한1서 1장 9절을 읽고 묵상하라.

3부

한 박자 천천히
휴식과 건강을 되찾자

한 코미디언이 무대에 서서 이렇게 말했다. "여러분이 얼마만큼 성숙했는지, 과연 유년기에서 성인기로 넘어왔다고 할 수 있는지 알 수 있는 간단한 방법이 하나 있습니다. 아이는 낮잠을 자야 하지만, 사실 그러고 싶어 하지 않죠. 그러나 어른은 너무나 낮잠을 자고 싶어 하지만, 그럴 시간이 없어요!" 거기 모인 사람들은 깔깔 웃었지만, 나는 가슴을 관통하는 날카로운 슬픔을 느꼈다. 사람들이 그 농담을 재미있어 했던 건 급소를 너무나도 정확히 찔렀기 때문일 것이다.

우리가 사는 문화는 온통 휴식과 건강을 바라는 사람들로 가득하다. 대다수의 어른들이 긴장을 풀고, 피로를 풀며, 낮잠을 자고 싶어 한다. 이런 욕구는 단순한 신체적인 휴식에 대한 열망을 넘어선 것이다. 어른들이 정말로 갈망하는 건 삶의 평화와 질서, 의미를 찾는 것이다. 하지만 시간은 자동차 질주처럼 순식간에 지나가고, 그와 함께 건강과 휴식에 대한 꿈은 더욱더 멀어져 가는 것처럼 보인다.

사람의 수명은 점점 길어지고 있지만, 정작 사람들의 삶의 질은 별로 나아지고 있지 않다. 과거 어느 때보다 더 많은 약물과 치료, 수술, 치료요법의 혜택을 누리고 있지만, 사람들은 더 건강해졌다고 느끼는 것 같지 않다. 미국의 '보건 정책 보고서'에 따르면, 1987년에서 2000년 사이 미국의 의료지출은 3,140억 달러 이상 증가했다고 한다. 이처럼 의료와 휴양, 자기계발 프로그램에 어마어마한 비용을 쏟는다고 생각할 때, 오늘날 사람들은 돈을 들인 만큼 당연히 휴식과 건강, 평화를 느끼고 산다고 생각할 것이다.

그러나 슬프게도 이것은 사실이 아니다. 어느 만화에 나오는 주인공 조지처럼, 우리는 미친 듯이 빨리 돌아가는 러닝머신 위에서 겨우겨우 달리면서 멈춤버튼을 누르지 못하는 상황에 처해 있다. 넘어지지 않으려고, 목숨을 유지하려고 필사적으로 달리며 "제인, 날 여기서 꺼내줘!"라고 소리친다. 우리는 "빨리 갈수록 더욱 뒤처져요"라고 화를 내며 말하는 어린 아이가 된 것이다.

하나님은 유년기부터 성인기까지 우리에게 휴식의 사람이 되라고 말씀하신다. 그리고 우리가 휴식의 사람이 되어야 한다는 것을 알았으면 하신다. 우리의 영혼과 몸, 마음은 원기를 회복해야 하며, 우리의 삶은 건강과 힘으로 충만해야 한다. 하나님이 병과 스트레스가 없는 삶을 보장하시는 것은 아니다. 그러나 우리가 직면한 모든 복잡한 일들의 한가운데에서도 고요히 평화로 가는 길을 보여주신다. 하나님은 우리가 영혼에 활기를 불어넣고, 몸을 강건하게 하며, 마음에 평화를 가져다주는 지진 파동을 만들 수 있다는 것을 알기 원하신다.

예수님은 말씀하셨다. "수고하고 무거운 짐 진 자들아 다 내게로 오라 내가 너희를 쉬게 하리라 나는 마음이 온유하고 겸손하니 나의 멍에를 메고 내게 배우라 그리하면 너희 마음이 쉼을 얻으리니 이는 내 멍에는 쉽고 내 짐은 가벼움이라"(마태복음 11:28-30).

구원자께서 이렇게 언명하셨을 때, 그 말씀은 그 시대 사람들을 치료하였다. 그리고 그 말씀은 2천 년 전만큼이나 지금도 여전히 효력이 있다.

우리는 분명 우리가 열망하는 휴식을 취할 수 있다. 또한 꿈꾸는 건강을 얻을 수 있으며, 영광스러운 평화를 누릴 수 있다. 그것이 도저히 우리의 손에 닿지 않을 것처럼 보이더라도 말이다.

예수님은 우리에게 휴식을 주시기 위해 자신만이 하실 수 있는 한 가지 행동을 가르쳐주셨다. 자신에게 오라고 우리를 초대하신 것이다. 예수님은 수고하고 무거운 짐 진 자들에게 자신에게 오라고 초대하셨다. 당신이 이 두 부류의 사람 중 하나에 속한다면, 아주 좋은 소식이 있다. 예수님이 당신에게 휴식을 주시기 위해 이미 준비하고 서 계시다는 것이다. 혹시 이 부류 모두에 속한다면, 즉 수고하고 무거운 짐을 지고 있다면, 두 배의 축복이 당신 앞에 놓여 있을 것이다. 예수님이 주시는 평화와 휴양은 당신의 영혼을 강하게 하고, 당신이 마음속 깊이 경험하기 바라는 휴식을 가져다 줄 수 있다.

07

질주를 멈추고
삶의 여유를 즐기는
원스텝 체인징

주 여호와 이스라엘의 거룩하신 이가 이같이 말씀하시되 너희가 돌
이켜 조용히 있어야 구원을 얻을 것이요 잠잠하고 신뢰하여야 힘을
얻을 것이거늘 너희가 원하지 아니하고

이사야 30:15

안식일을 기억하여 거룩하게 지키라 엿새 동안은 힘써 네 모든 일
을 행할 것이나 일곱째 날은 네 하나님 여호와의 안식일인즉 너나
네 아들이나 네 딸이나 네 남종이나 네 여종이나 네 가축이나 네 문
안에 머무는 객이라도 아무 일도 하지 말라 이는 엿새 동안에 나 여
호와가 하늘과 땅과 바다와 그 가운데 모든 것을 만들고 일곱째 날

에 쉬었음이라 그러므로 나 여호와가 안식일을 복되게 하여 그 날을 거룩하게 하였느니라

출애굽기 20:8-11

수고하고 무거운 짐 진 자들아 다 내게로 오라 내가 너희를 쉬게 하리라 나는 마음이 온유하고 겸손하니 나의 멍에를 메고 내게 배우라 그리하면 너희 마음이 쉼을 얻으리니 이는 내 멍에는 쉽고 내 짐은 가벼움이라 하시니라

마태복음 11:28-30

완전히 가열된 엔진처럼 1분당 회전수가 한계에 달한 누군가가 있다. 그 사람은 로버트. 로버트의 하루 일정 중에는 쉴 수 있는 시간이 전혀 없다. 침대에서 벌떡 일어나 하루를 시작하는 순간부터, 그는 일정에 있는 모든 일을 마치기 위해서는 숨 가쁘게 움직여야 한다는 사실을 깨닫는다. 아침식사도 먹는 둥 마는 둥 오렌지 주스를 벌컥벌컥 세 모금 마시고 그라놀라 바(여러 가지 견과류와 곡물, 씨로 만든 간단한 간식-옮긴이)를 대충 챙긴 뒤 오전 7시 정각에 부리나케 집을 나선다. 로버트의 하루는 한 가지 일을 끝내 놓으면 또 그 다음 일이 꼬리를 이어 펼쳐진다.

마침내 저녁 7시 30분, 로버트는 12시간 이상을 쉼 없이 움직인 뒤 집 앞 차도를 오른다. 하던 일이 아직도 남았기 때문에 적어도 꼬박 2시간 동안은 꼼짝 말고 집에서 일을 해야 한다. 때문에 집에 오더라도 편히 쉴 수는 없다. 집에서의 생활은 전혀 새로울 게 없

으므로, 모든 것이 너무나 뻔하다. 로버트는 식탁에 앉아서 2~3시간 더 기계적으로 일을 할 것이다. 그 사이에 먹다 남긴 음식을 다시 데워 먹는 것으로 끼니를 때울 것이다. 밤이 되면 녹초가 되어 소파에 털썩 쓰러지고, 텔레비전을 켠 뒤 이리저리 채널을 돌릴 것이다. 마지막으로 겨우 몸을 일으켜 침대로 가서, 베개에 머리를 묻고 기진맥진한 몸과 마음을 쉬게 할 것이다.

침묵에 싸인 고요하고 깊은 밤, 로버트는 자신의 삶을 곰곰이 생각한다. 매일매일 에너지를 다 써버린 것 같고, 진이 다 빠지고, 정서적으로 완전히 메말랐다고 느낀다. 이 상황을 더욱 절망적으로 만드는 건 아무리 생각해도 이런 일상의 사이클에서 벗어나기 불가능하다는 사실이다.

그러나 로버트의 격렬한 삶에 대해 가장 충격적인 사실은 따로 있다. 로버트는 '〈포춘〉지 선정 세계 500대 기업'에서 일하는 직원이 아니라는 것이다. 로버트는 좋은 성적을 받기 위해 열심히 공부하고, 학교 밴드부에서 악기를 연주하며, 2가지 운동을 잘하는 평범한 고등학교 1년생이다! 방과 후 축구경기를 하고 집에 돌아오면, 여전히 세 과목에 대한 숙제가 남아 있다. 이렇게 바쁜 로버트는 어릴 때부터 그저 삶의 속도를 맞추기 위해서 이토록 전속력으로 달려야 한다고 배워왔다.

우리는 병적으로 항상 바쁜 문화 속에 살고 있으며, '로버트 증후군'은 너무나 많은 청소년과 성인들에게 영향을 미치고 있다. 우리는 아침부터 밤까지 분주히 뛰어다닌다. 다람쥐 쳇바퀴 돌리듯 정신없는 사이클, 이 격심하고 무의미한 경쟁에서 벗어날 수 있는 어떤 방법도 찾을 수가 없다. 더욱 심각한 문제는 어디에도 결 승선이 없다는 것이다. 설상가상으로 우리의 문화는 빠르게 달리는 사람들을 응원하고, 더 빨리 달리도록 자극을 가한다. 우리는 바쁨과 분주함에 대해 상과 보수를 받는다. 결국 많은 이들이 이것을 으레 평범한 삶의 방식이라고 믿게 된다.

많은 사람들은 과도하게 빡빡한 일정을 명예로운 휘장처럼 달고 다닌다. 자신의 바쁜 걸음을 자랑스럽게 과시할 뿐만 아니라, 자신처럼 바쁘게 살지 않는 사람들을 경멸하는 경향까지 있다. 그러나 꽉 찬 낮과 뒤척이는 밤, 해야 할 일들의 끝없는 목록 속에서 우리 대부분은 뭔가 잘못되었다는 무언의 느낌을 받는다. 우리의 몸과 마음, 영혼은 휴식을 갈망한다. 마음속 깊이 우리는 무언가 바뀌어야 한다는 것을 너무나 잘 알고 있다.

휴식을 권하시는 사랑의 하나님

이 광란과도 같은 세상에서 하나님은 놀라운 희망을 담아 말씀하신다. 예수님은 "수고하고 무거운 짐 진 자들아 다 내게로 오라 내가 너희를 쉬게 하리라 나는 마음이 온유하고 겸손하니 나의 멍에를 메고 내게 배우라 그리하면 너희 마음이 쉼을 얻으리니 이는 내 멍에는 쉽고 내 짐은 가벼움이라"(마태복음 11:28-30)고 말씀하신다. 하나님은 우리에게 몇 가지 핵심적인 질문을 하신다. 몸과 마음이 지쳤는가? 짐이 너무 무거운가? 짐을 홀로 지는 데 지쳤는가? 영혼의 휴식이 필요한가?

이런 질문에 그렇다고 답한다면, 하나님은 좋은 소식을 가지고 계시다. 하나님은 당신이 속도를 늦추기 원하신다. 낮잠을 자라. 여전히 주께서는 당신을 푸른 풀밭으로 인도하는 목자이심을 발견하라(시편 23장). 영혼이 지치고 휴식을 갈망할 때, 하나님은 당신에게 삶을 정돈할 수 있다는 사실을 알리고 싶어 하신다. 항상 휴식과 예배, 원기회복, 당신이 사랑하는 사람들과의 친목을 위한 여유가 존재하도록 말이다.

당신은 하나님이 우리가 영혼의 깊은 휴식을 발견하기 원하실까 궁금했던 적이 있었는가? 그 궁금증에 대한 해답은 우선 하나님을 본보기로 관찰하면 된다. 성경을 여는 첫 막에서, 하나님은 창조하시고, 형상을 지으시고, 새겨 넣으시고, 뜰을 만드시고, 색을 칠하시고, 생겨나라고 말씀하시며 일을 하신다. 하나님은 각각의 날이 저물면 그가 하신 일이 보기에 좋았다고 나타내시고, 그 다음 창조의 날을 준비하신다. 일곱째 날이 될 때까지 말이다. 그리고 일곱째 날이 되면 편히 쉬신다. 창세기는 "하나님이 그가 하시던 일을 일곱째 날에 마치시니 그가 하시던 모든 일을 그치고 일곱째 날에 안식하시니라 하나님이 그 일곱째 날을 복되게 하사 거룩하게 하셨으니 이는 하나님이 그 창조하시며 만드시던 모든 일을 마치시고 그 날에 안식하셨음이니라"(창세기 2:2-3)라고 말한다.

하나님은 왜 휴식하셨을까? 피곤하셨을까? 하루 쉴 날이 필요하셨을까? 모든 것을 창조하시느라 무리하셔서 피로라는 벽에 부딪치셨던 걸까? 다음 주 활동을 위한 에너지를 충전하시기 위해 휴식시간이 필요하셨던 것일까?

아니다!

하나님은 사랑의 행위로 하루를 쉬셨다. 하나님은 자녀들의 건강과 행복에 가장 중요한 삶의 리듬을 만들어주시기 위해 휴식하셨다. 최초의 안식일은 하나님 자신을 위한 게 아니라 우리를 위한 것이었다! 창세기 2장에서, 우리는 성경의 역사에 길이 남을 첫 가르침의 순간을 본다. 남자와 여자가 그들에게 필요한 것이 무엇인지 깨닫기도 전에, 그들의 아버지께서는 이미 모범을 보이고 계셨다.

우리의 영혼이 참다운 원기를 찾을 수 있는 유일한 방법은, 안식일의 비밀을 배우는 데 있다는 것을 하나님은 알고 계셨다. 생명의 창조주로서 하나님은 그의 백성이 건강과 생명력을 유지하는 데 무엇이 필요할지 이해하셨고, 그 방법을 몸소 보여주셨다. 그런 다음 두 팔을 활짝 벌리셨다. 우리에게 6일간의 노동과 하루의 안식이라는, 생명을 불어넣는 리듬을 발견하도록 권유하신 것이다.

그러나 그 첫 안식일 이래, 하나님의 자녀들은 이 놀라운 선물에 저항한다. 불꽃에 뛰어드는 나방처럼, 우리는 조급한 생활방식에 점점 이끌려서 하나님이 주시는 안식에서 도망친다. 또한 우리가 마음속으로 간절히 바라는 휴양을 거부한다. 예언자 이사야는 이 부단한 싸움을 이렇게 표현한다. "주 여호와 이스라엘의 거룩하신 이가 이같이 말씀하시되 너희가 돌이켜 조용히 있어야 구원을 얻을 것이요 잠잠하고 신뢰하여야 힘을 얻을 것이거늘 너희가 원하지 아니하고"(이사야 30:15).

하나님은 안식을 권하시지만 우리는 예의 바르게 "아니요, 괜찮습니다. 별로 관심 없거든요"라고 말하고 있다. 이사야는 계속해서 하나님의 자녀들이 하나님이 권하시는 평안에서 어떻게 도망치는지 묘사한다. "이르기를 아니라 우리가 말 타고 도망하리라 하였으므로 너희가 도망할 것이요 또 이르기를 우리가 빠른 짐승을 타리라 하였으므로 너희를 쫓는 자들이 빠르리니"(이사야 30:16).

우리의 창조주는 우리가 하루하루 끝없이 노동만을 위해 만들어지지는 않았음을 알고 계신다. 하나님은 우리를 빚고 만드시지 않은가? 그러므로 우리가 그를 사랑하고, 서로 관계를 맺고, 이 아름다운 세상의 축복을 즐기기 위해서는 시간이 필요하다는 것을 이해하신다. 그러나 또한 우리가 생명과 기쁨을 얻을 수 있는 휴식과 여유로부터 도망치고 있다는 것도 알고 계신다. 너무 바쁜 일정으로 하루를 보내고, 안식일을 쉬지 않는 행동은 우리가 하나님으로부터 도망치고 있다는 뜻이다. 또한 하나님과 다른 이들과의 친밀한 관계를 피하고 있다는 표시다. 이사야가 말하듯 우리는 도망친다. 우리가 찾을 수 있는 가장 빠른 말을 타고 달리고 있지만, 하나님은 우리보다 훨씬 더 빠르시다는 것을 명심하라. 하나님은 언제나 우리를 따라잡을 수 있다. 이사야는 계속 말한다. "그러나 여호와께서 기다리시나니 이는 너희에게 은혜를 베풀려 하심이요 일어나시리니 이는 너희를 긍휼히 여기려 하심이라 대저 여호와는 정의의 하나님이심이라 그를 기다리는 자마다 복이 있도다"(이사야 30:18).

하나님이 우리 뒤로 가까이 오신 것을 느끼고 하나님에게서 벗어나기 위해 더 빨리 달리려 하는가? 이것은 우리가 어떤 분을 대하고 있는지 전혀 모른다는 것을 증명한다. 우리는 절대 하나님보다 빨리 달릴 수 없다. 결코 하나님에게서 벗어나려고 해서는 안 된다. 하나님은 우리가 달아나는 것을 멈추고 방향을 돌려 자신을 향하기 원하신다. 이렇게 할 때 우리는 이미 익숙해져 있는 광적인 속도나 7일의 노동, 숨 돌릴 시간이 전혀 없는 일정표에서는 마음속 깊이 열망하는 것들을 절대 얻을 수 없다는 사실을 발견한다. 영혼의 영원한 평안을 경험하려는 희망을 이루기 위해서는, 오직 자기 안에서 삶과 휴식을 찾아야 한다는 것을 하나님은 알고 계신다.

원스텝 체인징 제안 ■ **당신 삶의 맥박은 얼마나 뛰고 있나요?**

운동을 하는 동안 이따금 맥박을 재기 위해 멈추는 일은 여러 모로 도움이 된다. 달리기나 에어로빅, 심박수를 높이는 활동을 멈춘 뒤, 심장이 정상범위 내에서 뛰고 있는지 체크하는 것이다. 매우 빠르게 뛰고 있다면 속도를 늦춰야 한다는 걸 알고 있다.

오늘 하루 당신의 일정은 어떤가? 일정을 찬찬히 들여다보면서 삶의 맥박을 체크하라. 지난달에 당신이 했던 일들이 적힌 수첩이나 일정표를 갖고 자리에 앉아라. 언제 안식일을 보냈는가? 언제 하나님과 만나는 시간을 마련했는가? 휴식하고 즐기기 위한 시간은 얼마나 됐는가? 일정표를 보고 당신의 속도가 너무 빠르다는 생각이 든다면, 휴식을 위한 공간을 만들고 감정의 맥박속도를 늦춰라. 그리고 돌아오는 주일에는 안식하라.

안식일은 '하지 말라'는 일로만 가득 찬 날이 아니다

많은 사람들은 왜 안식일을 잘 지키지 않는 걸까? 그 이유는 하나님께서 그날 우리를 위해 마련하신 기쁨과 평화를 한 번도 제대로 경험하지 못했기 때문이다. 사람들은 하나님이 우리에게 안식일을 지키라고 말씀하시는 것을 안다. 그러나 이에 대해 한정되거나 부정확한 이해를 하고 있다. 안식일을 꼬박꼬박 지키는 사람들은 대부분 그날을 율법적이고 제한적인 방식으로 해석하면서 '하지 말라'의 목록으로 그날의 가치를 떨어뜨렸다.

슬픈 사실은 예수님의 시대에도 안식일은 불합리한 율법주의의 하나로 작용했다는 것이다. 하지만 예수님 시대의 사람들을 지나치게 성급히, 또는 호되게 판단하지는 말자. 그전에 그들의 안식일 규정이 어떻게 발전했는지(혹은 이어졌는지) 이해하는 일이 필요하다. 이 일은 모두 십계명과 함께 시작되었다. 하나님은 계명을 주시며 "일곱째 날은 네 하나님 여호와의 안식일인즉 너나 네 아들이나 네 딸이나 네 남종이나 네 여종이나 네 가축이나 네 문안에 머무는 객이라도 아무 일도 하지 말라"(출애굽기 20:10)고 말씀하셨다. 바로 그 처음 순간부터 하나님의 백성은 그 명령을 진지하게 따르려고 했다. 그들은 안식일을 지키지 않으면 그에 합당한 결과가 기다리고 있다는 것을 알고 있었다. 그래서 자연스럽게 이런 질문을 던졌다. "그럼 무엇이 '일'인가?"

세기에 걸쳐 종교 지도자들은 이 '일'을 39가지에 이르는 범주로 나눴다. 일이라고 표명되는 행동에는 수확하고, 탈곡하고, 키질하고, 식사를 준비하고, 짐을 들어올리는 것 등이 있었다. 각각의 범주 안에서 공동체의 지도자들은 안식일에 무엇이 허락되고 무엇이 금지되는지를 정확하게 분간했다.

예를 들어, 일로 생각되는 행동의 한 가지 중에는 짐을 들어 올리는 것이 있었다. 이런 말 뒤에는 "그럼 얼마나 무거운 것을 짐이라고 해야 되지?" 라는 질문이 떠오른다. 그래서 다시 종교 지도자들은 안식일에 정확히 무엇을 들 수 있는가를 결정하기 위해 심사숙고했다. 그리고 결론을 내렸다. 말린 무화과 2개 이상의 무게가 나가는 것을 짐이라고 말이다. 내 말이 농담인 것 같은가? 아니, 이것은 분명한 사실이다. 이정도로 예수님의 시대에는 안식일에 무엇이 허락되고 무엇이 허락되지 않는가에 대한 상세한 설명이 이어져 내려왔다.

이런 '짐을 들어 올리는 예'는 안식일에 일을 하지 말라는 간단한 명령에서 발전됐던 수백 가지 규칙들 가운데 단지 하나일 뿐이다. 고대 문헌에서는 안식일 규칙이 매우 제한적이었다는 것을 찾을 수 있다. 심지어 일에 대해 머릿속으로 생각하는 것조차 벌을 받을 만한 죄로 분류됐다. 고대의 비(非)성경 책인 주빌리서 *the Book of Jubilee* 50장에서는 안식일에 대한 이런 구절을 찾을 수 있다. "아내와 누워 있거나, 안식일에 무슨 일을 하려 하거나, 여행을 떠나려고 하거나, 사거나 팔려고 하거나, 물을 끌어오거나, 짐을 들어올리려 하는 사람은 누구든지 비난받아 마땅하다." 전통의 이런 과도한 발전 때문에 1세기 동안 예수님과 그의 제자들이 그렇게 수고롭게 된 것이었다. 예수님과 제자들은 성경의 법을 어기지 않았지만, 종교단체에 의해 발전된 전통을 거슬렀다.

　예수님과 제자들이 들판을 지나 걷고 있을 때, 안식일에 대한 충돌이 일어났다. "그 때에 예수께서 안식일에 밀밭 사이로 가실새 제자들이 시장하여 이삭을 잘라 먹으니 바리새인들이 보고 예수께 말하되 보시오 당신의 제자들이 안식일에 하지 못할 일을 하나이다"(마태복음 12:1-2) 일단 모세의 율법에 따르면 여행자들에게 밭에 난 곡식 한 줌을 훑어서 먹도록 허락했다는 것을 알아야 한다. 실제로 그 시대에 논밭을 소유하고 있던 사람들은 여행자와 그 땅의 가난한 이들이 먹을 수 있도록 한쪽 구석을 수확하지 않은 채 남겨놓고는 했다.

　종교 지도자들이 화를 낸 이유는 예수님의 제자들이 다른 사람의 곡식을 훑어서 먹었기 때문이 아니다. 그들이 화낸 진짜 이유는 예수님의 제자들이 안식일에 '일'을 했다고 생각했기 때문이다. 예수님의 제자들은 팔을 뻗어 이삭을 잡아 뜯었고, 씨와 껍질을 분리하기 위해 손바닥에 올려놓고 비볐다. 그런 다음 바람에 껍질을 날려 보낸 뒤, 이 간편식품을 입 안으로 털어 넣었다. 이렇게 함으로써 그들은 종교 지도자들에 의해 규정된 4가지 '해서는 안 되는 일'을 저지른 것이다. 그들은 수확하고, 탈곡하고, 키질하고, 식사를 준비했다. 순식간에 일어난 이 행동에 대해 그들은 벌을 받아 마땅했다.

　이런 성경적 근거에 대해 예수님은 이 신앙심 깊은 사람들이 안식일의 취지에서 완전히 벗어나 있다고 주장하셨다. 요컨대 예수님은 안식일이 율법주의를 강화하는 수단이 아니라, 하나님의 백성에게 기쁨이 되는 선물로 주어졌다는 것을 알기 원하셨다. 그들은 일찍이 "안식일이 사람을 위하여 있는 것이요 사람이 안식일을 위하여 있는 것이 아니니"(마가복음 2:27)라는 사실을 깨닫지 못했다.

　아직까지도 안식일에 대해 이러한 율법주의적인 해석이 재현되고 있다는 사실은 무척 슬프다. 많은 사람들은 안식일의 핵심이 휴식하고, 원기를 회복하며, 자신을 다시 정비하는 일이라는 것을 잊고 있다. 안식일의 중심은 하나님과 하나님을 따르는 사람들과의 친교에 맞춰져야 한다. 나는 안식일에 무화과 2개 이상의 무게가 나가는 짐을 들어올릴 수 없다고 말하는 사람을 한 명도 만나보지 못했지만, 성장하면서 다음과 같은 안식일 엄수를 따랐다고 하는 사람들은 있었다.

- 일상적으로 대화하는 수준의 목소리 이상으로 큰 소리를 내지 않는다.
- 집 안이나 밖에서 뛰어다닐 수 없었지만, 기운차게 걷는 일은 허락됐다.
- 일요일 오후에 호수에 갈 수 있었지만, 물에는 들어갈 수 없었다. 특히 물에 발을 담그는 일은 허락되지 않았다.
- 지나치게 떠들썩한 경기나 게임은 즐길 수 없었다.
- 낮잠을 자야 한다. 비록 신체적으로 낮잠이 필요한 나이가 훨씬 지났을 때도 낮잠이 필요하다.

안식일을 제대로 이해하자

율법을 전혀 어기지 않는다거나, 그 기준을 이리저리 재보지 않고 안식일에 대해 설명하는 일은 어렵다. 그러나 명백하게 정리하기 위해서 쓸 수 있는 효과적인 정의가 있다. 안식일은 하나님이 정하신 규율로, 활기를 돋우는 예배와 하나님의 사람들과 나누는 즐거운 친교, 그리고 주중에 하는 일들과는 다르게 휴식으로 가득한 활동을 위해 7일 중 하루를 떼어 두는 것이다.

이 정의에는 3가지 요소가 있다. 첫째, 안식일은 우리가 조물주와 교감하고, 여유를 가지는 날이다. 하나님을 위해 예배하고, 찬양하고, 기도하고, 우리의 영혼을 사랑하는 분과의 친밀함을 키울 수 있도록 말이다. 둘째, 안식일은 공동체의 축복을 경험하는 시간이다. 안식일에 우리는 우리가 사랑하는 사람들과 모여 서로 마음을 나눈다. 사람들과의 소중한 시간은 가정에서는 물론, 교회에서도, 호숫가에서도, 그리고 하나님의 사람들이 모이는 모든 곳 어디에서든 경험할 수 있다. 셋째, 안식일은 그 주의 다른 날들과 완전히 다른 날이다. 이날 우리는 평소와는 다른 속도로 자유롭게 움직인다. 안식일에는 영혼을 살찌우는 느림이 주어지는 것이다.

그런데 안식일이 그 주의 다른 날들과 다르다는 게 무슨 뜻일까? 예수님의 시대에 대부분의 사람들은 농업과 육체적인 노동에 종사했다. 그들은 양치는 목동과 농부, 소매상인들이었고, 문화의 대부분은 농업과 계절의 흐름, 추수에 집중했다. 그래서 날마다 들에서 힘껏 일하는 사람이라면 안식일에 추수나 탈곡, 키질 같은 활동을 하지 말라는 것이 무척 매력적으로 여겨졌을 것이다. 그러나 요즘처럼 일주일에 6일을 사무실에 앉아서 보내는 사람이라면 안식일에 집 모퉁이의 마당에 나가 잡초를 뽑고 집 밖에서 활동을 즐기고 싶을 것이다. 안식일에 과연 이런 일이 허락될까?

안식일에 대해 가장 중요한 질문은, "내가 지금 일을 하는 중인가, 아니면 휴식을 취하는 중인가?"라는 물음에 답하는 것이다.

만일 누군가가 마당에서 보내는 시간이 자신의 영혼에 원기를 불어넣고 하나님과 교감할 수 있게 한다고 말한다면, 그것은 일이 아니다. 안식일에 어울리는 상당히 적절한 행동일 수 있다. 하지만 이것을 매우 지루하게 생각하거나, 평소 일주일 내내 마당에서 일을 하고 있다면, 그것은 일이 된다. 따라서 안식일에는 마당에 나가는 것을 피해야 한다. 다소 주관적으로 들릴지도 모르지만 이는 분명 우리가 직면한 과제다. 안식일은 우리를 제한하려는 게 아니라 자유롭게 하기 위해 만들어졌다는 것을 기억하자.

많은 사람들이 안식일은 꼭 일요일이어야 하냐고 묻는다. 사람들은 대부분 일요일에 일을 하지 않는 경우가 많으므로, 안식일로는 가장 적합할 것이다. 그러나 반드시 일요일이 되어야 하는 건 아니다. 사실 안식일을 매우 철저하게 지키기 원한다면, 금요일 저녁 일몰 때부터 토요일 저녁 일몰 때까지를 안식일로 보내야 한다. 역사적으로 안식일은 그 주의 마지막 날이었기 때문이다. 기본적으로 안식일에 대한 하나님의 계획은 7일 중 하루 쉬기를 주기적으로 반복하는 것이다. 하나님과 사람들과의 만남을 위해, 그리고 그 주의 나머지 날들과 다른 활동을 위해 휴식을 취할 수 있는 하루를 떼어두는 것이다.

　목사로서 나의 안식일은 화요일이다. 많은 사람들과 달리 토요일과 일요일은 나에게 늘 일하는 날이다. 주말은 대부분의 목사들이 안식일 휴식을 취하기에 좋은 날이 아니다. 그리고 월요일에 나는 다른 목사들과 아침기도를 하고, 많은 모임을 갖고, 보고를 듣기 위해 사무실에 나간다. 하지만 화요일에는 변화를 준비한다! 월요일 밤, 나는 나를 기다리고 있는 영광스러운 안식일을 고대한다. 그래서 월요일 밤의 즐거움을 빗대어 '금요일 밤'이라고 부르게 됐다. 그렇지만 화요일은 단순히 하루를 쉬는 날이 아니다. 하나님을 만나고, 내가 사랑하는 사람들과 마음을 나누며, 지극히 다른 속도로 생활하기 위해 따로 챙겨둔 날이다.

　안식일이라는 청량한 바다로 뛰어들기 가장 좋은 날을 결정할 때, 하나님의 지혜를 구하라. 하지만 기회를 놓치지는 마라. 하나님이 주시는 휴식과 휴양에서 도망쳤던 어리석은 이스라엘 백성이 되지는 않겠다고 결심하라. 안식일을 선물로 받아 안고, 하나님이 주신 휴식의 기쁨을 발견하라.

원스텝 체인징　■ 나의　안식일을　위한　좋은　질문　4가지
　　제안　안식일에 무엇을 할 수 있는지, 혹은 무엇을 해야 하는지 생각하는
　　　　중이라면, 스스로 이런 질문을 던져보라. 건강한 안식일을 찾는 데
　　　　도움이 될 것이다.
　　　　　• 이것이 나를 하나님과 보다 가까이 이어줄 것인가?

- 이것이 나와 하나님을 따르는 사람들과의 관계를 증진시키고, 진정한 공동체를 형성해줄 것인가?
- 이런 활동을 할 때 나는 휴식을 취하고 원기회복과 재충전을 한다고 느낄까?
- 이런 활동이 그 주의 다른 날에 하는 일들에서 벗어나는 변화일까?

하나님의 진리를 가르쳐주는 안식일의 비밀

하나님은 산더미 같은 율법주의적 세부조항에 얽매여 우리가 힘들어하길 바라며 안식일을 만드신 것이 아니다. 분명 하나님은 자유와 휴식에 이르는 길을 보여주시려고 이 놀라운 선물을 주셨다. 이 안식일을 속박의 시간으로 바꾸어버린 것은 바로 우리다. 하나님은 우리가 안식일의 비밀을 재발견하도록 도우신다. 안식일 휴식에 대한 하나님의 진리로 우리의 마음을 가득 채울 때, 우리가 마음속으로 항상 경험하길 바라는 바로 그 지속적인 활기를 찾는 원스텝 체인징이 일어나기 시작할 것이다.

안식일을 지키는 것은 우리가 없어도 하나님이 우주를 다스리실 수 있다는 것을 믿는다는 일종의 선언이다. 안식일을 맞이할 때마다 우리는 하나님에 대한 믿음을 고백한다. 일을 멈추고, 예배의 축복을 즐기며, 사람들 사이의 기쁨을 나누고, 하나님이 이끄신 휴식과 휴양에 몸을 담글 때, 우리는 안식일의 정신을 지키는 것이다. 하나님을 만나고 휴식을 찾기 위해 노동과 일상의 책임에서 물러설 때마다, 우리는 하나님과 우리 자신과 다른 이들에게 말한다.

우리는 이 세상이나 우리 자신의 삶에도 속해 있지 않다고 말이다.

시편 127편에서, 솔로몬은 하나님이 관장하고 지배하지 않으시면 그 어떤 가치 있는 것도 성취되지 않을 거라는 진리를 인정한다. 솔로몬은 마치 우리처럼 바쁜 일정을 계획하고, 대규모 건축 공사를 지시하고, 복잡한 관계로 얽혀 있는 세상에서 살아가는 일을 잘 알고 있었다. 또한 그는 오직 하나님만이 우주를 다스리시고 우리의 삶을 주관하실 수 있다는 것을 알았다. 성령의 영감을 받았을 때 솔로몬은 그 진리를 이렇게 표현한다. "여호와께서 집을 세우지 아니하시면 세우는 자의 수고가 헛되며 여호와께서 성을 지키지 아니하시면 파수꾼의 깨어 있음이 헛되도다 너희가 일찍이 일어나고 늦게 누우며 수고의 떡을 먹음이 헛되도다 그러므로 여호와께서 그의 사랑하시는 자에게는 잠을 주시는도다"(시편 127:1-2).

성경에 기록된 솔로몬의 삶을 살펴보면, 그는 전형적인 'A형 행동양식'에 따라 행동하는 사람이라는 것을 알 수 있다. 'A형 행동양식'이란 매우 큰 동기를 부여 받은 초과 성취자로서, 성경에 등장하는 사람 중에는 솔로몬에 필적할 사람이 거의 없다. 솔로몬은 목표를 향해 돌진하는 성격이었지만, 그럼에도 자신이 자신의 집과 도시, 우주에 맡겨져 있지 않다는, 이 세상에 속하지 않는다는 진리에 강하게 이끌렸다. 오직 하나님만이 그가 필요로 하는 힘과 지혜를 지니고 계셨던 것이다. 시편 속에 표현된 솔로몬의 말은 하나님께 내맡긴 그의 마음이 드러난다.

하나님께서 자신의 삶을 주관하심을 인정한 후, 솔로몬은 휴식이라는 주제로 돌아온다. 그는 '로버트 증후군'에 사로잡혀 도저히 삶의 속도를 늦추지 못할 것 같은 사람들에게 말한다. 솔로몬은 일찍 일어나고 늦게 잠들며, 만화영화에 등장하는 심술궂은 곰처럼 이리저리 뱅뱅 돌면서 삶을 보내는 사람들에게 "너희가 일찍이 일어나고 늦게 누우며 수고의 떡을 먹음이 헛되도다"라고 준엄히 경고한다. 하나님은 그의 종인 솔로몬을 통해 말씀하고 계시다. 이 메시지는 몇 세기를 뛰어넘는 오랜 시간과 문화를 이어오면서, 안식일을 지킬 여유도 없이 반복되는 삶을 살아가는 사람들의 마음에 깊이 와 닿는다. 이 시편의 맺음말은 빠르게 전진하는 세상에서 많은 것을 일깨워준다. 빠르게 돌아가는 세상에서 우리가 정말 열망하지만 그럼에도 교묘히 우리를 피해 가는 것처럼 보이는 소중한 것들을 말이다. "그러므로 여호와께서 그의 사랑하시는 자에게는 잠을 주시는도다." 자녀들을 향한 하나님의 사랑은 우리에게 휴식을 누릴 수 있다고 분명히 말한다. 일찍 일어나고, 늦도록 깨어 있으며, 피로한 상태로 살 필요가 없는 것이다.

안식일의 교훈은 하나님이 집을 지으시고, 도시를 지키시며, 우주를 다스리는 분이라는 것이다. 우리가 뒤로 한 발자국 물러나서 하루 동안 휴식하더라도, 우주의 행성은 그 자리에 머물고 지구는 자전하며 태양은 뜨고 질 것이다. 마찬가지로 우리가 아무리 열심히 일한다 해도 하나님이 일하시지 않으면 성공할 수 없다. 그리고 하나님이 도시를 지키시면 아무도 그것을 허물지 못한다. 안식일을 지키는 것은 이 세상과 하늘에 이렇게 선언하는 일이다. 시간이 시작되기 이전부터 하나님이 훌륭히 행하신 대로 앞으로도 계속 그러하실 것임을 우리가 믿는다고 말이다.

또한 안식일을 지키는 것은, 하나님이 우리에게 필요한 모든 것을 6일간의 노동에서 주실 수 있다고 확신하는 표시다. 성경 곳곳에서 하나님은 그의 자녀들이 자신에게 일용할 양식을 구하기를 바라신다는 걸 찾을 수 있다. 예수님은 "오늘 우리에게 일용할 양식을 주시옵고"(마태복음 6:11)라고 기도하도록 가르치셨다. 구약에서 하나님은 사막에 있는 자신의 백성을 먹이기 위해 하늘에서 '만나'를 내려주셨다. 그럼에도 불구하고 우리 중 너무나 많은 이들이 7일 동안이나 계속 일하지 않으면 일용할 양식을 얻지 못할 거라고 확신하는 경향이 있다. 매일매일 일하지 않으면 우리가 꿈꾸는 편안한 노후를 보내기에 충분한 돈을 마련하지 못할 거라고 걱정한다. 요컨대 하나님께서 우리에게 필요한 것을 주실 수 있다고 믿지 않는 것이다. 그러나 안식일을 지킬 때마다 우리는 이 세상의 길잡이가 된다. 다시 말해, 하나님이 우리의 필요를 채워주시고, 일용할 양식을 주시며, 우리를 지켜주신다는 믿음을 직접 행동으로 선언하는 것이다. 왜? 우리가 그분의 소중한 자녀들이므로.

이것을 가장 잘 보여주는 예는, 내가 '만나와 구더기의 교훈'이라고 부르는 구약의 진리에서 온다. 출애굽기 16장을 보면, 광야를 헤매는 이스라엘 백성에 대한 부분이 있다. 하나님은 그들에게 '만나'라고 불리는 하늘의 양식을 내려주셨다. 만나는 '이것이 무엇인가?'를 의미한다고 한다. 매일 하나님의 백성은 자신의 가족이 하루 동안 필요로 하는 만나를 가져가게 되어 있었다. 즉 이런 행동은 하나님이 하루에 한 번 양식을 내려주신다는 것을 믿는다는 선언이었다.

하지만 어떤 사람들은 하나님의 약속을 믿지 않았다. 그들은 여분의 만나가 더 필요하다고 결정했다. 감정적인 안정감을 느끼고, 미래에 대비해야 된다고 생각한 것이다. 그래서 그들은 자신들이 하루에 필요한 만나보다 더 많이 거두어갔다. 그리고 이튿날 아침, 만나를 넣어둔 창고에 갔을 때 그들의 만나는 구더기로 가득했으며 악취를 풍기고 있었다! 그 후 그들은 만나를 내다버리고, 그들이 원하는 만큼이 아닌 그들에게 필요한 만큼을 거두어 가는 훈련을 매일 받아야 했다.

그리고 하나님은 자신의 백성에게 놀라운 메시지를 전하셨다. 다음의 출애굽기를 읽어보자.

무리가 아침마다 각 사람은 먹을 만큼만 거두었고 햇볕이 뜨겁게 쬐면 그것이 스러졌더라 여섯째 날에는 각 사람이 갑절의 식물 곧 하나에 두 오멜씩 거둔지라 회중의 모든 지도자가 와서 모세에게 알리매 모세가 그들에게 이르되 여호와께서 이같이 말씀하셨느니라 내일은 휴일이니 여호와께 거룩한 안식일이라 너희가 구울 것은 굽고 삶을 것은 삶고 그 나머지는 다 너희를 위하여 아침까지 간수하라 그들이 모세의 명령대로 아침까지 간수하였으나 냄새도 나지 아니하고 벌레도 생기기 아니한지라 모세가 이르되 오늘은 그것을 먹으라 오늘은 여호와의 안식일인즉 오늘은 너희가 들에서 그것을

얻지 못하리라 엿새 동안은 너희가 그것을 거두되 일곱째 날은 안식일인즉 그 날에는 없으리라

이스라엘 백성이 만나를 하룻밤 보관했을 때, 이튿날 아침 만나는 썩어서 전혀 쓸모없게 되었다. 그러나 놀랍게도 안식일을 위한 여분의 만나는 신선하고 맛있었다. 하나님께서 수천 년 전에 그의 자녀들에게 가르치신 교훈은 지금까지도 우리에게 큰 깨달음을 준다. 우리가 하루를 안식일로 보낼 때, 하나님은 우리를 보살펴 주신다고 약속하신다. 일상의 활동을 멈추고 우리의 눈을 하늘로 돌려 하나님의 휴식을 경험할 때마다, 우리는 단 6일간의 노동으로 우리에게 필요한 모든 것을 하나님이 주신다는 걸 안다고 이 세상에 선언할 수 있다.

안식일을 지키는 것은 우리의 삶에서 가장 중요한 것을 우리가 이해하고 있다는 표시다. 그 중요한 것이란 바로 속도를 늦추고 하나님과 하나님의 사람들과 만나는 일이다. 주 1회의 안식일은 우리에게 하나님, 그리고 주변의 사람들과 교제를 나눌 수 있는 여유를 만들어준다. 예수님은 "네 마음을 다하고 목숨을 다하고 뜻을 다하여 주 너의 하나님을 사랑"하고, "네 이웃을 네 자신 같이 사랑"(마태복음 22:37-39)하는 일이 가장 큰 계명이라고 말씀하셨다. 안식일을 지킬 때, 우리는 혼자서, 또는 여럿이서 함께 드리는 예배를 가장 중요한 일로 만들 수 있고, 사람들과 여유롭게 마음을 나누는 일도 가능해진다. 안식일은 하나님을 사랑하고 이웃을 사

랑하는, 삶의 가장 중요한 2가지 일을 북돋아주는 너무나 소중한 선물이다.

원스텝 체인징
제안

■ 안식일을 기억하며 거룩히 지키자

다음 주, 당신이 안식일로 삼기에 가장 좋은 하루를 선택하라. 그런 다음 느리고 새로운 속도로 이날을 보낼 수 있도록 계획을 세워라. 이날은 예배와 주변 사람들과의 깊은 교감을 하기 위한 시간을 만들고, 또한 주 내내 하는 일과 다른 활동을 하라. 이날에 안식일 휴식을 즐길 때 아래의 3가지를 숙고해보자.

- 하나님이 보좌에 앉아 계신다. 그러므로 오늘 나의 도움 없이도 세상의 일들을 주관하실 수 있으시다.
- 하나님은 나에게 일용할 양식을 주신다고 약속하셨다.
- 하나님과 사람들을 사랑하는 일은 다른 어떤 것보다 중요하다.

깊이 잠수하는 기쁨

병적으로 '빨리빨리' 문화 속에 살고 있지만, 우리는 속도를 늦추고 깊이 잠수하는 일을 선택할 수 있다. 안식일 선물은 하나님이 우리에게 진리를 일깨워주는 하나의 방식이다. 그 진리란 지나치게 빠른 속도로 움직이다가는 결국 하나님이 주신 가장 좋은 선물 위에서 옆으로 미끄러져 떨어질 수 있다는 것이다.

결혼 20주년 기념일, 아내와 나는 절대로 잊을 수 없을 경험을 통해 이 진리를 깨달았다. 우리는 그때까지 하와이에 한 번도 가 본 적이 없었다. 그래서 결혼기념일을 자축하기 위해 마우이 섬에 서 일주일을 보내기로 계획했다. 나는 그때서야 왜 사람들이 이 현대적인 낙원에 찬사를 아끼지 않는지 알게 됐다. 하와이의 식물 과 야생 생물과 경치는 정말 놀랄 만큼 아름다웠다. 하루는 하와 이 주변을 도는 보트여행을 했는데, 보트는 물 위를 스치듯 날아갔 다. 그리고 선장은 우리 바로 밑에서 움직이고 있는 아름다운 바 다생물에 대해 말했다. 나는 재빨리 보트 옆쪽을 내려다 봤지만 아무 것도 볼 수 없었다. 그의 말을 믿었지만, 보트 속도가 너무 빨 라서 수면 아래를 볼 수 없었다.

다이빙을 할 수 있는 장소에 이르렀을 때, 승무원 한 명이 스누 바 다이빙*snuba diving*에 대해 설명하기 시작했다. 스누바 다이빙 은 산소탱크를 물 위에 띄운 채 얕은 바다에 잠수하여 즐기는 운동 이라고 한다. 나는 스누바 다이빙에 대해 알고 있긴 했지만, 해본 적은 한 번도 없었다. 그는 수중 7.5미터 아래까지 잠수하는 방법 을 단 15분 안에 가르쳐줄 수 있다고 말했다. 15분 만에 바다 속을 잠수할 수 있다니! 나는 거의 믿어지지 않을 정도로 좋았고, 귀 기 울여 들었다. 스쿠버 다이빙은 등에 산소를 짊어져야 하기 때문에 훈련과 전문기술을 필요로 하지만, 스누바 다이빙은 산소탱크를 수면의 작은 뗏목 위에 띄운다. 다른 사람과 짝을 이뤄 2명이 함께 입수하며, 공기를 전해주는 호스는 7.5미터 길이라서 더 깊이 잠 수하는 것을 막을 수 있다고 했다.

짧은 설명을 듣고, 아내와 나는 드디어 다이빙을 시도하기로 결정했다. 선장은 물속의 다채로운 물고기에 대해 말하면서, 우리가 이전에는 전혀 상상하지 못했던 파란빛과 노란빛과 초록빛의 물고기를 보게 될 거라고 약속했다. 심지어 거대한 바다거북과 나란히 수영을 할 수도 있다고 우리를 유혹했다. 하지만 이 모든 것은 우리가 수면을 스치듯 날아갈 때는 그저 듣기 좋은 말로만 생각되었다.

잠수지점에 이르러 우리는 장비를 갖추고 물속으로 뛰어들었다. 선장의 말은 모두 사실이었다. 2번의 잠수를 통해 우리는 하나님이 색을 칠하신, 그 전까지 우리가 한 번도 보지 못한 물고기를 보았다. 그리고 달의 표면처럼 보이는 산호가 모여 있는 곳도 탐사했다. 발레리나의 우아함과 여유로움으로 물속을 헤엄치는 수줍음 많은 문어도 발견했다. 게다가 많은 바다거북과 함께 수영까지 했다!

바다에서 단지 7.5미터 아래로 내려가면, 모든 것이 느린 동작으로 움직인다. 한 번 호흡하고 꼬르륵거리며 산소소리가 날 때까지, 그 짧은 시간은 섬뜩할 만큼 고요하다. 바다 밑의 이 느리고 고요한 시간에서는 근본적으로 다른 광경이 펼쳐진다. 보트 위에서 물 위를 나는 듯이 달릴 때, 우리는 우리 바로 밑에 존재하는 아름다움을 조금도 보지 못했다. 그러나 속도를 늦추고 깊이 잠수하기로 결심한 후에야 비로소 하나님이 만드신 놀라운 장관을 경험할 수 있었다.

삶도 이와 마찬가지가 아닐까? 한계점을 향해 돌진하듯 삶을 통과할 때, 우리는 하나님이 표면 바로 아래 우리를 위해 마련해놓으신 많은 것들을 놓친다. 아내와 남편, 아이들, 친구들과의 관계 위로 스치듯이 날아가는 것이다. 또한 하나님과 깊이 나아가지 못하며, 친밀함과 기쁨, 휴식 위에서 미끄러져 버린다. 하나님은 우리가 우리 자신을 아는 것보다 더 많이 우리를 알고 계시며, 조급해하는 우리의 성향을 이해하신다. 그래서 하나님은 우리를 매우 염려하는 마음으로 '천천히 가는 삶'의 길을 보여주셨다. 6일을 일하신 후 하나님은 안식하셨다. 그리고 우리에게 자신을 본보기로 따르라고 말씀하신다. 이제 속도를 늦추고, 깊이 숨을 들이마시고 천천히 내뱉자. 음식을 급하게 삼키기 전에 꼭꼭 씹어 맛을 느끼고, 하나님의 존재를 재발견하며, 사람들과 다시 마음을 나누고, 깊이 잠수하고, 안식일의 비밀을 배울 때다.

● 작은 변화를 일으키는 오늘의 깊은 생각

• 나의 안식일은 언제가 가장 좋을까?
• 내 감정의 엔진을 급하게 돌아가도록 만들고, 안식일 휴식을 경험하지 못하도록 방해하는 것은 무엇일까?

● 작은 변화를 일으키는 오늘의 기도

• 휴식의 본보기를 보이시고 안식일이라는 놀라운 선물을 주신 하나님께 감사하라.
• 삶이 매우 바쁠 때조차 변함없이 안식일 휴식을 지키는 습관을 몸에 배게 해달라고 하나님께 기도해라.

08

건강한 식습관으로
내 몸을 살리는
원스텝 체인징

너희 몸은 너희가 하나님께로부터 받은 바 너희 가운데 계신 성령
의 전인 줄을 알지 못하느냐 너희는 너희 자신의 것이 아니라 값으
로 산 것이 되었으니 그런즉 너희 몸으로 하나님께 영광을 돌리라

고린도전서 6:19-20

그런즉 사랑하는 자들아 이 약속을 가진 우리는 하나님을 두려워하
는 가운데서 거룩함을 온전히 이루어 육과 영의 온갖 더러운 것에
서 자신을 깨끗하게 하자

고린도후서 7:1

우리 집 냉장고 문에는 간단한 한 줄의 말이 붙어 있다. '살이 빠졌다고 느끼는 것만큼 맛 좋은 것은 아무것도 없다!' 내가 언제나 이 말에 동의한다고 이 자리에서 확신하지는 못하지만, 이 말에 담긴 포인트는 확실하다. 아이스크림을 통째로 퍼먹는다거나, 스파게티를 한 그릇 더 먹는 등의 순간적인 즐거움은 아침에 소화가 잘 안 되거나 살이 쪘다고 느끼는 것보다 더 가치 있는 것이 아니다.

내가 어렸을 때, 우리 집은 먹는 일을 아주 중요한 것으로 여겼다. 빠지지 않고 교회에 나가는 '종교적인' 가족은 아니었지만, 우리는 일요일마다 하는 가족만의 전통을 갖고 있었다. 일요일마다 잘 차려진 멕시코 음식을 즐기기 위해 '돈 호세 레스토랑'에 가는 것이었다. 토틸라 칩과 살사 소스의 전주곡에서부터, 주 요리의 향연을 거쳐, 디저트로 나온 큰 아이스크림 그릇을 깨끗이 핥는 마지막 악장에 이르기까지, 이 경험은 어린 시절 내가 체험한 일 중 예배와 가장 비슷하다. 나는 자라면서 공식적인 종교용어를 하나도 알지 못했지만, 돌이켜 생각해보건대 만일 다른 사람들이 우리 가족의 일요일 모임을 지켜봤더라면 우리를 '카리스마파 신자'라고 불렀을 것이다. 카리스마파는 원시기독교회와 비슷한 성격으로 집단의식 중에 무의식 상태로 빠져들어 신음소리를 내는 등 독특한 공동체였다. 마치 그들처럼, 음식을 맛보면서 '음' 소리를 내고, 중얼거리고, 신음소리를 내면서 우리는 말로 표현할 수 있는 것보다 더 많은 것을 전달하는 능력이 있었다!

시간이 지나면서 나는 음식이 우리 가족의 모든 모임에 필수요소라는 것을 알았다. 우리는 늘 우리를 위해, 그리고 우연히 들를

지 모를 다른 누군가를 위해 음식을 넉넉히 준비했다. 세월이 흐름에 따라 나는 음식이 경사스러운 일을 축하하는 데 좋다는 것을 배웠다. 잔치를 벌이는 건 기쁨을 누리는 과정의 일부였다. 나는 또한 일이 잘되지 않았을 때 음식을 통해 자연스럽게 위로 받을 수 있다는 것을 발견했다. 내가 뛰던 소년야구 팀이 경기에서 졌을 때, 초컬릿 바를 한입 깨무는 그 달콤한 여행은 고통을 가라앉게 해줬다. 삶의 가장 좋은 때에서 낙심의 시기까지, 음식은 항상 내게 가장 높은 위치를 차지하고 있는 것처럼 보였다.

인생의 기쁨과 슬픔의 때에 항상 음식을 먹었던 나의 습관은 내가 대학을 졸업할 때까지 별 문제 없이 작용하는 것 같았다. 이 무렵 나는 여럿이서 함께 하는 운동을 더 이상 하지 않았고, 신진대사의 속도가 느려지는 인생의 시기에 이르렀다. 그리고 돌연 나의 야윈 몸은 옆으로 퍼지고, 물러지며, 넓어지기 시작했다.

얼마 후 나는 목사가 되었고, 책상에 앉아서 많은 시간을 보냈다. 내 식습관에 더 큰 문제는 교회 성도들이나 다른 지도자들과 점심을 먹는 정기적인 모임을 갖고 있었다는 것이다. 게다가 더 나쁜 것은, 교회의 모든 모임에는 갓 구운 달콤한 쿠키와 침이 꿀떡 넘어갈 듯한 다과들이 등장한다는 것이었다. 성도들이 즐거운 마음으로 권하는 초콜릿 케이크를 거절함으로써 그들의 감정을 상하게 하는 건 옳은 일이 아니었을 것이다. 목사생활과 함께 이어지는 일상의 단 음식과 간식에 더하여, 휴일에는 케이크와 파이, 쿠키선물이 내 책상 위로 물밀 듯이 밀려오고는 했다.

이 상황에서 목사는 어떻게 해야 할까? 답은 분명했다. 먹는 것이다! 성경은 모든 것이 하나님께서 주신 좋은 선물이며, 모든 음식을 감사하는 마음으로 받아야 한다고 말하지 않든가? 이후 20년 동안, 나는 꽤나 마른 77킬로그램에서 폭신하고 통제가 안 된 102킬로그램의 남자로 변해 있었다! 아, 이쯤에서 내 키는 190센티미터라는 것을 강조하고 싶다. 어쨌거나 이 키 역시 102킬로그램이라는 어마한 무게를 덮어버릴 수 있는 충분한 키가 아니었고, 나 역시 그것을 느끼고 있었다.

좋은 본보기를 곁에 두고

이 시기 동안 아내는 내게 훌륭한 예가 돼주었다. 그녀의 운동 습관과 훌륭한 식습관, 생활규칙은 정말 인상적이었고 스스로 반성하게 만들었으며, 때로는 나를 풀 죽게 하였다. 아내의 생활은 나를 흔들어놓을 정도로 좋은 예시였지만, 내 습관을 변화시킬 만큼 깊이, 그리고 오랫동안 영향을 주지는 못했다.

언젠가 TV에서 본 아카데미상 시상식이 떠오른다. 시상식의 사회자는 유머가 있지만 날카로운 말을 던졌다. 그날 밤 그는 무대를 가르며 활보하는 모든 스타들의 멋진 몸매와 단단한 근육을 바라보며 고개를 절레절레 내둘렀다. 그런 다음 카메라를 보고 말했다. "운동이나 다이어트만 빼고, 저 사람들처럼 될 수 있다면 뭐든 할 겁니다!" 나는 웃었지만 그 말은 마음을 에는 듯했다.

내 건강과 나의 몸을 통해 하나님을 찬미하기 위해 내가 할 수 있는 한 가지 방법은 분명했다. 그것은 바로 식습관에 어떤 원스텝 체인징을 시작하는 것이었다. 문제는, 그 일이 너무나 큰 반면, 정작 내 자제력은 매우 작게 느껴진다는 것이었다.

나는 곧바로 습관을 바꾸지는 못했지만, 아내를 보고 하나씩 배웠다. 아내의 행동을 지켜보고, 아내의 습관을 연구하며, 아내가 건강에 대해 하는 말들에 귀를 기울였다. 그 중에는 이전에 한 번도 들어보지 못했던 말도 있었다. 아내는 여러 해 동안 건강에 대해 깊은 관심을 가져왔다는 걸 알고 있었으므로, 아내가 가진 모든 지식과 정보를 긁어모았다. 그리고 아내의 모습을 통해, 나는 내 생활에서도 직접 실천할 수 있는 변화의 행동이 있다는 것을 발견했다.

그렇다고 건강이나 식습관의 전문가가 되라고 주장하는 게 아니다. 나도 날마다 건강과의 전투에 직면하지만, 그때마다 나는 나의 몸으로 하나님을 경배하기 위해 필요한 원스텝 체인징을 일으켜야 한다고 결심한다. 사실대로 말하자면, 내 삶의 이 영역에서만큼은 성공보다 실패를 훨씬 더 많이 겪었다. 인생의 첫 20년 동안에도 나는 마른 체격이었지만 끔찍한 식습관을 갖고 있었다. 나는 지나치게 많은 패스트푸드를 먹었고 늦은 밤에도 음식을 많이 먹으며, 단 음식도 좋아했다. 그러나 과일과 야채는 별로 먹지 않았고, 차분히 앉아서 즐기면서 먹지도 않았으며, 건강에 좋은 음식도 외면했다. 외관상 건강해 보였지만 식습관은 끔찍했고, 과체중의 선을 넘었고 내 건강을 망가뜨리기 직전의 상황에 있었다. 나는 나의 몸으로 하나님을 경배하고 있지 않았다!

■ 잘 하 고 있 는 사 람 을 지 켜 보 고 배 우 자

나는 아내 셰리 외에 또 한 명 내가 지켜보고 배움을 얻는 사람이 있다. 돈 포터라는 동료 목사인데, 그는 항상 좋은 식습관과 건강에 대한 멋진 모범을 보여준다. 그는 항상 아침 일찍 일어나 규칙적으로 오전 5시에 운동을 한다. 함께 점심을 먹기 위해 만날 때마다, 나는 늘 그가 적당한 양을 주문하고, 다른 사람들이 끊임없이 먹는 동안 알맞은 양을 먹었다고 생각하면 조용히 식사를 멈추는 모습에 큰 감명을 받는다. 심지어 그는 식당 종업원에게 "저칼로리 드레싱이 있습니까? 메뉴에 혹시 건강식단이 따로 있나요?" 같은, 나로서는 매우 낯선 질문을 한다. 우리 모두 주변에 좋은 건강습관을 가지고 긍정적인 본보기로 삼을 수 있는 사람이 한두 명 있다. 당신의 삶에서 이런 역할을 할 수 있는 한두 사람을 찾아라. 그 다음, 그들의 행동 양식과 습관의 학생이 돼라. 그들의 본을 지켜보고, 배우며, 따르라.

산 제물인가, 제물이 된 삶인가?

  하나님은 우리의 몸을 만드셨고, 그래서 우리가 몸을 어떻게 돌보는지 염려하신다고 분명히 이야기하신다. 하나님은 벽돌과 돌, 나무로 지어진 건물에 계시는 것이 아니다. 그를 사랑하는 사람들의 마음과 삶, 그리고 감히 말하건대 우리의 몸에 사신다. 성경은 이 점을 힘주어 말한다. 사도 바울이 이르기를, "너희 몸은 너희가 하나님께로부터 받은 바 너희 가운데 계신 성령의 전인 줄을 알지 못하느냐 너희는 너희 자신의 것이 아니라 값으로 산 것이 되었으

니 그런즉 너희 몸으로 하나님께 영광을 돌리라."(고린도전서 6:19-20) 전체적인 문맥을 보면 이 구절의 초점은 우리가 성적(性的)으로 몸을 어떻게 사용하는가에 관한 것이지만, 보다 넓은 의미로 보자면 우리의 몸을 돌보는 방법이라고 생각해도 완벽히 맞아들어간다. 성령은 예수님을 따르는 모든 이들 안에 살고 계신다. 우리가 우리 몸을 어떻게 다루는지 하나님이 염려하시므로, 당연히 우리 또한 그래야 하지 않겠는가? 우리 몸은 그가 사는 곳이며, 그의 성전이라는 것을 잊지 말자.

예수님을 따르는 모든 이들은 마음과 정신을 다루기 위한 비전이 있다. 그 비전이란 우리의 몸을 포함해서 삶 전체를 완전히 하나님께 드리는 것이다. 사도 바울은 또한 "그러므로 형제들아 내가 하나님의 모든 자비심으로 너희를 권하노니 너희 몸을 하나님이 기뻐하시는 거룩한 산 제물로 드리라 이는 너희가 드릴 영적 예배니라 너희는 이 세대를 본받지 말고 오직 마음을 새롭게 함으로 변화를 받아 하나님의 선하시고 기뻐하시고 온전하신 뜻이 무엇인지 분별하도록 하라"(로마서 12:1-2)라고 쓰고 있다. 이 세상은 과소비, 폭음과 폭식, 어떤 희생도 불사 않는 극도의 쾌락을 가지고 있다. 이런 것들이 우리의 삶으로 묘사되어서는 절대 안 된다. 우리는 하나님께 우리의 몸을 드리고, 하나님의 뜻에 우리의 뜻을 복종시키는 법을 배워야 한다. 이 말은 하나님이 우리에게 주신 좋은 음식을 즐기되 우리의 건강을 손상시켜서는 안 된다는 의미다. 지나치게 많이, 혹은 지나치게 적게 먹으면 우리의 몸은 서서히 망가진다. 그러므로 우리는 긴장을 풀고 휴식하는 것은 물론,

몸을 건강하게 유지시킬 적당한 활동을 해야 한다.

지금 당신의 몸을 더듬어보라

정신을 차리지 못할 정도로 빠르고, 모든 것이 쾌락을 위해 존재하며, 차에 앉아서 모든 것을 해결하는 이런 문화에서, 우리의 몸을 돌보는 일은 언제나 도전적이다. 게다가 이미 나쁜 습관에 푹 절어 있다면 이를 고치기 훨씬 더 어려울 것이다. 하지만 불가능한 것은 아니다. 예수님은 제자들에게 "사람으로는 할 수 없으되 하나님으로는 그렇지 아니하니 하나님으로서는 다 하실 수 있느니라"(마가복음 10:27)라고 말씀하셨다. 이 희망의 말로 우리는 다시 시작할 수 있다. 그래서 비록 우리 앞의 길이 험하고 도전적이라 해도, 우리의 몸으로 하나님께 경배를 드릴 수 있도록 무언가 시작해야 한다.

구약을 보면 하나님이 그의 성전이 지어지고 보존되는 것에 깊이 마음을 쓰셨다는 걸 발견할 수 있다. 당시 성전은 돌과 값비싼 재료들로 만든 건축물이었다. 첫 성전은 솔로몬 시대에 지어졌다. 그리고 느헤미야와 에스라 시대에 수리되고 다시 지어졌다. 이스라엘 역사를 통하여, 하나님은 그의 거처인 성전이 남용되거나 황폐하게 되는 것을 걱정하셨다. 이와 마찬가지로, 오늘날 하나님 역시 우리의 '몸'이라는 성전에 대해서 똑같이 느끼신다. 하나님은 우리 안에 계신다. 그러므로 하나님은 우리가 그의 성전을 건강하게 회복시키고, 왕 중의 왕 하나님의 보좌를 만들기에 꼭 맞는 장소로 유지하기를 바라신다.

비록 많은 사람들이 섭식장애를 겪고 또 너무 적게 먹기도 한다지만, 사실 오늘날 대다수의 사람들은 지나치게 많은 양을 먹는 경향이 있다. 이 이야기는 앞으로 좀더 자세히 다룰 것이다. 지구상의 모든 다이어트란 다이어트는 모조리 다 시도해봤음에도, 여전히 건강한 몸으로 하나님께 영광을 돌리기에 어려움을 겪고 있는 이들이여, 이제는 우리의 몸에 대해 새로운 접근을 할 때가 되었다. 이번 장에서 설명할 원스텝 체인징은 몇주 완성 다이어트 프로그램이 아니다. 당장에 건강해지는 마법의 3단계 방법도 아니다. 배고픔이 싹 사라지고, 지방세포가 줄어들며, 잠자는 동안 불필요한 체중을 녹여 없애는 쉽고 고통 없는 알약도 절대 아니다. 지금부터 소개할 원스텝 체인징은 우리의 몸을 진정 하나님의 거처인 성전처럼 다루도록 도움을 주는 것으로, 우리가 취할 수 있는 상식적인 조치들이다. 그러나 이러한 간단한 습관들을 직접 실행에 옮길 때, 당신의 몸은 놀랍게 변화될 것이다. 하나님을 경배하고 당신에게 즐거움을 가져다줄 수 있도록 말이다!

하나님의 성전을 짓고 보존하는 한 발자국의 힘

1. 무턱대고 채우는 것에서 적당히 만족하는 쪽으로

음식에 관한 기본적인 원스텝 체인징은 배가 터질 때까지 먹을 필요가 전혀 없다는 것이다. 적당히 배가 부르고, 만족할 때까지 먹는 법을 배워라. 많은 사람들은 몸이 '그만!'이라고 말할 때까지 계속 먹는 걸 자연스럽게 느낀다. 그들은 배가 가득 찼다고 느낄 때, 그때서야 식탁에서 물러난다. 사실 어떤 경우에는 그 이상이 될 때까지 먹는다. 속이 거북하거나 메스꺼울 때까지 꽉 채워 넣는 것이다. 그들의 위장과 바지가 수용할 수 있는 최대치를 먹은 후에야 식탁에서 물러난다. 일단 벨트의 고리가 한두 단계 풀어지면, 그때서야 슬슬 속도를 늦출 때가 됐다는 신호로 받아들인다. 하지만 이것은 우리의 몸을 위한 하나님의 계획이 전혀 아니다!

우리의 몸에 귀 기울이는 법을 배우자. 그러면 접시를 깨끗이 비우기 오래 전에 이미 적당히 만족스런 기분이 든다는 것을 알게 될 것이다. 바로 그때가 우리의 몸이 '그게 적당한 음식의 양!'이라고 말하는 순간이다. 그러나 뭐든 곱빼기를, 추가하는 것을 즐기는 문화에서 우리는 이 순간을 간단히 무시하고 계속해서 먹는 경향이 있다.

이런 시나리오를 상상해보자. 당신은 친구들과 저녁을 먹기 위해 멋진 이탈리아 음식점으로 들어간다. 종업원이 여러 가지 종류의 빵과 크래커가 가득 담긴 바구니를 가져온다. 당신은 식탁에 둘러앉은 사람들과 이야기하며 빵들을 조금씩 먹는다. 그런 다음 누군가 식탁에 앉은 모든 사람이 나눠 먹을 수 있는, 4가지 이탈리아 요리가 담긴 전채요리를 주문한다. 당신은 각각을 약간씩 맛본다. 맛이 매우 좋다! 그 다음, 종업원이 당신의 샐러드와 빵이 든 새 바구니를 가져온다. 첫 번째 바구니가 어느새 비었기 때문이다. 샐러드를 다 먹고 포크를 내려놓을 때 이상한 느낌이 엄습한다. 어떤 즐거운 생각이 머리를 뚫고 지나간다. 배부르다는 만족감을 느끼는 것이다. 당신은 마음속으로 생각한다. '지금 식사를 멈추면 딱 적당할 거야.' 하지만 아직 당신이 주문한 파스타도 나오지 않았으며, 특히나 그 음식점은 치즈케이크와 다른 달콤한 디저트가 유명하다. 어떻게 할 것인가? 당신은 파스타가 도착하기 전에 만족을 느낀다. 그러나 또한 가득 채워졌다고 느낄 때까지 아주 계속 수 있다는 것을 알고 있다.

우리도 대부분 이와 별 다를 바 없이 비슷한 딜레마에 계속해서 부딪친다. 그것도 매우 규칙적으로 말이다. 근사한 레스토랑이 아닐지도 모르지만, 같은 상황이 반복된다. 한 여학생이 샌드위치와 사과를 먹고 적당히 배부르다고 느낀다. 그러나 가방 안에는 아직 감자칩과 초콜릿이 더 들어 있다. 그 여학생은 어떻게 할까? 이런 예도 있을 것이다. 어떤 가족이 교회파티에 갔다. 그래서 차려놓은 음식을 한 바퀴 돌며 적당량의 음식을 덜어 먹는다. 그들은 자신들뿐만 아니라 다른 사람들 역시 배부르게 음식을 먹었으리라 생각한다. 하지만 잠시 후 누군가 "자, 차려진 음식들을 한번씩 맛보셨죠? 음식을 더 준비했으니 오셔서 마음껏 드십시오"라고 말한다. 저녁으로 요리 한 접시를 먹은 대부분의 사람들이 꽤 만족하며 자리에 앉아 있지만, 그 말을 듣자 그들은 '조금 더 먹을까?' 하는 생각을 한다. 많은 경우, 처음 먹은 후에는 기분이 좋지만 두 번째 먹은 후에는 기분이 좋지 않다. 하지만 그들은 음식을 먹는 교회파티에 갈 때마다 같은 일을 반복한다. 이 이외에도 여러 가지 많은 다른 예들이 있겠지만, 요점은 분명하다. 우리는 대부분의 경우 '더 이상 먹을 수 없어!' 라고 느낄 때까지 먹고 또 먹는다는 것이다.

당신의 식습관과 당신의 몸으로 하나님 경배하는 일을 개선하고 싶다면 첫번째 원스텝 체인징을 일으켜보자. 적당히 배부른 만족을 느끼는 때가 언제인지 인식하고, 그때는 과감하게 먹는 것을 멈춰라. 비록 식사를 아직 안 마친 때라도, 접시에 여전히 음식이 남아 있다고 해도, 디저트가 정말로 맛있어 보이더라도, 한 그릇 더 먹을 수 있다는 걸 안다고 해도, 만족을 느낄 때 식탁에서 물러나 먹는 것을 멈춰라. 다른 사람은 아랑곳하지 않고 식탁에서 일어나라는 말이 아니다. 여전히 자리에 앉아 다른 이들과 대화할 수 있지만, 그 전에 당신의 접시를 저만큼 조용히 밀고 냅킨을 음식 위에 올려놓은 뒤, 진심으로 만족한 식사에 대해 하나님께 감사하고, 가득 채워지지 않은 그 기분 좋은 느낌을 즐겨라. 그러면 된다.

2. 삼키는 것에서 맛을 음미하는 쪽으로

요즘의 조급한 문화에서 우리는 음식을 꿀꺽꿀꺽 삼켜댈 뿐, 정말로 그 맛을 보거나 즐기고 있는 것 같지 않다. 하나님은 즐겁게 맛볼 수 있는 음식을 우리에게 주시고 있다. 그러나 우리는 너무 자주 음식을 마구 퍼 넣고, 우적우적 씹으며, 그 맛을 거의 느끼지 못한다. 누군가는 하루가 저물었을 때 자신이 하루 종일 무엇을 먹었는지 거의 기억하지 못한다는 걸 깨달을 것이다. 중요한 문제는 식사를 단숨에 끝내기만 할 뿐, 음식의 맛을 여유롭게 즐길 시간을 내지 않는다는 것이다.

생활의 속도를 늦추고 음식의 맛을 볼 수 있도록 우리가 할 수 있는 일은 여러 가지가 있다. 첫째, 음식을 주신 하나님께 감사하기 위해 멈출 수 있다. 예수님처럼 우리는 감사를 표현하는 법을 배워야 한다. 한번은 예수님께서 많은 군중에게 먹을 것을 주시려 하셨다. "예수께서 이르시되 이 사람들로 앉게 하라 하시니 그 곳에 잔디가 많은지라 사람들이 앉으니 수가 오천 명쯤 되더라 예수께서 떡을 가져 축사하신 후에 앉아 있는 자들에게 나눠 주시고 물고기도 그렇게 그들의 원대로 주시니라"(요한복음 6:10-11). 속도를 늦추고 하나님께 감사를 표현하며 식사를 한다면 우리는 분명 좀더 천천히, 느긋하게 식사할 수 있을 것이다. 너무나 빨리 음식을 먹는 데 정신이 팔려 하나님께 감사할 수 없다면, 당신은 음식을 꿀꺽 삼킬 뿐 그 맛을 보거나 즐길 기회를 가질 수 없을 것이다.

둘째, 당신의 식사가 경주나 시합이 아닌 경험이 되게 하라. 이런 방법을 한번 시도해보자. 당신이 막 먹으려고 하는 음식을 바라보며, 하나님께서 주신 이 선물의 빛깔과 모양을 즐겨라. 음식의 냄새를 맡고, 그 놀라운 경험에 흠뻑 빠져라. 그리고 천천히 먹는다. 음식을 베어 물 때마다 그 감촉을 느끼고, 그러면서 의식적으로 속도를 늦춰라. 꼭꼭 씹으면서 그 맛을 음미하라. 이렇게 할 때, 느리게 먹는 것이 당신의 몸과 마음을 하나로 만든다. 가령 지나치게 빨리 먹으면 우리의 몸이 우리가 먹은 음식의 양을 기록할 수 있는 시간을 가지지 못한다. 그렇지만 음식을 먹는 속도를 늦춤으로써 보다 적은 양을 먹어도 배부르고 만족스러운 느낌을 가질 수 있다. 이 과정이 주는 또 하나의 가치는, 식사를 즐거운 경험으로 만들 때 그 식사를 보다 생생히 기억한다는 것이다.

셋째, 평소에 해보지 않은 몇 가지 새로운 일을 통해 음식 먹는 속도를 천천히 늦출 수 있다. 당신이 햄버거나 샌드위치를 먹는 중이라면, 한입 베어 문 후 그것을 접시 위에 내려놔라. 샐러드나 스테이크를 먹는 중이라면, 한 번 찍어 먹은 후 식탁에 포크를 내려놔라. 그리고 숨을 깊이 들이마셨다가 내쉬어라. 아무도 당신의 음식을 가져가지 않을 테니 빨리 먹어야 한다는 생각을 할 필요는 없다! 그리고 중간 중간 물을 한 모금씩 마셔라. 그리고 다른 사람들이 음식을 먹는 방식을 지켜봐라. 재미있는 경험이 될 것이다. 그들이 음식을 즐기면서 먹고 있는가? 아니면 단지 식사를 해치우고 있는가? 다른 이들의 좋은 예와 나쁜 예에서 배울 점을 찾아라. 다른 사람들과 식사를 하고 있다면, 음식을 한입씩, 한 점씩 먹으면서 그 사이에 대화를 나누어라. 그리고 이것을 기억하라. 배가 부르고 만족을 느끼는 때가 된 순간, 접시를 치우고 가득 채워지지 않은 승리의 기분을 즐기도록 하라.

3. 죄의식에서 감사한 마음으로

당신이 먹으려고 하는 음식을 보고 마음이 불편하다거나 죄의식을 느낀다면, 이는 다른 음식을 먹어야 할 필요가 있다는 표시다. 당신의 몸에 집어넣으려고 하는 음식에 대해서 하나님께 정직하게 감사를 드릴 수 없다면, 잠시 먹는 것을 멈추고 하나님께 지혜를 구해야 한다. 중요한 건 이런 결정이 오직 당신과 하나님 사이에서 내려져야 한다는 것이다. 그 어떤 사람도 매 순간 당신이 무엇을 먹어야 하는지 정확히 말해줄 수 없다. 그러므로 하나님이 당신에게 말씀하시고 당신의 결정과정을 인도하실 때, 그분의 부드럽고 작은 목소리에 귀 기울이는 법을 배워야 한다.

나는 PDA에 짧은 기도문을 적어놓았는데, 무언가를 먹기 전에 항상 그것을 읽는다. 먹기 전, 이 기도문을 기쁘게 말할 수 있으면 그 음식을 즐겁게 먹고 즐긴다. 그러나 기도문을 말할 때 마음이 편치 않거나, 진정으로 감사하며 기도할 수 없거나, 기도문을 외는 것을 피하려고 하는 내 자신을 발견하면, 그때는 먹는 것을 포기하거나 음식을 바꾼다. 당신에게 도움이 될까 싶어 내가 쓰는 기도문을 보여주겠다. 마음에 든다면 이 기도문을 그대로 사용하거나, 혹은 이와 비슷한 양식으로 당신만의 기도문을 만들어도 좋을 것이다.

주님, 저는 주님께 감사드리는 마음과, 주님이 주신 선물임을 깨달으며 이 음식을 먹습니다.

이 음식을 먹음으로서 내 몸이 건강해지고, 주님을 위한 성전으로 받아들여질 것입니다.

제가 먹는 이 음식이 주님을 섬기며 매 순간 주님을 위해 살기 원하는 제 몸을 강하게 해주옵소서. 아멘!

또한 내가 여기서 말하고 싶은 것은, 점점 더 많은 사람들이 심각한 섭식장애, 예를 들어 거식증이나 폭식증을 겪고 있다는 것이다. 이런 사람들은 먹는 것을 거부하거나, 과식한 후 토하는 증상 때문에 큰 고통을 겪는다. 이런 경우에는, 카운슬러나 의사와 상담하는 것이 가장 현명한 방법이다.

원스텝 체인징 ■ **당신의 식습관을 바꿔줄 기도문을 만들라**
제안 식사나 간식을 먹기 전에 당신의 식습관에 도움이 될 수 있는 당신만의 기도문을 써보자. 먹는 것에 관련된 당신의 생각을 정리하고 당신에 맞게 작성하라. 그것을 작은 카드나 수첩, 혹은 당신이 규칙적으로 보게 될 어딘가에 옮겨 적어라. 또한 고린도전서 6장 19-20절을 기도문을 그 밑에 적는 것도 좋겠다. 식사하기 전에 이 기도문을 읽고, 당신의 식사계획을 바꿔야 하는지에 대해 하나님께서 말씀하시게 하라.

4. 되는대로의 식사에서 계획적인 식사로

사람들은 대부분 되는대로 그냥 식사를 한다. 내 말은 미리 계획하지 않는다는 것이다. 그저 식사시간이 되면 먹고, 사이사이 간식을 약간, 또는 많이 먹는다. 하루가 끝나면 지난 24시간 동안 도대체 자기가 무엇을 먹었는지도 기억하기 힘들 정도다.

그렇기 때문에 사람들이 프로그램에 따라 식사를 계획한다면 매우 유익할 수 있다. 프로그램에 우리에게 가르쳐주는 한 가지 규칙은, 깊이 잘 생각해서 하루 식사를 계획하기 위해서는 어떻게 해야 되는지 가르쳐준다는 것이다. 여러 회사나 책에서 제시하는 정식 프로그램이 도움이 되기는 하지만, 우리도 우리 자신의 식사를 계획할 수 있다. 나는 식사를 미리 계획하기 위해 어떻게 해야 할지 2가지 방법을 이야기할 것이다. 2가지 모두 간단하게 따라할 수 있으며, 각각의 방법은 우리의 식습관과 건강에서 원스텝 체인징을 일으킬 수 있다.

첫번째 방법은, 아침에 일단 일어나면 자리에 앉아 하나님께 지혜를 구하고, 그날 하루 당신이 먹을 것을 정확히 예상하여 적는 것이다. 식사계획이나 영양소에 관한 약간의 기초지식이 있으면 좋다. 당신에게 도움이 될 수 있는 수십 권의 책들이 나와 있으므로 참고해보자. 그러나 당신이 따를 정식 프로그램이 없다고 해도, 단순히 그날 먹을 것을 정확히 목록으로 만드는 것만으로도 큰 도움이 된다. 그리고 아침, 점심, 저녁식사뿐만 아니라 간식을 포함에 입에 들어갈 것들은 모두 적어라. 그날 당신의 일정을 보고, 언제 집에서 식사할 수 있는지, 언제 밖에서 식사해야 하는지 꼭 알고 있어라.

어떤 사람에게는 하루의 식사를 전부 계획하는 일이 비현실적일 수 있다. 이런 경우 다른 쉬운 선택이 있다. 매 식사나 간식을 먹기 바로 '전'에 무엇을 먹을 것인지 결정하고 적으면 된다. 이런 일들이 형식적이라거나 바보 같은 일이라고 생각될지도 모른다. 그러나 원스텝 체인징은 큰 차이를 만드는 작은 변화들이 아닌가? 식사를 하기 바로 전에 당신이 먹으려고 하는 것을 정확히 적는다면, 당신은 그 다음에 일어나는 일로 깜짝 놀라게 될 것이다. 먹을 것을 미리 적는 이런 습관은 당신이 무엇을 얼마만큼 먹고 있는 것인지에 대해 이전보다 더 많이 자각하고 의식하게 해준다.

멕시코 음식을 먹기 위해 식당에 오는 대부분의 사람 중에 토틸라 칩을 두 바구니 먹겠다고 계획하는 사람은 없을 것이다. 하지만 주문한 요리가 한참동안 나오지 않으면 그 사이 종업원이 바구니를 계속 채워주고, 사람들은 무의식적으로 집어먹으면서 결국 뇌가 기록하는 것보다 훨씬 더 많이 먹게 된다. 하지만 "토틸라 칩 15개, 타코 2개, 칼로리가 낮은 쌀 요리를 먹을 거야. 그리고 음료 대신 물을 마시겠어"라고 적는다면 먹는 속도를 늦추고, 토틸라 칩 하나하나의 맛을 즐기며, 한계에 이르렀을 때 멈출 수 있는 좋은 기회가 생긴다. 그러나 무계획적으로 마구 먹는다면, 30~40개의 칩을 와삭와삭 먹은 후 그만큼 많이 먹었다는 것조차 깨닫지 못할 수 있다.

작은 수첩을 갖고 다니면서 항상 식사를 미리 기록하겠다고 결심하는 사람도 있을 것이다. 또는 PDA나 작은 카드에 쓰고 싶은 사람도 있을 것이다. 무엇이든 그 방법은 크게 중요하지 않다. 하루 3번의 식사와 간식을, 혹은 한 번에 한 끼씩 식사를 계획하고 그것을 적는 일은 원스텝 체인징을 위한 가능성을 만들어 낸다. 영화관에 가기 전에 자리에 앉아서 "영화를 보는 동안 탄산음료를 1리터 마시고, 가장 큰 크기의 팝콘과 민트 초콜릿을 좀 먹어야지. 그리고 영화를 본 다음 무료 팝콘을 받고, 가는 길에 탄산음료를 또 마실 거야"라고 적는 사람은 이 세상에 거의 없을 것이다. 대부분의 경우, 실제로 충분히 생각하면서 계획을 하면 확실히 먹는 것을 줄일 수 있다. 그리고 먹으려고 하는 것들을 적는 습관이 몸에 배면 지혜가 자주 발휘될 것이다. 충분히 생각하고, 기도하고, 그것을 적는 데 시간을 보내는 것만으로, 대부분의 사람들은 "중간 사이즈 팝콘을 다른 사람들과 나눠 먹고, 탄산음료는 작은 걸 마셔야지" 같은 보다 합리적인 결정을 하게 될 것이다.

이번 기회에 정말 확실하게 식습관을 개선하길 원하는 사람은 친한 친구에게 자신의 식사 기록을 검토해달라고 부탁하면 좋다. 다른 사람들에게 기록을 보여주는 것만으로도 책임감이 생기고 어려움을 더욱 쉽게 극복할 수 있다.

원스텝 체인징 ■ 오늘 하루는 무엇을 먹을까?

제안 다음 한 주나 두 주 동안 시험삼아 식사계획을 세워보자. 그리고 이런 습관이 당신의 식습관과 건강에 어떤 영향을 주는지 살펴보라. 이 장에서 제안한 2가지(하루 전체의 식사계획을 아침에 세우거나, 혹은 매 식사나 간식 전에 당신이 먹을 것들을 적는 것) 중 편한 것을 사용하라. 만약 이 훈련이 당신에게 도움이 된다고 생각되면, 한 달 동안 지속해서 식사계획을 세우고, 한 달이 지난 후 다시 평가해보자. 이 책의 부록에 있는 차트를 이용하여 식사계획을 세워도 좋다.

5. 서서 먹는 패스트푸드에서 앉아서 먹는 식사로

지난 몇 십 년 동안 우리 식습관은 엄청나게 변했다. 그중에서도 가장 큰 변화는 외식이 늘었다는 것이다. 근처의 패스트푸드점이든, 자동차 안이든, 운동 경기장의 관람석이든 집이 아닌 장소에서 식사를 하는 횟수가 늘었다. 이동하면서, 무엇인가를 바쁘게 하며 대충 때우는 식사가 점차 사람들에게 일상이 되고 있다. 슬프게도 아이들에게까지 말이다. 이제는 사랑하는 사람들과 함께 식사하며 기쁨과 어울림을 되찾아야 할 때다. 내가 아는 사람 중 랜디는 삶의 여유를 되찾자는 내용의 책을 낸 적이 있었다. 책에서 그는 사람들에게 '컨비비엄convivium'이 무엇인지 이야기하고, 잃어버린 이 소중한 가치를 재발견하자고 말한다. '컨비비엄'이란 고대 라틴어로 '잔치, 성찬'을 의미한다고 한다. 요지는 식사가 훌륭한 음식과 풍부한 대화, 사람들 사이의 만족스러운 교류를 마음껏 즐기기 위해 모이는 자리가 되는 것이다. 안타깝게도 이런 문화는 우리 시대에 거의 사라져 버린 듯 하다.

언젠가 근처를 여행하며, 나는 랜디와 그의 가족, 친구들과 3번 연이어 컨비비엄 식사를 나눴다. 다 함께 음식을 나눠먹으며 느린 속도로, 깊은 교류를 나누며, 진심으로 서로의 인생을 공유하는 그 시간에 나는 큰 감명을 받았다. 맛있는 음식, 달콤한 음료는 물론 중요했다. 하지만 그건 내가 겪은 전체의 소중한 경험 중 한 부분일 뿐이었다.

6. 달콤한 음료수에서 깨끗한 물로

또 다른 원스텝 체인징은 평소보다 물을 더 많이 마시는 것이다. 물은 하나님이 주신 커다란 선물 중 하나지만, 이상하게도 많은 이들이 물을 피한다. 이참에 우리가 마시는 갖가지 음료에 대해 생각해보고, 그 음료 중 몇 잔을 물로 대체한다면 우리 모두에게 좋은 일이 될 것이다.

그리고 요즘 사람들이 특히 주의해야 할 한 가지는, 우리가 카페인이 든 음료를 너무 많이 마시고 있다는 것이다. 의외로 카페인에 중독이 되어 있는 사람이 너무나 많다. 그들은 카페인에 중독되어 있는 상태를 감추기 위해 탄산음료나 커피 등 여러 가지 음료를 통해 생각보다 더 많이 카페인을 소비하고 있다. 나는 나 역시 카페인 중독에서 벗어나려 하는 사람이라는 것을 솔직히 인정하며 이 문제를 제기한다. 그래, 나는 콜라 중독자다!

지난 2000년, 콜라에 함유된 카페인이 내 건강에 나쁜 영향을 미치고 있다는 것을 깨달았을 때, 나는 정말 어려운 변화를 일으켜야 했다. 믿기지 않겠지만, 나는 하루에 콜라를 2리터나 마시고 있었다! 나는 항상 식사할 때, 그리고 책상에 앉아 있는 동안 콜라를 마셨다. 그리고 저녁에 글을 쓰기 위해 자리에 앉아서 또 몇 시간 내내 콜라를 홀짝였다. 큰 유리잔에 얼음을 채운 뒤 펩시를 천천히 따른다. 얼음이 오도독거리고 작은 거품이 조용히 끓어오르는 소리를 매우 좋아했다. 그 첫 모금의 차갑고 상쾌한 맛을 즐겼다. 사실 아직도 그 맛이 그립다.

그러나 콜라에 담긴 설탕과 카페인 때문에 내 몸이 망가지고 있다는 것 또한 알고 있었다. 그래서 원스텝 체인징을 시작하기로 결심하고, 1년 동안 카페인이 들어 있는 음료를 마시지 않기로 했다. 그 당시 이스라엘 여행을 준비하고 있었기 때문에 시기적으로도 완벽해 보였다. 나는 카페인과 탄산, 설탕이 함유된 음료를 끊고 물만 마시기 시작했다.

　당장에 물맛에 흠뻑 빠지고, 물을 마시는 것이 쉬웠다고 말할 수 있다면 좋겠지만 이것은 확실히 도전이었다. 무엇보다 카페인을 중단하자 일종의 금단증상인지 두통이 생기기 시작했다. 나는 커피를 전혀 마시지 않는 사람이기 때문에, 콜라를 안 마시는 것은 사실상 모든 카페인을 내 몸에서 차단시키는 것이었다. 두통은 일주일 정도 지속됐지만, 나는 아스피린을 복용하며 스스로의 다짐에 충실했다. 일단 두통이 사라진 후에는 아스피린을 복용하지 않았다. 그러자 기분이 상쾌해졌다! 1달 정도가 지나고, 나는 큰 유리잔으로 마시는 물의 맛과 느낌에 흠뻑 빠지기 시작했다. 지금도 그렇다.

　정말로 흥미로웠던 건 이 변화가 나의 신체 에너지에 미친 효과였다. 나를 아는 모든 사람은 내가 매우 활동적이라는 것을 알고 있다. 어렸을 때 사람들은 나에게 너무 정신없이 움직인다고 말할 정도였으니까. 카페인이 든 음료를 마시지 않았을 때, 얼마 동안은 전체적으로 에너지가 떨어지는 듯 했다. 그러나 몇 주 후, 나의 평균 에너지가 정말로 높아졌다! 작은 변화 덕에 몸의 에너지가 더욱 넘치는 즐거움을 얻은 것이었다. 또한 놀랍게도 몸무게도 4.5킬로그램이나 줄었다.

　나 역시 여전히 이 장에서 이야기하고 있는 다른 식습관들을 몸에 익히고 있는 중이지만, 이 변화는 지금까지의 내 생활방식을 완전히 바꿔놓았고, 내 건강과 에너지에 커다란 차이를 만들었다.

　당신이 좋아하는 음료가 무엇이든, 혹시 물 대신 마실 정도라면 당신은 이제 변해야 한다. 우리 각자는 자신의 생활방식을 바라보고, 우리의 몸이 필요로 하는 것을 공급하고 있는지 반드시 확인해야 한다. 그리고 우리의 몸은 많은 물을 필요로 한다. 단지 물 한 컵만으로도 얼마나 상쾌할 수 있는지 새삼 깨닫게 될 것이다. 게다가 대부분의 장소에서 물은 공짜이지 않는가!

원스텝 체인징   ■ H₂O에 도전하자!

제안   2주일 동안 하루에 다섯 잔, 물론 그 이상도 좋으니 물을 마시기 시작하자. 그리고 물을 마시는 것이 공복상태를 어떻게 변화시키는 관찰해보라. 당신이 정말로 좋아하는 음료가 사실은 건강에 좋지 않다면, 그중 한두 잔을 물로 바꾸고 이런 변화가 당신에게 어떤 영향을 미치는지 주목하라. 덤으로, 커피나 탄산음료를 끊었을 때 2주 동안 돈을 얼마나 절약할 수 있는지 기록해보는 것도 도움이 된다.

7. 배고플 때마다 먹는 것에서 정해진 시간에 먹는 쪽으로

먹는 것에 관련해서 당신이 할 수 있는 매우 유용한 변화에는 2가지가 있다. 첫째로, 하루 동안에 당신이 먹을 음식과 그것들을 언제 먹을 것인지 미리 정하는 것이다. 식사는 대충 먹고, 또 하루 종일 조금씩 군것질을 하는 사람은 자신이 얼마나 먹고 있는지 정확히 알기 힘들다. 그러므로 무제한적인 식사에서 정해진 때에 정해진 음식을 먹는 것으로 변한다면 당신의 건강도 훨씬 더 좋아질 것이다. 처음에는 식사에 너무 얽매이는 것 같이 생각될지도 모른지만, 긴 안목으로 보면 자유를 가져다주는 습관이다.

둘째로, 또 하나의 커다란 변화는 언제 저녁식사를 끝낼 것인지 시간을 정하는 것이다. 아내는 나에게 좋은 본보기가 되었다. 그녀는 저녁 8시까지만 먹는다. 이 시간은 어기는 경우는 거의 없으며, 이런 습관을 유지하는 데 전혀 어려움이 없다. 하지만 누구에게나 이 시간이 표준은 아닐 것이다. 아내는 건강을 지킬 수 있는 시간대를 선택했고, 이런 습관은 우리 대부분이 직면하는 밤참의 유혹을 없앤다. 적당한 시간에 먹는 것을 멈추면 더 잘 자고, 더 많은 에너지를 느끼며 일어나고, 아침을 더 맛있게 먹게 된다.

8. 비활동적인 생활에서 활동적인 생활로

미국에서 가장 유명한 의자 중 '레이지보이*La-Z-Boy*'라는 안락의자가 있다. 이 의자 하나만으로도 우리 생활의 모든 것을 말한다! 우리가 살고 있는 문화는 우리를 2가지 방향으로 회전시킨다. 한편으로는 자주 지나치게 바빠서 안식일의 비밀을 배워야 할 정도지만, 다른 한편으로는 게으른 생활이 너무 만연하고 있다. 바쁘다고 해서 우리가 반드시 활동적이고 건강하다는 뜻은 아니다. 또한 인터넷과 수백 개의 채널을 제공하는 케이블 TV, 무수한 비디오 게임의 등장으로 게으르고 수동적인 것이 국가적인 오락이 되었다.

우리는 일상의 움직임에 대해 약간의 원스텝 체인징을 만들어야 한다. 나는 우리의 건강에 크게 도움이 될, 우리가 손쉽게 시작할 수 있는 3가지 변화를 제안하고 싶다. 우선, 우리는 생활하면서 좀 더 많은 신체적인 활동을 해야 한다. 엉덩이를 떼고 일어나, 일상적인 과정에서 보다 활동적이 되어야 한다. 예를 들어 당신이 5층

사무실에서 근무한다고 생각해보자. 엘리베이터가 아닌 계단을 이용한 후, 당신의 심장 박동수와 신체에 대한 느낌이 어떻게 변했는지 살펴보라. 숨이 찰지도 모르지만 기분은 훨씬 상쾌할 것이다.

다시, 나의 아내는 이런 종류의 창의적인 부분에서 내게 모범이 되었다. 언젠가, 우리는 휴가차 여행 중이었고 호텔 8층에 방을 얻게 되었다. 방으로 올라가려고 할 때 아내가 "여보, 함께 계단으로 가요!"라고 말했다. 만약 당신이 그때 내가 어떤 표정으로 아내를 바라보았는지 봤더라면, 아내의 과도하게 발랄한 제안에 내가 어떤 기분을 느꼈는지 알 수 있었을 것이다. 우리 바로 앞에는 더할 나위 없이 좋은 엘리베이터가 있었는데! 나는 속으로 울부짖었다. 하지만 나는 아내의 제안에 대해 다시 한 번 생각했고 "그러죠"라고 말했다. 그 순간부터 나는 항상 적극적으로 계단을 이용했다. 짐을 나를 때를 예외로 하고 말이다. 한번은 두 아이들과 함께였는데, 결국 누가 먼저 올라가나 경주를 하게 되었다! 건강을 지키는 일이 즐거운 놀이가 된 것이다.

이것은 한 가지 예에 불과하며, 당신 역시 이런 변화에서 창의적인 아이디어를 낼 수 있다. 텔레비전으로 운동경기를 볼 때마다 다리 들어 올리기를 하는 것은 어떨까? 짧은 거리를 다닐 때는 차를 가져가지 말고 걸어라. 당신이 골프를 친다면 카트를 거부하고 하나님이 주신 두 다리를 사용하라. 길을 걸으며 빨간 신호등에 걸릴 때마다 다리를 스트레칭 할 수 있는 운동을 해라. 활동을 피하는 대신 활동하는 기회를 만들어내는 것이다.

두번째 변화는 매일 운동하는 시간을 정하는 것이다. 헬스클럽에 나가거나 정식 프로그램을 따라하려고 차를 끌고 나갈 필요는 없다. 물론 이렇게 한다고 잘못될 건 하나도 없다. 중요한 건 어디에선가 '시작'하는 것이다. 집에서 좋은 유산소운동을 할 수 있도록 도와주는 DVD가 요즘 얼마나 많이 나와 있는가? 또한 매일 아침 15분 동안 걷거나 달려라. 줄넘기를 해라. 러닝머신을 장만하는 것도 좋다. 맨손체조를 해라. 그것이 무엇이든 좋으니 선택하라. 중요한 건 날마다 약간의 운동을 하는 것이다. 일상에 작은 변화를 일으켜서 아침 일찍 10~15분간 운동하기 시작하면, 신체적, 정서적, 심지어 영적으로 나아지는 것을 느낄 수 있을 것이다.

세번째 제안은 당신의 주일에 놀이를 짜 넣는 것이다. 내게 운동은 어렵지만 놀이는 쉽다. 젊었을 때는 나도 축구를 좋아했지만, 거의 20년 동안 축구와 담을 쌓고 지냈다. 그러다 나는 어른들을 위한 겨울 실내축구와 여름 야외축구에 참가했다. 내 나이의 절반 정도나 될 젊은이들과 경쟁하게 될 거라는 걸 알았기 때문에 살을 빼고 몸매를 가다듬으려는 동기가 가장 컸다. 조깅하러 가는 것은 빼먹을지 몰라도, 다 함께 하는 축구시합을 놓치는 일은 결코 없었을 것이다. 이해되는가? 당신이 재미있게 할 수 있는 활동을 찾아라. 조기축구회에 가입해 축구를 해도 좋고, 지역 농구팀이나 야구팀에서 뛸 수도 있으며, 보트나 사이클링, 당신이 즐기는 어떤 활동이든 여럿이서 즐겁게 할 수 있다. 인터넷이나 지역의 전화번호부를 찾아보면, 의외로 주변에서 이런 모임들이 활발하게 결성되고 활동하고 있다는 것을 알게 될 것이다.

마지막으로, 운동이나 활동을 시작하면서 혼자서보다는 누군가를 당신의 파트너로 만드는 일이 좋다. 아침마다 당신과 걷기 위해 누군가 기다리고 있다는 것을 알면, 침대에서 벌떡 일어나 준비하는 일이 훨씬 쉬울 것이다. 누군가와 운동모임에 함께 나간다면, 빼먹는 일은 확실히 줄어들 것이다. 다른 사람이 당신을 의지하고 있다는 것을 안다는 것은 큰 동기를 부여해준다.

　마음에 드시든 아니든, 하나님은 우리의 몸을 그의 거처로 삼기로 결정하셨다. 하나님은 우리의 의견을 묻지 않으셨다. 다만 우리에게 자신이 이사 오신다는 것을 알게 하셨다. 그러므로 하나님께 최고의 숙박시설을 제공해드리도록 변화를 일으키자. 만약 대통령이 당신의 집에 올 예정이라면 깨끗이 청소할 것이다. 또한 여왕이 잠시 들르신다면 모든 것을 여왕의 방문에 맞게 준비할 것이다. 하나님은 그의 주소가 당신의 몸이 될 거라고 언명하셨으므로, 하나님께 꼭 맞는 거처를 마련해드리기 위해 변화를 일으키는 것은 분명 중요한 일이다.

원스텝 체인징 　■ 엉덩이를 떼고 지금 당장 움직여라!
　　제안　당신이 좀더 활동적인 사람이 될 수 있도록 작은 방법 하나를 택하라. 일주일 동안 TV 리모컨을 숨겨 놓고 채널을 바꾸고 싶을 때마다 TV가 있는 곳으로 직접 다가가도록 할 수도 있다. 혹은 매일 아침 10분간 스트레칭을 하겠다고 결심할 수도 있다. 이런 행동이 건강하고 에너지가 넘치는 몸을 하나님께 바치고자 하는 소망의 표현이 되게 하라. 그렇게 한다면 당신은 하나님을 보다 완전하게 섬길 수 있을 것이다.

● 작은 변화를 일으키는 오늘의 깊은 생각

• 내 몸을 건강하게 돌보기 위해 헌신할 때, 가장 걸림돌이 되는 것은 무엇인가? 문제의 원인을 제거하기 위해 할 수 있는 일은 무엇이 있을까?

• 우리 대부분은 자신의 몸을 더 잘 돌보고, 건강에 더 많은 관심을 쏟았던 때가 있다. 혹은 건강을 돌보는 데 있어 훌륭한 본보기가 되는 사람들을 알 것이다. 당신의 몸을 돌보는 것이 어떤 혜택을 가져다주는지 곰곰이 따져보라. 그리고 이런 혜택을 자극제로 삼아 건강한 생활을 시작할 수 있도록 도와주는 동기로 생각하라.

● 작은 변화를 일으키는 오늘의 기도

• 당신이 가진 신체적 재능과 힘에 대해 하나님께 감사하라. 순간순간 내쉬는 모든 숨과, 움직일 때 나오는 모든 힘이 바로 하나님께서 주신 선물임을 인정하라.

• 당신을 더욱 건강하게 만들어줄 원스텝 체인징을 습관으로 만들 수 있게 훈련 시켜달라고 하나님께 기도하라.

09

불안에서
마음의 평안으로의
원스텝 체인징

아무 것도 염려하지 말고 다만 모든 일에 기도와 간구로, 너희 구할
것을 감사함으로 하나님께 아뢰라 그리하면 모든 지각에 뛰어난 하나
님의 평강이 그리스도 예수 안에서 너희 마음과 생각을 지키시리라

빌립보서 4:6-7

그러므로 내가 너희에게 이르노니 목숨을 위하여 무엇을 먹을까 무
엇을 마실까 몸을 위하여 무엇을 입을까 염려하지 말라 목숨이 음식
보다 중하지 아니하며 몸이 의복보다 중하지 아니하냐 공중의 새를
보라 심지도 않고 거두지도 않고 창고에 모아들이지도 아니하되 너
희 하늘 아버지께서 기르시나니 너희는 이것들보다 귀하지 아니하

냐 너희 중에 누가 염려함으로 그 키를 한 자라도 더할 수 있겠느냐

마태복음 6:25-27

평안을 너희에게 끼치노니 곧 나의 평안을 너희에게 주노라 내가
너희에게 주는 것은 세상이 주는 것과 같지 아니하니라 너희는 마
음에 근심하지도 말고 두려워하지도 말라

요한복음 14:27

하나님은 자신의 자녀들이 존재하는 모든 곳에서 깊고도 영원
한 휴식을 경험하기 원하신다. 그래서 하나님은 우리의 영혼을 위
해 안식일의 비밀을 미리 알려주셨다. 또한 우리의 몸을 위해서는
성령이 우리 안에 거하신다는 걸 이해하는 변화를 일으키라고 용
기를 북돋아주신다. 그렇다면 우리 마음의 휴식은 어디에서 찾아
야 할까? 우리를 마비시킬 것 같은 스트레스와 불안, 걱정의 맹공
격에 어떻게 대처해야 할까? 괴로움과 고통, 상실로 가득한 이 세
상에서 영원한 마음의 평안을 가지고 살 수 있는 방법은 정말로 있
는 걸까?

나는 언젠가 이 절박한 질문에 대한 답을 보았다. 그 답은 내가
말로 설명할 수 있는 정도를 넘어, 보다 강력하고 깊은 방식으로
실현되었다. 어느 날 저녁, 사무실에서 일하고 있을 때 전화벨이
울렸다. 아내의 전화였다. 아내는 조용한 목소리로 로라의 병세가
더 악화되었다는 나쁜 소식을 전했다. 로라는 하나님을 따르는 훌
륭한 소녀로, 몇 년 전 심한 교통사고를 당해 그 당시 치료를 받고

있었다. 머리를 크게 다쳐서 혼수상태에 빠졌는데, 그날 저녁 의사가 전한 소식은 매우 심각했다. 로라의 모든 뇌 활동이 멈춰버렸고, 기적이 일어나지 않는 한 로라는 의학의 힘으로 더 이상 어떻게 할 수 없는 정도였다.

나는 불안한 마음을 가라앉히며 즉시 사무실을 나와 아내를 태우기 위해 집으로 차를 몰았고, 우리는 로라가 있는 병원으로 곧장 향했다. 로라의 친가와 외가 식구들이 의사의 말을 듣기 위해 기다리고 있었고, 우리는 병원에 도착해서 그들의 포옹과 눈물로 인사를 받았다. 사실 이 독실한 기독교 집안은 이런 고통이 낯설지 않았다. 로라의 어머니는 암과 싸우다 4년 전에 세상을 떠났고, 로라의 삼촌 한 분은 일과 관련된 사고로 쓰러져 여전히 투병 중이었다. 이제 그들은 로라마저 잃을 수 있는 현실에 직면해 있었다.

우리는 기도하기 위해 대기실에서 로라의 병실로 이동했다. 병원규칙에 따르면 한 번에 들어갈 수 있는 면회인의 수가 제한됐지만, 그 순간에는 규칙이 적용되지 않는 것 같았다. 20명 정도의 사람들이 병실 안에 모였다. 로라의 아버지 켄은 침대 끝에 서서 어린 딸의 발을 부드럽게 어루만졌다. 로라의 오빠 조엘은 동생의 오른손을 잡았고, 조엘의 아내 젠은 왼손을 잡았다. 로라를 끔찍이 사랑하고 로라가 낫기를 간절히 원하는 가족과 친지들이 로라를 한가운데 두고 빙 에워쌌다.

우리의 눈에서 저절로 눈물이 흘러내렸고, 모니터와 기계가 삑 소리를 냈으며, 모두의 기도는 하나님의 보좌를 향했다. 20분 동안 그 메마른 병실은 성스러운 예배장소가 되었다. 지금 생각해도 그 순간 하나님이 직접 오셨다고 말하는 것 외에는 다른 표현방법을 못 찾겠다. 각각의 사람들에게 이루 말할 수 없는 평안이 조용히, 그리고 부드럽게 내려앉았다. 켄은 자신의 하나밖에 없는 딸의 생명을 간원했다. 딸의 목숨을 살려주시고, 기적을 내려달라고 하나님께 간절히 청했다. 그리고 또한 딸을 하나님께 맡겼다. "하나님께서 제 딸을 만드시고 하나님께서 딸을 제게 주셨으므로, 저는 당신께 딸을 돌려보냅니다." 로라의 오빠 조엘은 하나밖에 없는 동생을 위해 기도했으며, 그 역시 깜짝 놀랄 만한 확신으로 충만했다. 조엘은 하나님께 어린 동생이 살아나기를 바라지만, 예수님처럼 "내 원대로 마시옵고 아버지의 원대로 되기를 원하나이다"라고 말했다. 로라의 할아버지와 할머니도 기도했다. 그들은 이미 딸 베벌리를 암으로 잃었으며, 이제 손녀의 생명이 위태로운 상태에 놓여 있었다. 그러나 그들에게는 말로 표현할 수 없는 평온함이 깃들어 있었다. 그들은 로라를 살게 해달라고 하나님께 간청했으며, 또한 로라를 예수님의 품에 의탁했다.

다 같이 '아멘'을 말할 때, 성스러운 침묵이 대기를 감쌌다. 불안에 휩싸이고 평온을 찾을 수 없을지도 모르는 순간이었지만, 분명 하나님이 그 자리에 함께 하셨고, 자신의 평강을 가져다주셨다.

사흘 후, 결국 로라는 세상을 떠났다. 선한 목자께서 오셨고, 로라를 어린 양처럼 안아서 어깨에 올려놓으셨다. 그리고 푸른 풀밭이 있는 곳으로, 오래 전에 준비해둔 집으로 데려가셨다. 로라가 매우 열렬히 사랑한 구원자와의 영생이 새로운 시작을 맞이했던 것이다.

병실에서 로라의 가족이 보여준 믿음과 평안은 너무나 확고하고 의연했다. 한 가지 이유는, 그들은 상황이 어려워질 때만 하나님의 도움을 구하지 않았다는 것이다. 그들은 삶의 좋은 때는 물론이고 나쁜 때도 예수님과 함께 걸었다. 그러므로 그들은 주님이 그들의 목자시며 "내가 사망의 음침한 골짜기로 다닐지라도 해를 두려워하지 않을 것은 주께서 나와 함께 하심이라 주의 지팡이와 막대기가 나를 안위하시나이다"(시편 23:4)라는 것을 알고 있었다. 예수님을 따르는 이들이라면 누구나 이 일을 교훈으로 삼을 수 있다. 우리는 걱정으로 가득한 마음을 가지고 불안에 떨며 살 필요가 없다. 구원자의 손을 잡고 걷는다면, 우리가 직면해 있는 것이 무엇이든 평안을 누릴 수 있기 때문이다.

원스텝 체인징 ■ 살 아 있 는 지 혜 의 메 시 지 를 새 겨 들 어 라
제안 당신이 아는 기독교인 중에, 상실이나 혼란의 시기를 겪으면서도 놀랄 만한 평화로움을 지니고 살아온 사람을 찾아보라. 그리고 그 사람에게 그런 고투의 시기에 하나님의 존재를 어떻게 경험했는지 물어보자. 또한 정직한 기도가 마음의 평안을 얻는 데 어떤 역할을 했는지 물어라. 당신이 직면하고 있는 상황에 대해 이야기한 후, 당신에게 필요한 성경구절과 기도하는 방법에 대해 그들의 지혜를 구한다면 더욱 좋겠다.

모든 평안의 하나님

당신이 삶에서 평안하길 바라는 만큼, 아니 어쩌면 그보다 훨씬 더 많이 하나님은 평안을 바라신다. 하나님은 불안을 느끼는 우리의 성향을 알고 계시며, 우리에게 걱정을 깨부수고 그것을 평안으로 바꿀 수 있는 원스텝 체인징을 보여주신다. 또한 하나님은 불안을 없애는 일을 매우 중요한 것으로 받아들이셨기 때문에 성령을 보내어 우리와 함께, 그리고 우리 안에 거주하도록 하셨다. 성령은 많은 일들을 하지는 않지만, 성령이 하는 중요한 것 중 하나는 예수님을 따르는 이들에게 평안을 주는 것이다. 이것이 구원자가 "내가 아직 너희와 함께 있어서 이 말을 너희에게 하였거니와 보혜사 곧 아버지께서 내 이름으로 보내실 성령 그가 너희에게 모든 것을 가르치고 내가 너희에게 말한 모든 것을 생각나게 하리라 평안을 너희에게 끼치노니 곧 나의 평안을 너희에게 주노라 내가 너희에게 주는 것은 세상이 주는 것과 같지 아니하니라 너희는 마음에 근심하지도 말고 두려워하지도 말라"(요한복음 14:25-27)라고 말씀하신 이유다.

호주 사람들은 다양한 언어표현을 좋아한다. 내가 좋아하는 그들의 표현 중 하나는 "걱정 마, 친구!"다. 예수님은 우리가 "나는 마음에 근심을 둘 필요가 없으며, 두려움에 지배되지 않을 거야"라고 말하는 마음가짐으로 살 수 있다는 것을 알았으면 하신다. 그리고 예수 그리스도 안에서 우리는 "걱정 마"의 태도를 지닐 수 있다.

그렇다고 이런 태도가 이 세상에 존재하는 현실적인 도전과 고투를 단순히 부정하는 것은 아니다. 단지 우리의 삶에서 성령의 존재와 힘을 가지고 이 세상을 걸어간다면, 그때 직면할 고통을 줄일 수 있다는 강한 확신이 있다는 이야기다. 예수님은 우리의 마음을 불안과 걱정, 두려움으로 가득 채울 필요가 없다고 가르치신다. 예를 들어 동네 불량배들이 점령하고 있는 놀이터 같은 상태를 만들지 않아도 된다는 뜻이다. 마을에 새로 온 아이가 있으며, 그 아이의 이름은 예수다. 예수는 자신의 평안을 우리에게 주겠다고 약속한다. 그가 주는 것은 이 세상이 주는 것과 근본적으로 다르다. 그리고 예수는 그의 평안이 세상을 다스리듯이 우리의 마음을 다스리며 거하기 바란다. 또한 필요하다면 불안이라는 녀석의 코를 주먹으로 때려서, 엉엉 울면서 집에 가게 만들 것이다. 하나님은 이것을 매우 진지하게 받아들이시고, 평안의 영혼인 성령을 통해 우리 안에 살기 위해 오신 것이다.

우리의 불안 파괴자, 하나님

우편함에 꽂힌 우편물을 꺼낼 때마다 불안해하는 사람들이 있다. "혹시 이 안에 엄청난 금액이 적힌 청구서나, 비극적인 소식이 담긴 편지, 혹은 이 세상의 소란스러움을 나에게 주입하려는 잡지 기사 같은 것이 들어 있지 않을까?" 프랑스 고전 시극인 〈시라노드 벨주락*Cyrano de Bergerac*〉을 현대적이고 희극적으로 각색한 영화 〈록산느*Roxanne*〉를 보면 이러한 우편물에 대한 편집증에 시달리는 주인공이 나온다. 마음씨가 따뜻하고 긴 코를 가진 소방서장 시라노가 바로 그 사람인데, 자신의 우편함을 열고, 가득 쌓인 편지들을 꺼낸 뒤, 잠깐 바라보고, 소리치고, 다시 우편함에 쑤셔 넣고는, 걸음아 날 살려라 하고 달아난다. 단지 우편물 몇 통을 받는 일 같은 간단한 행동이 감정적인 노이로제를 불러올 수 있다.

누군가는 일하러 가는 것에 대해 매우 스트레스를 받아서, 그것을 생각만 해도 속이 마구 쓰려온다고 한다. 또한 과거나 현재, 미래에 대해 생각할 때 사람들은 걱정하고 불안해질 수 있다. 국가경제, 원유가격의 상승, 중동지역의 불안, 사회에 만연한 도덕적 부패, 연일 매스컴을 장식하는 공격적인 메시지, 지구온난화, 열대우림의 감소, 곤경에 빠진 점박이 올빼미, 탈모, 살 빼기. 이 모든 종류의 상실과 손실은 스트레스의 원인이 될 수 있다. 이 세상에는 우리가 걱정해야 할 것들이 너무나 많다. 어쩌면 불안을 일으키는 것들에 대한 이 장황한 설명을 읽는 것만으로도, 당신은 어느새 긴장을 느끼고 있는지 모른다.

그러나 여기 좋은 소식이 있다. 하나님은 훌륭한 불안 파괴자이시라는 사실! 하나님은 우리가 걱정의 감옥에 갇혀 사는 것을 원치 않으시기 때문에, 우리를 자유롭게 할 열쇠를 쥐고 계시다.

1. 불안을 날려버리자 : 걱정보다 기도로

불안을 파괴하는 으뜸은 기도의 힘이다. 사도 바울은 그의 인생 내내 많은 압박과 스트레스를 받았다. 고린도 교회에 편지를 쓸 때, 그는 자신이 직면하고 있는 것들을 나열했다. 자신이 겪은 모든 육체적 학대와 고통에 대해 말한 후, 정신적이고 감정적인 혼란을 언급했다. 바울은 또한 이렇게 말했다. "여러 번 여행하면서 강의 위험과 강도의 위험과 동족의 위험과 이방인의 위험과 시내의 위험과 광야의 위험과 바다의 위험과 거짓 형제 중의 위험을 당하고 또 수고하며 애쓰고 여러 번 자지 못하고 주리며 목마르고 여러 번 굶고 춥고 헐벗었노라 이 외의 일은 고사하고 아직도 날마다 내 속에 눌리는 일이 있으니 곧 모든 교회를 위하려 염려하는 것이라"(고린도후서 11:26-28).

불안한 삶을 살 권리가 있는 사람을 꼽으라면, 사도 바울은 가장 첫 번째에 있을 법하다. 그러나 바울은 걱정을 거부했다. 대신 그는 기도로 맞서 싸웠다. 바울은 가장 혁명적인 말과 글로 걱정의 신학을 한 마디로 요약해서 말했다. "아무 것도 염려하지 말고 다만 모든 일에 기도와 간구로, 너희 구할 것을 감사함으로 하나님께 아뢰라 그리하면 모든 지각에 뛰어난 하나님의 평강이 그리스도 예수 안에서 너희 마음과 생각을 지키시리라"(빌립보서 4:6-7).

이 세상의 스트레스와 걱정, 불안을 해결하기 위해서 현실 도피적인 태도를 선택하는 것은 절대 좋은 방법이 아니다. 우리의 하나님은 힘든 일이 있으면 도망치거나, 아예 긴장을 일으키는 삶의 도전거리는 피하라고 말씀하시지 않는다. 오직 기도로 맞서라고 이야기하신다.

나의 아내 셰리는 대학을 다닐 때 특별한 걱정 한 가지 때문에 계속 불안했다고 한다. 그것은 나의 아내뿐만 아니라 많은 젊은 여성들이 직면하는 불안이었다. 아내의 절박한 질문은 이것이었다. "내가 정말 좋은 남자를 만나서, 사랑에 빠지고, 그리고 언젠간 결혼을 하게 될까?" 아내는 대학 졸업반이 될 때까지 멋진 남자와 사랑에 빠지지 못했지만, 그 당시 아내의 룸메이트 4명은 이미 약혼을 하고 결혼을 계획하고 있었다. 그때는 다들 대학을 졸업한 뒤 바로 결혼을 하는 분위기였으니까. 아내는 그들 각각의 행복에 대해 기뻐하기는 했지만, 그들이 한 집에서 항상 기쁨에 차 있으며, 결혼에 대한 시시콜콜한 것들까지 이야기하는 것을 보고 들을 때 무척 상처를 받았다고 한다. 감정의 상처에 소금을 뿌리는 것처럼 말이다. 아내는 침대에 누워 벽 쪽을 바라보며 숨죽여 펑펑 울곤 했다. 그러나 진심으로 친구들의 일을 기뻐했기 때문에 그것을 친구들이 절대 모르게 했다. 그때 아내를 애태웠던 것은 사랑이 이미 자신을 지나쳐버렸을지도 모른다는 생각, 그 끊임없는 걱정이었다.

그녀는 마음의 아픔을 자신의 멘토 마리아에게 털어놓았고, 아내는 현명하고도 기독교적인 지도를 받았다. 마리아는 아내에게, 비록 아직 만나지는 못했지만 남편이 될 사람을 위해 기도하는 데 시간과 에너지를 쓰라고 조언했다. 그래서 결혼에 대한 걱정이 슬금슬금 다가오기 시작할 때마다, 아내는 미래의 남편을 위해 기도했다. 20년이 지난 지금도, 아내는 여전히 그 시간 동안 하나님이 자신의 마음에 가져다주신 평안과 희망에 대해서 이야기한다. 걱정하고 불안해하는 대신, 아내는 언젠가 자신과 결혼하게 될 남자를 간구하는 데 힘썼고, 나로서는 그때 했던 그녀의 행동이 너무나 다행스럽다. 왜냐하면 대학을 졸업하고 몇 주 후, 하나님은 아내를 그해 여름 캘리포니아에서 일하도록 이끄셨으며, 그곳에서 우리가 만났기 때문이다.

이것은 기도가 어떻게 걱정을 극복할 수 있는지를 보여주는 한 가지 예에 불과하다. 우리의 마음과 감정의 세계가 처참한 전쟁터로 변해갈 때, 그때가 바로 기도가 필요한 때다. 그 과정에서 우리는 하나님께 도움과 힘을 청한다. 우리는 일생을 살면서 여러 가지 방식으로 일하시는 하나님의 은총을 보며 감사드린다. 그리고 하나님의 평안이 우리의 불안한 감정을 대신할 때, 진심으로 기뻐한다.

아내가 걱정을 기도로 바꾸었을 때, 인생의 가장 어려운 시기에 평안을 찾았다. 20년이 지난 지금, 바로 우리가 이 똑같은 원리를 십대가 된 우리의 세 아들에게 가르치고 있다. 때때로 우리는 아이들의 미래를 걱정한다. 특히 아이들이 신앙심 깊은 기독교인 여자를 만나 사랑하기를 간절히 소망한다. 우리가 이 일에 대해 걱정하고 마음을 졸여야 할까, 아니면 기도를 해야 할까? 대답은 우리 모두 알고 있다. 대부분의 경우에서 우리는 기도를 선택하며, 마침내 불안이 물러가고 평안이 찾아올 때 기쁨을 느낀다.

원스텝 체인징 ■ 걱정과 기도를 맞바꿔라
제안 사도 바울은 하나님께서 걱정과 기도의 교환을 제안하신다고 가르친다. 우리는 걱정하는 것을 멈추고 기도를 시작할 수 있다. 너무 극단적으로 단순하게 들릴지도 모르지만, 이렇게 걱정과 기도를 교환하면 당신의 삶이 분명 변화할 것이다. 당신이 걱정하거나 불안을 느끼기 쉬운 문제가 무엇인지 확인하라. 그리고 그에 대한 걱정이 밀물처럼 밀려오는 것을 느낄 때마다 기도에 전념하라. 기도로 걱정을 물리쳐라. 경제적으로 넉넉하지 하다고 걱정한다면, 하나님의 양식을 간구하라. 사랑하는 이들의 행복을 염려한다면, 하나님의 보호를 간구하라. 당신의 미래를 걱정한다면, 하나님께서 당신 앞에서 그 길을 준비하시도록 청하라. 그리고 마침내 평안이 당신의 마음에 충만할 때, 하나님께 감사와 찬양의 말씀을 올려라.

2. 불안을 날려버리자 : 나의 계획보다 하나님의 뜻으로

불안을 몰아내는 또 다른 원스텝 체인징은 우리 삶을 향한 하나님의 뜻을 찾는 것을 배우는 것이다. 너무 자주 우리는 목표를 정하고, 계획을 세우고, 그 계획을 실천하며, 우리 삶의 올바른 곳에 도착하는 일이 오직 우리에게 달려 있다고 느낀다. 물론 하나님이 우리를 그 과정으로 초대하시지만, 예수님을 믿는다고 말하는 사람들로서 우리는 좀더 많이 따라야 한다.

제자들을 부르실 때 예수님은 "나를 따라오라"(마태복음 4:19, 9:9)고 말씀하셨다. 그의 백성은 목자와 함께 있는 양과 같으며, 그들이 자신의 음성을 알아들어야 한다고 예수님은 분명히 말씀하셨다(요한복음 10:1-6). 또한 예수님 그 자신이 하나님 아버지의 뜻을 따랐다. 그리하여 예수님은 이렇게 말씀하실 수 있었다. "내가 진실로 진실로 너희에게 이르노니 아들이 아버지께서 하시는 일을 보지 않고는 아무 것도 스스로 할 수 없나니 아버지께서 행하시는 그것을 아들도 그와 같이 행하느니라"(요한복음 5:19). 이것은 나약함의 표시가 아니었다. 예수님은 인간의 모습을 하신 하나님이셨다. 예수님은 아버지의 뜻대로 하는 일이 그의 마음이 열렬히 바라는 것이라고 선언하셨다. 또한 "너희가 인자를 든 후에 내가 그인 줄을 알고 또 내가 스스로 아무 것도 하지 아니하고 오직 아버지께서 가르치신 대로 이런 것을 말하는 줄도 알리라"(요한복음 8:28)고 말씀하셨다. 예수님은 이 땅에서 산 가장 훌륭한 지도자였지만, 그 역시 겸손하게 따르는 분이었다. 십자가를 향해 가는 현실에 직면했을 때도 하늘에 계신 아버지께 "내 원대로 마시옵고 아버지의 원대로 되기를 원하나이다"(누가복음 22:42)라고 말씀하심으로써 궁극의 복종심을 표현하셨다.

성경은 계속 우리에게 하나님을 뜻을 구하고 따르라고 이야기한다. 또한 우리의 계획으로만 살려고 하는 어리석음을 경고한다. 야고보서에 이런 구절이 있다. "들으라 너희 중에 말하기를 오늘이나 내일이나 우리가 어떤 도시에 가서 거기서 일 년을 머물며 장사하여 이익을 보리라 하는 자들아 내일 일을 너희가 알지 못하는도다 너희 생명이 무엇이냐 너희는 잠깐 보이다가 없어지는 안개니라 너희가 도리어 말하기를 주의 뜻이면 우리가 살기도 하고 이것이나 저것을 하리라 할 것이거늘"(야고보서 4:13-15).

잠언에서 우리는 이와 똑같은 지혜를 들을 수 있다. "사람이 마음으로 자기의 길을 계획할지라도 그의 걸음을 인도하시는 이는 여호와시니라"(잠언 16:9). 우리 자신의 계획을 세우는 대신 하나님의 뜻을 구하고 따르기로 결심할 때, 더불어 평안이 생겨나는 법이다. 그렇다고 하나님의 뜻이 언제나 쉽다고 말하는 게 아니다.

하지만 우리가 하나님의 계획을 따르면서 살고 있다는 것을 알 때, 우리는 모든 상황을 이겨낼 만한 평안을 경험할 것이다.

당신의 삶에 대한 하나님의 뜻을 발견하는 가장 좋은 방법은 하나님의 말씀을 깊이 공부하는 것이다. 하나님의 말씀에서 우리는 많은 답을 얻는다. 성경이 명확히 답할 수 있는 질문을 몇 가지 들자면 아래와 같다.

- 약간 의심스러운 구석이 있는 사람과 사업을 해도 될까?
- 기독교인이 비기독교인과 결혼하는 것이 하나님의 뜻에 맞을까?
- 내게 상처를 준 어떤 사람에 대해 다른 이들과 험담을 나누는 일은 잘못일까?
- 내가 가진 것을 이 세상의 가난하고 억압받는 이들과 나눠야 할까?
- 결혼 이외의 성관계를 가지는 것은 사람들끼리의 친밀함을 위한 하나님의 계획일까?
- 내가 기독교인이라면, 다른 이들에게 예수님에 대해 말해야 할 책임이 있는가?

성경은 위와 같은, 그리고 이밖에 많은 질문에 대해 답을 할 수 있다. 다시 한 번 말하지만 당신의 삶에 대한 하나님의 뜻을 발견하는 가장 좋은 방법은, 하나님의 말씀을 읽고, 그것이 말하는 대로 따르는 것이다.

성경이 당신의 고민거리에 모든 답을 해준다면 굉장히 좋겠지만, 사실 그건 그렇게 간단하지 않다. 하나님의 말씀을 통해 직접 '그렇다 또는 아니다'라고 말할 수 없는 다른 질문이 많이 있다. 여기 몇 가지 예들을 들어보겠다.

- 지금 직업을 바꿔도 괜찮을까?
- 내가 이 모임에서 다른 모임으로 옮겨야 하는가?
- 검은색 자동차와 흰색 자동차 중 어떤 것을 사야 하는가?
- 교사와 세일즈맨 중 무엇이 내게 더 어울릴까?
- 축구 팀과 테니스 팀 중 어디에 들어가는 게 더 나을까?
- 이 사람이 과연 나와 데이트 할 만한, 어쩌면 나중에 결혼할 수도 있는 괜찮은 상대인가?

이것은 성경에서 명백히 답을 얻을 수 없는 종류의 질문들이다. 이런 질문은 성경뿐만 아니라 기도와 지혜, 상담, 분별력까지 한꺼번에 필요로 한다. 살다보면 복잡한 결정을 내려야 할 때가 있고, 우리를 인도할 하나님께서 그의 뜻을 분명히 설명해주시기를 바라는 때가 있다. 당신이 성경을 펼쳤을 때, 오직 당신만을 위해 쓰인 구절을 발견한다면 멋지지 않을까? 성경을 펼친 빌이 이렇게 읽는다고 상상해보라.

사랑하는 빌에게

　그래 좋다, 여기 원하는 답을 주마. 11살이 되면 너는 수지라는 귀여운 여자 아이를 만나게 될 것이고, 어른이 되면 그 아이와 결혼을 하게 될 것이다. 비록 지금 네가 생각할 수 있는 건 수지의 머리에 이가 있어서 싫다는 것뿐이겠지만 말이다. 어쨌거나 수지를 너무 놀리지 말고 여유로이 너의 시간을 가져라.

　21살이 되면 약혼을 하고, 1년 후 행복하게 결혼할 것이다. 너는 병원에서 컴퓨터와 통신 시스템 기술자로 일하게 될 것이다. 수지가 그 병원에서 너희의 세 아이들을 모두 낳을 것이기 때문에, 더욱 잘된 일이다. 그리고 큰 보험금을 받을 것이다. 참고로 첫아이는 아들이 될 것이며, 그 다음 일란성 쌍둥이 딸을 낳을 준비를 해라.

　결혼 후 처음 10년 동안은 리버뷰 커뮤니티 교회에 다니게 되지만, 그 후 도시 저 끝에 있는 세컨드 뱁티스트 교회로 옮기게 될 것이다.

　취미에 대해서는 걱정하지 마라. 너를 위해 내가 모두 계획해놓았다. 너는 테니스와 골프를 치고, 금요일 밤마다 브리지 카드놀이를 할 것이다.

멋진 삶을 살기를,
하나님

꽤나 매혹적으로 보일지도 모르지만, 사실 우리가 던지는 질문 중에서 성경이 직접 답을 해줄 수 있는 것은 별로 없다. 성경을 아무리 뒤져도 우리가 하게 될 모든 결정에 대해 상세히 해결방법을 일러주는 구절은 찾지 못할 것이다. 질문이나 걱정거리가 생길 때, 우리는 성령의 매우 작은 소리에 귀 기울이는 법을 배워야 한다. 또한 걱정스러운 상황에서 성경에서 명확한 방향을 찾지 못할 때, 우리는 하나님께 우리의 마음에 말씀하시고 하나님의 뜻을 보여달라고 청할 수 있다. 초자연적으로 들릴지 모르지만 간단한 개념이다. 예수님은 "문지기는 그를 위하여 문을 열고 양은 그의 음성을 듣나니 그가 자기 양의 이름을 각각 불러 인도하여 내느니라"(요한복음 10:3)라고 말씀하신다. 예수님은 우리가 그의 음성을 알아듣고, 그가 인도하는 곳으로 따르기를 기대하신다.

이렇게 음성을 알아듣고, 뜻을 보기까지는 시간을 쏟고 헌신해야 할 필요가 있다. 예수님을 따르는 이들은 특별한 상황에 대한 암시와 지도, 방향을 하나님께 구할 수 있다. 그리고 하나님께서 우리를 어디로 이끌고 계시는지 알 수 있도록 상황을 조율해달라고 청할 수 있다. 야고보서에서 우리는 확신을 얻는다. "너희 중에 누구든지 지혜가 부족하거든 모든 사람에게 후히 주시고 꾸짖지 아니하시는 하나님께 구하라 그리하면 주시리라"(야고보서 1:5). 우리는 또한 다른 기독교인들의 조언을 구하고, 하나님께 그들을 통하여 우리를 지도해주시길 청할 수 있다. 이런 모든 상황에서, 우리는 분명 분별력을 발휘해야 한다. 또한 하나님의 가르침은 성경이 가르치는 것과 결코 다르지 않다는 것을 기억해야 한다.

　■ 아 침 에　일 어 나　무 릎 을　꿇 어 라

제안　기도는 불안에 맞서는 진실로 가장 큰 무기다. 다음 주부터, 아침에 잠자리에서 일어날 때 발부터 바닥에 대지 말고 곧바로 무릎을 꿇어라. 하루의 첫 몇 분 동안 현재의 걱정이나 염려되는 문제에 대해 충분히 생각해보자. 그런 다음 그것들을 하나님께 말씀드려라. 그날 하루 당신을 도울 하나님의 힘과 지혜를 구하라. 그리고 자리에서 일어나 움직이기 전, 기도를 끝내면서 하나님의 평안이 당신의 마음과 정신에 충만할 것임을 확신하라.

3. 불안을 날려버리자 : 혼자보다 예수님의 손을 잡는 것으로

불안을 파괴하는 또 하나의 열쇠는, 우리는 결코 혼자가 아니라는 확신을 가지고 사는 것이다. 하나님은 절대 우리를 떠나지 않고, 우리를 버리지 않으신다고 약속하셨다(여호수아 1:5). 하나님은 우리를 지켜보시고, 성령이 우리 안에 거하시며, 예수님이 우리를 위해 중재하신다. 우리가 하나님의 눈으로 우리 자신을 바라볼 때, 우리의 걱정은 서서히 사라져버린다.

이것을 감동적으로 보여주는 성경의 한 가지 예가 있다. 엘리사와 그의 사환이 막강한 적군에 둘러싸여 있을 때였다. 엘리사의 사환은 당연히 겁을 집어먹었다. 이 강력한 군대는 오직 하나만을 목적으로 삼았다. 바로 하나님의 종인 엘리사를 없애려는 것이었다. 말과 병거(전차)와 군사가 성읍을 완전히 에워싸고 있었기 때문에 그들은 빠져나갈 길이 하나도 없었다. 엘리사의 사환은 두려움에 떨었다. 반면에 엘리사는 걱정하거나 불안해하지도, 심지어 적군들에게 관심을 갖는 것 같지 않았다. 엘리사는 사환들에게 간단히 "우리와 함께 한 자가 그들과 함께 한 자보다 많으니라"라고 말했다. 하지만 사환은 전혀 이해하지 못했다. 그때 엘리사가 "여호와여 원하건대 그의 눈을 열어서 보게 하옵소서"라고 기도했으며, "여호와께서 그 청년의 눈을 여시매 그가 보니 불말과 불병거가 산에 가득하여 엘리사를 둘렀더라"(열왕기하 6:15–17)라고 한다.

마침내 엘리사의 사환은 하나님의 군대가 그들을 공격하기 위해 온 적군을 포위하고 있는 걸 보았다. 그때 그들이 무엇을 느꼈을지 상상할 수 있는가? 불 같은 용기가 그들의 가슴에서 솟구쳐 올랐을 것이다. 하나님은 우리가 결코 혼자가 아니라는 사실을 알기 원하신다. 우리 역시 불안이 우리의 혈관을 타고 끓어오를 때, 우리는 예수님이 언제나 우리 곁에 계시다는 것을 기억해야 한다.

기독교 강연자이자 희극배우인 켄은 불안에서 평안으로의 변화의 그 가슴 뛰는 순간을 표현하는 티셔츠를 생각해냈다. 티셔츠에는 골짜기를 걸어가는 야위고 어린 양 한 마리가 있다. 사방에 이글거리는 눈과 날카로운 이빨, 침을 뚝뚝 흘리고 있는 늑대들이 있다. 늑대는 오직 한 가지 생각만을 품고 어린 양을 바라본다. '오늘의 저녁식사'

그러나 예수님이 어린 양과 나란히 걸으시며 그 작은 발굽 하나를 꼭 잡아주셨다. 어린 양의 입에서는 "나는 그분과 함께 있다!"라는 단 네 마디의 말이 흘러나온다. 예수님과 함께 걸을 때 우리는 평안히 걸을 수 있다. 결코 혼자가 아니므로.

● 작은 변화를 일으키는 오늘의 깊은 생각

· 어떤 상황에 처했을 때 내가 가장 심한 불안을 느낀다고 생각하는가? 진심어린 기도와 하나님이 함께 하신다는 확신이 나의 걱정을 평안으로 바꾸는 데 어떻게 도움이 될 수 있을까?

· 하나님의 말씀을 알고 믿는 일이 나의 스트레스를 낮추는 데 어떻게 도움이 될 것인가? 하나님 말씀의 진리를 마음에 새길 때, 내가 평안히 성장할 수 있었던 한 가지 예가 있었다면 그것은 무엇인가?

● 작은 변화를 일으키는 오늘의 기도

· 어려움과 불확실함의 한가운데에서도 하나님의 존재와 평안을 경험했던 때에 대해 하나님께 감사하라. 특히 성령을 당신에게 보내시고 당신 안에 거하게 하신 예수님께 감사하라.

· 당신의 청각, 즉 당신의 영적인 귀를 발달시켜 달라고 하나님께 기도하라. 하나님이 당신에게 말씀하시는 것을 금세 인지할 수 있는 능력을 간구하라. 하나님의 음성을 알아듣는 양이 되기를 원한다고 하나님께 말씀드려라. 그리고 하나님께서 말씀하시고 인도하시는 소리를 듣게 될 때, 그것을 따르기 위해 헌신하라.

4부

더욱 진실하고 향기로운
인간관계를 위해

작은 변화가 만드는 일상의 큰 기적
원스텝 체인징

이것저것 변화하는 것들이 많은 복잡한 세상에서, 점검은 단지 유익한 것에 그치지 않고 건강과 안전을 위해 필수적인 것이 됐다. 자동차를 자주, 오랫동안 사용하기를 원하는 사람이라면 정기적으로 엔진을 점검하기 위해 정비공에게 차를 가져간다. 그럼 정비공은 엔진오일을 교환하고, 타이어를 갈고, 기름을 채우고, 엔진을 철저히 검사한다. 그러다 문제가 발견되면 바로 고친다.

마찬가지로 우리들은 건강진단의 중요성을 잘 알고 있다. 그래서 현명한 사람은 정기적으로 의사를 찾아간다. 우리의 신체는 단순한 구조가 아니기 때문에, 건강을 유지하고 잠재적인 문제를 확인하기 위해서 주의 깊게 진찰을 해봐야 한다.

컴퓨터와 통신 시스템의 통합에 점점 더 의존해가는 세상이 되면서부터, 대부분의 회사에서는 사내에 설치된 컴퓨터 네트워크를 규칙적으로 진단하고 점검한다. 내가 몸담고 있는 교회에도 교회의 통신 시스템을 관리하는 7명의 자원봉사 기술팀이 있다. 시스템 관리에는 컴퓨터와 시청각 장비, PDA 통합 시스템, 그리고 여러 가지 기술적인 지원이 포함된다. 기술팀 사람들의 성실함 덕분에 우리 교회는 정보를 잃어버린다거나 시스템이 고장 날까봐 걱정하지 않는다.

이처럼 자동차나 우리의 몸, 컴퓨터 시스템의 정기점검은 대부분의 사람들이 당연하다고 생각하는 것들이다. 이런 일상적인 유지를 위해 정비에 투자하는 일을 시간이나 에너지, 자원의 낭비라고 생각하는 사람은 없다. 오히려 대부분의 사람들은 삶의 이런 복잡한 영역을 정기적으로 점검하지 않으면 나중에 더 많은 비용이

든다는 것을 알기 때문이다. 우리는 모두 "지금 내시거나 나중에 내세요"라는 말을 들어본 적이 있다. 현명한 사람은 현재의 게으름과 태만으로 인해 미래에 큰 대가를 치르는 일이 없도록, 정기적인 엔진점검과 건강진단, 업그레이드에 투자해야 된다는 선견을 가지고 있다.

우리 모두 자동차와 신체, 컴퓨터 같은 복잡한 것들을 다룰 때는 정기점검이 유익하다는 데 동의한다. 마찬가지로 우리의 인간관계에도 이와 비슷한 접근이 필요하다는 것을 이해하는 것이 좋다. 사람의 정신이 얼마나 복잡다단하지 비교한다면 아마 자동차 부품쯤은 아이들의 놀이라고 할 수 있을 것이다. 정말로 정기적으로 점검이 필요한 복잡한 시스템이 있다면, 그것은 바로 우리의 인간관계다. 인간관계보다 더 복잡한 것은 없으며, 이보다 더 자주 고장 나 보이는 건 없을 정도다. 문제는, 우리 대부분이 인간관계 점검을 하려면 어디서부터 시작해야 하는지 모른다는 것이다.

나는 이제부터 3가지 사항의 인간관계 점검전략을 설명하려고 한다. 각각의 장들에는 우리의 가족과 친구, 교회 등 우리의 모든 관계에 새로운 수준의 건강과 활력을 불어넣기 위해 우리가 시작할 수 있는 원스텝 체인징을 이야기할 것이다. 사람들 사이의 모든 관계에 대해서 다루지는 못하겠지만, 큰 영향을 미칠 수 있는 영역에 초점을 맞추었다.

첫째로, 어떤 인간관계에서든 다른 이들을 격려하고 축복하는 일은 커다란 투자다. 이때는 긍정이 가장 중요하다. 둘째로, 살면서 사람들과의 상호작용을 통해 다른 이들을 섬기는 일은 예수님을 향한 마음을 더욱 성장시킨다. 그리스도처럼 타인을 섬기는 일에 헌신할 때, 우리는 새로운 수준의 건강한 관계를 발견한다. 셋째로, 다른 사람들과의 관계가 무럭무럭 자라기를 원할 때, 우리는 애정 어린 진실을 말하는 방법을 배운다. 아첨은 관계를 죽게 만들지만, 진실을 말하는 일은 생명을 불어넣는다.

자동차와 신체, 컴퓨터 시스템 모두 일상적으로 점검하지 않으면 갑자기 기능을 멈춘다. 우리의 인간관계 역시 점검받지 않으면 기능을 멈출 위험이 있다. 일상적인 관계를 유지하기 위해 투자하지 않는다면, 우리의 관계는 결코 무럭무럭 자라지 않을 것이다. 살다보면 사람들과의 관계들이 깨어지고 삶의 폐품 처리장으로 내던져지는 슬픈 경우가 너무나 많다. 좋은 소식은, 우리가 몇 가지의 원스텝 체인징을 일으키기 위해 힘쓰고 정기적인 점검을 행한다면, 인간관계에서 오는 불필요한 고통을 피하고 우리의 모든 관계에서 보다 깊은 건강과 활력을 발견할 수 있을 것이다.

독설보다
축복의 말을 이야기하는
원스텝 체인징

죽고 사는 것이 혀의 힘에 달렸나니 혀를 쓰기 좋아하는 자는 혀의
열매를 먹으리라

잠언 18:21

칼로 찌름 같이 함부로 말하는 자가 있거니와 지혜로운 자의 혀는
양약과 같으니라

잠언 12:18

무릇 더러운 말은 너희 입 밖에도 내 말고 오직 덕을 세우는
데 소용되는 대로 선한 말을 하여 듣는 자들에게 은혜를 끼치

더욱 진실하고 향기로운 인간관계를 위해

게 하라

에베소서 4:29

분명 그때 부모님의 말씀을 들었어야만 했다. 하지만 나는 말썽 꾸러기 초등 3학년생이었고, 불을 가지고 노는 것에 대한 부모님의 경고를 듣고도 다른 쪽 귀로 술술 흘려보냈다. 나는 부모님의 말씀을 기억하기는커녕, 성냥 갖고 놀기를 좋아한다는 걸 절대 모르시도록 주의에 주의를 기울였다.

어느 날, 나는 친구 처키와 함께 흥미로운 실험을 감행했다. 그 실험이란 플라스틱 관으로 불붙은 성냥을 떨어뜨려 반대편으로 나올 때까지 과연 불이 꺼지지 않는가를 알아보는 일이었다. 지금 생각하면 왜 집 앞의 그 넓디넓던 도로 위에서 실험을 하지 않았는지 궁금하다. 우리는 도대체 왜 바싹 마르고, 잡초가 무성하며, 굴러다니는 풀들로 뒤덮인 뒤뜰에 숨어서 실험을 했던 것일까?

그날 이후, 우리가 배운 건 적어도 어떤 성냥은 플라스틱 관의 반대편으로 나올 때 훨씬 더 큰 불이 되어 갑자기 튀어나오기도 한다는 것이었다. 우리는 또한 한 여름의 남부 캘리포니아에 있는 잡초가 우거진 뒤뜰은 마치 기다렸다는 듯이 불이 쉽게 일어난다는 사실을 체험했다. 불붙은 성냥이 잡초에 닿자마자 불길은 매우 빠르게 번졌고, 우리 힘으로는 도저히 끌 수가 없었다. 그리고 불기둥은 단 몇 초 사이에 머리 위로 높이 치솟았다. 우리는 얼굴이 하얗게 질려서 거리를 가로질러 뛰었고, 소방차가 도착할 때까지 처키의 방에 숨어 있었다.

나는 그날 소중한 교훈을 배웠다. 부모님의 말씀이 옳았으며, 아이들이 가지고 놀아서는 안 되는 것들이 있다는 사실을! 불은 벽난로나 스토브, 가스레인지에 있을 때는 좋지만, 그 불꽃이 부엌 커튼에 닿거나 밖으로 튀어서 나무를 타고 오른다든지 뒤뜰로 번지면, 정말 위험하고 완전히 치명적일 수 있다.

이런 의미해서 성경에서 혀를 불에 비유한 데는 이유가 있다. 입속의 혀를 잘 제어할 때, 그것은 축복이 될 수 있다. 그러나 제어하지 못할 때는 끔찍한 결과를 가져오는 산불이 되기 쉽다.

우리 혀가 내뱉는 파괴적인 힘

예수님의 동생인 야고보는 성경에서 가장 놀랄 만한 구절 중 하나를 기록했다. 그는 우리가 하는 '말의 힘'을 이렇게 묘사한다. "이와 같이 혀도 작은 지체로되 큰 것을 자랑하도다 보라 얼마나 작은 불이 얼마나 많은 나무를 태우는가 혀는 곧 불이요 불의의 세계라 혀는 우리 지체 중에서 온 몸을 더럽히고 삶의 수레바퀴를 불사르나니 그 사르는 것이 지옥 불에서 나느니라"(야고보서 3:5-6). 야고보가 약간 심하게 말하는 것처럼 보이기도 한다. 그는 혀는 불과 같고, 이 작은 분홍색 기관에 이 세상 모든 악마의 세계가 있으며, 그것이 우리를 완전히 더럽힐 수 있고, 불의의 불꽃으로 우리 삶의 융단을 다 태워버리며, 또한 이 이글거리는 뜨거운 혼란은 모두 지옥에서 시작됐다고 생각한다. 아, 야고보여! 당신이 혀에 대해 실제로 생각하는 것이 무엇인지 우리에게 말해주실 수 있다면 좋을 것을!

야고보가 자신이 처했던 경우를 조금 과장되게 설명하고 있을지 모른다고 생각하기 쉽다. 그렇다면 이런 질문이 떠오를 것이다. 혀, 즉 말이란 것이 정말로 그가 생각하는 것만큼 위험할까? 우리가 하는 말 역시 야고보가 걱정하는 것 같은 종류의 파괴적인 힘을 잠재하고 있을까?

말의 힘에 대한 야고보의 충고가 이해될 때가 있다. 사람 사이에서 벌어진 감정의 전쟁에서 입은 상처들을 하나씩 열거할 때 말이다. 우리 각자가 갖고 있는 몇 가지 깊은 상처들은 타인이 던진 부주의한 말이나 상처를 주는 말 때문에 생겼다는 사실을 쉽게 깨달을 것이다. 반대로 사람들이 우리에게 사랑과 긍정과 축복의 말을 할 때, 이 세상의 가장 소중한 기억을 갖게 된다는 것 또한 사실이다.

하나님은 우리가 말을 사용하는 방식에 대해 이미 모든 종류의 경고를 주셨다. 아마 이것은 전혀 놀랄 일이 아닐 것이다. 수천 년 전, 하나님은 솔로몬에게 이를 주제로 말하게 하셨다. 하나님의 진리를 큰 소리로 천천히 읽고, 그 메시지를 당신의 마음과 가슴에 깊이 새겨라.

죽고 사는 것이 혀의 힘에 달렸나니 혀를 쓰기 좋아하는 자는 혀의 열매를 먹으리라

잠언 18:21

칼로 찌름 같이 함부로 말하는 자가 있거니와 지혜로운 자의 혀는 양약과 같으니라

잠언 12:18

솔로몬은 그가 살던 시대에서 가장 현명한 사람이었다. 그는 세 치 혀가 내뱉는 말이 불처럼 모든 것을 태워 없애거나, 혹은 살아 나도록 일으켜 세우는 잠재력을 가지고 있다는 것을 이해했다. 말은 누군가를 폐찌를 수도, 치유할 수 있다. 말은 죽음이나 삶을 가져올 수 있다. 말의 진리는, 주의를 기울이지 않으면 부정적으로 흐르기 쉽다는 것이다. 우리도 모르는 사이에 '태만'이라는 단추를 누를 때, 우리는 인간관계를 파괴하고 친교에 금이 가게 만드는 말을 내뱉게 된다.

하나님은 매우 다른 생각을 가지고 계신다. 하나님은 우리가 건강하고 지속적인 인간관계를 맺어나가는 것을 간절히 보고 싶어 하신다. 그러나 이를 위해서 우리는 말을 제어할 수 있는 능력을 반드시 갖춰야 한다.

원스텝 체인징 제안 ■ 사람 사이에서도 산불조심 하세요!

가을, 겨울이 되면 언제나 시작하는 불조심 캠페인. 산에 오르면 '산불조심'이라고 커다랗게 써진 현수막을 쉽게 볼 수 있다. 이처럼 인간관계에서 발생하는 화재를 방지하기 위한 조언이 있다면, 아래의 3가지 짧은 구절을 명심하라.

• 잠언 18:21

- 잠언 12:18
- 야고보서 3:6

이 구절들을 마음에 깊이 새기고, 여기에 담긴 진리가 당신이 말을 사용하는 방식에 어떻게 영향을 미치는지 살펴보라.

달콤한 말과 쓸쓸한 말

나의 초등학교 3학년 담임선생님은 사우어(sour, 영어로 '시다'는 뜻-편집자주) 선생님이셨다. 그러나 이름과 정반대로 내가 만난 선생님들 중 가장 다정한 분이셨다. 사우어 선생님은 늘 모든 아이들을 격려하고, 지지하고, 칭찬했다. 나는 선생님을 위해 큰 숙제를 끝냈던 일을 아직도 기억하고 있다. 나는 그때 '이것은 잭이 지은 집입니다'라는 이야기를 그림책으로 만들었다. 지식과 경험이 부족했던 내 눈에도 그 일은 여기저기서 이야기를 베끼고 그림을 그려 넣는, 평균에도 못 미치는 일처럼 생각됐다. 하지만 나는 그 숙제에 온갖 정성과 열의를 쏟았다. 그것은 다정한 사우어 선생님에 대한 일종의 사랑과 존경의 표시였기 때문이다. 그리고 숙제를 낸 후, 여느 때와 똑같이 선생님은 내 자존심을 높이 평가하고 큰 성취감을 느끼게 해주셨다. 지금은 선생님의 모습을 정확히 기억하지는 못하지만, 아름다웠다는 것은 분명히 기억한다. 또한 내가 학교를 무척 좋아했다는 것도 기억한다.

이듬해 나는 순진한 마음으로 부모님께 계속 3학년으로 머물 수 있는지 물었다. 계속 3학년으로 남아 사우어 선생님에게 배우고 싶었기 때문이다. 그러나 불행하게도 4학년으로 진급하는 것은 당연하고도 바꿀 수 없는 내 운명이었으며, 더욱 불행인 것은 새 담임선생님은 조금도 다정하지 않았다는 것이다. 4학년 담임선생님은 날카로운 혀와 비판적인 기질의 소유자였고, 나를 불만과 비난의 눈길로 바라보셨다. 돌아보면 내가 다루기에 매우 어려운 아이였다는 생각이 들긴 하지만, 선생님이 나를 길들이려고 하는 방식은 내 자존감을 전혀 세워줄 수 없었다. 어느 날, 선생님은 우리가 읽고 있던 책의 57쪽을 펴라고 말씀하셨다. 그리고 그 페이지에 케빈 하니, 즉 내 사진이 있다고 하셨다. 나는 깜짝 놀라고 흥분한 채로, 나는 내 사진을 찾기 위해 재빨리 페이지를 넘겼다. 자신의 사진이 교과서에 실렸다는 건 4학년짜리 소년에게 대단히 신기하고 큰 기쁨이니까 말이다.

몇몇 아이들은 나보다 더 빨리 57쪽을 펼쳤고, 갑자기 소리 내어 웃기 시작했다. 그곳을 펼쳤을 때, 나는 너무나 당황했다. 그 페이지에는 우리 안에 갇힌 원숭이 사진만이 실려 있었기 때문이다. 나는 그 사실을 알고 충격에 휩싸였다. 아이들의 웃음소리와 선생님의 말이 내 가슴에 비수처럼 꽂혔다. 나는 내가 무엇을 하는지도 모른 채, 선생님을 향해 있는 힘껏 책을 던졌다. 그리고 문으로 돌진한 뒤, 집까지 멈추지 않고 달렸다. 내 마음은 발보다 더 빨리 달렸다. 그리고 두 번 다시는 학교에 다시 가지 않겠다고 맹세했다.

부모님이 선생님과 '이야기'를 나누셨다. 또한 부모님은 나와 이야기를 하셨고, 4학년 때 학교를 그만두는 건 불가능하다고 설명하셨다. 나는 어쩔 수 없이 학교로 돌아가 선생님과 그 해의 나머지 시간을 같은 교실에서 보냈지만, 나는 선생님이 나를 어떻게 생각하는지 알고 있었고, 선생님 역시 내가 선생님을 어떻게 바라보는지 알고 계셨다. 이 경험을 통해 나는 생각 없는 말 한마디가 얼마나 깊은 상처를 줄 수 있는지 깨달았다. 선생님은 나를 때리거나 내 자전거를 몰래 빼앗은 것이 아니었다. 단지 '악의 없는 짧은 농담'을 하신 것뿐이다. 그러나 그 과정에서 내 마음은 몹시 상처를 받았다. 30년 이상이 지난 지금이지만, 그 순간을 생각할 때 나는 여전히 울컥하는 기분을 떨칠 수 없다.

3학년과 4학년 때의 선생님들은 내게 말이 굉장한 힘을 갖고 있다는 것을 가르쳐주셨다. 우리는 말로 누군가를 축복하거나, 저주할 수 있다. 남김없이 다 태우거나, 매우 높이 쌓아 올릴 수 있다. 선택은 우리에게 달렸다. 건강하고 돈독한 관계를 맺기 원한다면, 우리 모두는 우리의 혀를 치유와 격려의 도구로 사용할 수 있어야 한다.

아무리 강조해도 지나치지 않을 말조심

사실 초등학교 시절을 거친 대부분의 사람들은 말이 불씨가 될 수 있다는 사실을 잘 알 것이다. 또한 우리는 모두 한두 번쯤은 그 불에 호되게 덴 적이 있다. 그리고 솔직히, 다른 사람에게 상처를 주기 위해 내쪽에서 먼저 못된 말을 사용할 때도 있다. 나 또한 내가 했던 말들이 뜨거운 불처럼 타올랐던 때가 많다는 것을 인정한다. 아주 많은 사람들이 자신의 어떤 말이 상대방의 마음에 비수를 찔렀는지 이야기할 수 있을 것이다. 슬프게도 상처를 받은 사람들 중에는 내가 가장 사랑하고, 결코 상처를 주고 싶지 않은 이들도 있다. 야고보는 아무도 혀를 길들일 수 없다고 말한다(야고보서 3:8). 이 무시무시한 단언은 우리에게 용기를 잃게 하려는 게 아니다. 오히려 우리가 더욱더 주의해야 한다는 경고다. 우리의 혀를 잘 제어하고 있다고 느낄 때조차 항상 조심해야 한다.

이따금 '이 세상에는 결코 완전히 길들여지지 않을 생물도 있다'는 것을 생생히 깨닫는 때가 있다. 2003년에 미국에서 인기 있었던 '지그프리트와 로이의 마술쇼'에서 있었던 이야기를 해주겠다. 이 쇼에서는 진귀한 호랑이가 볼거리인데, 사람들은 쇼에 나온 이 육중한 고양잇과의 동물들은 여러 해 길들여지고 온순해졌기 때문에 큰 고양이에 지나지 않다고 생각했다. 그런데 쇼를 진행하던 중, 한 마리가 진행자 로이를 공격하고 상처를 입혀서 거의 죽일 뻔했다. 관중들은 엄청난 광경을 그대로 지켜볼 수밖에 없었고, 커다란 충격을 받았다. 그런데 이 일이 정말로 놀랄 만한 일이었을까? 그들은 고양이가 아니라 '호랑이'를 데리고 놀고 있었는데 말이다!

마찬가지로 성경이 우리에게 혀를 조심하라고 훈계한다는 것에 충격을 받아서는 안 된다. 성경에서는 우리의 혀가 결코 완전히 길들여지지 않을 거라고 말한다. 그러므로 우리는 항상 조심해야 한다. 그렇게 한다면, 우리는 모든 것을 불태우기 위해서가 아니라 축복하기 위해 말을 사용할 수 있다. 그렇지만 방심하다가는 몇 마디 말이 우리가 상상할 수 있는 것보다 더 큰 해를 끼치게 될 것이다. 혀는 언제나 위험의 대상이다. 그러나 우리는 어떻게 하면 말을 주의 깊게 다룰 수 있는지, 또한 말로서 불이 일어났을 때 어떻게 대처해야 하는지 배우고 터득할 수 있다. 이런 노력을 통해 말에 대한 원스텝 체인징을 일으키고 우리의 말을 하나님께 바칠 때, 우리는 인간관계를 파괴하는 것이 아닌 더욱 돈독히 만들 수 있는 변화를 경험하게 된다.

원스텝 체인징 ■ 화 재 위 험 목록을 만들자

제안 우리 모두 화재위험의 가능성을 안고 살고 있다. 화재위험이란, 당신이 있는 곳으로 걸어 들어오는 것만으로도 혀에 불을 붙일 수 있는 사람들, 우리에게 혹평이나 비난의 말들을 쏟아 놓게 만드는 상황들을 말한다. 당신 삶의 화재위험을 목록으로 만들어보라. 언제 그리고 어디서 당신은 그런 부정적인 말을 쉽게 하게 되는지 생각해보라. 여러 가지 상황에 대해 목록을 만든 후, 2가지 일을 하라. 첫째, 그런 위험을 아예 피하려고 노력하라. 둘째, 피할 수 없을 경우, 화재가 일어나기 전에 준비하라. 태워 없애는 것 대신 일으켜 세우는 것으로 바꾸도록 마음의 준비를 하라. 예상하는 것만으로도 큰 차이를 만들어낸다.

당신의 내뱉는 불평이 곧 독이 될지니

만약 사람들에게 '경고문구'가 붙어 있다면 유용할 것이다. 담뱃갑에는 담배가 해롭다는 경고문이 쓰여 있고, 노골적인 가사가 담긴 음악 CD에는 청소년에게 유해한 메시지가 들어 있다는 스티커가 붙어 있듯, 불평하고 투덜대는 사람들은 이마에 '독(毒)'이라고 쓰인 스티커를 붙이고 있어야 한다.

내가 너무 가혹한 소리를 한다고? 전혀 그렇지 않다. 불평을 하는 것만으로도, 우리는 막대한 독을 내뿜는다. 슬픈 사실은, 불평하는 습관에 빠지기가 너무나 쉽다는 것이다. 불평할 때 우리는 거의 모든 것에 대해 부정적인 태도를 취한다. 또한 언제 어느 상황이든지 나쁘게 말할 뭔가를 찾아낼 수 있다. 우리는 은빛으로 빛나는 모든 구름의 한가운데에서 아주 작은 검은 점을 발견하는 매우 기이한 능력을 갖고 있다.

약 2천 년 전, 고린도 교회는 교인들이 자꾸 불평하고 투덜대는 문제로 골치가 아팠다. 사람들은 자신이 좋아하지 않거나 이해할 수 없는 것에 대해 불평하고 투덜대는 일이 하나님으로부터 받은 정당한 권리라고 생각했다. 혹시 당신에게도 익숙한 소리인가? 그래서 하나님은 교회의 미래를 위해 원스텝 체인징을 일으키실 목적으로 그들에게 그 죄를 깨닫게 하셨다.

사도 바울은 고린도 교회에 경고를 하기 위해 이스라엘의 역사를 회고하고 역사의 가장 어려웠던 때를 지적했다. 이는 매우 적절한 방법이었다. 바울은 고린도 교인들에게 선조들의 실수를 되풀이하지 않도록 훈계시키며 하나하나 선명히 그림 그리듯 설명했다. "이러한 일은 우리의 본보기가 되어 우리로 하여금 그들이 악을 즐겨 한 것 같이 즐겨 하는 자가 되지 않게 하려 함이니 그들 가운데 어떤 사람들과 같이 너희는 우상 숭배하는 자가 되지 말라 기록된 바 백성이 앉아서 먹고 마시며 일어나서 뛰논다 함과 같으니라 그들 중의 어떤 사람들이 음행하다가 하루에 이만 삼천 명이 죽었나니 우리는 그들과 같이 음행하지 말자 그들 가운데 어떤 사람들이 주를 시험하다가 뱀에게 멸망하였나니 우리는 그들과 같이 시험하지 말자 그들 가운데 어떤 사람들이 원망하다가 멸망시키는 자에게 멸망하였나니 너희는 그들과 같이 원망하지 말라"(고린도전서 10:6-10).

이스라엘 백성이 광야에서 헤매며 보냈던 40년은 그들이 차라리 잊어버리고 싶은 시간이었을 것이다. 그들에게는 이집트를 탈출하고, 홍해를 건너고, 약속의 땅으로 들어간, 영원히 기억하고 싶은 역사적 사건들이 있었다. 그러나 한편으로 방랑의 40년은 과거 속에 묻어 두고 싶은 시간이기도 했다. 바울이 이것을 끄집어냈을 때, 그건 저녁파티의 두번째 요리가 나오는 동안 누군가에게 치질수술의 과정이 어땠는지 말해달라고 하는 것만큼 불편한 일이었을 것이다. 말하지 않고 그냥 놔두는 것이 더 좋을 때도 있는 것처럼 말이다.

바울은 이 거북한 화제를 꺼내어 이스라엘 백성이 광야를 헤매는 동안 저지른 4가지 죄를 나열한다. 처음 3가지는 다음과 같다.

- 우상 숭배
- 음행
- 주를 시험함

각각의 죄에 따른 결과는 정말 심각했다. 모세의 시대와 바울의 시대에 이런 일들은 하나님의 백성으로서 부적당한 행동이었고, 또한 오늘날 우리에게도 적당치 못하다. 누군가 일요일 아침, 당신의 교회 휴게실에 우상으로 가득한 제단을 세운다고 상상해보라. 교회에 들어섰는데 한 성도가 돌과 나무, 쇠붙이로 만든 우상들에 절을 하고 예배하는 것을 본다. 당신은 교회에 있는 누군가가 이 일에 대해 관심을 표할 것이라고 생각하는가? 목사나 교역자가 그 사람을 멈추게 할까? 당연히 그렇게 할 것이다! 또한 환히 다 들여다보이는 교회 건물 안에서 누군가가 음행을 행한다면, 당신은 교회의 성도들이 불쾌하게 여길 것이라고 생각하는가? 불쾌한 정도를 넘어, 누군가는 반드시 이 행동을 관두게 할 것이다! 만약 누군가가 입을 열고 모든 사람이 보는 앞에서 하나님께 도전한다면? 그걸 듣고 있는 사람들이 등골이 약간 오싹해지는 것을 느끼고, 조금 놀라게 데 그칠까?

여기 그 답이 있다. 이 3가지 행동은 모두 죄로 여겨져 즉시 처리될 것이다. 이것을 무시하는 성도나 교역자, 목사가 있다고 도저히 상상할 수 없을 정도다.

문제는, 기독교인들이 바울이 성경 구절에서 언급한 네번째 죄는 왜 무시하는가 하는 점이다. 우리는 왜 이것을 다른 3가지 죄만큼 심각하게 받아들이지 않을까? 바울은 이스라엘 백성에게 총 4가지 죄를 지적한다. 그 죄란 우상 숭배, 음행, 주를 시험하는 것, 그리고 마지막으로 '원망'이다.

원망? 불평? 그렇게 거대하고 명백한 죄 가운데 불평은 어떤 위치를 차지할까? 바울은 왜 불평을 우상숭배, 음행과 같은 목록에 포함시킬 정도로 큰 죄라고 생각했을까?

바울은 단지 이 주제에 대한 하나님의 마음을 전달하고 있었을 뿐이다. 하나님의 백성이 40년 동안 광야를 벗어나지 못했을 때 무슨 일이 일어났는가에 대해 읽는다면, 바울이 왜 이 죄를 강조하는지 분명해진다. 이 죄는 이스라엘 역사의 시작부터 끝까지 사람들을 재앙에 물들게 했고, 바울 시대의 교회에 해를 입혔다. 놀라운 것은 오늘날 너무나 많은 기독교인과 교회에도 여전히 불평이 만연해 있다는 점이다.

25년간 목사로 일해오면서, 나는 분명 불평이 하나의 죄라는 것을 자주 발견했다. 끊임없이 불평하고 투덜대는 사람이 있어도, 아무도 그에게 그런 행동이 잘못이라고 말하지 않는다. 아무도 '그것은 죄다. 그것은 하나님의 마음을 아프게 하고, 교회의 일치를 깨뜨리며, 사탄이 들어와 교회를 파괴하는 발판이 된다'고 단언하지 않는다.

이 죄를 다루는 교회 성도나 교역자, 목사가 거의 없을 뿐만 아니라, 종종 이 죄는 멀끔하고 향기롭게 꾸며진 '연례 성도총회'라고 명명된다. 어떤 교회에서는 다과회가 불평꾼들의 온상이다. 그들은 설교를 혹평하고, 예배음악에 대해 투덜거리며, 교회의 모든 변화에 불만을 토로하고, 일반적으로 그들이 좋아하지 않는 모든 것에 대해 장황히 늘어놓는다. 그들의 독은 빠르게 퍼져나간다. 그래서 실망을 낳고, 일치를 깨뜨리며, 하나님의 이름을 더럽힌다.

이제 교회가 불평을 진짜 이름인 '죄!'라고 부를 때다!

불평제로지대를 만들자

불평은 인간관계의 독이다. 가정에서 학교, 직장, 교회에 이르기까지 불평이 저지되지 않고 퍼져 나갈 때, 모든 것을 파괴시키는 불이 일어난다. 우리의 인간관계를 불평으로부터 지켜내기 위해, 우리는 삶을 '불평제로지대'로 선언해야 한다. 바울이 고린도전서에서 다룬 다른 죄들처럼, 불평을 심각하게 받아들이고, 한 순간의 관용도 베풀지 말아야 한다.

이렇게 하기 위해, 먼저 우리의 마음과 태도를 살펴봐야 한다. 우선 자신에게 '나는 과연 불평꾼인가?'라는 질문을 던져야 한다. 직장에서 항상 투덜거리거나, 교회에서 잘못된 모든 것을 지적하거나, 당신의 배우자, 아이들, 혹은 친구를 끊임없이 비평하는 습관에 빠져 있다면, 당신이 바로 불평꾼일지 모른다. 당신 주위에 마치 등불에 모여드는 나방처럼 부정적인 사람들이 슬금슬금 모여든다면, 그 이유는 당신이 불평하는 기운을 주변에 빠르게 불어넣기 때문이다. 당신은 바로 '불평클럽'의 정식회원인 것이다. 당신은 혹시 당신이 만나는 모든 사람에게서 잘못된 점을 찾아내는 타고난 능력을 가지고 있고, 또 그런 통찰을 다른 이들과 나누지 않을 수 없다고 느끼는가? 그렇다면 놀라지 마시라, 당신이 바로 '불평지도자협회'의 지부장일지 모른다.

당신이 불평꾼이라면, 이제 변화를 일으킬 때다. 하나님께서 불평을 죄라고 말씀하시므로, 당신도 불평을 죄로 취급해야 한다. 모세의 시대에, 당신이 만약 우상숭배에 빠졌었다면 당신은 우상의 머리를 내던지고 한 분의 진실한 하나님을 예배하기 위해 마음을 되돌려야 했을 것이다. 그러므로 당신이 불평꾼이 되었다면, 우선 입을 다물고 하나님께 당신의 마음을 변하게 해달라고 청해야 한다. 침묵은 불평의 가장 좋은 해독제다. 혀를 놀리지 않기 위해 노력하고, 더 이상 불평하지 않기 위해 힘써라. 이제부터라도 불평한 죄를 하나님께 고백하고, 불평에 대해 생각할 때조차 성령께서 유죄라고 판결해주시길 청하라. 그리고 친한 친구 한두 명에게 당신이 불평하기 시작할 때마다 꼭 지적해달라고 하라. 아예 '불평꾼 조심'이라고 쓰인 빨간색 경고딱지를 만들 수도 있겠다. 그것을 친구에게 나눠주고, 당신이 불평하기 시작할 때마다 당신의 이마에 딱지를 찰싹 붙여달라고 말하라. 좀더 부드러운 방법이 효과적이라면, 당신이 불평을 시작할 때 "어, 또 그런다"라고 친구에게 말해달라고 하라. 방법이 무엇이든 당신의 행동에 책임을 지고, 불평이 당신 안에서 타오르고 있다면 그 죄를 빨리 꺼버려라.

당신이 불평꾼은 아니지만 불평꾼인 사람들을 알고 있다면, 그들이 파괴적인 습관을 그만둘 수 있도록 힘껏 도와라. 불평이라는 불을 끄기 원한다면, 아예 귀를 닫고 불평을 직업처럼 생각하는 사람들에게 주의를 기울이지 않는 것이 가장 좋다. 불은 태울 만한 연료가 있을 때만 번지지 않는가? 불평꾼에게 가장 좋은 연료는 자신의 말을 들어주는 타인이다. 그러므로 아무도 그 불평을 듣지 않으면 불은 꺼지기 마련이다. 가정에서 사회에서, 특히 교회에서 우리는 불평에 귀 기울이는 일을 단호히 거절해야 한다.

불평이 확산되는 것을 막고 싶다면, 가장 쉬운 방법으로 불평하는 사람을 피하면 된다. 어쩔 수 없이 불평꾼과 대화를 해야 한다면, 그들이 늘어놓는 불평에 전혀 관심이 없다는 것을 보여줘라. 그들에게 연료를 제공하지 마라. 그들이 말하고 있는 것이 적당하지 않다는 것을 분명히 표현하라. 그들이 "당신, 왜 그러세요?"라고 물으면, 당신이 그 대화내용을 왜 불편하게 느끼는지를 말하라. 그들에게 고린도전서 10장 10절을 펴 보여도 좋겠다. 그들이 당신을 연료삼아 불평을 하려고 노력한다면, "당신이 다른 사람들에 대해 불평하는 소리를 더 이상 못 듣겠네요. 이건 분명 적절하지 못하고, 난 이 대화에 끼고 싶지 않아요"라고 말해야 할지도 모른다. 참고로 나는 불평꾼에게 이 말을 단 한 번만 하면 족하다는 것을 알게 됐다.

목사로서 나는 이따금 우리 교회를 방문한 타 교회의 성도들과 대화를 나눈다. 때때로 그들 중에는 내게 자기네 교회와 심지어 목사에 대해 푸념을 늘어놓는 불평가가 있었다. 때때로 그들은 칭찬으로 대화를 시작하여 불평을 숨기려고 한다. "목사님, 정말 훌륭한 설교였습니다. 우리 목사님도 실제로 성경을 설교하시면 좋겠어요. 우리 목사님 설교는 지루하고 단지…." 이때, 나는 항상 전형적으로 이야기를 가로막고 말한다. "저희 예배와 메시지가 마음에 드셨다니 기쁩니다. 하지만 당신의 목사에 대한 관심을 저와 나누는 일은 별로 좋은 생각이 아니라고 생각됩니다." 한번은 그 험담을 당하는 목사가 내 친구였고, 나는 그에 대해 불평하는 두 사람에게 내가 얼마나 그들의 목사를 존경하는지 말해주었다. 나는 그들에게 그들의 걱정거리에 대해 들어야 하는 사람은 내가 아니고 그 목사인 것 같다고 말했다. 그들은 약간 기분이 상하고 화가 난 것 같았지만 불평을 멈췄다.

나는 좀 무뚝뚝한 경향이 있기 때문에 이런 상황이 닥치면 직설적으로 말한다. 반면 내 아내는 다정한 성격이라 불평꾼과 우연히 만나면 항상 "죄송하지만, 저는 이 얘기를 듣고 있어야 한다고 생각하지 않거든요"와 비슷한 말을 한다. 이렇듯 부드럽게 잘못을 바로잡아 주는 것도 불평꾼들의 삶에 큰 차이를 만든다. 다른 사람과 걱정거리에 대해 이야기를 나누는 경우라도, 우리는 불평이 잘못된 것이며, 관대히 다뤄져서는 안 된다는 것을 명심해야 한다.

요지는, 불평은 죄라는 것이다. 불평은 인간관계를 파괴하기 때문에 반드시 중단해야 한다. 적어도 나는 1년에 한 번 이를 주제로 설교를 한 뒤, 우리 교회에서는 불평하고 투덜거리는 것에 대해 절대 관용을 베풀어서는 안 된다고 알린다. 그 결과, 하나님을 경배하고 인간관계를 향상시키는 일치와 평화를 되찾았다. 나는 집에서 역시 불평을 허락하지 않는다. 아이들이 누군가에 대해 진정한 관심을 갖고 있다면, 그것을 식탁에서 표현하지 말고 그 사람과 함게 해결하라고 한다. 그래서 우리 집에는 단 한 사람의 불평꾼도 없다. 혹시 있더라도 결코 공공연히 불평하지 않는다. 혹시 인간관계와 관련된 어떤 걱정이 있다면, 그것을 불평이 아니라 바로 그 사람과의 애정 어린 대화로 풀겠다고 모두 동의했다.

원스텝 체인징   ■ 불평 제로 지대를 만들자
제안   가족이나 소모임, 이웃 등 당신이 정기적으로 만나는 모임의 사람들과 대화를 나눠라. 그 사람들과 함께 '불평제로지대'를 만들자고 의논해보자. 애정을 갖고 이야기하되 태도는 분명 단호해야 한다. 누군가 불평하기 시작하면, 그 사람에게 절대 귀 기울이지 않고 그 불에 물을 끼얹겠다는 합의를 이끌어내라. 이것이 불평에 대해 관용을 베풀지 않는 '불평제로지대'다.

사람을 행복하게 하는 축복과 격려의 말

불평은 인간관계를 불태우고 소모시키며 파괴한다. 그러나 축복의 말은 인간관계를 치유하고 강하게 하며 다시 일으켜 세운다. 역동적이고 지속적인 인간관계를 만들기 원한다면, 우선 우리의 말을 축복과 격려의 원천으로 사용하려는 노력부터 시작해야 한다. 하나님은 우리가 다른 사람의 장점을 인정하고, 칭찬하는 것을 보고 싶어 하신다. 이를 위해 우리는 얼굴을 마주 보고 격려의 말을 할 수 있고, 용기를 북돋아주는 쪽지를 쓸 수 있으며, '유쾌한 소문'의 전도사가 될 수도 있다.

사도 바울은 1세기에 교회에 많은 편지를 썼다. 다른 성도에 대해 언급할 때, 바울은 그들의 성격과 힘, 영적성장을 항상 칭송했다. 골로새 교회에 보낸 편지에서 그는 몇 사람을 뽑아 찬사를 보냈다. 두기고에 대해 쓸 때 그를 "사랑 받는 형제요 신실한 일꾼이요 주 안에서 함께 종이 된 자"(골로새서 4:7)라고 부르며 축복했다. 에바브라를 언급할 때는 "너희를 위한 그리스도의 신실한 일꾼"(골로새서 1:7)이라고 말했다. 이 형제들에 대한 바울의 강한 애정이 느껴지지 않는가? 바울은 자신의 말로 사람들을 축복하고 사기를 북돋는 데 전념했다.

에베소서에서 바울은 "무릇 더러운 말은 너희 입 밖에도 내지 말고 오직 덕을 세우는 데 소용되는 대로 선한 말을 하여 듣는 자들에게 은혜를 끼치게 하라"(에베소서 4:29)라고 쓴다. 바울에 따르면, 우리의 말은 3가지 일을 해야 한다. 첫째, 사람들의 사기를 북돋고, 둘째, 그들의 필요에 응하여 말을 해야 하며, 셋째, 듣는 사람을 이롭게 하는 것이다. 우리가 바울의 말을 진심으로 받아들인다면, 우리의 관계에는 진실로 근본적인 변화가 일어날 것이다. 말할 때마다 기도하고 조심하게 될 것이다.

우리가 다른 이들을 긍정하는 습관을 익힐 때, 원스텝 체인징이 일어난다. 혀가 무언가를 불태우기 위해 사용되는 세상에서, 우리는 말을 통해 축복의 문화를 창조해야 한다. 부모와 형제자매가 서로를 격려하는 가정은 대부분의 사람들이 꿈꾸는 것보다 더 큰 선물이다. 또한 불평은 화석처럼 오래되었지만 긍정과 축복이 아낌없이 흐르는 교회는 하나님 왕관의 보석이다. 이런 교회에는 자연히 기쁨이 넘쳐흐르며, 그 지역사회에 귀중한 선물이 될 것이다. 사람들이 서로를 칭찬할 거리를 찾는 동네는 이 어두운 세상에서 은총의 빛이 될 것이다.

하나님께서 우리의 관계를 어떻게 변화시키시는지 보기 원한다면 작은 걸음부터 시작할 수 있다. 다른 이들에게 축복의 말을 하는 것은 영화관에서 팝콘을 처음 먹는 일과 매우 비슷하다. 작은 팝콘 조각이지만 우리는 도저히 먹는 것을 멈출 수 없다. 그리고 어느새 우리가 알아채기 전에 아주 큰 팝콘 상자가 모두 비어버린다. 마찬가지로 다른 이들에게 축복을 표현하고 그것이 일으키는 즐거운 효과를 보기 시작할 때, 우리는 축복에 중독된다. 그리고 어쩔 수 없이 점점 더 많이 축복하게 된다. 게다가 그것은 얼마나 기쁘고 좋은 일인가!

한 주에 축복의 편지 한 통 쓰기

다른 이들의 사기를 북돋아주고 싶다면, 매주 축복의 편지 한 통씩 쓰는 일을 시작해보라. 간단한 카드나 쪽지 정도면 충분하다. 이 일을 당신의 정기적인 일정에 포함시키고, 습관으로 만들어라. 한 주를 보내면서 내 격려의 말 한마디가 필요한 사람을 찾아라. 주위를 둘러보면 자발적으로 봉사활동을 하거나 다른 이들에게 친절을 베푸는 젊은이를 발견할지도 모른다. 혹은 실망했거나 상처받은 누군가와 마주칠 수도 있다. 매주 편지를 쓸 때가 되면 자리에 앉아 기도를 한 후, 그 사람의 사기를 북돋아주는 말을 적어라. 그리고 하나님의 보살핌과 은총을 표현하기 위해 최선을 다하라. 한 주에 편지 한 통 정도로 큰 차이가 날 것 같지 않다고 생각되겠지만, 1년을 지속하면 결국엔 50통이 넘는 편지를 쓰게 된다. 그리고 규칙적으로 긍정을 표현하는 일에 마음을 쏟음으로써, 예수님의 마음을 반영하기 시작한다.

짧은 편지를 쓰는 일이 왜 그렇게 중요할까? 왜냐하면 우리는 매일 매섭고 독한 말에 상처받고, 그래서 긍정을 필요로 하는 세상에서 살고 있기 때문이다. 우리가 짧은 편지를 쓸 때, 그것을 받는 이는 축복을 얻게 된다. 또한 편지를 보관하고 있다가 용기를 잃거나 낙심했을 때 당신의 쪽지를 다시 꺼내 보고 용기를 얻을 수 있다. 언젠가 어느 주일 예배가 끝난 후, 나를 찾아왔던 한 남자가 여전히 기억난다. 그는 1년 동안 나에게서 4통의 편지를 받았다고 말했다. 그는 강인하고 자신감이 넘치는 남자였지만, 내게 눈물을 약간 내비치며 내 편지들을 서랍에 넣어두었다가 실의에 빠졌다고 느낄 때마다 꺼내서 읽었노라고 말했다. 나는 이전에는 그 편지가 그에게 그토록 소중하리라고 전혀 생각하지 못했다.

또한 편지를 쓰는 일은 사람들과 더욱 진실한 사이가 되는 훌륭한 방법이다. 당신의 마음속에 있는 생각을 주의 깊게 선택하고 정확히 표현할 수 있기 때문이다. 긍정적인 말을 표현하는 데 왠지 익숙지 않은 사람이라면 편지를 쓰는 것은 안전한 방법이다. 책이나 에세이를 쓸 필요는 없다. 당신의 마음을 표현하는 몇 마디 문장이면 족하다. 당신 주변의 누군가가 떠올랐을 때, 그들에 대한 당신의 마음을 바로 적을 수 있도록 가방이나 자동차, 사무실에 카드 몇 장을 준비해두는 일도 유용할 것이다.

1년간 나는 골로새서를 집중적으로 공부하며 시간을 보낸 적이 있었다. 앞서 언급했듯 나는 사도 바울이 사람들을 축복하고 격려하기 위해 각별히 노력한 것에 깊은 인상을 받았다. 그리고 나는 문득 내 영적인 삶에 커다란 영향을 미친 몇몇 사람들에게 편지를 쓰고 싶어졌다. 그들의 삶을 통해 하나님께서 나의 삶을 어떻게 성장시키셨으며, 내가 예수님을 사랑할 수 있게 그들이 어떻게 나를 어떻게 도왔는지 알리고 싶었다.

그들의 대부분은 내가 정기적으로 만나는 친구와 지도자들이었다. 하지만 두세 명은 그저 내가 존재만 알고 있는 사람들이었다. 그중에는 특히 내 삶에 여러모로 큰 감동을 준 책을 저술한 필립 얀시 *Philip Yancey* 도 있었다. 그의 열의에 찬 글과 목사로서의 충직함이 나를 포함해서 많은 이들에게 영향을 미치고 있다는 걸 알려주고 싶었다.

나는 용기를 내 그에게 편지를 보냈고, 놀랍게도 나는 그에게서 답장을 받았다. 여기 그가 보낸 편지의 일부를 보여주겠다.

친애하는 케빈 씨께

글을 쓰는 사람들은 자신의 글이 어떤 영향을 미치는지 거의 모른 채 고립되어 일을 합니다. 당신과 같은 진실한 반응

덕분에 제가 계속 글을 써나갈 수 있습니다. 시간과 노력을 아끼지 않고 편지를 써 주신 데 대해 감사드립니다.

케빈 씨의 친절하고 긍정적인 말들을 보니 감사의 마음도 들지만 한편으로는 부끄럽습니다. 오랜 시간 동안 그렇게 높은 평가와 '영광'을 받기는 처음입니다. 케빈 씨가 골로새서에서 배운 것을 얼마나 훌륭하게 적용하셨는지요! 다시 한번 감사드리며, 하나님의 은총과 사랑이 당신에게서 시작돼 다른 이들에게 계속 흘러넘치기를 기도합니다.

필립 얀시 드림

그의 편지를 읽을 때, 무엇인가 내 마음을 크게 울렸다. 널리 출판되고 많은 사람들에 의해 읽히는 책의 저자조차 축복의 말을 필요로 한다는 것이다.

원스텝 체인징   ■ 지금 당장 당신의 첫 편지를 시작하라
제안   한 걸음의 변화는 작은 결심, 작은 행동으로 시작된다. 오늘 바로 당신의 첫 격려의 편지를 써라. 내일로 미루지 마라. 화려한 카드는 필요치 않다. 종이 한 장이면 충분하며 이메일도 좋다. 사람들이 기억하는 건 카드의 디자인이 아니라 진심에서 우러난 말이다. 깊게 기도하며 받는 이를 선정하고, 편지를 써라. 이것을 신성한 순간으로 생각하라. 10년 뒤, 당신은 500통 이상의 편지를 통해 다른 이들을 격려했다는 걸 깨닫게 될지 모른다. 그리고 하나님은 당신의 편

지를 이용해 사람들을 축복해주실 것이다. 당신이 꿈꾸는 것 이상으로 말이다.

하루에 축복 한 마디는 영혼의 비타민

하루에 축복 한마디의 가치가 있는 인간관계가 있다. 만약 당신이 결혼을 했다면 매일 당신의 배우자에게 적어도 한 마디라도 긍정적인 말을 하도록 힘써라. "사랑해요", "오늘 정말 예뻐요", "정말 멋져요", "내 최고의 친구야"…. 당신의 마음에 있는 것을 그대로 말하라. 언제나 당신이 느끼는 것을 상대방도 똑같이 알고 있다고 추측하지 마라. 당신의 마음을 매일 말로 표현하라. 이 일이 쑥스러워서 자연스럽지 않다면, 연습이 정말 도움이 된다는 것을 알게 될 것이다. 몇 주만 지나면 축복의 말이 좀더 자연스럽게 나올 것이다.

아이들이 있는 경우, 하루에 축복 한 마디는 훌륭한 습관이다. 부모는 아이들이 다 컸을 때라도 일상적으로 긍정의 말을 해주어야 한다. 격식을 차릴 필요는 전혀 없다. 외출하는 딸에게 "너는 정말 좋은 딸이야"라고 말하거나, 아들에게 "내가 너를 얼마나 자랑스러워하는지 알지?"라는 표현 정도면 충분하다. 반면 좀더 형식적이고 일관적으로 축복의 말을 표현하는 것도 좋은 생각이다. 내가 아는 어떤 분은 매일 밤 아이들의 침대 곁에 앉아서 아이들에게 각각 축복을 내린다. 아이의 이마에 손을 얹고 '아론의 축복'을 반복한다. 그래서 그의 아이들은 민수기에 나오는 이 말들을 마음에 새기고 있다. "여호와는 네게 복을 주시고 너를 지키시기를 원하며 여호와는 그의 얼굴을 네게 비추사 은혜 베푸시기를 원하며 여호와는 그 얼굴을 네게로 향하여 드사 평강주시기를 원하노라"(민수기 6:24-26).

그는 내게 이런 말을 할지도 모른다. 아이들을 찾아가 축복하는 말을 해줄 때, 아이들이 이리저리 피하면서 눈을 굴리거나, 자신을 약간 이상한 사람처럼 바라보는 때가 있다고. 그러나 이것은 매일 하나님의 축복을 아이들의 삶에 불어넣기 위한 것이 아니던가? 처음에는 아이들이 어색하고 이상하게 여길지도 모르지만, 아이들은 자라면서 아버지의 축복이 그들의 삶에서 얼마나 큰 의미가 있었는지를 이해하기 시작한다.

우리가 매일 축복해줘야 하는 가까운 사람들을 제외하고, 우리는 또한 격려나 긍정, 치유의 말을 필요로 하는 다른 사람을 찾을 수 있다. 우리는 우리가 가는 모든 곳에서 축복의 전도사로 일할 수 있다. 마음의 눈을 뜨고, 사람들을 바라보며, 성령의 말씀에 귀 기울일 때, 우리는 우리의 말로 사람들이 용기를 가지는 무수한 경우를 발견하며, 우리의 인간관계를 완전히 변화시키는 원스텝 체인징을 경험하게 될 것이다.

혹시, 앞에서 이야기했던 내 어린시절 이야기에 대해 궁금해할까봐 이야기 해주겠다. 처키와 내가 뒤뜰에 불을 냈을 때, 우리 집은 잿더미로 변하지 않았다. 다행히도 소방차가 늦지 않게 도착해서 금방 불을 껐기 때문이다. 나는 깊은 교훈을 배웠으며, 창피하지만 용기를 내서 부모님께 고백했다. 내가 그런 것이고, 나한테 책임이 있다고. …공소 시효가 끝난 20년쯤 후에.

원스텝 체인징 ■ 일일 축복목록을 만들자
제안 당신이 하루에 한 번 축복의 말을 해줘야 한다고 생각되는 사람들의 목록을 만들어라. 그들의 이름과 그들에게 사기를 북돋아줄 수 있는 몇 마디 말들을 적어보라. 그리고 이 목록을 가방이나 지갑, 당신이 매일 볼 수 있는 어딘가에 보관하라. 목록에 적힌 사람들을 보며 축복하는 생활습관을 익히기 위해 노력하자.

● 작은 변화를 일으키는 오늘의 깊은 생각

• 다른 이들의 말이 내게 어떻게 상처를 주었는가? 반면 사람들이 나를 축복하고 칭찬하기 위해 말을 어떻게 사용했는가? 그리고 내 말이 다른 이들에게 고통을 준 적이 있었는가? 또한 내 말이 사람들을 어떻게 축복하고 칭찬했는가?

• 당신이 정기적으로 만나는 사람들 가운데 항상 불평하는 이들을 한두 명 찾아라. 만약 다음에 그들을 만날 때, 그들이 상투적인 불평을 늘어놓으면서 당신을 궁지에 빠뜨린다면 어떻게 대응할 것인지 생각해보라. 지혜와 힘과 은총을 통해 그들에게서 떨어져 있을 수 있고, 그들의 불평에 기름을 붓지 않게 해달라고 기도하라.

● 작은 변화를 일으키는 오늘의 기도

• 다른 이들에게 상처를 주는 말을 사용한 것에 대해 하나님께 용서를 구하라.

• 한결같이 당신을 축복하고, 당신을 도와주는 사람들을 당신 곁에 있게 하신 하나님께 감사드려라.

• 당신의 말이 관계를 불태우는 불이 되고 있을 때, 성령이 그 죄를 깨닫게 하시도록 간구하라. 또한 진심으로 다른 이들을 칭찬하는 용기를 간구하라.

II

섬김을 받기보다
먼저 섬길 줄 아는
원스텝 체인징

저녁 먹는 중 예수는 아버지께서 모든 것을 자기 손에 맡기신 것과
또 자기가 하나님께로부터 오셨다가 하나님께로 돌아가실 것을 아
시고 저녁 잡수시던 자리에서 일어나 겉옷을 벗고 수건을 가져다가
허리에 두르시고 이에 대야에 물을 떠서 제자들의 발을 씻으시고
그 두르신 수건으로 닦기를 시작하여

요한복음 13:3-5

인자가 온 것은 섬김을 받으려 함이 아니라 도리어 섬기려 하고 자
기 목숨을 많은 사람의 대속물로 주려 함이니라

마가복음 10:45

더욱 진실하고 향기로운 인간관계를 위해

아무 일에든지 다툼이나 허영으로 하지 말고 오직 겸손한 마음으로 각각 자기보다 남을 낮게 여기고 각각 자기 일을 돌볼뿐더러 또한 각각 다른 사람들의 일을 돌보아 나의 기쁨을 충만하게 하라 너희 안에 이 마음을 품으라 곧 그리스도 예수의 마음이니 그는 근본 하나님의 본체시나 하나님과 동등됨을 취할 것으로 여기지 아니하시고 오히려 자기를 비워 종의 형체를 가지사 사람들과 같이 되셨고 사람의 모양으로 나타나사 자기를 낮추시고 죽기까지 복종하셨으니 곧 십자가에 죽으심이라

빌립보서 2:3-8

목사는 2가지 큰 잘못을 저질렀다. 불행히도 목사를 제외하고 모든 사람이 그것을 알아챘다. 도저히 알아채지 않을 수가 없었다. 결혼식이 진행되는 동안에 생긴 아주 작은 착오였지만, 사실 그것은 정말로 큰 실수였다.

신부가 우아하게 걸어 들어와 식장 전체에 자신의 아름다움을 뽐냈다. 신랑이 신부의 손을 잡았고, 두 사람은 앞으로 나아가 목사 앞에 섰다. 음악은 훌륭했고, 시간은 달콤했으며, 모든 것이 계획대로 잘 되어 가고 있었다. 이윽고 목사가 입을 열었다.

"빌과 낸시를 대신해 여기 오신 여러분을 환영합니다. 여러분은 신성한 부부의 연분으로 두 마음을 기쁘게 하나로 맺는 자리에 오셨습니다. 기도합시다." 목사가 기도할 때, 아무도 그가 하는 말을 들을 수 없었다. 거기 있었던 사람이라면 공기 중에 흐르는 긴장감을 느낄 수 있었을 것이다. 왜냐하면 신부의 이름은 '낸시'가

아니라 '수잔'이었기 때문이다.

주례하는 내내, 목사는 신부를 낸시라고 불렀다. 무엇 때문인지 아무도 그의 잘못을 지적하지 않았다. 낸시, 낸시, 낸시. 그 이름이 사용될 때마다 하객들은 긴장이 높아지는 것을 느꼈다. 그리고 그 상황이 최고로 불편해졌을 때 목사가 설교를 시작했다.

목사는 일반적으로 결혼식에서 선택하는 고린도전서의 '사랑의 구절'을 읽지 않았다. 그는 약간 다른 길을 택하여, 구약의 아가서를 펼쳤고, 그중에서도 특히 감각적이고 관능적인 구절을 읽었다. 매우 길고 매우 불편한 15분 동안, 목사는 에로틱하고 로맨틱하며 성적인 사랑의 즐거움에 대해 말했다. 그는 아이부터 어른까지 다양한 연령대의 하객들에게 '미성년자 관람불가' 수준의 메시지를 설교하면서 수잔을 계속 낸시라고 불렀다.

목사의 잘못을 지적하기 위해 에티켓 전문가가 필요하지는 않을 것이다. 거기 있던 모든 사람은 그가 예의에 크게 어긋나는 실수를 범했다는 것을 알고 있었다.

각 문화마다, 굳이 말하지 않아도 모든 사람들이 잘 알고 있는 에티켓이 있다. 특히 식사시간에 관련하여 여러 가지 에티켓이 적용되는 경우가 많다. 식사 중에 식탁에 팔꿈치를 올려놓지 마라, 여자의 의자를 빼주어라, 요리에 따라 정해진 포크나 스푼을 사용해라, 냅킨은 무릎에 놓아라, 손님을 먼저 대접하라, 입을 다문 채 음식을 씹어라. 식사를 할 때 어떤 행동은 적절하게 여겨지지만, 다른 행동은 예의에 벗어난다.

서양의 경우, 사람들은 트림에 민감하다. 멋진 레스토랑에서 식사를 하고 있는데, 갑자기 옆 테이블에 앉은 남자가 주방까지 다 들리도록 크게 트림을 한다고 상상해보라. 레스토랑 전체가 고요해지고, 사람들은 누가 도대체 이렇게 커다란 트림소리를 냈는지 확인하기 위해 고개를 돌릴 것이다. 곧이어 그를 향한 날카로운 눈초리와 소곤소곤 나누는 대화는 이 행동이 예의에 어긋난다는 증거가 된다.

물론 식사 후 트림이 음식에 대한 칭찬으로 이해되는 문화권도 있지만 말이다. 트림이 허용되는 문화에서는 누군가 큰 소리로 트림을 해도 아무도 불쾌해하지 않으며, 주방에 있는 요리사는 만족스레 미소를 지을 것이다.

에티켓은 지역과 문화에 따라 다르다. 그래서 자신의 웹사이트를 통해 세계 여러 지역에서 식사할 때 실수를 피할 수 있는 지침을 제공하는 사람도 있다. 당신이 독일에서 식사를 한다면, 음식을 나이프가 아닌 포크로 자르는 것이 좋다. 이것은 요리사에게 음식이 부드럽다는 것을 말해주기 때문이다. 일본에서는 모든 음식을 조금씩 맛보는 게 좋은 매너다. 터키에서는 음식을 다 먹고 더 달라고 하는 건 주방장에 대한 칭찬으로 받아들여진다. 중동에서는 고기가 접시에 놓인 상태에서 집게손가락과 엄지손가락을 사용해 한 입 크기로 떼어내면 된다. 그 문화권에서는 식사하는 동안 손가락으로 음식을 집어도 나쁘게 생각하지 않는다.

제자의 발을 닦아주신 예수님의 마음

예수님 시대의 예법은 오늘날 우리에게 이상해 보일지도 모른다. 예를 들어, 1세기에는 손님이 오시면 하인에게 문 앞에서 인사한 후 손님들의 발을 씻기는 것이 예의였다. 그래서 현관 옆에는 늘 물그릇과 수건이 있었다. 그 당시 대부분의 사람들은 샌들을 신었고 먼지가 가득하거나 질퍽질퍽한 길이 많았기 때문에, 특히 식사를 위해 모이는 경우 손님이 집 안으로 들어오기 전 발을 씻어주는 일은 합당했다. 만약 이 일을 수행할 하인이 없을 경우 그 주인이 대신 발을 씻어주는 경우도 많았다. 심지어 주인이 바쁘거나 발을 씻어줄 수 없다면, 손님이 다른 손님의 발을 씻어주는 일이 흔했다.

예수님의 제자들이 최후의 만찬을 위해 도착했을 때, 문 앞에는 그들을 발을 씻어줄 사람이 한 명도 없었다. 문 옆에는 분명 물동이와 수건이 있었지만 하인이 전혀 보이지 않았다. 슬프게도 그들 중 누구도 서로의 발을 씻어주거나 예수님의 발을 씻어드리지 않았다. 이 간단한 섬김의 행위를 아무도 하고 싶어 하지 않았다는 것을 모두 눈치 챘을 것이다. 그들의 이런 섬김을 거부하는 마음은 그들 중 누가 크냐 하는 다툼을 낳았던 교만한 태도 때문에 생겨났을지도 모른다(누가복음 22:24-27). 식탁에 앉아 토론을 하는 동안, 그들의 발은 여전히 더러웠다. 그래서 식사하던 중간에 예수님이 문제를 해결하셨다. 자리에서 일어나 꼭 하인이 하듯이 수건을 허리에 두르시고 제자들의 발을 씻기 시작하셨다.

예수님이 제자들의 발을 씻으려고 일어나셨을 때, 그들은 그때서야 자신의 잘못을 깨닫고 부끄러워 했을 것이다. 그들 중 누구라도 그 일을 할 수 있었고, 또 했어야 했다. 그러나 정작 그들의 지도자요, 조언자요, 스승인 예수님이 그들의 발에서 더러움을 씻어내기 위해 그들 앞에 무릎을 꿇으셨다. 그는 자신을 배반하게 될 유다의 발까지 씻어주셨다.

그들의 발이 깨끗해졌을 때, 예수님이 말씀하셨다. "너희가 나를 선생이라 또는 주라 하니 너희 말이 옳도다 내가 그러하다 내가 주와 또는 선생이 되어 너희 발을 씻었으니 너희도 서로 발을 씻어 주는 것이 옳으니라 내가 너희에게 행한 것 같이 너희도 행하게 하려 하여 본을 보였노라 내가 진실로 진실로 너희에게 이르노니 종이 주인보다 크지 못하고 보냄을 받은 자가 보낸 자보다 크지 못하니 너희가 이것을 알고 행하면 복이 있으리라"(요한복음 13:13-17).

우주 만물의 조물주가 평범한 인간의 발에서 더러움을 씻어내려고 몸을 굽히셨을 때, 그 모습을 내려다보며 절레절레 고개를 가로젓는 천사들을 상상할 수 있는가? 예수님은 지상에 있는 모든 인간과 하늘에 있는 모든 천사에게 섬김을 선언하셨다. 영광의 하나님, 인간의 모습을 하신 하나님께서는 겸손한 섬김의 행위를 하심으로써 그의 자녀들을 섬기셨다. 심지어 자신을 따르는 이들이 하기 싫어했던 일이었음에도 말이다.

예수님은 발을 씻어주시는 것 외에도 여러 면에서 섬기는 자의 마음을 표현하는 본보기가 되셨다. 하늘의 영광을 떠나 갓난아이로 이 땅에 오셨을 때, 예수님은 우리를 섬기고 계셨다. 성경을 보면 예수님은 "근본 하나님의 본체시나 하나님과 동등됨을 취할 것으로 여기지 아니하시고 오히려 자기를 비워 종의 형체를 가지사 사람들과 같이 되셨고"(빌립보서 2:6-7)라고 한다. 또한 예수님의 탄생조차 희생적인 섬김의 행위였다. 우리가 매년 축하하는 크리스마스와 구유는 하나님께서 우리에게 서로 섬기라고 말씀하시기 훨씬 전에 그가 먼저 우리를 섬기셨음을 깨닫게 해준다.

삶의 처음부터 끝까지 예수님은 사람들을 사랑하시고, 그들을 치유하시며, 그들을 해악이나 위험에서 구하시고, 그들에게 필요한 것을 마련해주셨다. 예수님의 삶은 늘 겸손한 섬김의 본보기였다. 예수님의 궁극적인 섬김의 행위는 우리 죄를 대속하셔서 자신의 생명을 십자가에 내놓으신 것이었다. 골고다에서의 기꺼운 희생은 인간 역사의 모든 섬김의 행위를 무색하게 만든다. 예수님은 앞으로 자신의 미션으로 삼으려는 것에 대해 이렇게 말씀하셨다. "인자가 온 것은 섬김을 받으려 함이 아니라 도리어 섬기려 하고 자기 목숨을 많은 사람의 대속물로 주려 함이니라"(마태복음 20:28). 구유에서 십자가까지, 예수님의 삶은 그를 따르는 모든 이들이 각자 걸어야 할 길이 바로 섬기는 일임을 분명히 보여주신다.

먼저 섬길 것인가 섬김을 받을 것인가, 그것이 문제로다

예수님은 우리가 어떻게 살아야 하는가에 대해 본보기가 되셨다. 그것은 우리 스스로의 힘으로 애써 찾아내야 하는 미묘하거나 난해한 메시지가 아니었다. 예수님은 자신의 메시지를 무엇보다 명백히 보여주셨다. 왜냐하면 섬기는 일이 인간의 자연스러운 행동이 아니라는 것을 아셨기 때문이다. 예수님은 말씀하셨다. "너희가 나를 선생이라 또는 주라 하니 너희 말이 옳도다 내가 그러하다 내가 주와 또는 선생이 되어 너희 발을 씻었으니 너희도 서로 발을 씻어 주는 것이 옳으니라." 예수님은 자신을 따르는 모든 이들에게 분명한 메시지를 주기 위해 가장 겸손한 섬김의 행위를 택하셨다. 기독교인은 언제나 가장 낮은 섬김의 행동을 해야 한다. 그리고 예수님의 마음이 담긴 인간관계를 원하는 사람들은 반드시 서로 섬기는 법을 배워야 한다.

그러나 우리가 사는 세상은 이와는 전혀 다른 것을 원한다는 것이 문제다. 우리는 인생에서 명성을 '얻었을' 때, '마침내' 성공을 거머쥐었을 때, 다른 이들은 그때 우리를 매우 친절하게(때로는 과도하게) 보살펴주고 섬겨준다고 생각하기 때문이다. 음식점에 가서 종업원에게 우리가 원하는 것을 말할 때, 우리는 그 사람이 우리를 시중들 거라고 기대한다. 그래서 운전사나 개인 안마사를 고용할 수 있는 성공의 자리까지 오를지 모른다. 어떤 사람들은 무엇이든 심부름을 시킬 수 있는 개인비서를 두기도 한다. 이 세상의 사다리를 높이 오를수록, 우리는 더 많은 권리와 권력을 가졌다고 느끼며, 그 결과 다른 이들이 더 많이 우리를 섬길 거라고 기대한다.

그러나 이때 예수님께서 오셔서 성공에 대한 우리의 이해를 완전히 뒤집으신다. 예수님은 "이방인의 집권자들이 그들을 임의로 주관하고 그 고관들이 그들에게 권세를 부리는 줄을 너희가 알거니와 너희 중에는 그렇지 않아야 하나니 너희 중에 누구든지 크고자 하는 자는 너희를 섬기는 자가 되고 너희 중에 누구든지 으뜸이 되고자 하는 자는 너희의 종이 되어야 하리라"(마태복음 20:25-27)라고 말씀하신다. 예수님은 이 진리를 강화하신다. "너희 중에 큰 자는 너희를 섬기는 자가 되어야 하리라"(마태복음 23:11). 예수님은 매우 분명히 이것의 본을 보이셨고 이것을 매우 힘주어 가르치셨다. 우리 내면의 모든 것과 외부의 세상 모든 것은 같은 방향으로 나가기는커녕 서로 부딪칠 거라는 것을 알고 계셨기 때문이다. 또한 예수님은 우리가 다른 이들을 섬기는 사람이 되었을 때, 비로소 진정한 기쁨과 건강한 관계를 얻게 된다는 것을 아셨다.

지금까지의 가르침을 통해, 건강하고 발전하는 인간관계를 열망한다면 당신은 다른 이들을 섬기기로 결심할 것이다. 섬김의 행위는 여러 형태로 나타날 수 있다. 직장에서라면 상사가 부하 직원에게 먼저 도움의 손길을 내밀 수 있고, 가정에서는 배우자가 남편이나 아내에게 필요한 것을 채워주기로 결심할 때 일어날 수 있다. 또한 자기중심적인 형제자매가 다른 형제나 자매를 도와줄 때 놀라운 방식으로 나타날 수 있다. 그리고 섬기는 행동을 실천할 수 있는 또 다른 자연스러운 장소는 교회다. 교회에서 다른 성도들을 도와주는 수단과 방법은 매우 다양하다. 결론은 이것이다. 어디에서 일어나든 언제 일어나든, 섬김의 행위는 우리의 인간관계를 강하게 하고 다른 이들의 삶을 축복하는 중요한 힘이 된다.

히브리서의 저자는 섬김의 가장 최고의 순간에 예수님이 어떻게 기쁨을 발견하셨는지 우리가 상상하게 해준다. "믿음의 주요 또 온전하게 하시는 이인 예수를 바라보자 그는 그 앞에 있는 기쁨을 위하여 십자가를 참으사 부끄러움을 개의치 아니하시더니 하나님 보좌 우편에 앉으셨느니라"(히브리서 12:2).

인간의 모든 역사에서 십자가에 매달리신 예수님의 죽음보다 더 희생적인 행위는 없다. 그런 극한의 희생에도 불구하고, 우리는 예수님이 '그 앞에 있는 기쁨을 위하여' 아픔과 고통을 견디셨다는 것을 안다. '섬김을 받는 것'에서 '기쁨을 가져오는 섬김'으로의 변화를 어떻게 만들 수 있을까? 다른 이들을 섬기는 데 헌신하며 성장할 때, 그것은 모든 인간관계를 강하게 하고 튼튼하게 한다. 예수님은 다른 이들을 섬기시며 하나님 아버지께 영광을 돌리고 사람들의 삶을 축복하셨다. 그분을 따를 때, 우리도 똑같이 하게 된다.

원스텝 체인징 ■ 가정에서부터 섬김을 시작하자
제안 가족들 중 한 사람을 택해 섬김의 행동을 하라. 무슨 일을 해야 그 사람에게 중요하고 의미가 있는 일이 될지 모르겠다면, 이 장의 제시된 목록에서 아이디어를 얻을 수 있을 것이다. 아니면 솔직하게 직접 물어보라. 그를 섬김으로써 당신과 그 사람과의 관계가 더욱 돈독해지는 것을 느낀다면, 또 다른 사람을 찾아 그를 섬겨보라.

당신의 가족을 가장 먼저 떠받들라

"집은 마음의 안식처다."

"내 집보다 나은 곳은 없다."

물론 그렇다. 하지만 집에 의존하는 것은 좋은 때도 있고 나쁠 때도 있다. 모든 사람이 《오즈의 마법사》에 나오는 소녀 도로시처럼 아늑한 농장에서 친절한 아주머니, 아저씨와 사는 것이 아니기 때문이다.

우리는 '집'에 대해 세상 사람들이 이야기하는 모든 종류의 상투적인 문구를 붙일 수 있겠지만, 집이야말로 우리 자신의 성향이 가장 많이 반영되는 장소다. 바깥 세상에 나가 있을 때는 우리를 지켜보고 있는 고정된 시선이 너무나 많기 때문에, 우리는 말이나 행동을 삼가고 조심한다. 그래서 밖에서는 마지막 남은 피자 조각을 누가 채가기 전에 재빨리 낚아서 입에 쑤셔 넣는 행동을 하지 않는다. 다른 사람이 바닥에 앉아 있을 때라도 무심하게 바라보며 소파의 공간을 모두 차지하며 늘어져 있지도 않는다. 또한 원하는 것이 있으면 재빨리 이야기하고, 요구가 받아들여지지 않는다고 입을 삐죽이 내밀고 있지도 않는다. 일터, 학교, 사회, 교회에 있을 때, 우리는 적어도 누군가 지켜보는 동안에는 좋은 모습으로 꾸미고 다른 이들을 섬기는 데 힘을 쏟는다. 바깥세상에서, 우리는 주고 또 준다. 그러나 집에 돌아왔을 때, 우리는 오로지 우리 자신에게만 초점을 맞춘다.

그렇기 때문에 이 세상 전체에서 섬기는 일이 가장 힘든 곳이 우리의 가정이며 우리의 가족들이다. 하지만 발을 씻어주시는 예수님의 행동은 가정이라고 해서 달라지지 않는다. 우리는 하나님이 우리 위에 계실 때, 어떤 섬김의 행위도 높고 낮음이 없다는 것을 기억해야 한다. 그러므로 집에서 함께 사는 사람들을 섬기기 위해 더욱 헌신해야 한다.

부부가 상대방에게 섬김을 받기보다는 자신이 먼저 상대방을 섬기기로 결심할 때, 그들의 관계는 재미있게 된다. 갓 결혼한 신혼부부가 저녁 데이트를 위해 비디오를 한 편 빌리려 한다고 상상해보자. 아내는 이렇게 말한다. "당신이 좋아하는 액션영화를 빌려요! 폭발과 자동차 추격 장면이 많이 나오는 걸로요."

그러자 남편이 대답한다. "여보, 그치만 당신은 액션영화를 좋아하지 않잖아? 인간의 감정과 관계에 대해 끝없이 대화를 나누는 로맨틱한 영화를 빌리는 게 어때요? 유럽을 배경으로 모든 인물이 정말로 문학적인 대사를 하고, 모든 사람이 근사한 옷을 입고 나오는 영화 말이에요."

"아니에요, 아니에요." 아내가 고집한다. "액션영화를 빌려야 해요. 아놀드 슈왈제네거나 키아누 리브스, 윌 스미스가 나오면 더할 나위 없을 거예요."

남편이 마침내 화가 나서 말한다. "여보, 난 당신이 즐기는 영화를 보고 싶어요! 르네 젤위거, 엠마 톰슨, 케이트 윈슬렛만 나오면 된단 말이오."

이 신혼부부는 드디어 첫 부부싸움을 한다. 둘 다 완강히 서로를 섬기는 데 전념했기 때문에! 물론 이것은 지어낸 이야기지만,

부부가 자신보다 상대방이 원하는 것을 고집함으로써 서로를 섬긴다면 감탄할 만하지 않을까?

형제자매를 섬기는 일 역시 도전을 요한다. 나는 여동생 그레첸을 처음 섬기려 했던 그때를 아직도 생생히 기억한다. 나는 막 기독교인이 되었고, 예수님이 어떻게 제자들의 발을 씻어주셨는지에 대해 들었다. 그래서 나는 집으로 돌아가, 그레첸의 방으로 가서 대신 방을 청소했다. 이 사실을 안 그레첸은 처음에는 화를 냈다. 왜냐하면 그때까지만 해도 나는 못된 오빠였기 때문이다. 우리는 많이 싸웠고, 그래서 그레첸은 내가 자신의 물건 가까이에 올 때마다 의심쩍게 쳐다봤다. 그러던 내가 갑자기 그레첸만의 공간에 침입해서 난데없이 청소를 하고 물건들을 정리했던 것이다. 뭔가 매우 어울리지 않았다.

그레첸은 나에게 왜 자신의 방을 청소하는지 물었고, 나는 여동생을 사랑하기 때문에 했다고 말했다. 그리고 이 섬김의 행위와 그에 따른 대화는 그레첸과 나의 관계에 원스텝 체인징을 일으켰다. 현재 우리는 서로 사랑하고, 서로를 돕고 섬기는 일이라면 무엇이든 할 사이다.

아래에 있는 아이디어들은 우리가 가정에서 섬기는 일을 실천할 수 있는 여러 종류의 방법이다. 사실 우리가 그저 주위를 둘러보고, 귀를 기울이고, 기회가 생길 때 직접 나서기만 한다면 할 수 있는 섬김의 행위들은 무척 많다. 아래와 같은 작은 봉사계획 중 하나를 시도해보고, 진정 무슨 일이 일어나는지 살펴보라.

- 하루 동안 다른 식구의 집안일을 대신 해주겠다고 나서라.
- 저녁을 준비하고 설거지를 하겠다고 말하여 모두를 놀라게 하라.
- 욕실을 청소하고 변기를 닦아라. 이 일을 통해 상대방에게 발을 씻어주는 겸손한 행동의 느낌을 얻을 수 있다.
- 다른 누군가 텔레비전을 보기 위해 자리에 앉으면, 리모콘을 건네고 그 사람이 보고 싶어 하는 것을 함께 시청하라.
- 다른 가족이 해야 할 일이지만, 그 사람은 별로 좋아하지 않는 일을 찾아라. 그리고 일주일에 한 번 그 사람을 대신해 그 일을 하라.
- 당신의 옷이나 신발을 빌리고 싶어 하는 식구에게 흔쾌히 당신의 것들을 빌려주라.
- TV 볼 때 "저리 가!"라고 말하며 앞자리를 차지하려고 싸우는 대신, "내가 먼저 뒤에!"라고 말하며 앞자리를 내주어라. 이렇게 할 때마다 눈을 동그랗게 뜨고 당신을 바라보는 가족들을 재미있게 지켜볼 수 있다.

중요한 것은 어떤 행동을 하느냐가 아니다. 무엇이든 당신의 가정에 '섬기는 문화'를 자연스럽게 퍼트리는 것이 중요하다. 다른 사람을 섬기는 행동을 하면서 가족들이나 룸메이트와의 관계가 어떻게 변하기 시작하는지 흐뭇하게 지켜보라.

섬기려는 열정이 가득한 교회를 만들자

모든 사람이 섬김을 받기 원하는 교회를 한번 생각해보라. 각각의 사람들은 교회가 그들이 필요한 것을 충족시켜주고, 그들을 행복하게 만들며, 그들의 기분이나 요구에 부응하기 위해 존재한다고 믿는다. 모든 사람이 '내 시중을 들어라'는 태도를 갖고 있고, 그들이 원하는 방식으로 일들이 진행되지 않을 때마다 재빠르게 불평을 늘어놓는 성도를 상상해보라. 슬프게도 누군가는 이런 교회의 모습을 굳이 상상하지 않아도 될 것이다. 바로 지금 그가 있는 교회가 그런 모습일 테니까.

이런 모습의 교회는 결코 세상에 긍정적인 영향을 미치지 못할 것이다. 규모 역시 작아지고, 내부로만 향하며, 건강해지지 못할 것이다. 가장 큰 문제는 이런 교회는 예수님을 경배하지 않고 하나님을 영광스럽게 하지 않는다는 것이다. 이는 결코 섬기는 자의 마음으로 다스려지는 교회가 아니다.

반대로 한 사람 한 사람 다른 이들을 섬기려는 열정을 지닌 교회를 상상해보라. 서로에게 희생적인 봉사를 행하기 위해 헌신하는 성도들을 통해, 하나님께서 무슨 일을 하실 수 있는지 생각해보라. 이런 사람들은 성령이 그들 각자에게 독특한 능력(영적인 재능)을 주셨으며 이를 사용해 다른 이들의 사기를 북돋아주고 하나님을 영광스럽게 할 수 있음을 알고 있다. 따라서 그들은 자신의 재능을 발견하고, 그것을 계발하고 잘 사용하려는 귀중한 목적을 가지고 있다. 하나님은 이런 교회를 통해 무슨 일을 하실 수 있을까?

위급상황이 벌어졌을 때, 우리는 누군가를 도와 들것을 나르는 일을 할 수도 있지만, 막상 우리 자신이 상처를 입고 들것에 실리는 사람이 될 수 있다. 이처럼 섬김을 받을 필요가 있을 때도 있다. 하지만 대부분의 시간에 다른 이들을 섬기라고 요구받는다. 명심해야 할 것은, 하나님께서는 다른 사람들이 어려운 시기를 극복할 수 있도록 우리 각자가 도움을 주길 원하신다는 것이다. 교회란 몇몇 지치고 피로한 일꾼들이 성도 전체의 무거운 짐을 나르려 애쓰고 다른 사람들은 멀뚱히 서서 그 모습을 관망하는 무리가 되어서는 안 된다. '백지장도 맞들면 낫다'는 옛말은 진정 사실이다. 섬기는 사람들로 가득한 교회는 세상을 변화시킬 것이다.

상처 받고 곤경에 빠졌을 때, 우리는 하나님의 사람들이 우리가 겪고 있는 어려움을 극복하도록 도와줄 거라는 데 감사할 수 있다. 그러나 다시 강하고 건강해지면, 그때는 들것에서 내려와 다른 이들을 보살펴야 한다. 그리스도 안에서 강한 사람들 역시 때로 깊은 고통과 상실, 슬픔의 시기에 부딪친다. 다행히도 주변에는 언제 어디서든 그들을 섬기는 사람들이 있을 것이고, 이 사실에 감사할 것이다. 섬김을 받는 것에서 섬기는 것으로 원스텝 체인징을 일으킬 수 있다면, 우리는 하나님께서 우리를 사용하시어 다른 이들을 돕고, 조력하고, 가르치고, 격려하기 원하신다는 것을 발견한다. 우리가 좀더 예수님과 닮은 사람이 될 때, 다른 이들이 우리를 채워주길 바라는 것보다 먼저 다른 이들을 섬겨야 한다는 것을 배우게 된다.

우리는 많은 면에서 예수님처럼 될 것을 권유 받는다. 예수님처럼 되기 위해서 가장 높은 단계의 일이 바로 다른 이들을 섬기는 것이다. 지금 구급차에 실려 가기 직전 들것에 실려 있는, 당신이 아는 한 사람을 찾아라. 신체적으로 불편한 상태에 있는 사람일지도 모르지만, 그에게 필요한 건 감정적인, 재정적인, 관계적인, 혹은 영적인 것이든 무엇이든 있을 수 있다. 그가 힘든 시간을 보내는 동안 당신이 도울 수 있는 한 가지 방법을 생각하라. 당신은 그를 어떻게 섬길 수 있을까? 격려의 편지를 보내거나, 재정적인 짐을 덜어주거나, 맛있는 음식을 해주거나, 무엇이든 예수님의 사랑을 보여주는 섬김의 행동을 하라.

교회에서 다른 사람들을 섬길 수 있는 좋은 자리를 찾고 싶다면, 다음의 3단계 과정을 따라보자. 첫째, 당신이 갖고 있는 영적인 재능을 발견하게 도와주는 교육을 받아라. 교회마다 여러 가지 교육과정과 강좌가 있겠지만, 어떤 것을 선택하든 영적인 재능에 대한 훈련이 있을 것이다. 단지 어디선가 사람이 필요하다는 이유로 무작정 교회봉사에 뛰어들지는 마라. 반드시 당신의 열정과 기질, 재능에 맞는 봉사영역을 찾아라. 교육을 받거나 책을 읽은 후 하나님께서 당신을 만드신 유일한 방식에 맞는 봉사의 영역을 깨닫게 되면, 그때 시작하라.

둘째, 당신이 재능 있는 영역에서 선택할 수 있는 봉사활동을 찾아보라. 당신에게 남을 가르치는 재능이 있다면, 초등학교 2학년

학생들을 위한 주일학교, 중·고등부, 청년부 중 어디에서 가르치는 게 가장 적합한지 발견하는 데는 얼마간의 경험이 필요할 수 있다. 관리나 경영에 재능이 있다면 봉사활동의 거의 모든 영역에서 도움이 된다. 무엇이든 특별한 재능을 가지고 있다면 수많은 방법으로 섬김을 실천할 수 있다. 그러므로 즐겁게 여러 가지 봉사영역을 찾아다니고, 지도자·참가자들과 이야기를 나누며, 당신이 있을 가장 알맞은 곳을 찾게 해달라고 기도하라. 이 과정을 통해 섬김을 행하는 바른 자리를 찾을 것이다.

셋째, 교회의 평생 일꾼이 되겠다고 다짐하라. 봉사활동을 1~2년 하는 것에 그치지 말고 평생의 생활방식이 되게 하라. 당신의 삶이 변함에 따라 교회에서의 활동은 달라질 것이라는 것을 기억하면 도움이 된다. 당신이 20대 초반이었을 때와 결혼을 하고 두 아이의 부모가 되었을 때는 다른 봉사활동을 할 수 있으므로, 섬기는 일에 헌신하되 하는 일과 장소, 때에 대해서는 유연한 생각을 가져라. 삶의 여러 새로운 시기를 통해 당신이 가진 영적인 재능을 새롭게 발견하게 될지도 모를 일이다.

원스텝 체인징 　■ 교 회 의　한　가 족 으 로　거 듭 나 자
　　　제안　집안일을 전혀 하지 않는 가족은 없듯이, 교회에서의 일을 돕지 않는다면 우리는 결코 하나님의 어엿한 가족이라고 느끼지 못할 것이다. 어떤 교회에서든 다른 사람을 섬기는 행동을 할 수 있는 무수한 기회가 있다. 일단 당신의 영적인 재능을 발견하기 위해 교회에서 교육을 받아라. 혹시 교회에서 이런 종류의 교육이 없다면, 목사나

교역자를 만나서 당신이 교회에서 다른 이들을 어떻게 섬길 수 있는지 발견하게 해달라고 도움을 청하라. 또는 여러 교회에서 함께 주최하는 교육과정이 있는 경우도 있으니 이를 활용해도 좋다.

교회 밖 사람들 섬기기

예수님을 따르는 이들이 자주 간과하는 섬김의 영역이 있는데, 바로 지역 공동체나 당신의 삶에서 아직 예수님을 따르지 않는 사람들에 대한 봉사를 잊는 경우가 있다. 때때로 기독교인은 그들의 가족과 교인들에게만 너무 많은 관심과 노력을 쏟기 때문에, 교회 밖에 있는 사람들을 섬길 시간이 거의 없다고 말한다. 이 얼마나 슬픈 실수인지!

내가 영적을 성숙해가던 시기, 내게 가장 많은 영향을 미친 사람 중에 더그라는 형이 있었다. 더그는 나보다 서너 살 정도 많았지만, 당시 내가 알고 있던 그 어떤 사람보다도 더 많이 예수님의 사랑을 보여주었다. 더그는 예수님을 열렬히 따랐으며, 다른 사람을 위해 일하는 것을 매우 좋아했다. 그에 비해 나는 불량스럽고 매우 이기적인 소년이었다. 운전면허가 있었던 더그는 내가 필요할 때 언제든지 차를 태워주겠다고 말했다. 그렇다고 그의 집이 우리 집과 가까운 것도 아니었다. 차로 약 20분 떨어져 있었지만, 내가 부르면 그는 언제든지 나타나 나를 목적지까지 데려다준 뒤 집으로 돌아갔다. 돌아보면 그에게 단 한 번 기름값조차 내준 적이 없었다는 사실에 마음이 아프고, 심지어 고맙다는 말조차 때마다 하지 못했다. 하지만 그는 변함없이 나를 도와주었고, 예수님의 사랑을 느끼게 해주었다.

만약 내가 기독교인이 되는 데 가장 큰 영향을 준 한 사람을 꼽아야 한다면, 그건 두 말 않고 더그가 될 것이다. 그는 내 삶에서 예수님과 꼭 닮은 사람이었다. 그가 진짜 내 발을 씻어주지는 않았지만, 기꺼이 나를 태우고 온 도시를 돌아다닌 일은 내가 결코 잊지 못할, 섬기는 자의 마음을 보여준 본보기였다.

마찬가지로 교회의 모든 신도들은 교회에 다니지 않는 사람들을 돌보고 섬기기 위해 봉사할 수 있다. 자기네 교회 식구들을 섬기는 데 능한 교회는 많다. 예를 들어 수술을 받았거나 병마와 싸우는 교인들에게 식사를 가져다주는 사람들이 있고, 가난한 구역 식구들의 집 안팎일을 돕는 봉사팀도 있다. 이처럼 교회에 속한 사람들을 섬기고 있는 교회라면 그들의 관심과 보살핌을 이제 교회 밖 사람들에게 넓힘으로써 지역 사회에 큰 영향을 미칠 수 있다.

교회에 다니지 않고, 방금 첫아이를 낳은 미혼모가 당신이 다니는 교회로부터 전화를 받았다고 상상해보라. 병원에서 퇴원한 후 그녀를 위해 일주일간 식사를 준비해가도 괜찮겠느냐고 말이다. 그녀는 대뜸 "왜 제게 그런 말씀을 하시는 거죠?"라고 물을지 모른다. "그 근방에 사는 당신의 친구가 우리 교회에 다니는데, 당신이 막 아기를 낳았다고 말해줬어요. 우린 당신이 이 중요한 시기를 잘 보내도록 돕고 싶을 뿐이에요." 이 젊은 엄마는 따듯한 사랑이 담긴 훌륭한 식사를 대접받을 뿐만 아니라, 새로운 친구들을 사귀고, 삶을 변화시킬 만한 예수님의 사랑을 경험하게 될 것이다. 하나님께서 이 봉사를 통해서 그의 사랑을 널리 베푸시고, 또 이 젊은 엄마가 예수님에 대해 알아가는 문을 열어놓으시는 것인지 과연 누가 알겠는가?

예수님의 제자들은 서로의 발을 씻어주는 기회를 놓치는 중대한 실수를 저질렀다. 그러나 우리 주님은 그 자신이 직접 본보기가 되어, 섬김의 길 위에 그들을 다시 되돌려 놓으셨다. 만약 우리가 그 식탁에 앉아 있었다면, 예수님께서는 분명 우리의 발 역시 씻어주셨을 것임을 깨달아야 한다. 지금 이 시각에도 우리 주위에는 더러운 발과 부서진 마음을 안고, 무거운 짐을 진 채 우리의 도움을 필요로 하는 사람들이 많다. 이제 우리도 물동이와 수건을 들고 예수님처럼 섬기는 일을 시작할 때다.

● 작은 변화를 일으키는 오늘의 깊은 생각

• 만약 내가 예수님의 제자들과 함께 식탁에 앉아 있고, 예수님께서 무릎을 꿇어 내 발을 씻어주셨다면, 나는 어떻게 반응했을까? 이 경험을 통해 다른 이들을 섬기는 나의 관점이 어떻게 형성되었을까?

• 나는 섬기는 행동을 하는 것이 언제 가장 어려운가? 또한 내 삶에서 섬기기 가장 힘든 사람은 누구인가?

● 작은 변화를 일으키는 오늘의 기도

• 다양한 방식으로 당신을 섬기고, 당신이 다른 이들을 어떻게 섬겨야 하는지 본보기가 되신 예수님께 감사하라.

• 당신의 삶에서 예수님의 섬기는 자의 마음을 느끼게 해준 사람들을 위해 하나님을 찬양하라. 그 사람들의 삶과 본보기를 깊이 생각해보고, 그들을 당신에게 보내주신 하나님께 감사하라.

• 당신에게 섬기는 자의 마음이 자라나게 해달라고 예수님께 기도하라. 또한 당신이 어떤 경우에 섬기는 것을 피하는지 고백하고, 이를 극복하기 위한 새로운 열정을 구하라.

12

아첨보다
용기로 진실을 밝히는
원스텝 체인징

너희가 행할 일은 이러하니라 너희는 이웃과 더불어 진리를 말하며 너희 성문에서 진실하고 화평한 재판을 베풀고 마음에 서로 해하기를 도모하지 말며 거짓 맹세를 좋아하지 말라 이 모든 일은 내가 미워하는 것이니라 여호와의 말이니라

스가랴 8:16-17

오직 사랑 안에서 참된 것을 하여 범사에 그에게까지 자랄지라 그는 머리니 곧 그리스도라

에베소서 4:15

진실한 입술은 영원히 보존되거니와 거짓 혀는 잠시 동안만 있을 뿐이니라 거짓 입술은 여호와께 미움을 받아도 진실하게 행하는 자는 그의 기뻐하심을 받느니라

잠언 12:19, 22

1980년 4월 21일, 마라톤 선수 로지 루이즈*Rosie Ruiz*는 여자선수로서 세계에서 세번째로 빠른 기록을 세우며 미국 보스턴 마라톤에서 우승했다. 그녀는 42.195킬로미터를 2시간 31분 56초에 완주했다. 그녀가 결승선을 지나 자신의 인생에서 가장 힘든 경주를 끝냈을 때, 보스턴 경찰 두 명이 그녀를 부축했다. 관중들은 이 무명의 마라토너가 월계관을 쓰고 승리의 표시로 양손을 번쩍 치켜드는 모습을 지켜봤다. 놀랍게도 수상자 연단에 오를 때 로지의 모습은 지나치게 기운차고 생기가 넘치는 것처럼 보였다.

얼마 지나지 않아, 로지와 이 대회의 우승에 대해 갖가지 문제가 제기됐다. 관계자들은 마라톤 코스를 따라 촬영한 모니터를 재검토했는데, 놀랍게도 로지가 실제로 '보스턴 마라톤'에서 뛰었다는 증거는 하나도 없었다. 마라톤 참가자들 중 누구도 로지가 자신을 앞질렀다거나 자신 앞에서 뛰었다고 기억하지 못했고, 경주를 관람했던 사람들 중 누구도 로지가 전 구간을 완주했다는 그녀의 주장을 뒷받침할 만한 사진을 찍지 못했다. 그리고 마침내 로지가 코스의 마지막 1㎞ 정도를 앞두고 경주에 뛰어드는 것을 봤다는 목격자들이 나타났다. 모든 정황을 살펴보았을 때 로지가 결승선 앞에서 끼어들어 단거리를 질주한 뒤 우승을 차지한 것 같았다.

더 깊은 조사가 이뤄진 뒤, 관계자들은 이 젊은 여성이 뉴욕 마라톤에서 부정행위를 함으로써 보스턴 마라톤의 참가자격을 얻었다는 것을 알게 됐다. 그녀는 뉴욕 마라톤에서도 출발선을 떠나기는 했지만, 지하철에 올라타 결승선 가까이에서 내렸던 것이다. 실제로 마라톤을 하지 않았다는 압도적인 증거가 쏟아지자, 로지 루이즈는 수상 받은 1등을 빼앗겼고 월계관은 진짜 승리자인 재키라는 선수에게 돌아갔다.

이렇게 너무나 많은 증거가 포착 됐음에도 로지는 자신이 보스턴 마라톤을 완주하고 우승했다고 계속 주장했다. 그녀는 결코 어떤 잘못도 인정하지 않았다.

진실을 말하는 것은 때로 힘겨운 도전이다

위의 이야기를 읽은 당신은 아마 로지를 호되게 비난하고 있을 것이다. 그러나 로지에게 돌을 던지기 전에, 우리는 각자 자신의 마음을 오래, 그리고 깊이 응시해보자. 우리는 모두 살면서 진실을 피하고, 악의 없는 작은 거짓말을 하며, 진리를 왜곡하려는 유혹을 받는다. 누구처럼 보스턴 마라톤에서 우승했다고 세상을 확신시키려 하지는 않을지도 모르지만, 우리는 가끔 진실이 아닌 말들로 우리 자신과 다른 사람들을 속이려는 생각을 한다.

혹시 사람은 사악한 본성이 있기 때문에 진실을 말하기 힘들다는 사실을 당신이 믿지 못하겠다면, 무엇이든 좋으니 TV를 틀어

법정 드라마나 비슷한 류의 TV 쇼를 한번 보라. 한 사람이 사건을 진술할 때, 그가 하는 말은 모두 사리에 맞는 것 같다. 그 논증은 또 얼마나 설득력이 있는지. 그러고 나서 이제는 반대쪽에 선 사람이 말할 차례가 된다. 그는 또 자신의 편에서 논리를 펼치며, 그역시 진실을 말하고 있는 것처럼 보인다. 그리고 마침내 당신은 양쪽의 진술대로라면 그 사건은 절대 동시에 일어날 수 없다는 것을 깨닫는다. 그들 중 한쪽이 진실을 과장하고 왜곡하며 어지럽히고 있는 것이다. 프로그램이 거의 끝날 때쯤, 시청자들은 양쪽 모두 진실을 말하고 있지 않다는 판단을 내린다. 잠언은 "송사에서는 먼저 온 사람의 말이 바른 것 같으나 그의 상대자가 와서 밝히느니라(잠언 18:17)"라고 말한다. 그렇다. 인간 본성의 어떤 것들은 분명 시간이 지나도 변하지 않는다.

포스트모던하며, 상대론적이며, 무엇을 하든 상관하지 않는 세상에서 우리가 꼭 해야 할 질문은 이것이다. "진실을 말하는 게 정말로 중요한가? 또한 누군가가 진실을 말한다고 주장하는 것을 통해 우리가 진정 진실을 알 수 있는가?" 사실 이런 질문은 유사 이래 항상 우리와 함께 존재해왔던 것으로 전혀 새로운 게 아니다. 이 질문에 간단한 대답은 없다. 그러나 건강하고 지속적인 인간관계를 원한다면, 진실을 말하는 일이 반드시 필요한 요소임을 인정하는 편이 좋다. 예수님은 "오직 너희 말은 옳다 옳다, 아니라 아니라 하라 이에서 지나는 것은 악으로부터 나느니라"(마태복음 5:37)고 가르치셨다. 예수님은 우리가 진실을 말하고 진실에 의지할 수 있다고 암시하신다. 진실을 말하는 일은 쉽지도 않고, 인기를 얻을 만한 것이 아닐지도 모르지만, 건강한 관계의 초석인 것은 분명하다.

우리 자신에게 진실을 말하라

단 두 컷으로 이뤄진 훌륭한 만화가 있다. 만화의 제목은 "그가 보는 것, 그녀가 보는 것"이다. 한쪽 면에는 거울을 바라보는 뚱뚱한 남자가 있다. 축 늘어진 올챙이배에, 포테이토칩과 햄버거를 계속 집어먹고, 손에 리모콘을 쥔 채 소파에서 오랫동안 시간을 보내는, 흡사 오리를 연상시키는 체격을 갖고 있다. 하지만 그는 거울 속 자신을 최고의 근육맨으로 바라본다. 그리고 다른 쪽 면에는 날씬하고 균형 잡힌 몸매의 여자가 있다. 그녀는 거울 속에서 촌스러운 옷을 입고 있는 뚱뚱한 여자를 보고 있다. 이 두 경우 모두 속임수가 작용했다. 두 사람은 자기 자신을 있는 그대로 지각하지 못한다. 즉, 둘 다 진실을 보지 못하는 것이다.

우리는 너무 자주 이 만화 속 인물들과 비슷한 행동을 한다. 미리 선택된 몇 가지의 잣대만으로 우리는 현실을 재단한다. 또는 사물의 실제 모습보다 훨씬 더 매섭게 정의하기도 한다. 이제, 진실을 말하는 사람이 되기 위해 원스텝 체인징을 시작하려 한다면, 우리는 하나님이 보시는 대로 세상을 바라봐야 한다.

기꺼이 혼돈의 터널로 들어가는 용기를 가져라

인간관계에서 진실을 이야기하는 것이 중요하다고 말하는 일은 쉽다. 문제는 그 말을 실제로 실천하는 것이 어렵다는 점이다. 서로 정직하게 의사소통하겠다고 다짐하는 일은 사실 어느 정도의 혼란을 감수하겠다는 뜻이다. 사탕발림식의 의례적인 말을 뛰어넘어 더 깊은 의사소통은 분명 투자할 가치가 있지만, 그 대가는 비싸다. 이를 위해 치러야 할 대가 중 하나는 사람들 사이의 표면적인 수준의 평화를 끝내는 일이다. 우리는 영원히 별 탈 없이 행복하게 살기를 바라는 마음이 있기 때문에, 쓸데없이 보트를 흔들거나, 어려운 질문을 하거나, 진실을 말하지 않음으로써 우리의 관계를 유지하려고 한다.

정신과 의사로 유명한 스캇 펙은 《서로 다른 북*The Different Drum*》이라는 책에서 진실을 회피하는 일이 우리의 관계를 평화롭게 할 거라는 가정에 이의를 제기한다. 펙은 진실을 말하는 것이 어렵다고 뒷걸음치는 관계는 결국 '사이비 공동체'를 만들어낼 뿐이라고 주장한다. 정직을 회피하고 언제나 한 걸음 비켜서서 직면하는 것을 평화로 잘못 인식한다고 말한다. 사이비 공동체는 결코 깊고 건강한 관계를 이끌어내지 못하며, 오직 냉소와 원한, 분노, 의심을 낳게 된다. 이는 사랑의 목을 졸라 천천히 그 생명을 빼앗는 일이라고 한다.

그래서 그가 사이비 공동체의 해독제로 제안하는 것은 혼돈이다. 이때 혼돈의 의미는, 우리의 관계를 건강하게 만들기 위해서 다소 불편한 진실이라도 있는 그대로 말함으로써 우리의 관계가 혼란에 빠질 수 있는 위험을 무릅써야 한다는 것이다. 성경에 제시된 진정한 관계를 연구하는 전문가들은, 인간관계에서 진실을 말하기로 결심하는 이런 과정을 '혼돈의 터널'이라고 표현했다. 왜냐하면 이는 우리가 평화에 대해 갖고 있는 그릇된 인식을 깨뜨리고, 우리를 혼돈이라는 평화로 이끌기 때문이다. 우리가 이 터널을 뚫고 나갈 수 있다면, 진정한 공동체와 건강한 인간관계를 얻은 채 반대편으로 나오게 될 것이다.

이전에 혼돈의 터널을 통과해본 사람들은, 이 과정이 보다 깊은 수준의 건강한 인간관계를 위해서 꼭 필요하다는 것을 안다. 나는 이것을 결혼 후 7개월 반이 지났을 때 깨달았다. 결혼서약을 하고 거의 8개월 동안, 나는 더할 나위 없이 좋은 남편이었다. 아내가 항상 내게 그렇게 말해주었기 때문이다. 우리의 결혼생활에서 내가 어떻게 하고 있는지 물었을 때, 아내는 "당신, 문제없어요!"라고 말했다. 우리 두 사람은 근본적으로 가정환경이 달랐지만, 어떤 큰 문제도 없는 것처럼 보였다. 내 동생이 전화를 걸어와 내일 아침 바닷가에서 파도타기를 하자고 했을 때도 아내에게 괜찮은지 물어보면, 아내는 미소를 지으며 "물론이에요"라고 대답했다. 친구들과 무슨 일이 있어서 밤에 나가야 할 때도, 아내는 그것 또한 싫어하지 않는 것 같았다. 모든 게 아주 좋았다. 적어도 그렇게 보였다.

그런데 우리의 첫 밸런타인데이에 내가 선을 넘어버렸다. 아내는 이 특별한 날을 축하하기 위해 근사한 일들을 기대했다. 그러나 나는 아무 일도 하지 않았다. 그래서 우리는 그날부터 혼돈의 터널로 들어갔다. 아름답고 상냥하며 감수성이 예민한 아내는 나의 바쁜 스케줄과 이른 아침 해변으로의 여행, 늦은 밤 친구들과의 모임, 자신에 대한 대체적인 무신경함에 대해 실제로 자기가 어떻게 생각하는지 말했다. 마침내 아내가 마음속에 있는 모든 것을 솔직하게 털어놓았을 때, 우리는 혼돈의 터널에서 2시간을 보냈다. 분명 나는 내가 나라고 믿고 있던 모범적인 남편이 아니었다.

아내는 우리의 결혼생활에서 처음으로 진심을 털어놓는 시간을 끝내며, "이제부터는 이런 일들을 7개월 동안이나 묻어 두지 않을 거예요!"라고 말했다. 나는 좋다고 말했다. 나는 그녀에게 왜 그동안 그런 생각들을 말해주지 않았냐고 물었고, 아내는 스스로 좋은 아내가 되고, 나를 행복하게 해주며, 가정을 평화롭게 하고 싶었다고 말했다. 그러나 우리 두 사람이 깨달은 건 그런 부정적인 감정을 마음속에 간직한다고 해서 어떤 문제도 해결되지 않는다는 것이었다. 그래서 우리는 서로에게는 언제나 진실을 말하기로 의견의 일치를 보았다. 사이비 공동체의 거짓된 평화 속에서 사는 대신, 혼돈의 터널을 뚫고 지나가기로 결정한 것이다.

때때로 우리는 이 터널을 빠르게 통과하기도 한다. 경우에 따라서는 좀더 긴 시간을 필요로 할 때도 있다. 그러나 애정을 가지고 진실을 말할 때마다, 우리의 관계는 더욱 강해졌다.

"자네, 이 사이에 뭔가가 꼈네."

    이것은 당신의 진짜 친구가 누구인지 가려볼 수 있게 해준다. 즉 당신의 치아 사이에 무언가가 끼어 있다면, 진짜 친구는 당신에게 그 사실을 지적해준다. 이는 애정을 나타내는 일이다. 진짜 친구라면 당신이 그런 상황에 처해 있을 때, 당신을 바라보면서 자신의 이를 내보인 뒤, 쩝쩝거리는 소리를 낼 것이다. 이것은 "네 이에 뭐가 끼었어"라는 은밀한 암호다. 혹은 당신을 바라보고 혀로 자신의 이를 문지르며, 마치 "네 이 바로 '거기'에 우스운 푸른 게 있어"라고 말하듯 고개를 끄덕끄덕 거린다. 어떤 친구는 일련의 보디랭귀지를 건너뛰고 "저기, 이에 뭐가 꼈어"라고 불쑥 말할 수도 있다.

    정말 두려운 건 점심을 먹은 후 작은 포도알 크기의 음식물이 이 사이에 낀 채로 몇 시간이나 그대로 지나가는 것이다. 몇 시간 동안 아무도 그것을 이야기해주지 않는다니! 그리고 화장실에 가서 손을 씻으며 치아를 점검하기 위해 거울을 보고 미소를 짓는다. 그 순간, 두 앞니 사이에 브로콜리가 삐죽 솟아 있는 것이다. 우리는 재빨리 머릿속으로 지난 2시간의 필름을 되감아보며, 너무나 많은 사람들과 함께 있었다는 걸 깨닫는다. 입을 활짝 벌리며 소리 내어 웃고, 미소를 지으며 이야기를 나눴지만, 아무도 우리를 위해 브로콜리가 끼었다고 말해주지 않았다. 많은 사람들이 있었지만 그들 모두 모르는 척 그대로 내버려두었다.

    만약 사랑하는 사람이라면, 우리는 그 사람의 이에 음식의 잔재물이 남아 있다는 것을 알려줄 것이다. 누군가에게 지적 받는 그 순간은 당황스러울지도 모르지만, 하루가 다 끝나고 발견하는 것보다는 훨씬 낫다. 마찬가지로 이 똑같은 원리가 삶의 모든 영역에 적용돼야 한다. 결혼 초기, 아내에게 나는 아첨을 잘하는 사람이 아니라고 말했다. 아내가 이 옷이 어떠냐고 물으면, 나는 정직해야 할 필요를 느낀다. 그러면서 내가 배운 건 자기 자신과 남에게 정직하면서, 동시에 요령을 발휘할 수 있다는 점이다. 아내는 물론 아름다운 여성이지만, 모든 옷이 아내에게 어울리는 것은 아니다. 아내가 자신에게 잘 어울리지 않는 옷을 입고 내 의견을 물었을 때, "안 예쁜데요"라고 말할 필요는 없다. 차라리 "어떤 차림을 원하는데요?" 같은 분명한 질문을 할 수 있다. 아내는 이제 나의 이런 반응이 "다른 옷을 선택하는 게 좋겠어요"라는 암호임을 배웠다.

아내는 이따금 여러 해 전에 입었던 옷을 옷장에서 꺼낸다. 아내는 20년 전에 나와 만날 때 입었던 옷이 아직도 잘 맞는다. 그래서 아내가 다소 구식이 된 옷을 꺼내 들고 내 생각을 물을 때마다, 나는 대답하지 않는다. 대신 노래를 부른다. "슈거, 슈거, 오, 허니, 허니, 당신은 나의 달콤한 아가씨, 나는 당신을 원해요"라는 그 시절에 유행하던 옛 노래를 부른다. 이것은 "그 옷은 좀 유행에 뒤떨어져 보여요! 언젠가 다시 새롭게 유행할지도 모르지만, 아직은 아니에요! 당분간은 옷장에 넣어둬요!"라는 우리끼리의 암호다.

어떤 사람들은 이런 종류의 정직함이 불친절하며 상대방에게 상처를 줄 수 있다고 생각할지도 모른다. 어쩌면 미소를 지으며 억지로 "정말 아름답군요. 당신한테 아주 잘 어울려요!"라고 말하는 편이 더 나을지 모른다. 그러나 이것은 애정을 갖고 진실을 말하는 게 아니다. 아내는 자신의 옷차림이 괜찮은지 물을 때, 나에게서 언제나 정직한 대답을 들을 수 있다는 걸 이제 잘 안다.

이것은 사소한 일처럼 보일지도 모르지만, 이런 수준의 정직은 매우 중요하다. 우리는 모두 삶에서 있는 그대로 솔직담백하게 말해줄 사람들을 원한다. 우리가 현명하다면, 우리는 그런 사람들을 가장 가까이에 두고, 그들이 우리의 이 사이에 끼인 브로콜리를 볼 때나 우리의 블라우스가 상당히 유행에 뒤떨어졌을 때, 성격상의 결점을 발견할 때, 우리가 도덕적으로 성숙하지 않은 선택을 할 때, 또는 우리의 진정한 행복에 대해 관심을 기울일 때마다 진실을 말하게 할 것이다.

나를 사랑한다면, 당신은 내 이 사이에 뭔가가 끼어 있을 때 그것을 말해줄 것이다. 그리고 나 역시 당신을 위해 똑같이 할 것이다.

원스텝 체인징　■ 내 이 사이에 뭐가 끼었습니까?
　제안　당신이 신뢰하는 한두 사람을 찾아가, 당신에게 언제나 진실만을 말해달라고 청하라. 그들이 당신이 요청하는 것을 이해할 수 있도록 책의 이 부분을 읽게 하는 것도 좋겠다. 그들에게 당신의 이 사이에 끼인 것뿐만 아니라 당신의 성격과 선택, 그들이 당신에게서 보는 모든 것에 대해 솔직히 말해주기를 원한다고 알려라.

마음의 상처를 치료하는 가장 빠른 방법

진실을 말하기가 가장 어려운 때는, 누군가가 우리를 부당하게 대우했을 때다. 예수님은 이 일의 복잡함을 이해하셨기 때문에 우리에게 이럴 때 거쳐야 할 단계를 가르쳐주셨다. 예수님은 "네 형제가 죄를 범하거든 가서 너와 그 사람과만 상대하여 권고하라 만일 들으면 네가 네 형제를 얻은 것이요 만일 듣지 않거든 한두 사람을 데리고 가서 두세 증인의 입으로 말마다 확증하게 하라 만일 그들의 말도 듣지 않거든 교회에 말하고 교회의 말도 듣지 않거든 이방인과 세리와 같이 여기라"(마태복음 18:15-17)라고 말씀하신다.

원스텝 체인징 ■ 진 실 을 피 하 지 않 는 귀 와 마 음 을 위 해
제안   하나님께 다른 이들로부터 진실을 듣고 그것을 겸손한 마음으로 받
      아들이도록 준비시켜 달라고 청하라. 당신이 먼저 진실을 말하는
      사람이 되면, 다른 이들도 당신에게 진실을 말하기 시작할 것이다.
      그들은 어쩌면 당신을 혼돈의 터널로 이끌지도 모른다. 다른 이들
      이 당신에게 말하고 싶어 하는 것을 당신이 받아들일 수 있게 미리
      준비시켜 달라고 기도하라. 그리고 이 혼돈의 터널에 대비하라.

예수님께서 상세히 설명하신 이 과정은 이해하기가 복잡하거나 어렵지 않다. 명백하고 직설적이다. 놀라운 것은, 예수님을 따르는 많은 이들이 예수님이 우리를 위해 마련하신 지침을 막상 사용

하지 않는다는 것이다. 앞으로 이 지침을 사용한다면, 우리 대부분이 꿈꿀 수 있는 것보다 더 깊고 더 건강한 인간관계를 얻는 변화가 일어나게 될 것이다.

그 과정은 다음과 같다. 첫째, 누군가가 당신에게 상처를 주면 그 사람과 직접 이야기할 때까지 그 일에 대해 누구와도 말하지 마라. 당신이 느끼는 것을 다른 사람에게 말하거나 혹은 기도의 형식을 띠었을 때조차, 이 일에 대해 남에게 말하는 것은 그 사람과 하나님께 죄를 범하는 짓이다. 당신은 그 사람과 직접 만나서, 정직하고 겸손하게 당신의 마음을 나눠야 한다. 공격하거나 비난하지 말고, 다만 그가 했던 행동이나 말이 당신에게 어떻게 느껴지는지 전하라. 기도하는 마음으로 겸손히 이 과정을 시작하라. 그런 다음 그의 말을 귀 기울여 듣고 화해할 준비를 하라. 문제가 풀리고 관계가 회복되면 당신의 일은 끝난 것이다. 그렇지 않다면 다음 단계로 나아가라.

둘째, 그 사람과 이야기를 나눴음에도 화해하지 못했다면, 주변의 한두 사람에게 부탁해서 함께 그 사람을 다시 만나라. 이때 당신과 그가 모두 존경하는 사람을 선택하라. 이들은 대화를 하면서 지혜와 올바른 견해, 균형을 가져다주는 믿음이 깊은 사람들이어야 한다. 만나고, 기도하고, 하나님의 도움을 청하며, 당신의 마음을 정직하고 온화하고 겸손하게 나눠라. 다시, 이런 행동으로써 관계가 치유되면 과정이 끝난 것이다. 그렇지 않다면 세번째 단계로 나아가라.

셋째, 그 사람이 여전히 응답하려고 하지 않으면 당신 교회의 교역자 중 한 분께 그 과정을 함께 해달라고 부탁하라. 그는 교회를 대표하는 사람으로 목사나 장로의 위치에 있는 중요한 사람일 수 있다. 당신이 잊지 말아야 할 목적은 비난이나 흠잡는 게 아니라 관계의 회복이다. 이를 통해 화해가 이뤄지면 과정은 끝난다. 이렇게 해서도 안 된다면 네번째 단계로 넘어가라.

넷째, 당신을 부당하게 대우했던 사람이 계속해서 이야기를 피하고 화해하기를 거부하면 예수님은 그를 이방인이나 세금 거두는 사람, 즉 세리처럼 여기라고 말씀하신다. 많은 사람들이 이 구절을 읽고 그 사람을 무시해야 한다는 뜻으로 받아들이는데, 나는 이것이 정확한 해석이라고 생각하지 않는다. 예수님은 이방인과 세리를 사랑하셨다. 그들에게 손을 뻗으셨고, 그들이 자신의 은총을 깊이 필요로 한다는 것을 알고 계셨다. 그를 이방인이나 세리처럼 여기라고 말씀하실 때, 예수님은 우리에게 그에게 다가가라고 권유하시는 것이다. 마치 길을 잃은 사람을 대하듯 말이다. 그에게 하나님의 사랑을 베풀기 위해 두 배의 노력을 하라고 말씀하시는 것이다! 이것은 우리가 그 사람을 무시하는 것이 아니라 계속 관계를 맺고, 그를 위해 기도하며, 예수님의 사랑을 보여주기 위해 진정으로 노력해야 한다는 것을 뜻한다.

어떤 문제에서든 이 4단계 과정을 따른다면 우리의 가정과 이웃, 학교, 일터, 교회 등 우리가 가는 모든 곳의 풍경을 다시 바로잡는 멋진 변화를 체험할 것이다.

기억할 것은, 이 과정에서 우리를 부당하게 대우한 그 사람에 대해 험담하고 나쁘게 말하는 일은 절대 허용되지 않는다는 점이다.

예수님을 따르는 많은 사람들은 자신이 어떻게 상처를 입었고 누가 상처를 주었는지에 대해 너무나 쉽고 빨리 말한다. 이것은 신앙심이 없는 말이며, 결코 하나님의 계획에 속하지 않는다. 우리는 우리에게 죄를 범한 사람을 마주 대하고 이야기해야 한다고 전해 들었다. 그러므로 그들의 죄를 세상에 퍼뜨려서는 안 된다.

원스텝 체인징   ■ 가 치 있 는 위 험 에 당 당 히 맞 서 라
제안   당신의 마음에 상처를 주었지만, 그 일에 대해 한 번도 함께 이야기한 적이 없는 한 사람을 찾아보자. 당신이 왜 그 문제를 이야기하고 싶어 하지 않는지 이유를 충분히 생각해보고, 당신의 이런 선택이 인간관계에 어떤 영향을 미칠지에 대해 숙고하라. 그런 다음 그 사람과 이야기를 나누고 당신이 받았던 상처를 공유할 시간을 만들어라. 마음을 너그럽게 하고, 말에 주의를 기울여라. 반드시 기도로 시작하라. 이 장에서 당신이 배운 것을 말하고, 당신이 그 상처를 없애고 싶어 하는 이유를 설명하라. 당신이 그 사람을 사랑하며, 그 사람과의 관계가 손상되는 것을 원치 않기 때문임을 이해하도록 도와라.

이 문제에 대해 예수님의 가르침을 따른다면, 우리는 인간관계에서 발생하는 셀 수 없이 많은 함정을 피하게 될 것이다. 그러나 우리는 자신이 입은 상처를 치료한답시고 잘못된 대상과 이야기를 나누는 기독교인을 너무나 많이 만난다. 이 얼마나 슬픈 일인가!

내가 새 교회에 부임한 첫날, 나는 한 교회 성도가 전화를 해 나

와 꼭 만나고 싶다는 말을 했다. 나는 이에 동의했고, 그녀는 몇 시간 뒤 바로 찾아왔다. 짧은 소개와 의례적인 인사 후, 그녀는 다른 목사에 대해 통렬한 비난을 퍼붓기 시작했다. 그녀가 혼자서 1분 이상 불평을 쏟아 놓은 후, 나는 그때서야 그녀가 무엇을 하고 있는지 깨달았다. 그녀는 다른 누군가와 해결해야 할 문제가 있었지만, 그것을 그 사람 대신 내게 이야기하고 있었던 것이다. 그녀는 마태복음 18장 15-17절의 가르침을 어기고 있었다.

그녀의 의도를 깨달았을 때 내가 말허리를 끊고 물었다.

"그런데, 그분과 이 일에 대해 말씀하셨습니까?"

"아니요! 틀림없이 제 말을 안 들으실 거예요."

그리고 나서 그녀는 다시 불평을 늘어놓았다. 내가 다시 그녀의 말을 막고 말했다.

"부인, 저는 이 말을 들을 수 없습니다. 그분과 직접 이야기한 적이 없으시다면, 저는 당신의 이야기를 들을 수가 없어요!"

그녀는 이전에 한 번도 이런 말을 들어본 적이 없는 듯한 얼굴로 놀라서 나를 쳐다봤다. 그리고 그녀는 잠시 후 그 사람은 분명 잘못을 저질렀으며, 그 사람은 자신의 의견에 귀 기울이지 않을 것이라고 확신한다고 천천히 설명했다. 그녀는 나에게 말하기 원했으며, 또다시 이야기를 시작했다.

나는 최대한 부드럽고 단호하게 이야기를 멈춰달라고 요청했다. 그녀에게 그분과 만날 수 있도록 돕겠다고 말한 뒤, 그녀의 상처 입은 감정을 먼저 그 사람과 나누고, 두 사람이 함께 문제를 해결할 필요가 있다고 설명했다. 만일 두 사람이 그리스도 안에서 형제와 자매로서 문제를 해결할 수 없다면, 내가 기꺼이 함께 앉아서 문제해결에 힘써 보겠다고 확신시켰다. 그래도 해결되지 않을 경우, 교회의 장로들을 모시고 기도와 함께, 진심을 다해 성경의 가르침을 따르면 해결할 수 있다고 말했다.

그녀는 처음에는 믿지 않는 듯 보였지만, 함께 마태복음 18장 15-17절을 읽은 후 내가 말한 것이 충돌과 갈등을 다루는 하나님의 방식이라는 것을 깨달았다. 나는 그녀에게 가능한 한 빨리 자리를 마련하겠다고 말했다. 그리고 하나님께서 그녀와 그분을 축복하실 거라고 확신시켰다. 우리는 함께 기도했고, 그녀는 나의 사무실을 떠났다.

그날 몇 시간이 지난 후, 그녀가 내게 전화를 걸어왔다. "그 문제에 대해 생각하고 기도했는데, 아무래도 그분과 만날 필요까지는 없을 것 같아요. 지금 상태로도 괜찮다고 생각해요."

나는 이미 그녀가 그분과 만날 수 있도록 약속을 해두었다고 말했다. 그녀는 마지못해서 그 제안에 응했다.

그 뒤에 일어난 일은 내가 수많이 목격해왔던 일과 크게 다르지 않았다. 그 두 사람은 만나서 진실을 말하고, 신의 은총을 표하며, 화해했다. 그녀는 상대방과 대화하면서 상대방에 대해 자신이 들었던 말과, 자신이 왜 그렇게 그에게 화가 났는지 말했다. 여기에 놀라운 일이 있다. 일단 이야기를 나누자 그녀는 자신의 감정과 불만이 잘못된 사실 때문이란 것을 알게 됐다. 짧은 대화를 나눈 후, 그녀는 자신이 화를 낼 이유가 전혀 없다는 것을 알아차렸다. 그들은 함께 기도했고, 이후 아주아주 좋은 관계를 유지하고 있다.

그러나 이 이야기에 슬픈 점도 있다. 그녀는 자신의 감정을 무려 4년 동안이나 간직해오고 있었다. 상대방 남자와 한 번도 제대로 이야기를 나눈 적이 없었기 때문이다. 이 4년의 시간 동안 그녀는 그 남자와의 일에 대해 주변의 사람들에 수천 번도 넘게 이야기했고, 그녀의 이야기를 들은 사람들은 아무 잘못도 없는 남자에 대해 부정적인 생각을 갖게 됐다. 이처럼 소문은 마치 독처럼 퍼져 우리의 교회와 공동체, 사회 전체를 악으로 물들인다.

하나님은 우리가 남에게 화를 내고 상처를 줄 때, 입을 조심하라고 말씀하신다. 또한 고통을 다루는 데는 분명 올바른 방법이 있다. 예수님께서 이것을 분명히 하셨다. 우선 우리는 올바르게 진실을 말하는 생활방식을 가져야 한다. 이것이 우리를 혼돈의 터널 속으로 밀어 넣을까? 아마 틀림없이 그럴 것이다. 그러나 터널의 반대편으로 나왔을 때, 우리는 한 걸음의 변화가 일어난 것을 발견할 것이다. 그리고 더 이상 사이비 공동체와 그릇된 평화에 만족하지 않을 것이며, 보다 나은 의사소통과 보다 깊은 친밀함을 경험할 것이다. 진실을 말하는 어려운 일을 터득했기 때문이다.

원스텝 체인징　■ 우 리 가　저 지 른　일 을
　　제안　　스 스 로　해 결 하 는　대 청 소　프 로 젝 트

깨진 인간관계를 다룰 때 예수님의 지침을 따르지 못하는 사람들이 많다. 우리에게 부당하게 행동한 당사자에게 가는 대신, 다른 이들에게 그에 관해 험담하는 것이다. 그러나 결국 우리에게 상처를 준 사람과 이야기를 해야만 관계가 회복된다. 이 과정 중에 그 사람에

대해 우리가 다른 이들에게 했던 말이 진실이 아니었음을 발견하는 경우가 많다. 그런 경우, 우리는 우리 자신이 엉망으로 만들어놓은 것을 말끔히 치워야만 한다. 하나님은 우리가 험담을 늘어놓았던 사람에게 가서 잘못된 말들을 사과하고, 우리가 혹시 퍼뜨렸을지 모를 잘못된 사실을 바로잡기 원하신다. 이런 노력은 앞으로 또 험담하는 것을 막을 수 있는 커다란 대비책이다.

● 작은 변화를 일으키는 오늘의 깊은 생각

• 내가 진실을 왜곡하는 경향은 언제 가장 심한가? 그러한 상황에 처할 때도 정직하게 말하겠다는 다짐을 더욱 굳게 하려면 어떻게 해야 할까?

• 당신의 중요한 인간관계에 대해 충분히 생각하라. 혹시 진실을 말하지 못하기 때문에 사이비 공동체에서 살아가고 있는가? 그렇다면 어떻게 행동해야 혼돈의 터널에 들어가고, 결국엔 진실을 말할 수 있을까?

● 작은 변화를 일으키는 오늘의 기도

• 사람들 사이에서 사이비 공동체와 그릇된 평화에 안주한 것에 대해 하나님께 용서를 구하라. 그리고 진실을 말하기 위한 용기를 간구하라. 또한 혼돈의 터널에 들어가 진정한 공동체를 향해 나아갈 수 있는 힘을 간구하라.

• 당신의 이 사이에 음식이 끼었다고 말해줄 사람들이 누가 있을지 생각해보고, 그들을 당신의 삶에 보내주신 하나님을 찬양하라.

• 당신의 인간관계에 진실만을 말하는 일관성과 정직함이 바탕이
되게 해달라고 기도하라.

5 부

진정한 부자로 거듭나기 위한
천국의 투자전략

어린 시절, 나는 캄캄한 밤이 되면 벽에 등을 대고 침대 머리맡에 서 있다가, 침대 위를 달려 훌쩍 뛴 다음 바닥으로 몸을 던지곤 했다. 올림픽의 멀리뛰기 선수가 되려는 열망에서 그런 행동을 한 것이 아니었으며, 그렇다고 체육수업 연습을 하기 위해 그런 것도 아니었다. 그것은 나의 강렬한 두려움에서 나온 행동이었다.

나는 내 침대 밑에 괴물이 살고 있다고 확신했다. 한 번도 본 적은 없었지만, 분명 그곳에 있다고 굳게 믿었다. 때때로 고요한 밤에 삐걱거리고 바스락거리는 소리를 들을 때마다 나는 내 이론을 확인할 수 있었다. 증거는 없었지만, 나는 그 괴물의 팔이 매우 길다는 것을 알고 있었다. 그 괴물은 침대 발치에서 기다리고 있다가, 내가 한밤중에 일어났을 때 내 발목을 붙잡고 침대 밑으로 확 잡아당길 거라고 믿었다. 나는 이 무시무시한 생명체 생각 때문에 밤중에 화장실에 가는 일이 너무나 무서웠다.

성인이 된 나는 아직도 어린 시절의 그 뿌리 깊은 두려움이 어디에서 시작됐는지 원인을 찾지 못했다. 그 당시 내 방에는 스탠드나 램프가 없었기 때문에 문이 닫히면 칠흑 같은 어둠에 휩싸였기 때문일 수도 있다. 어쩌면 지나치게 활발한 내 상상력과 관련이 있었을 지도 모르고, 어렸을 때 읽었던《괴물들이 사는 나라》라는 그림책의 영상이 머릿속에 깊이 새겨졌기 때문인지도 모르겠다. 혹은 밤에 일어나면 침대 밑에 살고 있는 괴물이 내 발을 붙잡을 거라는 아버지의 말 때문이었을 수도 있다. 나는 심리학자가 아니므로, 내 두려움의 원인을 결코 찾아내지 못할지도 모르지만, 어째든 어린 시절 그 괴물의 존재는 논리적이고 충분히 근거 있는 것으로 생각되었다.

자라면서 나는 나의 유치한 두려움에서 벗어났고, 여느 아이들처럼 침대 저 밑으로 발을 뻗을 수 있게 되었다. 시간이 흐르고 성장함에 따라, 나는 벽장 안이나 침대 밑에는 괴물이 없다는 것을 배웠다.

이런 확신은 많은 세월이 지나면서 커다란 마음의 안정을 주었다. 그러나 성경을 읽으며 점점 어른의 세계에 발을 내딛기 시작하면서 나는 다른 종류의 괴물에 대해 알게 됐다. 이 괴물은 항상 먹이를 찾아 헤매고, 사악하고 강력하며, 매우 긴 팔을 갖고 있다. 그것은 '돈 괴물'이라고 불리며, 끔찍하게도 세상에 진짜 존재하는 것이다.

이 괴물은 당신의 기쁨을 훔치고 하나님께서 주신 진정한 부(富)를 경험하지 못하게 만든다. 이 괴물은 당신의 발목을 노리지는 않는다. 대신 당신의 마음을 소유할 때까지 결코 쉬지 않을 것이다. 예수님은 이 불길한 괴물에 대해 많은 경고를 주신다. 예수님은 "너희를 위하여 보물을 땅에 쌓아 두지 말라 거기는 좀과 동록이 해하며 도둑이 구멍을 뚫고 도둑질하느니라 오직 너희를 위하며 보물을 하늘에 쌓아 두라 거기는 좀이나 동록이 해하지 못하며 도둑이 구멍을 뚫지도 못하고 도둑질도 못하느니라 네 보물 있는 그 곳에는 네 마음도 있느니라……한 사람이 두 주인을 섬기지 못할 것이니 혹 이를 미워하고 저를 사랑하거나 혹 이를 중히 여기고 저를 경히 여김이라 너희가 하나님과 재물을 겸하여 섬기지 못하느니라"(마태복음 6:19-21, 24)라고 말씀하신다.

사도 바울 또한 돈 괴물에 대해 경고한다. "돈을 사랑함이 일만 악의 뿌리가 되나니 이것을 탐내는 자들은 미혹을 받아 믿음에서 떠나 많은 근심으로써 자기를 찔렀도다"(디모데전서 6:10).

하나님은 우리의 마음과 삶을 비교할 수 없을 정도의 부로 채우기를 바라신다. 문제는 우리가 이 세상의 장난감과 값싼 보석, 반지 따위를 단단히 쥐고 있기 때문에, 정작 하나님이 주시는 귀중한 보물을 보지 못한다는 것이다. 돈 괴물은 우리 주변에 언제나 기운차게 살아 있다. 결코 잠을 자거나 쉬지 않으며, 늘 우리의 마음을 사로잡을 방법을 궁리하고 있다.

다행히 하나님은 이 괴물의 요력을 깨부술 수 있는 힘을 갖고 계시다. 애정 깊은 부모처럼, 하나님은 자신의 자녀들에게 기쁨과 만족을 가져다주는 좋은 선물을 주고 싶어 하신다. 이제는 당당히 하늘의 부를 받을 때다. 당신이 고민해야 할 것은 이것이다. "당신은 온갖 싸구려와 가짜, 모조품을 하나님이 우리에게 주시는 부와 교환할 준비가 되어 있는가?"

I3

내 것이 아닌
하나님 것으로의
원스텝 체인징

온갖 좋은 은사와 온전한 선물이 다 위로부터 빛들의 아버지께로
부터 내려오나니 그는 변함도 없으시고 회전하는 그림자도 없으시
니라

야고보서 1:17

만군의 여호와가 이르노라 너희의 온전한 십일조를 창고에 들여 나
의 집에 양식이 있게 하고 그것으로 나를 시험하여 내가 하늘 문을
열고 너희에게 복을 쌓을 곳이 없도록 붓지 아니하나 보라

말라기 3:10

목사로서 나는 매주 많은 사람들과 대화를 나눈다. 이 중에서도 내가 매우 좋아하는 일 하나는 교회의 아이들을 알게 되는 것이다. 나는 "아이들은 미래의 교회다"라는 말에 동의하지 않는다. 나는 아이들은 바로 현재의 교회라고 믿는다. 보다 젊은 세대들이 스스로를 현재 교회의 중요한 부분이라고 믿지 않는다면, 그들은 언젠가 사라지고 없을 것이다.

그래서 나는 교회에서 항상 아이들과 대화를 나누려고 노력한다. 질문을 하고, 아이들의 생각을 귀 기울여 듣고, 아이들에게서 배운다. 또한 아이들이 이해할 수 있는 언어로 성경의 진리를 가르치려고 노력한다. 내가 아이들과 친해지려고 쓰는 한 방법은 아이들에게 사탕을 나눠달라고 말하는 것이다. 교회에서 아이들에게 사탕을 빼앗는 목사라니, 얼핏 봐서는 뭔가 잘못된 것처럼 보일지도 모르겠다. 하지만 사탕 한 봉지나 캐러멜 한 통을 들고 있는 어린 아이들을 보면, 나는 언제나 이렇게 묻는다. "나한테 하나 주겠니?"

나는 이 질문에 여러 가지 반응을 보았다. 때때로 아이는 흠칫 놀라서 나를 빤히 쳐다보며 부모 뒤로 숨는다. 때로는 엄마나 아빠가 "목사님께 사탕 하나 드려야지"라고 설득하면 그때서야 마지못해 나눠주며, 그리고 이따금 어떤 아이는 방긋 웃으며 기꺼이 자신의 사탕을 내민다.

몇 해 전 더스틴이라는 아이가 '캐러멜 한 통'의 단계에 들어섰다. 이것은 심리학 도서에는 나와 있지 않을지도 모르지만, 나는 모든 아이의 성장과정에서 처음으로 캐러멜 한 통을 통째로 줄 준비가 된 시기를 이렇게 부른다.

나는 캐러멜을 열광적으로 좋아하는 사람은 아니다. 그렇지만 더스틴이 새로 산 캐러멜 한 통을 들고 교회에 들어오는 모습을 봤을 때, 나는 그에게 다가가 하나 줄 수 있는지 물었다. 그리고 더스틴은 곧 나의 캐러멜 영웅이 되었다!

더스틴은 방긋 웃으며 그 자리에서 바로 캐러멜 하나를 내게 건넸다. 군것질 거리를 남에게 주고 싶어 하는 아이들이 별로 없다는 것을 아는 내게, 이것은 정말 놀랄 만한 일이었다. 그리고 그 순간 이 어린 소년의 마음에 무언가 일어난 것이 분명했다. 왜냐하면 그날 이후 2년 동안 더스틴은 캐러멜 한 통이 생길 때마다 하나를 꺼내서 나를 위해 따로 챙겼기 때문이다. 그리고 일요일에 교회를 올 때면 일부러 나를 찾아와 캐러멜 한두 개를 내밀곤 했다. 그 일이 즐겁다는 듯 방글거리며 기쁘게 손을 내밀었다.

때로는 주중에 캐러멜이 생길 때도 있었지만, 여전히 더스틴은 나를 위해 달콤한 하나를 호주머니에 챙겨 넣었다. 일요일이 될 때쯤 캐러멜은 호주머니에 들어 있던 다른 자잘한 소지품과 섞여 약간은 더럽고 실밥이 묻어 있었지만, 더스틴은 한 번도 잊은 적 없이 내게 캐러멜을 가져왔다. 그런 경우 나는 고맙다고 이야기하고, 일단 호주머니에 넣기 위해 "이따 먹으마"라고 말했다.

더스틴은 캐러멜을 매우 좋아했다. 또한 자신의 목사를 매우 좋아했다. 매주 예배가 시작되기 전, 더스틴과 나는 항상 함께 시간을 보냈다. 우리가 짧게 대화를 나누고 같이 캐러멜을 우물거릴 때, 예수님은 우리 곁에 계셨다.

언젠가 더스틴의 어머니는 내게 이런 말을 했다. 아들에게 사준 캐러멜 한 통에는 10개가 들어 있으며, 주일마다 한 개씩 내게 나누는 의식을 더스틴의 십일조로 생각한다고 말이다. 내가 본 것은 함께 나누기를 매우 좋아하고, 어린 나이에 관대함의 힘을 이해한 어린 소년이었다.

그때부터 나는 내 자신에게 수차례 질문했다. 나는 나의 캐러멜을 어떻게 나누고 있는가? 이것은 우리가 살면서 끊임없이 던지는 질문이다. 당신의 마음은 얼마나 관대한가? 당신은 다른 이들과 아낌없이 나누는 것을 배운 사람인가? 당신은 당신의 캐러멜을 어떻게 나누고 있는가?

우리가 가진 것은 모두 하나님의 것이다

하나님은 자신의 자녀들이 자유와 기쁨으로 살기를 열망하신다. 우리가 돈 괴물의 손아귀에 붙잡히는 것을 원치 않으신다. 앞으로 우리는 이 괴물의 가슴에 깊이 박을 수 있는 3가지 말뚝을 살펴볼 것이다. 이 괴물은 절대 길들이거나 교화시킬 수 없다. 반드시 죽여야만 한다. 그렇게 하기 위해 우리는 괴물의 심장을 꿰뚫는 날카로운 말뚝을 박아야 한다.

첫번째 말뚝은, 우리가 가진 모든 것이 하나님의 것이라는 확신으로 삶을 사는 것이다. 예수님의 형제인 야고보는 이렇게 표현한다. "온갖 좋은 은사와 온전한 선물이 다 위로부터 빛들의 아버지께로부터 내려오나니 그는 변함도 없으시고 회전하는 그림자도 없으시니라"(야고보서 1:17). 우리가 가진 모든 것과 모든 재능, 모든 시간, 모든 능력은 애정 넘치는 하나님의 손에서 주어지는 것들이다. 궁극적으로 이것들은 우리의 소유가 아니다. 한 번도 우리의 것인 적이 없었고, 앞으로도 절대 없을 것이다.

사실 이런 생각은 근본적으로 우리의 현실과 맞서는 것이다. 대부분은 우리가 가진 것이 우리의 것이며, 이들은 이마에 땀을 흘리거나, 지적인 수완을 발휘하거나, 우리의 능력을 사용해서 얻었다고 믿는다. 그러나 일할 힘과 생각할 머리, 사용할 능력은 어디에서 오는가? 누가 우리에게 주는가? 이것들은 모두 하나님이 주시는 것이다. 그러므로 돈 괴물의 손아귀에서 자유로워지려 한다면, 우리는 하나님이 행하시는 방식으로 사물을 바라봐야 한다. 우리의 수중에 있는 모든 것은 우리가 아닌 하나님의 것이다. 우리는 잠시 그분의 자원을 맡고 있는 집사요 관리인이다. 이 진리를 마음속 깊이 새길 때, 우리 삶의 토대가 움직이기 시작하며 원스텝 체인징이 일어난다.

우리에게 맡기신 모든 것을 다시 바치며

예수님을 따르는 이들의 적절한 자세는 우리가 가진 모든 것이 손바닥 위에 놓여 있다고 상상하고, 손을 위로 향하게 한 상태로 사는 것이다. 손바닥 위에는 나의 재능과 물질적 자원, 지적능력,

영적인 재능, 내가 사랑하는 사람들 등 모든 것이 있다. 우리는 이런 것들을 손바닥 위에 올려놓고 우리 자신을 바라봐야 한다. 그리고 할 수 있는 한 손을 높이 들어올려라. 사랑하는 부모님께 선물을 드리는 아이처럼, 우리는 하나님께서 우리에게 맡기신 모든 것을 다시 바친다.

이렇게 손바닥을 치켜 올리고 사는 자세는 현재 우리가 소유한 것을 사랑하려는 유혹과 싸우도록 도와준다. 또한 균형 잡힌 관점을 유지하도록 돕는다. 우리의 삶을 포함하여, 모든 것은 하나님에게서 오고 하나님께로 돌아간다. 예수님은 우리에게 엄숙한 경고를 주신다. "한 사람이 두 주인을 섬기지 못할 것이니 혹 이를 미워하고 저를 사랑하거나 혹 이를 중히 여기고 저를 경히 여김이라 너희가 하나님과 재물을 겸하여 섬기지 못하느니라"(마태복음 6:24). 이 말은 우리를 흔들어 깨우고 우리를 눈뜨게 해야 한다. 삶이란 물질을 모으는 일이 가장 중요하며 우리의 가치는 지상의 장난감을 모아서 쌓는 데 있다고 말하는 이 세상에서, 예수님의 말씀은 우리에게 완전히 새로운 사고방식으로 생각하라고 요구한다.

원스텝 체인징 ■ "내 것이 아닌 하나님의 것입니다"

제안   당신이 살고 있는 집이나 아파트, 방을 산책하듯 죽 걸어라. 그리고 하나님께서 당신에게 맡기신 모든 물질적인 것들을 천천히 살펴라. 물건들을 하나하나 보면서 하나님께 "이것은 하나님의 것입니다. 하나님의 뜻대로 사용하십시오"라고 말하라. 마음속으로 '하나님의 것'이라고 쓰인 스티커를 손에 들었다고 상상하고 옷 하나

하나, 가구 한 점 한 점, 당신이 가지고 있는 모든 것에 붙여라. 그런 다음 집 바깥에 있는 소유물에 대해서도 생각하라. 그것들에도 스티커를 붙여라. 마지막으로 그것이 사실인 것처럼 살아라. 당신의 수중에 있는 모든 것을 하나님의 것처럼 다뤄라. 실제로 그러하기 때문이다.

십일조에 대한 하나님의 시험

하나님은 우리에게 하나님 자신을 시험해보라고 요구하신 적이 거의 없다. 예수님이 광야에서 계셨을 때, 마귀는 예수님에게 성전 꼭대기에서 뛰어내려보라고 말했다. 그 순간 하나님이 사자를 보내어 그가 땅에 떨어지기 전에 붙잡으시는지 볼 수 있도록 말이다(마태복음 4:5-7). 그때 예수님은 구약을 인용해서 "주 너의 하나님을 시험하지 말라"(마태복음 4:7)고 대답하셨다. 이것은 하나님을 시험하는 일이 결코 일상적인 행위가 되어서는 안 된다는 것을 뜻한다. 대체로 이런 행동은 분별없고 피해야 할 일이다.

그러나 말라기서에서 하나님은 실제로 그의 백성에게 자신을 시험하도록 권하셨다.

사람이 어찌 하나님의 것을 도둑질하겠느냐 그러나 너희는 나의 것을 도둑질하고도 말하기를 우리가 어떻게 주의 것을 도둑질하였나이까 하는도다 이는 곧 십일조와 봉헌물이라 너희 곧 온 나라가 나의 것을 도둑질하였으므로 너희가 저주를 받았느니라 만군의 여호와가 이르노라 너희의 온전한 십일조를 창고에 들여 나의 집에 양식이 있게 하고 그것으로 나를 시험하여 내가 하늘 문을 열고 너희에게 복을 쌓을 곳이 없도록 붓지 아니하나 보라 만군의 여호와가 이르노라 내가 너희를 위하여 메뚜기를 금하여 너희 토지 소산을 먹어 없애지 못하게 하며 너희 밭의 포도나무 열매가 기한 전에 떨어지지 않게 하리니 너희 땅이 아름다워지므로 모든 이방인들이 너희를 복되다 하리라 만군의 여호와의 말이니라

말라기 3:8-12

하나님은 그의 백성에게 자신을 시험하도록 권하심으로써 백성들을 시험하고 계시다. 시험 속의 시험인 것이다. 하나님은 그의 백성에게 그들이 가지고 있는 모든 것은 물론 하나님의 것이지만, 그 첫 10퍼센트인 십일조는 절대 교섭의 대상이 아님을 가르쳐주고 계신다. 첫 10퍼센트를 바치는 일은 자동적인 일이 되어야 한다. 하나님은 우리 자원의 이 첫 몫을 자신을 위해 간직하는 일은 하나님의 것을 도둑질하는 일과 같다고 말씀하신다.

하나님은 또한 약속을 하신다. 우리가 십일조를 바치면, 하나님께서 하늘의 문을 열고 우리가 상상할 수 있는 것보다 더 많은 축복을 쏟으신다는 것을. 축복이 우리의 삶에 홍수를 이룰 것이다. 우리는 이 약속을 통해 하나님의 말씀을 믿고, 십일조를 바치는 것을 우리의 영적훈련으로 만듦으로써 하나님을 시험해야 한다.

나와 아내의 십일조 이야기

많은 사람들이 수입의 첫 10퍼센트를 하나님께 바친다는 것을 도저히 생각할 수 없는 일처럼 여긴다. 그들 역시 하나님을 사랑하고, 그들이 가진 모든 것에 매우 감사해할지도 모르지만, 사실 10퍼센트는 많은 돈이다! 경제적으로 소비가 필요한 곳은 많고, 또 사야 할 멋진 물건이 허다하며, 미래가 매우 불안정한 세상에서, 우리는 우리가 가진 그런 큰 몫을 하나님께서 원하신다는 게 다소 지나치다고 느낄지도 모른다.

여러 해 동안 나 역시 꼭 그렇게 느꼈다. 하나님께서 왜 내가 버는 모든 것의 첫 10퍼센트를 바치기 원하시는지 이해하는 데 큰 어려움을 겪었다. 내가 들은 소문, 즉 천 개 언덕에 있는 가축이 다 하나님의 소유라는(시편 50:10) 것이 사실이라면, 그런 최고의 농장주께서 왜 나의 10퍼센트라는 보잘것없는 기부를 필요로 하시는 걸까? 나는 내 자신에게 이렇게 말하곤 했다. "나는 십일조를 바치는 것보다 훨씬 더 잘할 거야. 모든 것을 하나님께 바치겠어. 내 마음 속으로, 내가 가진 모든 게 하나님의 것인양 살 거야." 이런 종류의 생각은 훌륭하다. 하지만 나는 내가 가진 것이 모두 나만의 것인 것처럼 살았고, 헌금접시에는 아주 조금만 올려놓았다. 나는 신학학위를 받기 위해 공부하는 헌신적인 기독교인이었지만, 아낌없이 내놓는 사람은 아니었다.

그때 나는 미래의 아내, 셰리를 만났다. 그녀는 내게 십일조를 바치는 법을 가르쳐준 사람이었다. 나는 교회에서 성장하지 않았으며, 그때까지 기쁘게 십일조를 바치고 그 이상으로 헌납을 하는 사람을 한 번도 본 적이 없었다. 예수님과 함께 걷고 있기는 했지만, 경제적인 면과 개인적 소유물에 대해 성경에 입각한 관점을 갖고 있지 못했다. 나는 그때까지 내가 번 것은 나의 것이라는 사고방식으로 살았다.

반면에 셰리는 성실하게 십일조를 바치는 모습을 보이셨던 부모님 밑에서 성장했다. 매주 급료를 현금으로 찾은 후, 그녀의 아버지는 부엌 탁자에 앉아서 청구서를 지불하고 가족의 생활비로 쓸 돈들을 봉투에 넣으셨다고 한다. 그가 채운 첫 봉투는 십일조였다. 그는 첫 10퍼센트를 일요일에 헌금하기 위해 따로 떼어두었다. 이것은 시계바늘이 돌아가는 것처럼 매우 당연하고 자연스러운 일이었다. 당연히 그녀의 집에서는 십일조를 바치는 일에 대한 논쟁이 없었다. 청구서를 지불하기 위해서, 또는 휴가를 위해 그 돈을 사용하는 건 전혀 고려할 만한 사항이 아니었다. 그것은 하나님의 돈이었으며, 그것이 결론이었다.

셰리와 내가 결혼했을 때, 재정에 대한 우리의 견해가 충돌했다. 교회에서 일하고 있었지만 나는 여전히 십일조 바치는 것을 내 삶의 자연스러운 부분으로 만들라는 하나님의 요구를 이해하지 못하고 있었다. 아내는 내게 그것을 매우 확고하게 이야기했다. 성경을 펼쳐서 말라기서를 읽은 후 이렇게 말했다. "십일조는 하나님의 것이에요." 그렇지만 우리는 수입이 빠듯했다. 아내의 교사봉급과 내가 교회에서 받았던 얼마 안 되는 돈이 전부였다. 하지만 하나님의 말씀을 읽었을 때, 우리가 어떻게 살아야 하는지가 분명해졌다. 결혼생활을 시작하면서, 우리는 소득의 첫 지출 항목을 십일조로 만들기로 결정했다.

처음에 나는 우리가 번 돈의 첫 10퍼센트를 하나님께 바치는 일이 책임감 없고 위험한 일이라고 느꼈다. 그러나 십일조를 충실히 바치기로 결정하자 내 마음속에 무언가 일어났고, 나는 새로운 시각을 얻었다. 나는 모든 것이 하나님의 것이라는 걸 이해하기 시작했다. 우리는 우리 돈의 10퍼센트를 하나님께 바치고 있는 게 아니라, 하나님께서 우리에게 맡기신 것의 90퍼센트를 사용하도록 허락하시는 것이다. 그리고 이상하게 생각될 정도로, 이제 우리는 십일조를 넘어 하나님이 우리에게 관리하라고 허락하신 90퍼센트의 일부분도 다른 사람들과 나누기 위한 방법을 찾기 시작했다. 이것은 그때부터 지금까지 내 삶에 계속되고 있는 원스텝 체인징이다. 그 변화는 내게 자유를 가져오고 믿음을 굳건하게 해주었다. 그리고 나는 20년을 넘게 보내는 동안 한 번도 십일조 바치는 일을 후회해본 적이 없다! 우리는 하나님이 하늘의 창문을 여시고 몇 번이고 되풀이하여 우리에게 축복을 쏟으시는 걸 경험했다.

아내가 신학교에 다니기 위해 가르치는 일을 그만두고 한 달에 고작 400달러로 살았던 때조차, 우리는 생활의 일부처럼 십일조를 바쳤다. 세 아이가 있는 한 사람의 가장, 그것도 젊은 목사의 수입으로는 생계를 잇는 일이 불가능해 보였을 때도 그 첫 10퍼센트는 늘 주님의 것이었다.

이상하게도 우리는 그 돈을 한 번도 아쉬워한 적이 없었다. 무엇보다도 그것이 우리의 것이 아니라는 걸 알고 있었기 때문에, 그 돈은 실제로 고려의 대상조차 되지 않았다. 결혼을 하고 가정을 꾸리며 20년을 보낸 후, 우리는 하나님이 하늘의 수문을 여시고 우리가 꿈꾸는 것보다 더 많은 축복을 쏟으신 많은 방식들에 대해 책 한 권을 온전히 쓸 수 있었다. 또한 우리와 같은 일을 경험한 다른 기독교인들의 이야기도 셀 수 없이 많다. 때때로 축복은 경제적인 도움의 형태로 찾아왔으며, 때로는 다른 모습을 취했다. 그 축복들은 하나님의 평강과 우리 가까이에 계시다는 느낌, 애정 어린 누군가의 원조, 매우 귀중한 영적인 은총, 하나님께서 여전히 우리 삶에 행하시는 기적을 가장 가까이서 바라볼 수 있는 앞자리…. 우리는 축복이 언제나 물질적인 것은 아니지만, 십일조를 바치는 충실함은 늘 축복을 낳았다는 걸 배웠다.

원스텝 체인징 제안 ■ 십 일 조 의 진 리 를 알 리 는 리 포 터 가 되 자

십일조를 바치고 아낌없이 내놓는 생활방식을 몸에 익힌, 당신이 알고 있고 존경하는 사람을 찾아라. 그리고 그에게 십일조와 아낌없이 내놓는 생활에 대해 30분 정도 이야기할 수 있는지 물어라. 직접 만날 수도 있고 전화를 할 수도 있다. 당신이 묻고 싶은 질문과 함께 아래의 질문을 던지며 그 사람을 인터뷰하라.

1. 십일조를 바치는 일은 물질적인 것들을 바라보는 당신의 시각에 어떤 영향을 미쳤는가?

2. 하나님의 은총과 축복을 어떻게 경험했는가?

3. 십일조를 바치지 않는 삶으로 돌아갈 수 있다면, 그렇게 하겠는가? 그렇게 하는, 혹은 하지 않는 이유는 무엇인가?

십일조 이야기만 나오면 귀를 닫는 실수

십일조를 바치는 기쁨과 축복을 이해하게 되자, 나는 내가 번 것을 다른 사람들과 나누는 일이 옳다고 생각했다. 나는 사람들이 우리가 가진 모든 것은 하나님의 것이라는 것을 이해하고, 그에서 오는 평화와 안정과 자유를 경험하기 원했다.

내가 알게 된 것은, 사람들은 그들의 소득과 물질적인 것에 강한 애착을 갖고 있다는 것이었다. 예수님을 따르는 많은 이들은 '나의 것'에서 '하나님의 것'으로의 원스텝 체인징을 시작하지 못하고 있었다. 어떤 사람들은 기부에 대한 대화가 시작되면 매우 과민하고 방어적이며 화를 내기까지 한다. 나는 내가 깨달은 십일조의 기쁨이라는 좋은 소식을 전해주고 싶었지만, 사람들은 마치 하나님이 그들의 돈과 안전, 기쁨을 가져가시려 하는 것처럼 반응했다.

한 나이 든 신사 분은 교회에서 기부와 십일조가 주제로 등장할 때마다 내게 똑같은 말을 되풀이하시곤 했다. 그는 예배가 끝난 후 내게 다가와서 "목사님, 제 보청기 건전지가 오늘 예배 도중에 다 닳아버렸네요"라고 말했다. 이것은 "당신이 나의 소득에 대해 이야기하기 시작할 때마다 나는 귀를 닫습니다"라고 말하는 그의 방식이었다. 나는 그분이 그의 삶을 변화시킬 원스텝 체인징의 놀라운 기회를 놓치고 있다는 것을 깨닫고 슬픔을 느꼈다. 그의 보청기 건전지가 계속 다 닳아버리는 한, 그는 결코 소득과 돈에 대한 성경적인 관점이 주는 삶의 기쁨과 자유를 알지 못할 것이다.

나는 이 책에서 이번 장을 뺄지 말지 고민했다. 이는 그 정도로 다루기 힘든 주제가 될 수 있기 때문이다. 그러나 나는 이 이야기를 꼭 해야만 했다. 예수님을 따르는 이들이 하늘에서 쏟아지는 하나님의 축복을 경험하기 바라기 때문이다. 그 축복의 창고를 여는 열쇠 중 하나가 십일조를 바치는 일이고, 그래서 나는 위험을 무릅쓰고 하나님의 초대를 전하고 있는 것이다. "만군의 여호와가 이르노라 너희의 온전한 십일조를 창고에 들여 나의 집에 양식이 있게 하고 그것으로 나를 시험하여 내가 하늘 문을 열고 너희에게 복을 쌓을 곳이 없도록 붓지 아니하나 보라"(말라기 3:10).

이따금 십일조에 대해 설교할 때, 나는 헌금이 늘면 내 봉급이 오르기 때문에 십일조에 대해 말하는 것이 아님을 사람들에게 상기시킨다. 나는 연말 보너스나 수당, 보너스를 받지 않는다. 목사가 성경을 펼치고 하나님의 사람들이 이 주제에 대해 집중하도록 도울 때, 이는 진실로 교회에 있는 각 사람을 위한 일이다. 십일조는 우리가 이 세상에서 진정한 부를 발견하는 방법 중 하나다.

원스텝 체인징 ■ 생각을 열고, 마음을 열고, 귀를 열어라
제안 이 장을 읽은 후, 당신은 하나님을 시험하여 아직은 십일조를 바치기 시작할 준비가 되지 않다고 결론을 내릴지도 모른다. 뭐, 그렇다고 해서 하나님이 그만큼 당신을 덜 사랑하시는 것은 아니다! 그러나 이 주제에 대해 당신의 생각과 마음과 귀를 더욱 열어놓아라. 하나님께 "저는 지금 이 단계를 밟을 준비가 되어 있지 않지만, 십일조에 대해 더 많은 것을 알게 하시는 하나님을 그대로 따를 것입니다"라고 말하라. 어쩌면 작은 금액을 바치는 것부터 시작할 수 있

다. 우리 몸의 근육이 사용할수록 더 단단해지듯이, 아낌없이 내놓는 일도 자주 할수록 더 쉬워진다. 그리고 잊지 마라. 이런 주제에 대한 설교를 들을 때는 반드시 자신의, 혹은 주변 어르신들의 보청기 건전지를 새것으로 갈자.

십일조 FAQ

목사로 일해 오면서, 나는 나의 것에서 하나님의 것으로 인식을 바꾸는 원스텝 체인징에 대해 사람들과 많은 대화를 나눴다. 그리고 사람들이 십일조나 기부에 대해 반복해서 묻는 질문에는 무엇이 있는지 알게 되었다. 이것은 개인적으로 여러 가지 경우가 있을 수 있기 때문에, 일단 가장 공통적인 몇 가지 질문에 대해 목사로서 할 수 있는 가장 성경적이고 최선의 대답이 도움이 될 거라고 생각한다. 나는 내 대답에 모든 사람이 동의하지는 않을 거라는 걸 알고 있다. 그러나 어쩌면 이런 대답들이 그들의 의식을 환기시키고, 하나님이 당신의 수중에 두신 자원을 어떻게 바라보고 사용하기를 원하시는지 생각해보게 만들 것이다.

1. 십일조란 무엇인가요?

십일조는 우리 수입의 첫 10퍼센트를 하나님께 바치는 성경의 예시다. 창세기에는 "아브람이 그 얻은 것에서 십분의 일을 멜기세덱에게 주었더라"(창세기 14:20)라는 구절이 있다. 레위기에는

"그 땅의 십분의 일 곧 그 땅의 곡식이나 나무의 열매는 그 십분의 일은 여호와의 것이니 여호와의 성물이라"(레위기 27:30)라고 가르친다. 그리고 앞에서 이미 살펴본 것처럼 말라기서에서 하나님은 우리에게 '온전한 십일조를 창고에 들임'으로써 자신을 시험하라고 권하신다. 십일조는 우리가 가진 모든 자원의 첫 10퍼센트를 하나님께 바침으로써 성경의 예시를 따르려는 헌신이다.

어느 일요일 예배가 끝난 후, 한 남자 성도가 내게 다가와서 말했다. "음, 제가 이미 그 답을 알고 있다고 생각하지만, 세금을 공제하기 전과 후 어떤 금액으로 십일조를 바쳐야 하나요?" 나는 그가 그의 자원으로 진심으로 하나님께 영광을 돌리기 원한다는 걸 알 수 있었다. 그는 하나님께 속하는 어떤 것도 숨기고 싶어 하지 않았다. 내가 말했다. "제가 할 수 있는 최선의, 그리고 가장 빠른 대답은 '전'입니다." 하나님께서 '첫' 10퍼센트를 받으시는 것으로 나는 알고 있다고 설명했다. 이 '첫'이라는 것은 우리가 십일조를 바치기 전에 개인적으로 공제할 것들을 항목별로 나누거나 차감하지 않음을 뜻한다. 우리는 우리가 소유하게 된 것이 모두 하나님의 것임을 기억하고 있으며, 첫 10퍼센트를 하나님의 의로운 일에 기쁘게 바친다.

또 한 번은 누군가 나를 한쪽 구석으로 끌고 가 말했다. "저는 사실 십일조가 성경적이라고 생각하지 않습니다. 성경은 십일조에 대해 거의 말하지 않아요." 나는 이렇게 물었다. "당신은 예수 그리스도가 동정녀 마리아에게 나셨다는 걸 믿습니까?" 그는 약간 당황한 것 같았지만 진심으로 "네!"라고 대답했다. 나는 왜 그것을 믿는지 물었고, 그는 성경에 그렇게 쓰여 있기 때문이라고 설명했다. 그 다음 나는 예수님이 동정녀에게 나신 것보다 십일조에 대해 성경이 더 많이 이야기하고 있다고 이야기해줬다. 이것은 그를 깜짝 놀라게 했지만, 균형 잡힌 시각을 갖는 데 도움이 됐다는 걸 느낄 수 있었다.

십일조가 아름다운 이유는 모든 사람이 똑같이 10퍼센트를 내기 때문이다. 어떤 사람이 1년에 500달러를 번다면, 그의 십일조는 50달러다. 또 어떤 사람이 500만 달러를 번다면 그의 십일조는 50만 달러다. 두 사람 모두 십일조를 바쳤고, 두 사람 모두 그들의 수입에서 똑같은 비율을 바친 것이다.

2. 십일조는 최대한도인가요, 아니면 최소한도인가요?

십일조는 단지 나눔의 출발점이다. 첫 10분의 1은 하나님의 것이다. 그 다음 우리는 헌금을 권유받는다. 헌금은 십일조 외에 우리가 바치는 모든 선물을 말한다. 이것은 또한 우리가 십일조를 바친 후에야 비로소 봉헌을 할 수 있다는 걸 뜻한다.

예수님을 따르는 이들은 십일조의 생활방식을 먼저 익히려고 노력한 다음, 다른 90퍼센트 역시 하나님이 사용하실 수 있도록 하는 법을 배워야 한다. 성령이 우리의 마음을 움직이실 때, 우리는 특별한 요구에 응하고 큰 목적을 돕는 봉헌을 할 수 있다.

예전에 한 부유한 사업가와 나눴던 대화를 기억한다. 그는 이렇게 말했다. "만일 내가 십일조를 바친다면 하나님께 반항하며 살 것 같아요." 나는 그와 그의 아내가 아낌없이 내놓는 사람들이라는 것을 알고 있었기 때문에 그의 말에 깜짝 놀랐다. 이어서 그가 말했다. "하나님께서 내게 이것들을 모두 주셨는데도 불구하고 채 50퍼센트도 안 바친다면, 이기적인 돼지밖에 더 되겠어요!" 나는 그의 말을 이해하고 소리 내어 웃었다. 그는 십일조가 잘못됐다고 말하는 게 아니었다. 십일조가 그가 바치는 전부라면, 그는 자신의 삶에 대한 하나님의 뜻에서 벗어난다는 의미였다.

3. 하나님은 우리에게 왜 십일조를 원하시는 걸까요?

나는 우리가 하나님께 십일조를 바쳐야 하는 3가지 이유가 있다고 생각한다. 첫째, 십일조 훈련은 우리에게 선물이다. 이 훈련은 우리가 가진 모든 것이 하나님으로부터 온다는 것을 규칙적으로 기억하도록 돕는다. 하나님께 그의 십일조를 바칠 때마다, 우리는 하나님은 항상 선한 분이시며 우리는 사랑과 감사로 그에 응답하고 있음을 깨닫게 된다. 십일조는 물질에 대한 우리의 생각을 바로잡는다. 우리가 가진 모든 것이 하나님에 의해 우리에게 주어졌다는 것을 인정하기 때문이다.

둘째, 십일조는 하나님을 위한 것이다. 그것은 우리가 하나님을 사랑하며 하나님이 우리에게 주신 모든 것에 감사드린다는 선언이다. 당신은 가족들끼리 외식을 할 때, 감자튀김이나 디저트 한 입도 부모와 나눠 먹으려고 하지 않는 아이를 본 적이 있는가? 아이를 외식시켜 주고 음식값을 지불하는 것은 바로 부모인데 말이다. 이는 그리 아름다운 모습이 아니다. 하지만 어린 소녀가 엄마에게 "제 접시 위에 있는 걸 마음대로 드세요"라고 말할 때, 그것은 아이가 이 모든 식사를 누가 준비했는지 이해한다는 선언이다. 이처럼 십일조를 바칠 때, 우리는 하나님께 우리 접시 위에 있는 어떤 것이든 마음대로 드시라고 말씀드린다.

셋째, 십일조는 교회에 대한 축복이다. 말라기서에는 "너희의 온전한 십일조를 창고에 들여 나의 집에 양식이 있게 하고"(말라기 3:10)라는 구절이 있다. 십일조는 교회의 지속적이고 발전적인 봉사를 돕는다. 하나님의 집에는 양식이 풍부해야 한다. 하나님의 바람은 건강하고 활기 넘치는 교회를 세우시는 것이다. 성도 모두가 십일조를 바치는 일에 힘을 쏟는다면 필요한 것들이 충족되고, 가난한 이들은 굶주림을 벗어나며, 창조적인 봉사·구제 활동이 가능해지고, 자원이 자유로이 흐르게 될 것이다.

그러나 슬프게도 성도들은 자신이 받게 될 것을 크게 기대하면서, 아낌없이 내놓는 일에는 별로 헌신하지 않기 때문에 많은 교회가 허덕이고 있다. 하나님이 십일조를 요구하시는 이유는 교회로 하여금 신자들의 성장을 돕고, 아직 하나님의 가족이 되지 못한 사람들에게 손길을 뻗을 수 있도록 자원을 보유하게 하시려는 것이다.

4. 십일조가 율법주의의 일종인가요?

십일조는 무조건 해야 하는 걸까? 절대로 아니다! 십일조는 자유의 행위다. 예수님은 물질적인 것을 사랑하면 노예가 된다고 가르치셨다. 돈 괴물의 손아귀에서 자유로워질 때, 우리는 자유를 발견한다. 하나님은 우리가 십일조를 바친다고 더 사랑하시거나,

바치지 않는다고 덜 사랑하시지 않는다. 하나님은 우리가 가능한 한 최고의 삶을 경험하길 원하신다. 십일조는 우리가 돈의 압제적인 힘에서 해방되어 더 나은 삶을 시작하도록 돕는 기회다. 어떤 사람들은 말할 것이다. "하나님께 10퍼센트를 바친다면 나는 그만큼 덜 가지게 될 거야." 그러나 십일조를 바치는 자유를 발견한 사람들은 말한다. "하나님께 첫 10퍼센트를 바칠 때마다, 나는 내게 필요한 것과 내가 꿈꾼 것 이상을 얻게 돼!"

5. 십일조는 내가 다니는 교회에 바쳐야 하는 것인가요?

나는 이 질문에 대해 다른 지도자들과 토론을 한 적이 있었는데, 다양한 견해가 있음을 알았다. 어떤 목사는 이렇게 말했다. "십일조는 반드시 당신이 다니는 교회에 바쳐야 합니다. 그리고 교회 밖에서는 봉헌을 할 수 있어요." 또 다른 목사는 이렇게 말했다. "그건 중요하지 않습니다. 하나님의 의로운 일에 쓰이기만 한다면 어디든 원하는 곳에 바치세요." 나는 이 질문에 명확히 '그렇다, 아니다'라는 답이 있다고 생각하지 않는다. 그러나 교회의 일원인 사람들이 자신의 교회의 봉사를 위해 아낌없이 원조하는 일은 중요하다고 생각한다.

대부분의 교회는 성도들이 바치는 십일조와 헌금으로 유지된다는 것을 기억하는 게 중요하다. 이 밖에 다른 수입원이 있는 교회는 극소수다. 교회 성도들이 교회 밖에서 아낌없이 내놓고, 정작 자신들의 교회를 지원하지 않으면 교회는 자신들이 펼치는 일에 끊임없는 압박을 받는다. 국가적이고 국제적인 봉사를 위해 기부하는 것도 좋지만, 이런 대부분의 일 밑바탕에는 여러 나라나 온 세계의 교회에 속한 수많은 성도들이 있기 때문에 가능한 것이다. 또한 교회에 나가는 사람들이 내놓는 선물은 교회를 지속적으로 원조하는 하나의 원천이 된다. 그러므로 당신이 몸담은 교회에 아낌없이 내놓는 일이 중요하다.

6. 십일조를 바치고 싶지만 경제적으로 정말 어려운데요?

"저는 십일조를 바칠 여유가 없습니다"라고 말할 사람들이 있다. 그들의 처지에서 보면 사실인 것처럼 보일지도 모르지만, 실제로는 십일조를 바치지 않는 일이 결과적으로 더 많은 것을 잃게 한다. 경제적으로 매우 힘든 상황이 되어 십일조를 바치는 일이 불가능하다고 느끼는 사람들을 위해, 십일조를 바치는 사람이 되도록 돕는 2가지 선택이 있다.

첫째, 매달 당신이 봉헌하는 금액을 늘려라. 이 금액이 십일조에 이를 때까지 당신의 기부에 눈금을 매겨라. 매달 1퍼센트나 0.5퍼센트씩 늘리면 좋다. 이 방법으로 십일조를 바치는 생활방식에 천천히 나아갈 수 있다.

이런 방법은 댄과 던이 실행했었다. 여러 해 동안 댄은 자신이 다니는 교회의 장로였고 또한 집사였지만, 10퍼센트를 완전히 바치는 시점까지 한 번도 도달한 적이 없었다. 댄과 던은 3명의 딸을 키우고 있었으며, 어린 아이들이 있는 가정에서 필요한 모든 비용을 부담하고 있었다. 따라서 10퍼센트를 완전히 바치는 일은 비현실적이고 불가능해 보였다. 그때 그들은 하나님께서 그들의 기부를 막는 장애물을 들어올리고, 완전한 10퍼센트로 나아가도록 요구하신다고 느꼈다. 그래서 두 사람은 자리에 앉아 계획을 세웠다. 가계부를 관리하는 던이 그들 수입의 10퍼센트에 도달할 때까지 헌금액을 계속 조금씩 높이기로 했다. 부부는 성경의 기준에 이를 때까지 부단히 노력하는 데 동의했다. 어느 날 댄은 이제 거의 마지막 단계에 왔다고 느꼈다. 그는 던과 함께 앉아서, 십일조를 바치는 데 필요한 금액을 맞추기 위해 어떤 위험이라도 무릅쓸 수 있으며, 무슨 일이든 감수할 준비가 되어 있다고 말했다. 그러자 던은 미소를 지으며 그를 바라보고 말했다. "여보, 우린 지난 3개월 동안 십일조를 바치고 있어요!" 댄은 깜짝 놀랐고 크게 기뻐했다! 하나님 역시 그러하셨다.

그 순간 그들의 삶에는 오늘까지 계속되고 있는 원스텝 체인징이 시작됐다. 그들은 십일조를 바치는 깊은 기쁨을 발견한 것은 물론, 십일조 이상으로 헌납하기 시작했다. 하나님이 그들의 사업과 가족을 축복하심에 따라 그들의 기부도 계속 늘었고, 그들은 이제 하나님께서 하늘의 문을 열고 넘쳐흐르는 축복을 부으시는 걸 지켜보고 있다. 이 변화는 처음에는 작게 시작됐지만, 그들은 십일조에 이르기까지 정기적으로 영향을 미쳤다. 이제 삶에 대한 그들의 시각은 완전히 바뀌었고, 작은 변화가 큰 차이를 낳을 수 있음을 증명하는 산 증인이 되었다.

둘째, 어떤 사람들은 삶을 일단 단순하게 만들어야 십일조 바치는 일을 시작할 수 있는 경우도 있다. 누군가 멋진 새 자동차나 여름휴가의 대금을 치르느라 십일조를 바칠 수 없다면, 무언가 균형을 잃은 것이다. 가족 5명의 휴대전화 요금이 매달 지불되고 있지만 하나님이 십일조를 받지 못하고 계시다면, 분명 일들을 정돈할 필요가 있다. 열두 살짜리 아이들이 모두 휴대전화를 필요로 하는 것은 아닐지도 모른다.

우리의 습관이나 취미가 매우 값비싸서 하나님께 첫 10퍼센트를 바칠 수 없다면, 습관을 깨뜨리거나 취미를 축소해야 할 때인지 모른다. 때때로 하나님께 영광을 돌리는 삶을 산다는 건 희생하는 것을 의미한다. 사람들에게 자신을 따르라고 하실 때 예수님은 "아무든지 나를 따라오려거든 자기를 부인하고 날마다 제 십자가를 지고 나를 따를 것이니라"(누가복음 9:23)라고 말씀하셨다.

우리는 예수님을 따르는 일이 쉽다고 약속받지는 않았다. 십일조 바치는 것을 배우는 일은 종종 기꺼운 희생을 뜻한다.

원스텝 체인징 ■ 당신의 헌금에 눈금을 매길 시간
제안   아직 십일조 바치는 생활방식을 익히지 못했다면, 십일조에 이를 때까지 당신이 바치는 헌금액에 규칙적으로 눈금을 매기는 일을 해 보는 것도 좋다. 매달, 혹은 매주 얼마만큼을 늘릴 것인지 액수를 정하라. 그리고 계획대로 끝까지 해내라. 십일조 바치는 일을 배울 때, 하나님이 당신의 마음과 삶을 어떻게 움직이시는가에 대해 일기를 쓰거나 기록을 한다면 더욱 좋을 것이다.

7. 빚을 다 갚을 때까지는 십일조를 바치지 말아야 할까요?

빚이 없는 사람들만 십일조를 바치고 하나님의 의로운 일에 헌납한다면, 사실상 이 땅의 모든 교회는 문을 닫을 것이다. 대부분의 사람들이 주택융자를 받거나 자동차 할부금을 내는 등 다양한 종류의 빚을 지고 있다. 당신이 심각한 채무상태에 있다면, 개인재정 관리에 관한 강좌를 듣거나, 그 주제를 다룬 책을 읽거나, 당신을 도와줄 누군가를 만나 예산을 짜고 그에 맞춰서 생활해야 할 때인지 모른다. 그러나 십일조는 첫 10퍼센트이므로, 다른 무엇보다 우선으로 바쳐져야 한다.

8. 십일조를 바치면, 바치는 것의 10배를 돌려받을 수 있나요?

여러 해 동안 나는 사람들에게 이 질문을 받았다. 그들은 믿음의 씨를 뿌리면(그 씨는 항상 그 목사나 목회자에게 직접 건네진 돈이라 생각되는 것 같다), 하나님이 그것의 4배, 심지어 10배쯤 보답하실 거라고 약속하는 TV 설교자의 말을 들었다고 했다.

나는 봉사를 위해 기부된 돈에 대한 재정적 보답을 약속하는 사람들은 기부에 관한 성경의 가르침을 사람들에게 잘못 전하고 있다고 생각한다. 성경은 "많이 심는 자는 많이 거두며"(고린도후서 9:6), 우리가 십일조를 바칠 때 하나님께서 "하늘 문을 열고 너희에게 복을 쌓을 곳이 없도록"(말라기 3:10) 부으실 거라고 가르친다. 그러나 그 축복의 형태가 금전이 될 거라는 보장은 결코 없으며, 성경은 우리가 바친 것의 10배를 돌려받게 될 거라고 말하는 천국의 투자계획을 한 번도 언급하지 않는다.

아낌없이 내놓는 자유와 기쁨을 알자

십일조는 우리 모두를 위한 도전이다. 아주 많은 물질을 가지고 있는 사람조차 이 훈련을 이행하기 위해 고전할 수 있다. 그러나 핵심은 십일조가 성경에 입각한 것이라는 것과, 예수님을 알고 사랑하는 이들은 아낌없이 내놓는 것의 자유와 기쁨을 발견할 수 있다는 것이다.

십일조에 대한 걱정으로 미 상원의 유명한 담당 목사였던 피터 마샬Peter Marshall을 찾아온 한 남자의 이야기를 들은 적이 있다. 그가 말했다. "저한테 문제가 하나 있습니다. 저는 십일조를 바치고 있어요. 1년에 2만 달러를 벌 때는 그리 나쁘지 않았습니다. 2천 달러를 낼 수 있었어요. 하지만 지금은 1년에 50만 달러를 벌고 있는데, 1년에 5만 달러는 절대 바칠 수가 없어요."

피터 마샬은 이 부유한 남자의 딜레마를 조용히 생각했지만 어떤 조언도 하지 않았다. 다만 이렇게 말했다. "그렇군요. 당신이 정말로 문제를 안고 있다는 걸 알겠습니다. 나는 우리가 그 일에 대해 기도해야 한다고 생각해요. 괜찮습니까?" 남자가 동의했으므로 마샬은 머리를 숙이고 힘차고 권위 있게 기도했다. "주님, 이 남자는 문제를 안고 있고, 저는 주님이 그를 도와주시기 간원합니다. 주님, 이 남자의 봉급을 그가 십일조를 바칠 수 있는 지점으로 다시 삭감해주십시오."

기도 중간에 마치 꼬챙이로 옆구리를 찔리기라도 한 듯 남자가 벌떡 일어섰다. 그리고 피터 마샬의 기도를 멈추게 한 뒤 말했다.

"아니에요, 제 의도는 그게 아닙니다!" 그는 자신의 시각이 왜곡되었음을 깨달았으며, 하나님이 자신의 수중에 두신 자원을 어떻게 이해해야 하는지 새롭게 바라볼 준비가 되었다.

당신은 캐러멜을 나눠먹고 있습니까?

"네 캐러멜 하나만 줄래?"라는 질문에는 많은 응답이 있다. 어떤 아이는 뒷걸음질치며 자신의 것을 지킬 것이다. 그러면 누구도 단 하나의 사탕을 받지 못한다. 어떤 아이는 사탕을 나눠주기는 하지만 싫어하는 기색이 역력하다. 또한 나의 영웅인 더스틴 같은 아이가 있다. 그 아이는 자유로이, 기쁘게, 아낌없이 나눈다. 이처럼 우리는 우리의 캐러멜을 함께 나누자고 하시는 하나님의 요구에 어떻게 응답할 것인지 선택할 수 있다. 이는 무엇보다도 우리에게 캐러멜 한 통을 다 주신 분은 바로 하나님이셨다는 것을 기억하게 한다.

자, 당신은 당신의 캐러멜을 어떻게 나누고 있는가?

● 작은 변화를 일으키는 오늘의 깊은 생각
- '나의 것'에서 '하나님 것'으로의 원스텝 체인징은 당신이 물질적인 자원을 관리하는 방식에 어떻게 영향을 미쳤는가? 아직 이

런 변화를 시작하지 않았다면, 변화를 방해하고 있는 것은 무엇인가?

• 눈을 감고 손을 위로 향하게 하라. 당신의 손바닥 위에 모든 자원이 놓여 있다고 상상하라. 그 다음 스스로에게 물어라. 내 손바닥은 숨김없이 쫙 펴 있고, 하나님 그리고 다른 사람들과 자유로이 나누고 있는가? 아니면 내 손이 '나의' 것들을 단단히 쥐고 있는가? 쫙 펴서 아낌없이 나누는 손으로 살기 위해 내가 할 수 있는 일은 무엇인가?

● 작은 변화를 일으키는 오늘의 기도

• 하나님이 당신의 수중에 두신 모든 것에 대해 생각하고, 그런 자원들을 당신에게 안심하고 맡기신 데 대해 감사하라.

• 아직 십일조를 바치고 있지 않다면, 이 방향으로 나아갈 수 있는 지혜와 용기를 간구하라. 기쁨을 가득히 느끼며 아낌없이 내놓는 사람이 되도록 하나님께 도움을 청하라.

14

모으는 사람에서
나누는 사람으로의
원스텝 체인징

이것이 곧 적게 심는 자는 적게 거두고 많이 심는 자는 많이 거둔다 하는 말이로다 각각 그 마음에 정한 대로 할 것이요 인색함으로나 억지로 하지 말지니 하나님은 즐겨 내는 자를 사랑하시느니라 하나님이 능히 모든 은혜를 너희에게 넘치게 하시나니 이는 너희로 모든 일에 항상 모든 것이 넉넉하여 모든 착한 일을 넘치게 하게 하려 하심이라

고린도후서 9:6-8

내가 어려서부터 늙기까지 의인이 버림을 당하거나 그의 자손이 걸식함을 보지 못하였도다 그는 종일토록 은혜를 베풀고 꾸어 주니

그의 자손이 복을 받는도다

시편 37:25-26

오직 선을 행함과 서로 나누어 주기를 잊지 말라 하나님은 이같은 제사를 기뻐하시느니라

히브리서 13:16

몇 해 전, 우리 가족은 처음으로 애완동물과 함께 사는 세상을 열었다. 세 아이들은 강아지와 고양이, 도마뱀, 원숭이, 가지각색의 이국적인 동물들을 간청하며 아내와 나에게 집중공격을 퍼부었고, 우리는 바퀴를 돌리며 부지런히 움직이는 햄스터를 들이기로 결정했다. 햄스터 두 마리에 햄스터를 위한 운동용 공, 햄스터가 살 우리, 대팻밥 한 봉지, 먹이, 물병이 완비된 초보자용 한 세트를 구입했다. 이보다 더 간단한 일이 있을까? 그 애완동물 가게는 햄스터의 간결한 발달사와 햄스터를 돌보는 지시사항이 담긴 작은 책자까지 주었다.

스니피와 골디가 우리 가족의 일부가 되었기 때문에, 나는 햄스터 전문가가 돼야 한다고 생각했다. 그리고 나는 쥐목 비단털쥐과 포유류에 대해 꽤 많이 알게 됐다. '햄스터'라는 말은 '저장하다'를 뜻한다고 한다. 햄스터는 중동에서 처음 발견되어 길들여졌으며, 독일산 햄스터는 우리가 산 시리아산의 솜털로 뒤덮인 작은 골든 햄스터에 비해 상당히 크다. 이 친척 햄스터의 크기는 큰 쥐 정도다. 햄스터 책자에서 나는 햄스터가 천성적으로 먹이를 저장한

다는 걸 배웠다. 스스로의 본능을 어떻게 할 수 없는 것이다. 할 수 있는 만큼 그러모으고, 그것을 숨긴다. 그런 다음 더 많이 찾아내고, 역시 숨긴다. 나는 농장에서 135킬로그램 이상의 곡물을 훔친 작은 햄스터 이야기를 읽었다. 이 작은 동물은 결코 그런 거대한 창고가 필요하지 않았지만, 어쨌든 계속 그러모았던 것 같다.

욕심 많은 햄스터 기질 몰아내기

생각해보면 우리는 햄스터 같은 세상에 살고 있다! 인간정신에는 우리로 하여금 필요한 것보다 훨씬 더 많이 저장하고 싶게 만드는 뭔가가 내재되어 있다. 만약 이를 막지 못한다면, 우리 대부분은 최대한 많이 축적하는 데 인생의 많은 시간을 소비할 것이다. 햄스터는 얼굴근육이 매우 유연해서, 별 불편함 없이 볼을 2.5센티미터 이상 부풀릴 수 있다고 한다. 마찬가지로 우리의 삶을 방심한 채 놓아둔다면, 우리 역시 많은 햄스터에 뒤지지 않을 정도로 많이 축적하면서 기괴한 모습으로 변할 수 있다.

우리 가족은 골디라는 이름의 골든 햄스터를 가지고 햄스터의 저장능력에 대한 일종의 실험을 하기로 했다. 다른 한 마리 스니피는 햄스터와 투견의 교배종이 틀림없다고 생각될 정도로, 누구든 햄스터 우리에 손을 뻗을 때마다 매우 날카로운 이빨로 물어뜯으려 했다. 그리고 이따금 무시무시하게 성공을 거뒀다. 스니피는 우리가 자신이 저장한 먹이를 훔치려 한다고 두려워했다. 따라서

장갑을 끼지 않고는 우리에 손을 넣을 수 없었다. 골디와 스니피가 우리 구석에 먹이를 모두 숨겼을 때, 우리는 손을 집어넣어 먹이를 들추어낸 뒤, 그릇에 다시 올려놓고는 했다. 우리가 이렇게 했을 때 햄스터는 기뻐하지 않았다.

당신이 돈 괴물을 처단하기 원한다면, 우리는 우리의 문화를 지배하는 이 햄스터 기질을 확인하고 그것과 싸워야 한다. 우리는 실제로 필요한 것보다 훨씬 더 많이 저장하는 경향이 있다는 점을 인정해야 한다. 그래서 때로는 우리가 가진 것에 너무 가까이 다가오는 사람을 물어뜯으려고까지 한다.

우리가 돈 괴물의 심장에 박아야 하는 두번째 말뚝은 관대함이다. 모으는 사람에서 나누는 사람으로 변화를 일으킬 때, 우리는 완전히 새로운 종류의 부와 번영을 발견한다.

우리는 관대함을 통해 우리가 그토록 찾는, 심지어 간절히 기도하는 생활방식으로 나아갈 수 있다. 그 생활방식이란 우리가 가진 것을 하나님, 그리고 다른 사람들과 함께 나누는 것이다. 햄스터 정신을 몰아내고 관대한 정신이 자리 잡을 때, 우리의 물질적 자원은 완전히 새로운 목적을 갖는다. 우리는 그것을 영원히 변치 않는 것들에 투자하기 시작한다.

원스텝 체인징　■ 많이 모았다, 이제 그만!

제안　당신의 삶에서 충분히 가지고 있는 것이 무엇인지 찾아보라. 벽장에 넣어 둔 옷일 수도 있고, 일하는 데 사용하는 도구일 수도, 차고에 계속 걸려 있는 연장일지도 모른다. 당신이 충분히 가지고 있다는 게 분명하면, 그것을 선언하라! 또 다른 옷을 사기 위해 쇼핑을 하거나, 컴퓨터 메모리를 업그레이드 시키거나, 텔레비전 홈쇼핑에서 또 다른 팔찌를 주문하거나, 이번 주말에는 마트에 갈 때 연장을 파는 DIY 코너를 찾지 않겠다고 결심하라. 그저 "나는 충분히 갖고 있다"고 말한 뒤, 더 많은 모으는 일을 일시적으로 정지하겠다고 선언하라.

하나님만큼 관대한 분도 없으시니

인간 역사에서 가장 위대한 관대함을 보여주는 표본은 하나님이 그의 독생자를 선물로 보내 우리 죄를 대속하고 우리를 자유롭게 하셨다는 것이다. 인간의 몸을 하신 하나님인 예수님은 우리가 이해할 수 있는 것보다 무한히 더 큰 수준으로 관대함의 표본이 되셨다. 예수님은 하늘의 영광과 위엄, 광휘를 떠나 마구간이라는 더러운 곳에서 태어나셨다. 빌립보서에서 사도 바울은 우리의 태도가 그리스도 예수와 같아야 한다고 쓰고 있다. "너희 안에 이 마음을 품으라 곧 그리스도 예수의 마음이니 그는 근본 하나님의 본체시나 하나님과 동등됨을 취할 것으로 여기지 아니하시고 오히려 자기를 비워 종의 형체를 가지사 사람들과 같이 되셨고 사람의 모양으로 나타나사 자기를 낮추시고 죽기까지 복종하셨으니 곧 십자가에 죽으심이라"(빌립보서 2:5-8).

예수님이 하늘을 떠나 인간의 역사에 들어오셨을 때, 우리는 그가 행하신 일의 크기를 감히 다 헤아리지 못할 것이다. 그러나 예수님의 관대함은 거기서 끝나지 않았다. 예수님은 상상할 수 있는 가장 큰 희생, 즉 자신의 목숨을 내놓으셨다. 그는 우리 죄를 대속하기 위해 자신의 목숨을 버리고 십자가에서 돌아가심으로써 그의 사랑의 깊이를 보여주셨다. "사람이 친구를 위하여 자기 목숨을 버리면 이보다 더 큰 사랑이 없나니"(요한복음 15:13)라고 말씀하신 분이 바로 예수님이시다. 예수님은 우리를 위해 10퍼센트를 내주지 않으셨다. 온전한 100퍼센트를 내주셨다. 예수님은 우리에게 자신의 모습을 따르라고 권하신다.

하나님은 그의 백성이 적극적으로 아낌없이 내놓는 마음으로 살아가는 모습을 꿈꾸신다. 그러므로 우리는 더 이상 햄스터처럼 모으려고만 해서는 안 된다. 자기중심적인 추구와 끊임없는 업그레이드를 끝내라. 이제 우리가 가진 모든 것을 기쁨에 넘치는 마음으로 하나님께 돌려 드려야 할 때이다.

계획적으로, 한결같이, 기쁘게 내어주게 될 때, 우리는 욕심 많은 햄스터 기질이 쉽게 달아나는 것을 보게 될 것이다. 그리고 또 하나의 말뚝이 돈 괴물의 가슴에 박혔다고 확신할 수 있다.

'즐거운 기부자'란 말은 모순일까?

웃음을 터뜨리게 만드는 '모순어법'에 해당되는 말들을 살펴본 적이 있는가? 모순어법은 우리가 자주 함께 사용하지만, 자세히 살펴보면 서로 어울리지 않는 단어들로 이뤄진 표현을 말한다. 누군가는 모순어법을 '일치하지 않거나 서로 모순 되는 용어의 결합 으로 경구(警句) 효과를 일으키는 수사법'이라고도 말한다. 몇 가 지 예를 보면 금방 이해가 갈 것이다.

- 자연스럽게 행동하다
- 명백히 애매한
- 귀청이 터질 듯한 침묵
- 교육적인 텔레비전
- 유연한 윤리
- 우호적인 경영권 취득
- 좋은 슬픔
- 통치 조직
- 반(半) 벌거벗은
- 엄청나게 큰 작은 새우
- 일하지 않는 어머니
- 공개된 비밀
- 플라스틱 은그릇
- 심각하게 우스운
- 편견 없는 의견

그렇다면 '즐거운 기부자'란 말은 어떤가? 많은 사람들은 이 목 록의 맨 위에 이 말이 추가돼야 한다고 생각한다.

도대체 기쁨과 기부가 서로 무슨 관련이 있는 걸까? 관대함과 즐거움은 어떻게 연결돼 있는 걸까? 사도 바울은 기쁨에 넘치는 마음과, 우리의 자원을 나누는 일은 밀접히 관계돼 있다고 분명히 말한다. 바울은 "각각 그 마음에 정한 대로 할 것이요 인색함으로 나 억지로 하지 말지니 하나님은 즐겨 내는 자를 사랑하시느니라" (고린도 후서 9:7)고 쓴다. 하나님이 밝은 마음으로 베푸는 자를 사랑하신다면, 그렇게 사는 일은 틀림없이 가능하다. 가만히 살펴보면, 자원을 아낌없이 나누는 사람이 되는 법을 배우는 일과 기쁨을 기르는 일은 본질적으로 연결돼 있는 듯 보인다. 문제는, 우리가 이 세상에서 '기쁘게 내주는' 예들을 잘 보지 못한다는 것이다. 심지어 많은 경우, 이와 정반대의 것만을 본다.

이 원리의 한 예가 바로 내 눈 앞에서 펼쳐졌던 적이 있었다. 한 어린 소년이 빨간 고무공을 양팔에 끼고, 그보다 조금 더 큰 고무공 3개를 자신의 통통한 무릎 사이에 끼운 채 교회 어린이방에 앉아 있었다. 아이는 어린이방에 있는 다른 아이들로부터 공 5개를 모두 빼앗기지 않으려고 애를 쓰고 있었던 것이다. 문제는 공 5개는 아이 한 명이 한꺼번에 잡을 수 없다는 것이었으며, 특히 발 가장 가까이에 놓여 있는 공은 빼앗기기 쉬웠다. 그래서 다른 아이가 공에 흥미를 보일 때마다, 그 아이는 공들을 나눠주지 않겠다는 것을 확실히 하기 위해 고래고래 소리를 질렀다.

나는 내가 끼어들어 공 한두 개를 포기하도록 만들어야 한다고 생각했지만, 과연 이 상황이 어떻게 끝날 것인지 흥미진진하게 지켜보고 있었다. 5분여 동안 그 아이는 매우 경계하는 자세로 다른 아이들이 공 가까이에 오지 못하도록 만들었다. 죽은 짐승의 마지막 고기 위로 웅크리고 있는 하이에나처럼, 그 아이는 공을 나눠줄 마음이 전혀 없었다. 다른 아이들은 사냥감 주위를 맴도는 독수리처럼 소년의 주위를 빙빙 돌면서 몰래 공을 낚아챌 방법을 찾았다. 그 광경을 지켜보며, 나는 솔직히 말해서 웃어야 할지 울어야 할지 알 수 없었다.

그때 무엇인가 내 머리를 쳤다. 그 아이는 전혀 즐거워하지 않고 있다는 것을 발견한 것이다. 그 아이의 10미터 반경에는 어떤 기쁨도 찾아볼 수 없었다. 그 아이만 행복하지 않은 게 아니라 다른 모든 아이들 역시 슬퍼 보였다. 그 소년의 이기심이 블랙홀이 되어 그 방의 모든 기쁨을 빨아들이고 있었다.

아이는 공 5개를 갖고 있었지만 단 한 순간도 공을 가지고 놀지 못했다. 오직 움켜쥐는 일에만 전념했기 때문에, 결코 자신이 가진 것을 즐길 시간이 없었다. 심지어 자신의 것도 아닌 장난감에 다른 아이들이 접근하지 못하도록 온 힘을 쏟았다. 예배가 끝나고 부모가 데리러 왔을 때, 아이는 그렇게 필사적으로 움켜쥐었던 공을 내려놓고 떠났다. 나는 그 소년을 보고 '가지고 떠날 수는 없다'는 옛말이 정말 사실이라고 생각했다.

이 아이에 대해 생각하면서, 나는 우리 각자에게 햄스터 기질이 있음을 깨달았다. 성경은 그것을 죄라고 부른다. 이기적이 되려는 우리의 타고난 성향은 기쁨과 활기를 불러일으키지 않는다. 대신 두려움과 고립, 불신을 가져온다.

그날 교회 어린이방에서의 장면을 마음속에서 재생하며, 나는 내 자신의 얼굴과 마음을 들여다본다. 나는 괴성을 지르고 으르렁

거리며 '나의 것'을 지키기 위한 죄를 저지르고, 또한 하나님, 다른 사람들과 함께 나누는 기쁨을 놓쳤다. 내 시간과 에너지를 나의 창고 문을 지키는 데만 소비하다가는, 다른 이들을 초대하여 삶과 하나님의 선하심을 함께 나누는 기회를 놓칠 수 있다.

그날 어린이방에서, 우리가 사는 데 실제로 공이 하나 이상 필요하지 않다는 것을 깨달았다. 혹여 우리가 곡예사나 당구선수, 아마추어 골퍼가 아니라면 말이다. 사실 공이 반쪽이라면 훨씬 더 좋다. 아니 반쪽짜리 공이 왜 좋다는 걸까? 공 하나를 다른 누구와 함께 나눌 때, 공의 반쪽씩 가진 두 사람은 혼자서 노는 것보다 더 즐겁기 때문이다!

'즐거운 기부자'는 모순어법이 아니다. 하나님은 자신의 모든 자녀들이 정확히 '즐거운 기부자'가 되어야 한다고 말씀하신다. 하나님의 모순어법 사전이 있다면, 당신은 이런 표제어들을 우연히 발견할지도 모른다. '이기적인 기독교인, 마지못해 하는 기부, 욕심 많은 신자, 공 욕심쟁이…'.

원스텝 체인징
제안

■ 당신에게 필요하지 않은 것은 내주어라

먼지가 쌓이고 있거나 선반을 차지하고 있는, 당신에게 실제로 필요하지 않은 한 가지를 찾아라. 그 다음 돈 괴물과의 한 판 멋진 전쟁을 선포하며 그것을 다른 이들에게 내주어라. 당신에게 여분의 자동차가 있고, 당신의 교회에 혼자 아이를 키우며 자동차가 없는 사람이 있을지도 모른다. 그 사람에게 당신의 자동차를 내주어라. 또한 창고 안에 거의 사용하지 않는 자전거가 있을지도 모른다. 그것을 필요로 하는 이웃에게 주어라. 옷장에는 당신이 한 번도 입지 않는 많은 옷들이 있을 수 있다. 그 옷을 가난한 사람들을 돕는 단체에 기부하라. 이 일을 한 후 자유롭고 즐겁기까지 하다면, 또 해 보라!

관대함을 익히기 위한 노력

관대함이 자연스럽게 발현된다면, 세상은 훨씬 더 살기 좋은 곳이 될 것이다. 어린 아이가 "그건 내 거야, 만지지 마" 대신에 "우리 같이 놀래?"라고 말한다면 얼마나 멋질까! 하지만 우리 대부분은 평생 이기심과 싸워야 한다. 이것을 안다면, 우리를 관대함으로 나아가게 도와줄 교훈을 배우는 일이 중요하다. 돈 괴물을 죽이는 말뚝 중 하나가 관대한 생활방식이라면, 그것을 깊이 박는 방법에 대해 배우는 편이 좋다.

1. 기부는 기성문화에 대항하는 일

관대한 기부만큼 기성문화에 반대되는 일은 없다고 봐도 좋다. 아낌없이 나누는 생활방식을 실천한다는 것은 이 세상의 흐름을 거슬러 헤엄치는 것을 의미한다. 만약 우리가 희생적인 삶에 대한 하나님의 비전을 향해 계속 헤엄쳐 나가지 않는다면, 우리는 곧 하류로 휩쓸리게 될 것이다. 힘을 쏟아 우리의 자원을 아낌없이 기쁘게 나눌 때, 세상은 놀라서 바라볼 것이다. 관대한 삶을 사는 것, 이

보다 더 사람들을 더 놀라게 하고 더 많은 주의를 끄는 일은 없다.

우리는 기쁨으로 가득한 기부행위를 통해 예수님을 세상에 드러낼 수 있다. "너희는 세상의 빛이라 산 위에 있는 동네가 숨겨지지 못할 것이요 사람이 등불을 켜서 말 아래에 두지 아니하고 등경 위에 두나니 이러므로 집 안 모든 사람에게 비치느니라 이같이 너희 빛이 사람 앞에 비치게 하여 그들로 너희 착한 행실을 보고 하늘에 계신 너희 아버지께 영광을 돌리게 하라"(마태복음 5:14-16)고 말씀하신 분이 바로 예수님이시다. 예수님의 존재와 힘을 이 세상에 선보이는 한 가지 방법은, 사람들이 볼 수 있도록 선한 행동을 하는 것이다. 사람들이 그것을 볼 때, 우리는 하나님을 가리키며 하나님께 영광을 돌릴 수 있다.

원스텝 체인징   ■ 누군가에게 깜짝 놀랄 선물을 선사하자
제안   누군가에게 선물을 줌으로써 당신을 빛나게 하라. 전혀 기대하고 있지 않을 그 사람을 위해서 말이다. 주변에 교회에 다니지 않고, 또 어려움에 처해 있는 사람이나 가족을 찾아보라. 그런 다음 그가 어려운 시기를 이겨내는 데 당신이 줄 수 있는 도움이 무엇인지 간구하라. 관대함은 과학보다 더 기술적이다. 규칙은 없다. 그러나 성령의 인도를 간구하고 당신의 자원을 마음껏 이용하도록 마음먹는다면, 하나님께서 그 사람에게 무엇을 어떻게 주어야 하는지 알려주실 것이다. 그 사람이 당신의 관대함에 놀라고 그 이유를 궁금해하면, 하나님이 그를 당신의 마음에 두시고 당신을 통해 그를 돕도록 하셨다고 이야기하라. 그가 하나님의 사랑을 보고 경험할 수 있게 해주자.

2. 누구라도 관대해질 수 있다

때때로 우리는 부유한 사람만이 관대해질 수 있다고 생각하는 속임수에 빠진다. 하지만 예수님은 관대함이란 예금계좌의 잔금 규모가 아닌 우리 마음의 크기에 의해 지배된다고 명백히 말씀하셨다. 마가복음에서 예수님이 제자들과 함께하시며 가르침을 주셨던 순간에 대해 읽어보자. 어깨 너머로 바라보며 예수님이 관대함에 대해 제자들에게 가르치셨던 말씀에 귀 기울일 때, 우리는 가장 가난한 사람조차 하나님과 다른 이들을 향해 부유해질 수 있다는 것을 발견한다.

예수께서 헌금함을 대하여 앉으사 무리가 어떻게 헌금함에 돈 넣는가를 보실새 여러 부자는 많이 넣는데 한 가난한 과부는 와서 두 렙돈 곧 한 고드란트를 넣는지라 예수께서 제자들을 불러다가 이르시되 내가 진실로 너희에게 이르노니 이 가난한 과부는 헌금함에 넣는 모든 사람보다 많이 넣었도다 그들은 다 그 풍족한 중에서 넣었거니와 이 과부는 그 가난한 중에서 자기의 모든 소유 곧 생활비 전부를 넣었느니라 하시니라

마가복음 12:41-44

예수님은 이 여자의 깜짝 놀랄 만한 관대함을 칭송하신다. 그녀는 가난한 중에서 아낌없이 내놓았으며, 하나님은 그녀의 행동과 마음을 칭송하신다. 풍족한 사람들은 많이 내놓지만, 여전히 햄스터 기질에 사로잡혀 있을 수 있다. 그러나 경제적으로 넉넉하지

않은 사람들은 얼마 안 되는 금액을 내놓음에도, 근본적인 믿음과 사랑의 행위에서 나오는 것일 수 있다. 순이익보다 희생과 관대함에 더 많은 관심을 둘 때, 우리는 하나님이 지휘하시는 대로 모든 것을 내놓을 준비가 된 마음을 갖게 된다.

기부는 보답과 축복을 몰고 온다

하나님은 말라기에 "너희의 온전한 십일조를 창고에 들여 나의 집에 양식이 있게 하고 그것으로 나를 시험하여 내가 하늘 문을 열고 너희에게 복을 쌓을 곳이 없도록 붓지 아니하나 보라"(말라기 3:10)라고 쓰셨다. 이는 기부에는 보답과 축복이 있다는 것은 의미한다.

십일조를 바치거나 봉헌을 할 때마다, 우리는 축복을 받는다. 무엇보다도 가장 처음, 중요한 축복은 교회와 세상에서 하나님의 일을 함께하는 기쁨을 경험한다는 것이다. 또한 돈 괴물로부터 해방되는 축복이 있다. 게다가 종종 하나님은 물질적인 축복을 내리실 것이다. 하늘의 문을 열고 재정적인 자원을 쏟으실 때, 하나님은 이것을 신뢰의 행위의 하나로 행하신다. 그러므로 우리가 하나님의 집사로서 자원을 잘 관리할 때, 하나님은 우리에게 더 많이 맡기시어 그것을 하나님의 의로운 일에 투자하게 만드신다.

그렇다고 우리의 자원을 바칠 때 그 답례로 돈을 기대하는 건 위험하다. 마지막 장에서 살펴보겠지만, 나는 이 점을 특히 강조하고 싶다. 하나님은 십일조를 바치고 봉헌하는 것의 보답으로 어느 정도의 돈을 돌려주신다고 약속하지 않으신다. 하나님은 우리가 바치는 것에 대한 보답을 수익률 몇 퍼센트로 약속하는 천국의 투자 전문가가 아니시다. 가끔 우리가 십일조를 바치고 헌납을 할때, 우리의 예금통장은 우리가 정확히 그 금액을 덜 소유하게 되었다고 보여준다. 그렇다고 이것이 하나님께서 우리에게 축복을 쏟지 않으셨다는 것을 의미하지는 않는다. 우리는 하나님께서 이해하시는 축복의 개념이 우리가 이해하는 축복보다 훨씬 더 크다는 것을 깨달아야 한다. 하나님은 은행계좌의 몇 천원보다 훨씬 더 멋진 것으로 자주 우리를 놀라게 하실 것이다.

나의 친한 친구 한 명의 부모님이 다른 가정에서 아이를 입양할때 큰 도움을 주신 적이 있다는 이야기를 들은 적이 있다. 주님께서 그의 부모에게 입양에 필요한 비용을 대신 지불하게 이끄셨다는 것이다. 실상은 이랬다. 친구의 부모님이 도움을 준 그 부부는 아이를 가질 수 없었으며, 또한 입양에 필요한 비용을 감당할 수 없었다. 그러나 친구의 부모님은 기꺼이 그들 부부를 위해 비용을 대주었고, 그들의 기독교적인 기부행위 덕분에 그 아이가 애정 넘치는 기독교 가정에서 성장하는 것을 지켜볼 수 있는 넘치는 축복을 얻은 것이다. 그들에게 다른 부부의 입양을 위해 지불한 돈의 10배를 돌려받았는지 묻는다면, 그들은 아니라고 대답할 것이다. 그러나 그들의 관대함에 응하여 하늘의 문이 열리고 그들의 삶에 쏟아지는 하나님의 축복을 보았는지 묻는다면, 그들은 기쁘게 그렇다고 말할 것이다.

내가 아는 또 다른 부부는 좀더 적극적으로 기부하기 위해 그들의 생활방식을 제한하기로 결심했다. 그들은 더 넓고 화려한 집으로 옮길 여유가 있었지만, 소박한 집에서 사는 것을 택했다. 내가 그들에게 더 큰 집으로 이사할 생각을 한 적이 없었느냐고 물었을 때, 그들은 "몇 년 동안 가끔 그 일에 대해 이야기했어요. 하지만 만일 그랬다면 하나님의 의로운 일에 우리가 그렇게 많이 기부할 수 없었겠죠"라고 말했다. 내가 했던 질문이 조금 부끄러워지는 순간이었다. 그들에게 있어 가장 큰 기쁨은 자신들의 자원을 하나님 나라의 일에 투자하는 새로운 방법을 발견하는 것이었다.

기부는 우리의 마음상태를 가리킨다

예수님은 우리의 보물과 우리의 마음은 매우 밀접하게 결부돼 있다고 가르치신다. 예수님은 이렇게 말씀하신다. "너희를 위하여 보물을 땅에 쌓아 두지 말라 거기는 좀과 동록이 해하며 도둑이 구멍을 뚫고 도둑질하느니라 오직 너희를 위하며 보물을 하늘에 쌓아 두라 거기는 좀이나 동록이 해하지 못하며 도둑이 구멍을 뚫지도 못하고 도둑질도 못하느니라 네 보물 있는 그 곳에는 네 마음도 있느니라"(마태복음 6:19–21).

우리의 마음이 하나님께 맡겨져 있는지 과연 우리는 어떻게 알 수 있을까? 예수님은 우리가 보물을 어디에 저장하는지 보면 된다고 말씀하신다. 만약 우리 자원의 상당 부분이 예금계좌 속에 잠들어 있거나, 쾌락을 얻는 데 소비되며 지상의 것에 묶여 있다면, 돈 괴물은 우리가 아는 것보다 더 꽉 우리의 마음을 움켜쥐고 있는지도 모른다. 반면에 우리가 영원히 변치 않는 것들에 투자하고, 손바닥을 쫙 펴면서 관대함을 키우고 있다면, 우리의 마음은 예수님의 손에 안전히 놓여 있는 것이다.

이 세상의 방식에 따르면, 우리는 언제 올지 모를 궂은 날에 대비해 우리가 가진 모든 것을 저장해야 한단다. 혹은 내일 그것을 즐길 기회가 없을지 모르기 때문에, 오늘 나만을 위해 소비하라고 권한다. 이런 식으로 사는 것은 이 세상의 것들을 결코 버릴 수 없는 집착의 표현이다.

하지만 예수님의 은총에 마음을 사로잡힌 사람은 온통 나와 나의 것, 더 많은 것에 대해 말하는 문화를 향해 당당히 전쟁을 선언한다. 이런 사람은 '나보다는 다른 사람들이 중요하고, 세상은 내가 원하고 필요로 하는 것보다 더 크며, 하나님의 관심과 흥미는 분명 투자할 가치가 있다'고 주장한다.

관대한 기부자는 '하나님과 그의 백성은 완전히 다른 경제구조로 살아간다. 우리의 마음은 물질적인 것과의 집착에 묶여 있지 않다. 그리고 나는 지상의 배당금보다 더 많이 버는 투자를 한다'는 메시지를 전한다. 우리의 심장이 예수님의 심장과 함께 뛸 때, 우리는 쉽게 관대함을 포기할 수 없다.

교회는 그 누구보다 관대해야 하지만…

지난 10년 동안 나는 미국과 유럽 전체에 있는 여러 교회를 방문했고, 전 세계 수천 명의 목사, 교역자들과 이야기를 나눴다. 내가 발견하고 놀랐던 것은, 우리의 마음에 살고 있는 햄스터 기질이 교회의 정신에도 몰래 스며들 수 있다는 점이었다. 교회가 재물을 축적하고, 그들 지역의 다른 교회에 속한 성도들과 함께 나누기를 거부하는 일이 일반화되어 있다는 사실에 나는 큰 충격을 받았다. 여러 교회들끼리 함께 일하고 서로를 축복하며 공동의 승리를 축하하는 대신, 서로를 경쟁자로 바라본다는 것이다.

물론 교회는 경쟁을 하지만, 그 상대가 우리 교회와 세 정거장 떨어져 있는 기독교인들은 아니다. 우리가 맞서야 하는 상대는 매우 실제적이다. 사도 바울은 "우리의 씨름은 혈과 육을 상대하는 것이 아니요 통치자들과 권세들과 이 어둠의 세상 주관자들과 하늘에 있는 악의 영들을 상대함이라 그러므로 하나님의 전신 갑주를 취하라 이는 악한 날에 너희가 능히 대적하고 모든 일을 행한 후에 서기 위함이라"(에베소서 6:12-13)라고 말한다. 이 적군은 매우 강해서, 우리는 예수님의 이름을 부르는 다른 모든 사람들과 손잡아야 한다. 우리가 해야 할 일은 이루 말할 수 없이 중요하기 때문에, 불안과 이기심으로 위태로워져서는 안 된다.

이제는 세상의 가난한 이들과, 경제적으로 곤란을 겪고 있는 이웃 교회에 우리 성도들이 자신들의 자원을 내어주기 시작할 때다. 당신의 교회가 훌륭한 구제(救濟)활동 프로그램을 갖고 있다면, 그 지역사회에 있는 다른 교회에 당신 교회의 프로그램을 소개해줘라. 최고의 아이디어를 전해주고, 비밀을 말하며, 콩 한쪽이라도 나누고, 나눔을 익혀라. 이렇게 할 때, 우리는 우리의 자원을 지상의 작은 왕국만이 아닌 영생에 투자하게 된다.

원스텝 체인징 **■ 당신의 마음과 통장내역을 점검할 시간**
제안 매달 말, 당신의 마음상태에 대해 하나님과 이야기를 나눌 수 있도록 30분 정도의 시간을 계획하라. 이 만남의 시간에 필요한 준비물은 당신의 성경과 통장, 딱 2가지다. 첫째, 하나님이 말씀하셔야 하는 것을 겸손히 들을 수 있는 마음을 간구하라. 둘째, 그 달 당신의 통장내역을 검토하라. 당신의 지출을 통해 당신의 마음상태가 어떻다는 것을 알 수 있는가? 주로 신용카드를 사용한다면 카드 사용명세서 역시 준비하는 게 좋다. 셋째, 다음의 성경 구절들을 기도하는 마음으로 읽어라.

• 디모데전서 6:6-10
• 고린도후서 9:6-8
• 마가복음 12:41-44
• 마태복음 6:19-21

마지막으로 당신의 돈을 사용하는 방식에 어떤 변화가 필요한지 하나님께 여쭤보라. 이 30분의 시간이 도움이 되는 훈련이라면, 다음 달에 또 해보자.

● 작은 변화를 일으키는 오늘의 깊은 생각

- 물질적인 것에 관한 당신의 마음상태를 평가하기 위해 다음 질문을 해보자.

  1. 내가 계속 부를 축적하는 목표가 나 자신을 위한 것인가? 나는 다른 이들과 함께 나누는 것을 기뻐하는가?

  2. 나는 내가 가진 것을 하나님의 것으로 보는가, 아니면 나의 것으로 보는가?

  3. 나는 본질적으로 이기적인가, 아니면 관대한가?

  4. 나는 내가 중심이 된 삶을 사는가, 아니면 하나님이 중심이 된 삶을 사는가?

- 내가 관대하게 살고, 나의 모든 자원을 하나님이 사용하실 수 있도록 한다면, 하나님께서는 어떤 일을 행하실 수 있을까?

● 작은 변화를 일으키는 오늘의 기도

- 성령이 주위의 궁핍한 이들에게 당신의 눈을 돌리게 만드시고, 당신에게 그들을 돕는 용기를 최대한 많이 내려주시도록 기도하라.

- 예수님을 이 세상에 보내신 하나님의 관대함에 감사하라. 당신을 위해 희생하시고 자신을 100퍼센트 내주신 예수님께 감사하며, 또한 당신에게 영적인 축복을 한없이 쏟으시는 성령께 감사하라.

15

덧없는 부자에서
진정한 부자가 되는
원스텝 체인징

너희를 위하여 보물을 땅에 쌓아 두지 말라 거기는 좀과 동록이 해하며 도둑이 구멍을 뚫고 도둑질하느니라 오직 너희를 위하여 보물을 하늘에 쌓아 두라 거기는 좀이나 동록이 해하지 못하며 도둑이 구멍을 뚫지도 못하고 도둑질도 못하느니라 네 보물 있는 그 곳에는 네 마음도 있느니라

마태복음 6:19-21

네가 이 세대에서 부한 자들을 명하여 마음을 높이지 말고 정함이 없는 재물에 소망을 두지 말고 오직 우리에게 모든 것을 후히 주사 누리게 하시는 하나님께 두며 선을 행하고 선한 사업을 많이 하고

나누어 주기를 좋아하며 너그러운 자가 되게 하라 이것이 장래에
자기를 위하여 좋은 터를 쌓아 참된 생명을 취하는 것이니라

디모데전서 6:17-19

해럴드는 임종이 가까워 오고 있었다. 그는 만족한 삶을 살았
다. 바로 부유한 삶! 그러나 이제 서서히 시계태엽이 풀리고 있었
다. 그는 병원의 병실에서 집 거실로 거처를 옮겼고, 간호사가 규
칙적으로 그의 상태를 점검했다. 그에게 며칠 또는 몇 시간만이
남아 있다는 것을 모든 사람이 알았다.

목사가 찾아와 성경구절을 읽고, 가족들과 기도를 올렸다. 아멘
으로 기도가 끝났을 때, 해럴드가 목사를 바라보며 가까이 와달라
고 손을 움직이며 청했다. 목사는 유언이 될지도 모를 그의 말을
듣기 위해 그 위로 몸을 구부렸다.

그의 목소리는 다소 거칠고 조용했지만, 목사는 해럴드의 말을
알아들었다. 놀란 표정으로 목사가 물었다. "정말이신가요?" 그
의 질문에 해럴드가 고개를 끄덕였다. 해럴드는 침대에서 일어나
자신을 창문으로 옮겨달라고 했다. 침대에서 창까지는 2미터도 채
안 되는 거리였고, 임종을 앞둔 사람의 마지막 청을 거절하는 건
옳지 않아 보였다. 목사와 가족 몇 사람이 해럴드를 일으켜 세워
그의 연약한 팔을 부축한 뒤 창가로 데려갔다.

해럴드의 아내가 커튼을 열었다. 그러자 해럴드가 간절한 눈빛
으로 창 밖을 내다봤다. 고통으로 몸을 움츠렸지만, 힘을 줘서 목
을 죽 빼고 울타리와, 마당과, 대문 밖 도로를 내다봤다. 그곳에는

그가 기억하는 대로, 그의 은색 최신형 렉서스 SUV가 서 있었다. 안도의 한숨을 내쉬며 그가 속삭였다. "고맙소. 그냥 저 차를 한 번 더 보고 싶었다오. 이제 다시 침대로 옮겨 주시겠소?"

당신은 이 이야기를 듣고 '결코 일어날 수 없는 일!'이라고 제목을 붙일지도 모르겠다. 인생의 끝에 가까워질 때, 우리는 정말로 중요한 것이 무엇인지 발견한다. 아무도 "죽기 전에 내 자동차를 한 번 더 보게 해주시오"라고 속삭이지 않으며, "내 통장에 돈이 얼마나 있습니까?"라고 묻지 않는다. 당신은 종합병원의 심장병 치료병동에서 "계약을 한 건 더 맺거나, 임금이 조금 더 오르면 좋을 텐데"라는 푸념을 절대 듣지 못할 것이다.

이런 중요한 순간, 이 땅 위의 값싸고 겉만 번지르르한 보석과 물건은 영원한 가치를 지닌 것들과 비교해서 그 중요성을 잃어버린다. 우리는 생의 마지막 순간에 차라리 "마지막으로 사랑한다고 말하고 싶으니 손자 손녀를 데리고 오겠나?"라고 말할 것이다. 그리고 이때 우리는 확신한다. 하나님, 그리고 우리에게 가장 의미 있는 사람들과 함께 있는 것이 당연한 일이라고. 우리 삶의 대부분에서 매우 급하고 중요해 보였던 것들은 저 뒤로 사라지고, 예수님께서 가장 중요하다고 말씀하셨던 2가지 것들이 가장 앞에 등장한다. 바로 '하나님'과 '사람들'이다.

　　제안　당신보다 인생을 더 많이 경험한 기독교인을 만나라. 어쩌면 당신
　　　　의 부모나 조부모, 친구일 수 있다. 그리고 당신의 남은 삶 동안 영
　　　　원한 영향을 미치게 될 것들에 투자하려면 어떻게 해야 하는지 조
　　　　언을 구해라. 또 그들은 과연 어떤 것에 투자했는지 물어라. 그들의
　　　　삶에서 지금까지 많은 시간을 보내지 못해서 후회되는 것이 있는지
　　　　물어보고, 그에 대해 이야기해달라고 청하라.

하나님의 보좌에서 보이는 것은

　하나님은 이 세상과 영생에서 가장 중요한 것이 뭔지 알고 계신
다. 그래서 마태복음은 이렇게 기록한다. "예수께서 이르시되 네
마음을 다하고 목숨을 다하고 뜻을 다하여 주 너의 하나님을 사랑
하라 하셨으니 이것이 크고 첫째 되는 계명이요 둘째도 그와 같으
니 네 이웃을 네 자신 같이 사랑하라"(마태복음 22:37-39).

　많은 것들이 사라져 없어지지만, 사랑이라는 투자는 절대 사라
지지 않으며 영원히 계속된다. 사도 바울은 많은 가치 있는 것들
이 소멸하지만 어떤 것은 영원히 지속될 거라고 말한다. "그런즉
믿음, 소망, 사랑, 이 세 가지는 항상 있을 것인데 그 중의 제일은
사랑이라"(고린도전서 13:13). 우리는 살면서 어떤 보물과 부가 덧
없고 일시적인지 알아내고, 그런 것에 지나치게 많이 투자하지 않
도록 조심해야 한다. 그런 다음 영구한 가치가 있는 것이 무엇인
지 가려낸 후, 우리의 삶이 반드시 진정한 가치가 있는 것들에 둘

러 싸이도록 만들어야 한다.

돈 괴물을 패배시키는 마지막 말뚝은 재물에 대한 하늘의 이해를 그대로 받아들이는 것이다. 이것은 하나님의 관점에서 우리의 삶과 투자를 바라보게 만든다. 이렇게 할 때 우리는 무엇이 중요하고, 무엇이 지속되며, 무엇이 영구한 가치를 지니는지 깨닫기 시작한다.

'죽은 시인의 사회 The Dead Poets Society'라는 영화를 봤거나 들어본 것이 있을 것이다. 이 영화에는 사립 고등학교에 새로 부임해온 교사가 학생들에게 새로운 위치에서 세상을 바라보도록 돕는 장면이 나온다. 그는 학생들에게 교실 앞으로 나와, 자신의 의자를 밟고 오른 뒤, 교단에 놓인 책상 위에 올라가보라고 말한다. 그 학교는 규칙이 엄해서, 위험하거나 질서를 깨뜨리는 행동을 권하지 않는다. 그러나 소년들은 한 명씩 책상 위에 올라서서 (이전에는 상상도 못했던 행동이다) 새로운 관점에서 교실을 바라본다. 소년들이 교실을 둘러볼 때, 카메라는 소년들의 얼굴표정을 보여준다. 그들의 얼굴표정은 각양각색이다. 두려워하는 소년, 대담한 소년, 혼란스러워 보이는 소년이 있지만, 그들 모두 책상 위에서 삶을 다르게 바라본다.

하나님도 우리에게 하늘에 있는 그의 보좌에 올라오라고 말씀하신다. 발끝으로 서서, 세상이 우리 앞에 쌓아 놓은 혼란과 거짓을 내려다보라고 하신다. 이 새로운 위치에서 보면, 우리가 그렇게나 무한한 시간을 투자했던 많은 것들이 막상 영구한 가치가 거의 없다는 것을 발견할 수 있다. 이처럼 하나님의 보좌에서 삶을 바라보려고 애쓸 때, 우리는 인생에 대단히 중요한 것들이 있음을 발견한다. 우리는 우리의 마음과 자원, 힘을 물질적인 보물에 투자하지 말고 영구한 가치가 있는 것들에 투자해야 한다.

원스텝 체인징 ■ 보좌에서 바라본 풍경

제안 당신이 하나님의 보좌 옆자리에 앉을 기회가 생겼다고 상상해보라. 그곳에서 당신은 세상과 사람들이 하고 있는 모든 일을 지켜볼 수 있다. 이제 일주일 동안 당신 자신의 삶을 지켜보게 되었다고 상상하라. 당신은 영원히 지속될 가치가 있는 일을 하고 있는가? 또 영원히 지속되지 않을 일에는 무엇이 있는가? 하늘의 관점에서 당신의 시간과 에너지를 어떤 일시적인 활동이 아닌, 큰 왕국의 투자를 향해 쓰겠다고 결심하라.

썩어 없어질 보물에 집착하지 말자

예수님은 "너희를 위하여 보물을 땅에 쌓아 두지 말라 거기는 좀과 동록이 해하며 도둑이 구멍을 뚫고 도둑질하느니라 오직 너희를 위하며 보물을 하늘에 쌓아 두라 거기는 좀이나 동록이 해하지 못하며 도둑이 구멍을 뚫지도 못하고 도둑질도 못하느니라 네 보물 있는 그 곳에는 네 마음도 있느니라"(마태복음 6:19-21)라고 말씀하신다.

나는 예수님의 말씀을 매우 느슨하게 바꿔 이렇게 말할 것이다.

"만약 좀이 슬 수 있거나, 녹이 슬 수 있거나, 도둑이 훔쳐 갈 수 있다면, 그것을 당신의 삶에서 크게 우선시하지 말라." 이 충고를 받아들인다면 우리가 하는 많은 것들이 변하게 될 것이다. 예수님은 물질적인 것에 투자하는 일은 삶을 어리석게 낭비하는 것이라고 경고하신다. 예수님은 하늘의 보좌에 앉아서 이 세상을 우리보다 훨씬 잘 바라보신다. 그러므로 예수님은 무엇이 가장 중요한지 보실 수 있는데, 재물이나 부는 그 중요한 목록 근처에도 올라와 있지 않다.

예수님께서 2천 년 전에 가르치셨던 것, 그리고 바로 이 순간까지 이 세상에 살았던 많은 부유한 이들이 깨달은 것이 있다. 바로 삶에서 간절히 찾아 헤맸던 인생의 의미와 목적은 이 세상의 것을 더 많이 축적한다고 해서 얻어질 수 없다는 것이다. 지상의 부를 비축하는 일에 대해 누구보다도 더 많은 것을 알았던 사람들의 말을 곰곰이 생각해보라.

나는 수백만 달러를 벌었지만, 그 돈은 내게 행복을 가져다주지 않았다.

존 D. 록펠러John D. Rockefeller, 1839~1937

백만장자는 좀처럼 미소 짓지 않는다.

앤드루 카네기Andrew Carnegie, 1835~1919

나는 기계공의 일을 하고 있을 때 더 행복했다.

헨리 포드 Henry Ford, 1863~1947

　많은 사람들이 부의 축적과 행복과의 관계를 연구했다. 결론은, 더 많은 부를 쌓는다고 그만큼의 만족을 얻는 것은 아니라는 점이다. 어떤 학자는 더 많은 물질이 절대 더 큰 행복을 낳지 않는다고 말한다. 경제학자 리처드 이스터린 *Richard Easterlin*도 '쾌락구조와 사회비교'에 대해 이야기한다. 이론은 이렇다. 우리가 일단 우리를 행복하게 만들 거라고 생각한 것을 손에 넣으면, 여전히 우리보다 더 많이 가진 사람들이 있다는 것에 주목하게 된단다. 결국 우리는 더 많이 원한다. 그리고 다시 무엇을 갖거나 획득하기 전 상태와 똑같은 불만족 상태에 빠진다. 슬프게도 우리는 이 사악한 순환을 깨뜨리려는 노력 대신, 대부분은 우리의 시선을 다음 목표나 소유물에 고정시키고 이 순환을 몇 번이고 되풀이한다.

　이 끝없는 순환의 어느 시점에서 우리는 다른 무언가를 깨닫고 더 가치 있는 것에 투자하지 않을까 싶지만, 안타깝게도 대부분은 그러지 못한다. 그레그 이스터브룩 *Gregg Easterbrook*이라는 학자는 이런 슬픈 현실을 밝혀냈다. 그는 물질적인 것들을 추구하는 일이 우리가 늘 꿈꾸는 것을 소유하게 해주지만, 그러나 물질을 더 많이 가질수록 우리는 덜 만족하고 덜 행복하다는 것이다.

　예수님을 따르는 이들에게 중요한 것은, 부와 물질의 축적은 절대 그것이 약속하는 기쁨을 가져다주지 않는다는 걸 깨닫는 일이다. 이런 보물은 색이 변하고, 녹이 슬며, 삭아버린다. 이것들은 우리를 만족시키지 않으며 영원히 지속되지도 않는다. 이제는 우리의 시간이 끝난 후에도 오래도록 계속될 진정한 부를 판가름할 때다. 하나님은 이처럼 영원한 투자를 우리가 포트폴리오에 추가하게 되기를 바라신다.

영원히 실패하지 않을 투자원칙

예수님은 가장 중요하고 영원히 지속되는 것이 무엇인지 우리가 알게 도와주셨다. 진정한 부는 우리가 하나님과 사람들을 사랑하는 순간에 얻을 수 있는 것이다. 하나님은 우리가 장난감과 모조품에 삶을 낭비하지 않고, 진정한 것에 투자하는 방법을 알게 하기 위해 2가지의 큰 계명을 내리셨다.

텔레비전을 보거나 스팸메일을 보면, 의외로 많은 사람들이 '최고의 투자비밀!'을 발견했다는 걸 알게 된다. 그리고 얼마 안 되는 돈으로 당신은 그들의 비밀을 주문할 수 있다. 책이나 안내문에는 부동산을 계약금 없이 후불로 사거나, 개발 예상지역의 땅을 싼 값에 미리 사는 등 얼마나 쉽게 부자가 될 수 있는지 마음을 현혹하는 여러 가지 방법이 실려 있다. 나는 이런 '최고의 투자비밀!' 중 어느 것도 시도해본 적이 없지만, 광고만 봐도 그들이 선전하는 대로 실제로 쉽게 수지맞는 일은 불가능 할 거라는 인상을 받는다.

반면 하나님은 누구라도 사용할 수 있는 훌륭한 투자전략을 갖고 계시다. 당신은 '단돈 39,800원에 배송료 무료, 5개월 무이자

할부'의 비용을 치를 필요가 없다. 당신은 이미 하나님의 투자 가이드북을 갖고 있기 때문이다. 그것이 바로 성경이다. 수천 년 동안 하나님은 자신에게 귀 기울이는 모든 사람에게 분명한 투자조언을 해주셨다. 그러므로 우리가 하나님의 조언에 따를 때, 덧없는 부에서 진정한 부로의 원스텝 체인징이 일어난다.

여기 영원히 지속되는 가치 있는 것들에 투자하기 위해 사용할 수 있는 5가지의 중요한 투자원칙을 소개해주겠다.

백전백승 투자전략 1 : 하나님을 사랑하는 마음

모든 투자계획에는 자원을 사용하는 방법을 제시하는 철학이 있다. 이 철학을 토대로 투자계획의 전체 전략이 짜이는 것이다. 하나님의 투자계획에서 성공을 위한 첫번째 규칙은 신명기에서 찾을 수 있다. "너는 마음을 다하고 뜻을 다하고 힘을 다하여 네 하나님 여호와를 사랑하라"(신명기 6:5). 이것을 놓친다면 나머지는 결코 제자리를 찾지 못할 것이다.

하나님을 사랑하는 일이 왜 영원히 지속되는 모든 투자의 초석일까? 대답은 간단하다. 우리가 하나님과의 사랑을 키울 때, 하나님께서는 우리의 마음을 예수님과 좀더 비슷해지도록 만들어주시기 때문이다. 우리의 가치와 열정, 생활방식이 예수님의 것과 비슷해지기 시작하며, 그 결과 우리는 하나님이 의도하셨던 방식으로 살게 된다.

우리의 관점은 변하기 마련이다. 아니, 오히려 항상 변한다. 그러므로 이 세상의 물질은 하나님의 영원한 목적을 이루도록 돕는 한 가지 방법에 지나지 않는다는 것을 깨달아라.

백전백승 투자전략 2 : 다른 기독교인의 믿음을 키우도록 도와주기

하나님을 알고 사랑하며 경배하게 될 때, 우리는 또 다른 투자전략을 발견할 수 있다. 그리스도를 따르는 이들이 할 수 있는 가장 가치 있는 일 중 하나는, 믿음을 키우려고 노력하는 사람들에 대한 투자다.

당신은 여러 가지 방법을 사용해 다른 사람들에게 투자를 할 수 있다. 일상의 삶에서 예수님을 따르기 시작한 새로운 신자들에게 현명하고 성실한 조언을 해줄 수 있다. 당신의 기도와 격려, 우정은 그 사람을 축복할 것이며, 당신이 이 세상에서 보는 것보다 더 위대한 영향력이 영원토록 미칠 것이다. 혹은 영적인 용기와 격려를 필요로 하는 새로운 신자와 사람들을 위해 소모임을 이끌 수도 있다. 이 모임에서 성경을 공부하고, 서로를 위해 기도하며, 책임감을 심어주고, 성장을 향한 단계들을 축하할 때, 바로 하늘에서 투자가 이루어질 것이다. 어쩌면 하나님께서는 당신에게 아이들을 사랑하고 가르치는 재능을 주셨을지 모른다. 그렇다면 당신은 주일학교에서 어린 아이들을 가르침으로써 영원에 투자할 수 있다. 교회에서 청소년을 돌보는 지도자를 자원하여 당신의 시간을 그들의 삶에 쏟는다면, 그 배당금은 하늘에 닿을 만큼 불어난다. 당신의 시간과 능력을 투자하여 다른 이들이 믿음을 쌓도록 도울 때마다, 그 보답은 그 어떤 금전보다 더 크게 될 것이다. 또한 그것은 하늘의 가계부에 기록될 것이다.

부모가 된다는 명예와 책임을 지닌 사람에게 가장 중요한 투자는 그 믿음을 다음 세대에 전하는 일이다. 부모의 기도와 본보기, 가르침은 이 세상의 경계를 훌쩍 뛰어넘는 영향을 미치게 될 것이다. 그렇기 때문에 하나님은 신명기에서 이렇게 지시하신다. "오늘 내가 네게 명하는 이 말씀을 너는 마음에 새기고 네 자녀에게 부지런히 가르치며 집에 앉았을 때에든지 길을 갈 때에든지 누워 있을 때에든지 일어날 때에든지 이 말씀을 강론할 것이며 너는 또 그것을 네 손목에 매어 기호를 삼으며 네 미간에 붙여 표로 삼고 또 네 집 문설주와 바깥 문에 기록할지니라"(신명기 6:6-9).

아이들은 스스로 영적인 길을 찾도록 놔둬야 한다는 현대적인 생각은 성경에 위배되고 완전히 어리석은 것이다. 하나님은 부모에게 가르치고, 말하며, 모범이 되라고 요구하신다. 믿음을 전하는 일은 부모가 하나님으로부터 받은 중대한 책임 중 하나다.

당신의 삶을 돌아보면 아마도 자신을 아낌없이 내주며 당신의 영적인 여행을 도왔던 사람들을 기억할 수 있을 것이다. 당신은 그들의 시간과 사랑, 보살핌이 당신의 삶에 어떤 소중한 변화를 가져다주었는지 알고 있다. 또한 그들의 투자를 값어치로 계산하는 일이 불가능하다는 것을 안다.

하나님은 우리 각자가 이런 똑같은 영향력을 다른 이들에게 미치기 원하신다. 믿음을 키우려고 노력하는 사람들에게 투자를 할 때, 우리가 볼 수 있는 것보다 훨씬 더 큰 무언가에 우리를 내주고 있다는 것. 하나님은 우리가 이것을 알기를 바라신다.

제안 예수님을 따르는 사람들이 믿음을 키우려고 노력하는 사람의 삶에
투자를 하고 있다고 상상해보라. 하나님께서 그의 사람들을 성숙하
게 성장시키기 위해 무엇을 하실 수 있을까? 당신에게 특별한 한 사
람의 기독교인에 대해 기도하라. 하나님은 믿음으로 성장하는 데
격려가 필요한 그 사람을 당신의 삶에 보내셨다. 그리고 그 사람에
게 투자할 수 있는 한 가지 방법을 찾아라.

백전백승 투자전략 3 : 가난하고 버림받고 잊혀진 사람들 돌보기

성경 곳곳에서 하나님은 자신의 마음속에 낙담하고, 버림받고,
잊혀진 사람들을 위한 특별한 자리가 있다고 가르치신다. 구약에
서는 이렇게 쉽게 잊혀지는 사람들을 위해 특별한 대비를 해놓으
셨다. 그리고 그 사람들은 '나그네와 고아와 과부'(신명기 24:19,
예레미야 7:6)였다. 그렇다고 하나님께서 이들을 더 사랑하신다는
말은 아니다. 하나님은 세상이 그들을 자주 간과하는 것을 아시기
때문에, 우리에게 그들을 마음에 품고 하나님이 하시는 것처럼 돌
보라고 하신다. 예수님은 이렇게 말씀하심으로써 자신의 생각을
더욱 분명히 하신다. "이에 의인들이 대답하여 이르되 주여 우리
가 어느 때에 주께서 주리신 것을 보고 음식을 대접하였으며 목마
르신 것을 보고 마시게 하였나이까 어느 때에 나그네 되신 것을 보
고 영접하였으며 헐벗으신 것을 보고 옷 입혔나이까 어느 때에 병
드신 것이나 옥에 갇히신 것을 보고 가서 뵈었나이까 하리니 임금
이 대답하여 이르시되 내가 진실로 너희에게 이르노니 너희가 여

기 내 형제 중에 지극히 작은 자 하나에게 한 것이 곧 내게 한 것이니라"(마태복음 25:37-40).

이제 다시 그의 메시지를 크고 분명하게 들어보자. 지금 이 순간에도 하나님은 우리에게 사회의 주변으로 밀려나고, 실의에 빠지고, 스스로를 챙기지 못하는 사람들을 돌보아 하나님의 봉사를 실천하라고 말씀하신다.

우리 시대에 약자에 대한 관심과 보살핌이 새로운 화제로 떠올랐지만, 중요한 것은 하나님의 봉사가 여전히 이 땅 위에 필요하다는 것이다. 예수님을 따르는 이들은 하나님의 손길을 필요로 하는 사람들을 섬기고, 사랑하고, 위문하며, 대가 없이 내주고, 돕고, 원조할 때 영원에 투자할 수 있다. 예를 들면, 하나님은 당신이 교도소 봉사에 참여해서 재소자들을 위해 예배를 주관하거나 그들과 유대관계를 쌓길 바라실지도 모르며, 정기적으로 요양원을 방문하도록 자극하실지도 모른다. 또한 당신의 투자는 인구의 거의 절반이 에이즈에 감염된 아프리카 대륙의 나라들에 구호와 원조를 제공하는 것일 수 있다. 성령께서 당신으로 하여금 사랑에 굶주린 중국의 3백만 명 이상의 고아소녀들 중 한 명에게 팔을 뻗게 하실지 모른다. 어쩌면 당신은 도미니카 공화국이나 멕시코, 인도로 선교여행을 가서 그 나라의 가난한 사람들을 위해 일할지도 모른다. 주님은 당신에게 지역의 자선시설에서 가난한 이들의 음식시중을 들거나, 모든 것을 잃고 거리에서 생활하는 가족들에게 옷을 나눠주라고 시키실 수도 있다. 이 외에도 우리 시대의 잊혀진 사람들에게 영원한 투자를 할 수 있는 방법은 셀 수 없이 많다.

원스텝 체인징 ■ 하나님은 내 눈을 뜨게 만드시는 분

제안 하나님은 우리의 눈을 뜨게 하시는 데 탁월한 능력이 있으시다. 우리는 눈을 꼭 감고 나쁜 것을 보고 싶어 하지 않는 때가 많다. 그러나 하나님은 우리가 비록 힘들 때라도 하나님이 보시는 것을 볼 수 있도록 우리의 눈을 뜨게 만드신다. 하나님께 사회와 세상에서 버림받고 소외당한 이들을 볼 수 있도록 눈을 뜨게 해달라고 청하라. 그런 다음 하나님의 사람들을 통해 하나님의 사랑을 느낄 필요가 있는 사람(혹은 한 무리의 사람들)을 돕거나 지원할 수 있는 한 가지 방법을 생각하라.

백전백승 투자전략 4 : 전략적이고 일관된 기부

'우리가 천국에 가져갈 수 있는 유일한 보물은 지상에서 하는 영적인 투자뿐이다.' 앞서 살펴본 것처럼, 우리는 십일조를 바치는 것뿐만 아니라 하나님을 찬미하고 영원한 영향을 미치게 될 것들에 투자해야 한다. 우리가 가진 자원의 나머지 90퍼센트를 사용해서 말이다.

당신이 나가는 교회의 봉사를 원조하는 일과 함께, 기독교인이라면 선교활동과 지역사회 프로젝트, 어려움에 처한 사람들에게 기부하는 방법들을 계획적이고 전략적으로 찾는 것이 중요하다. 성령의 인도 아래 우리의 자원을 즐거운 마음으로 내놓을 때, 우리는 영원한 투자를 한다.

원스텝 체인징　■ 나의 투자계획을 평가해보자

제안　이 부분을 읽고난 뒤, 15분 정도의 시간을 할애하여 당신의 개인적
인 투자계획을 평가해보라. 흰 종이 한가운데 세로선을 그어라. 왼
쪽 윗부분에는 '이 세상에서만 가치 있는 투자'라고 적고, 오른쪽
윗부분에는 '영원히 지속될 투자'라고 적어라. 양쪽에 걸쳐 당신이
하고 있는 모든 투자를 빠짐없이 적어보라. 그리고 당신의 투자 포
트폴리오가 균형을 잃었다고 생각된다면, 이제 변화를 일으켜라.

백전백승 투자전략 5 : 예수님의 좋은 소식 나누기

우리가 할 수 있는 가장 큰 영원한 투자는, 아직 예수님을 구세주
로 알지 못하는 사람들과 예수님의 사랑과 메시지를 나누는 일이
다. 이 세상에 인간의 영혼보다 귀중한 건 아무것도 없다. 우리가
길 잃은 사람들을 위해 기도할 때, 하나님의 가족이 되지 못한 이들
과 애정 어린 관계를 맺을 때, 우리의 입을 열어 예수님의 놀라운
이야기를 할 때, 우리는 지상의 어떤 보물보다 더 큰 투자를 한다.

어떤 사람들은 자신의 투자가 어떻게 되어가는지 알기 위해 매
일 주가지수를 체크한다. 또 어떤 이들은 재정적으로 안전한 상태
인지 확인하려고 은행 예금계좌에서 눈을 떼지 않는다. 또 언젠가
는 이 세상의 재활용 센터에서 끝이 날 물건들을 사들이는 데 대부
분의 시간과 에너지를 소비하는 사람도 있다.

하나님은 우리에게 이제 변화를 일으키도록 권유하신다. 우리
는 주식과 채권, 예금잔고 이상의 것에 투자하는 투자 포트폴리오
를 만들어나갈 수 있다.

교회를 위한 메시지 : 슬기롭게 투자하라

한 장로가 교회임원을 찾아가 말했다. "우리 지역사회에 손을 뻗을 수 있도록 목사님 한 분을 더 모셔야 한다고 생각합니다. 우리 지역에는 이제 여러 민족의 성도들이 놀랄 만큼 증가했고, 또 봉사의 영역을 넓혀서 대부분의 다른 교회도 아직 손을 뻗지 못하고 있는 사람들과 하나님의 사랑을 함께 나눠야 합니다." 그러나 곧 이 장로는 거대한 벽에 부딪혔다. 교회는 그런 투자를 할 여력이 없다는 말을 했기 때문이다. 돈이 없고, 그 일을 할 사람도 없다고 했다.

장로는 교회가 건물과 땅, 교구 목사관, 교회 버스에 이르기까지 교회의 자산을 부채도 없이 소유하고 있음을 지적했다. 또한 몇십 년에 걸쳐 많은 사람들이 큰 금액의 유산을 교회에 남기지 않았느냐고 말했다. 사실 그 돈은 이자율이 꽤나 만족스러운 예금계좌에 보관돼 있었다. 그는 교회가 지역에 대한 봉사를 위해 그 돈을 사용하는 게 좋지 않을까 생각했다. 그럼에도 교회는 "안됩니다!"라고 대답했다.

수년이 지난 지금, 그 교회는 여전히 그들의 모든 건물을 소유하고 있다. 아마도 흡족할 만큼 저축도 하고 있을 것이다. 그러나 교회 성도는 줄어들었고, 지역사회를 활기차게 하는 봉사나 헌신을 하지 않고 있다. 몇 년 후에 문을 닫게 될 가능성도 있다.

이런 교회는 예수님이 아래와 같이 비유로 말씀하시는 남자와 비슷한 모습이다.

또 비유로 그들에게 말하여 이르시되 한 부자가 그 밭에 소출이 풍성하매 심중에 생각하여 이르되 내가 곡식 쌓아 둘 곳이 없으니 어찌할까 하고 또 이르되 내가 이렇게 하리라 내 곳간을 헐고 더 크게 짓고 내 모든 곡식과 물건을 거기 쌓아 두리라 또 내가 내 영혼에게 이르되 영혼아 여러 해 쓸 물건을 많이 쌓아 두었으니 평안히 쉬고 먹고 마시고 즐거워하자 하리라 하되 하나님은 이르시되 어리석은 자여 오늘 밤에 네 영혼을 도로 찾으리니 그러면 네 준비한 것이 누구의 것이 되겠느냐 하셨으니 자기를 위하여 재물을 쌓아 두고 하나님께 대하여 부요하지 못한 자가 이와 같으니라

누가복음 12:16-21

예수님은 우리가 하나님이 주신 자원을 축적해서는 안 된다고 힘주어 강조하셨다. 우리는 우리가 가진 자원을 영원에 투자해야 한다. 그럼에도 교회 역시 개인이나 가족과 마찬가지로 탐욕을 부리고 그들의 자원을 꽉 붙들고 있는 경우가 있다. 그러나 이것은 결코 하나님의 계획이 아니다. 하나님은 아낌없이 함께 나눌 수 있게 하기 위해 우리 성도들에게 자원을 주시는 것이지, 우리가 곳간을 점점 더 크게 짓기 위해서 도와주시는 것이 아니다.

세상은 개인과 교회에게 부를 그러모으고 지키는 데 일생을 보내라고 끊임없이 유혹한다. 그러나 솔로몬은 이렇게 말했다. "내가 해 아래에서 행하는 모든 일을 보았노라 보라 모두 다 헛되어 바람을 잡으려는 것이로다"(전도서 1:14). 솔로몬은 우리 중 누구보다도 더, 우리가 상상할 수 있는 것보다 더 많은 부를 축적했던

사람이다. 그러나 그는 결국 그것이 바람을 잡는 것과 같다고 말했다. 개인으로서 그리고 교회로서, 이제 소멸하는 것들에서 벗어나 영원히 지속될 투자로 원스텝 체인징을 일으킬 때다.

● 작은 변화를 일으키는 오늘의 깊은 생각

- 내가 만약 딱 1개월 동안만 살 수 있다면, 나는 이 한정된 시간으로 어떤 영원한 투자를 할 것인가? 그런 간절한 마음으로 살기 위해 무엇을 할 수 있을까?
- 우리 사회에서 버림받고 소외당한 사람들은 누구인가? 그들과 하나님의 사랑을 나누기 위해 나는 무엇을 할 수 있을까? 또한 우리 교회는 무엇을 할 수 있을까?

● 작은 변화를 일으키는 오늘의 기도

- 하나님이 행하시는 방식으로 당신이 사람들을 사랑하게 해달라고 도움을 청하라. 사람들을 향한 더 깊은 동정심과 관심을 간구하라.
- 여러 해 동안 당신의 믿음이 발전하도록 투자해준 사람들을 당신의 삶에 보내신 하나님께 감사하라.
- 당신의 교회가 영원히 지속되는 것들에 투자하는 비전을 가지게 해달라고 기도하라. 또한 당신의 교회 성도들이 영원한 영향을 미치지 않는 것들에 사로잡히지 않도록 보호해달라고 하나님께 청하라.

6부

이 세상 모든 곳에
사랑의 메시지를 전달하라

일은 순조롭게 진행되지 않았다. 조금도.

나는 친구들과 함께 스코틀랜드로 여행을 가는 중이었다. 그러나 유럽의 초목이 무성한 언덕을 걷는 대신 시카고 공항 바닥에서 잠을 자는 데 여행 첫날을 보내고 있었다. 날씨는 우리의 여행에 전혀 협조하지 않았으며, 여기저기서 항공기가 취소되었다는 방송이 들렸다. 우리가 탈 비행기도 이미 2번 지연되었고, 항공사 직원의 목소리가 연이어 확성기를 통해 들려왔으며, 나는 나쁜 소식을 예감하며 긴장했다.

나는 여행을 상당히 많이 하는 편이라 이런 급작스러운 상황에서 유연하게 대응하는 법을 잘 알았다. 그렇지만 그 특별한 밤, 나는 여행의 설렘을 느낀다거나 상황이 충분히 이해된다고 느끼지 않았다. 마침내 항공기가 런던을 우회하는 것으로 변경되었고, 우리는 비행기에 올라 곧 이륙할 거라는 확신을 받았다. 그러나 항공편이 바뀌는 바람에 친구들과 나는 떨어져서 앉게 되었고, 항공사는 이곳저곳 빈 자리에 사람들을 채워 넣었다. 나는 자리에 앉아 잠을 청하기로, 주위 사람들과 대화를 나누지 않기로 마음먹었다.

아, 그렇지만 오해하지 마시기를. 대부분의 경우 나는 비행기에 올라 새로운 사람들을 만나고 이야기하는 일을 고대한다. 또한 자연스럽게 나와 예수님과의 관계에 대해 말하는 기회가 생길지 언제나 기대하는 편이다. 하지만 그때는 예외였다! 나는 너무 지쳐서 바로 내 옆에 앉은 이웃과도 대화를 나누고 싶지 않았다. 다만 안전벨트를 매고 헤드폰을 낀 채 잠을 자고 싶었다.

내 옆자리에 20대 초반의 젊은 여자가 앉았다. 그녀는 친절했으며, 몹시 대화를 나누고 싶어 하는 눈치였다. 나는 빠르게 기도를 올렸다. '주님, 부디 제게 인내와 은총을 내려주소서.' 나는 나도 모르는 사이, 단정히 앉아 그녀와 대화를 나누기 시작했다. 그녀의 이름은 그레친이었고 옛 동독 출신이었다. 그녀가 이야기를 하는 동안, 나는 졸리고 무덤덤한 무관심이 싹 사라지는 것을 느꼈다. 그녀와 나눈 대화는 결코 잊지 못할 인상적인 경험이었다.

그레친은 공산주의자였다. 그녀는 캠프에서 고등학생을 대상으로 사상을 가르치는 일을 했다. 그 캠프의 목적은 옛 동독으로 흘러들어오는 기독교 신앙의 홍수 속에서, 젊은 학생들이 무신론적 세계관을 유지하도록 돕는 것이었다. 나는 어느새 마음을 빼앗기고 온 신경을 집중했다!

나는 그녀에게 무신론자와 인도주의자로서 그녀의 핵심적인 신념에 대해 물었다. 그리고 1시간 이상 경청했다. 그녀는 자신의 나라 젊은이들에 대한 사랑과 관심이 넘쳤고, 그들이 선동적이고 편협한 기독교 신앙에 물들어서는 안 된다며 열의에 차서 말했다. 글쎄, 나는 이 젊은 여자의 정직함과 열정이 마음에 들었다고 말하고 싶다. 비록 잘못 형성되고 잘못 지도되었지만, 그녀는 사람들을 향한 부정할 수 없는 사랑과 관심으로 가득했다.

자신의 세계와 꿈, 열정에 대해 한참을 말한 후, 드디어 그레친이 나를 바라보며 물었다. "그런데, 당신은 무슨 일을 하세요?"

내가 유쾌하며 웃으며 응답했다. "당신과 같은 일을 하고 있어요. 정확히 반대되는 쪽으로요!" 그녀의 눈이 동그랗게 커졌고, 나를 빤히 쳐다보며 설명을 기다렸다.

"놀랄지도 모르지만 나는 기독교인입니다! 사실 목사예요." 그녀가 당혹스러운 표정으로 나를 바라봤다. 내가 계속 말했다. "나는 사람들이 하나님의 사랑과 예수 그리스도의 훌륭한 소식을 배우도록 돕는 데 삶을 보내고 있습니다. 당신이 당신 나라의 젊은 이들로부터 떼어내려는 사람들 중 한 명이지요."

어색한 침묵이 대기를 감쌌다. 나는 그녀가 이런 나의 폭로에 어떻게 반응할지 감을 잡을 수 없었다. 그러나 놀랍게도 그레친은 담담하게 고맙다고 말했다. 자신의 말을 들어주고 비난하지 않아서 고맙다고 말이다. 그녀는 기독교인과 5분 이상 대화를 나눈 적이 한 번도 없었다고 말했다. 자신이 공산주의자라는 것을 상대방이 아는 순간, 대화는 갑자기 끝났다고 했다. 기독교인들은 그녀에게 지옥에 갈 거라고 말하며 떠났다는 것이다. 그녀는 내가 그녀의 모든 이야기를 들어주고, 미리 판단하지 않은 데 대해 진심으로 고마워하는 것 같았다.

그레친은 내가 그녀의 신념에 동의하지는 않지만 관심을 보여준 것에 감사했다. 그 말을 들은 나는 내가 아는 대다수의 기독교인들도 나처럼 그녀를 열린 마음으로 대할 거라고 확신에 차서 말했다. 내가 아는 대부분의 예수님을 따르는 이들은 온화하고, 애정 어리며, 따뜻한 사람들이라고 말했다. 그녀는 회의적으로 나를 바라봤지만, 반박하려고 하지 않았다.

나는 그레친에게 나의 이야기와 세계관을 듣기 원하는지 물었다. 그녀는 큰 관심과 호기심을 가지고 고개를 끄덕였다. 그래서 나는 내가 비신자 집안에서 태어났으며, 어머니는 수학과 과학을 가르치는 교사였고 아버지는 컴퓨터 프로그래머였다고 이야기하며 1시간을 보냈다. 나는 불신의 변방에서 애정 깊은 하나님의 품으로 들어간 여정에 대해 이야기했다. 어떻게 예수님이 나의 가장 좋은 친구가 되셨으며, 어떻게 내가 예수님의 삶과 죽음, 부활을 역사적인 사실로 받아들이게 되었는지, 그리고 예수님이 십자가에서 돌아가심으로써 내 죄가 모두 씻어진 것을 믿는다고 과감히 말했다. 또한 내가 속한 공동체는 그녀와 함께 즐거운 시간을 보낼 수 있는, 애정 넘치고 따뜻한 사람들로 가득하다고 최선을 다해 설명했다. 사실 그보다 앞선 대화에서 그레친은 이렇게 말했다. "저는 모든 인간의 삶에 가치와 위엄이 있다는 것을 믿기 때문에 인도주의자예요. 모든 사람이 소중하죠!" 나는 그녀에게 이것 역시 예수님의 메시지라고 말했다. 그것이 바로 예수님께서 이 땅에 오신 이유라고 말했다.

그레친은 매혹되었다. 2시간 이상 이야기를 주고받은 뒤, 그녀는 우리가 서로 정말로 비슷하다는 데 동의했다. 나는 그녀의 마음이 예수님에게 이끌리지는 않은지 알기 위해, 예수님의 메시지를 탐구해보도록 권했다. 또한 실제로 존재하신다면 그 모습을 드러내달라고 하나님께 기도해보라고 권했다. 그녀는 자신이 믿지도 않는 하나님께 기도를 하고, 그의 존재를 보여달라고 청한다는 생각에 매우 큰 흥미를 느끼는 것 같았다.

그레친이 그 비행기 안에서 예수님께 어떤 근본적인 헌신을 다짐했다고 말할 수 있으면 좋았겠지만, 그레친은 그러지 않았다. 그러나 그녀는 믿음의 증언과 예수님의 복음을 처음으로 들었다.

또한 이전에는 기독교인에 대해 상당히 도전적인 고정관념을 갖고 있었지만, 미국인 목사를 새 친구로 사귀게 됐다. 비행기에서 내리기 전, 그레친은 자신의 이메일 주소를 적어주며 나와 나의 가족이 베를린을 방문하게 되면 언제든 자신의 집을 찾아오라고 초대했다.

그날 이후, 나는 예수님의 말씀을 완전히 새로운 방식으로 받아들였다. 이 성경구절을 읽을 때 나는 그레친을 생각한다. "이에 제자들에게 이르시되 추수할 것은 많되 일꾼이 적으니 그러므로 추수하는 주인에게 청하여 추수할 일꾼들을 보내 주소서 하라"(마태복음 9:37-38). 추수할 것이 많다는 예수님의 말씀은 정말로 옳았다. 의외로 사람들은 우리가 생각하는 것보다 예수님에 대해 이야기하는 것에 개방적이다. 사람들의 마음은 진리를 갈망하고 있다. 비록 이 세상은 진리 따위는 존재하지 않는다고 말하지만 말이다. 만일 그레친, 즉 젊은이들을 기독교인들로부터 지키기 위해 캠프에서 일하는 공산주의자 같은 사람이 나의 신앙과 복음 이야기를 듣는 데 마음을 열 정도라면, 거의 누구라도 그 말을 듣기 위해 마음을 열 수 있다고 믿어도 좋다. 오늘날 우리에게 필요한 건 예수님의 시대에 필요했던 일꾼들이다. 즉 언제든 세상의 추수할 들판으로 들어가, 삶을 변화시키는 하나님의 사랑의 메시지를 함께 나눌 성도들 말이다. 기쁨과 열정으로 행해져야 한다. 이런 원스텝 체인징이 일어날 때 세상 전체가 흔들리게 될 것이다!

16

하나님의 자녀가
아닌 이들을 위한
원스텝 체인징

예수께서 나아와 말씀하여 이르시되 하늘과 땅의 모든 권세를 내게 주셨으니 그러므로 너희는 가서 모든 민족을 제자로 삼아 아버지와 아들과 성령의 이름으로 세례를 베풀고 내가 너희에게 분부한 모든 것을 가르쳐 지키게 하라 볼지어다 내가 세상 끝날까지 너희와 항상 함께 있으리라 하시니라

마태복음 28:18-20

이르시되 때와 시기는 아버지께서 자기의 권한에 두셨으니 너희가 알 바 아니요 오직 성령이 너희에게 임하시면 너희가 권능을 받고 예루살렘과 온 유대와 사마리아와 땅 끝까지 이르러 내 증인이 되

리라 하시니라

사도행전 1:7-8

이에 제자들에게 이르시되 추수할 것은 많되 일꾼이 적으니 그러므로 추수하는 주인에게 청하여 추수할 일꾼들을 보내 주소서 하라 하시니라

마태복음 9:37-38

    목사가 되고 처음 몇 해 동안, 나는 항상 같은 이야기를 듣고 또 들었다. 교회 성도들이 말하는 것들은 나를 걱정하게, 심지어 짜증나게 만들었다. 그것은 주문과도 같아서, 어린시절에 배워서 어른이 돼서도 항상 사용하고 있는 것처럼 보였다. 시간이 지나면서 나는 반복되는 패턴을 알아챘고, 교회를 이끌었던 모든 목사에게 그런 모든 말들이 전해졌다는 것을 깨달았다.

    그 끊임없는 주문은 특정한 때만 되면 어김없이 나타난다. 우리가 아직 교회가족이 되지 못한 사람들까지 끌어안기 위해 교회의 초점을 넓히려고 할 때마다 말이다. 교회가 우리, 즉 이미 교회 성도가 된 사람들에서 세상, 그러니까 아직 예수님의 사랑을 알지 못하는 사람들에게로 변화의 움직임을 시작할 때면, 나는 언제나 그 말을 또 들을 마음의 준비를 해야 했다! 친애하는 성도들은 나를 찾아와 "하지만 목사님, 우리는요? 우리를 잊으시면 안 돼요!"라고 말했다. 목사로 지낸 20년 동안, 나는 이런 말을 기억할 수 없을 만큼 많이 들었다.

이 성도들은 그리스도를 따르는 이들이 아직 예수님의 사랑을 알지 못하는 사람들에게 손을 뻗기 위해 진지한 노력을 하기 시작하면, 자신들은 점점 잊혀지게 되고, 자신들이 필요로 하는 것을 얻을 수 없을 거라고 믿는 게 분명했다. 이들이 하는 말을 들어보면 하나님과 교회, 하나님의 사랑을 세상과 함께 나누라는 요구를 근본적으로 잘못 생각하고 있다는 것을 알 수 있다. 초기에 나는 이들에게 귀를 기울이고, 그들의 걱정에 동정을 표시했다. 하지만 나는 시간이 지나면서 매우 다른 접근을 시작했다. 나는 내가 봉사했던 교회 성도들에게 진실을 이야기했고, 항상 이 대화는 그들의 삶에 새로운 시작을 예고하는 원스텝 체인징을 일으켰다.

누군가 내게 와서 "우리는요? 우리를 잊으시면 안 돼요!"라고 말할 때, 나는 "당신이 아직 가지지 못한, 당신에게 필요한 게 무엇이지요?"라고 묻는다. 물론 옷이나 자동차, 집 같은 물질적인 필요에 대해 말하는 것이 아니다. 그 사람이 예수님과 함께 있음으로 해서 가지게 된 영적인 축복과 영원한 유산에 대해 말하고 있는 것이다. 나는 그들에게 "찬송하리로다 하나님 곧 우리 주 예수 그리스도의 아버지께서 그리스도 안에서 하늘에 속한 모든 신령한 복을 우리에게 주시되"(에베소서 1:3)라고 쓴 사도 바울의 말을 깨닫게 도와준다.

이쯤에서도 그들이 내가 전달하려는 것을 이해하지 못하면, 나는 간단히 하나님의 자녀로서 우리가 가진 것을 나열한다. "우리는 애정 깊은 구원자를 통해 영원한 삶을 가졌습니다. 우리는 하늘에 계신 아버지의 열렬한 관심과 보살핌, 예수님의 은총, 성령의 힘을 가졌습니다. 사랑과 기쁨, 평화, 인내를 포함한 성령의 과실이 모두 우리의 것입니다. 우리는 이 세상에서 성령에 의해 재능을 부여받았고, 목적이 주어졌습니다. 또한 우리는 하나님의 사람들이라는 친교, 교회라는 놀라운 공동체를 가졌습니다. 진실로 우리는 예수님을 따르는 이들로서 우리에게 필요한 모든 것과 그 이상의 것을 가지고 있습니다."

때로는 이런 진리에 대해 말할 때, 내 눈에서는 저절로 눈물이 흘러내린다. 사실 이 말을 적고 있는 지금도 다시 또 울고 있다. 하나님이 얼마나 선하신 분이신가를 깊이 깨달았기 때문에 이런 감동이 생겨났으리라. 하나님이 우리에게 아낌없이 주시는 커다란 은총과, 그의 사랑을 보여주기 위해 행하셨던 희생을 기억할 때면 뜨거운 눈물이 샘솟는다. 또한 하나님께서는 자신의 자녀들이 목자 없는 양처럼 헤매고 있는 다른 이들을 잊고 있다는 것을 보시며 눈물을 흘리신다는 것을 내게 일깨워주신다. 이 때문에 눈물이 흐른다. 하나님은 길 잃은 사람들을 보시며 가슴 아파하시고, 우리가 자신과 함께 가슴 아파하기를 간절히 바라신다.

하나님의 자녀들로서 우리가 가진 모든 것을 곰곰이 생각한 후, 나는 그들을 바라보며 다시 이렇게 묻는다. "당신이 아직 가지지 못한, 당신에게 필요한 게 무엇이지요?"

대답은 언제나 같다. "아무 것도 없습니다!"

그 순간 선량한 교회 성도들은 예수님께서 이미 우리에게 필요한 모든 것을 주셨다는 걸 깊이 깨닫는 경험을 한다. 이 경이로운 사실과 관련하여 나는 한 가지를 더 묻는다. "하나님의 가족이 되

지 못한 사람들은 도대체 어떤 것을 정말로 중요하고, 영구히 지속
되며, 영원한 기쁨과 희망, 안전을 가져오는 것으로 생각할까요?"
많은 사람들이 이 질문에 조용히 숙고한다. 그리고 마침내 "없습
니다! 그들은 아무것도 가지고 있지 않아요"라고 말한다. 나는 실
제로 그들의 눈에 눈물이 맺히는 것을 보았다. 비로소 성도들은
예수님의 믿음 밖에 있는 사람들에 대해 깨닫는다. 그들은 영원히
변치 않는 가치가 있는 것을 아무것도 가지고 있지 않으며, 하나님
과 분리된 영원을 향해 나아가고 있다는 것을 말이다.

　이 순간에는 많은 말이 필요치 않다. 그러나 교회의 목적에 대
해 분명히 인식할 수 있도록 내가 할 수 있는 한 가장 상냥하게 물
을 것이다. "길 잃은 사람들에게 다가가기 위해 우리 교회가 하고
있는 일 중에, 당신이 그만두었으면 하는 것이 무엇이지요? 어떤
것이 너무 많은 비용을 많이 들여서 하는 일일까요?" 그 순간, 그
들의 눈빛은 모든 것을 말해준다. 그 사람들 안에서 원스텝 체인
징이 일어나고 있는 것이다! 이 신성한 순간 그들의 가슴이 하나
님의 가슴과 함께 고동치기 시작하며, 그들은 자기 자신보다 길 잃
은 사람들에 대해 더 많이 걱정하기 시작한다.

원스텝 체인징　■ 나와　그들을　비교하는　시간
　　제안　흰 종이 위에 세로 선을 그어서 반으로 나눠라. 그리고 왼쪽 면 위
　　　　　에 "내가 예수님을 구원자로 알기 때문에 소유하고 있는 영원히 지
　　　　　속될 것들"이라고 적고, 오른쪽 면 상단에 "예수님을 알지 못하는
　　　　　사람들이 소유하고 있는 영원히 지속될 것들"이라고 적어라. 그런

다음 생각나는 것들을 죽 적어보고, 예수님을 아는 이들과 그렇지 못한 이들을 비교하라. 이 종이를 접어서 손가방이나 지갑, 성경 속에 넣어라. 이따금 그것을 꺼내어 읽어라. 예수 그리스도의 은총을 알지 못하는 사람들을 향해 사랑과 관심을 쏟고 기도할 수 있는 일종의 조언으로 그 목록을 사용하라.

예수님, 왜 그렇게 위험한 행동을 하셨습니까?

예수님의 시대에는 다양한 무리의 사람들 간에 많은 문화적인 장벽이 있었다. 유대인은 이방인과 전혀 거래를 하지 않았고, 대부분의 남자들은 공적인 자리에서 여자들과 이야기를 하려 하지 않았다. 또한 아무도 세리와 함께 있는 모습을 남에게 보이고 싶어 하지 않았다. 분별 있는 사람이라면 나병환자와 이야기하거나 감히 그들을 만지려고도 하지 않았다. 바꿔 말해서, '우리 대 그들'이라는 거대한 사고방식이 자리를 잡고 있었다. 예수님은 큰 뜻을 품으신 유대 지도자였기 때문에, 예수님이 종교적인 공동체에서 좋은 명성을 유지하려면 사람들을 가려가면서 멀리해야 한다는 것을 모든 사람이 알고 있었다.

그러나 예수님은 모든 사람들을 환히 다 바라보시며 그 분리의 벽을 체계적으로 허물어뜨리셨다. 예수님은 그 시대의 규범에 과감히 이의를 제기하셨다. 도덕적으로 의심스러운 과거를 지닌 사마리아 여자와 신학적인 대화를 하셨을 때, 예수님은 엄청난 위험을 무릅쓰셨다(요한복음 4:4-42). 나병환자에게 손을 내밀어 병을

414

치유하셨을 때, 몹시 위태로운 입장에 처하셨다(마태복음 8:1~4). 세리인 레위를 자신의 제자 중 한 명으로 부르셨을 때, 예수님은 분명 선을 넘으셨다. 평범한 어부를 제자가 되도록 이끈 것은 그렇다 쳐도 세리를 제자로 받아들이신 것은 지나친 일이었다!

이보다 더 심한 일은, 예수님은 세리와 죄인들과 함께 식탁에 앉아 친교를 나누는 데 시간을 보내셨다는 것이다. 그 시대의 종교 지도자들은 이런 행동에 당황하고 격분했다. 그들은 예수님의 이런 행동에 당황했고, 이런 평범한 사람들이 예수님을 좋아하고 예수님에게 이끌리는 모습을 보면서 더욱 격분했다. 더 나쁜 건 예수님이 그 시대의 버림받은 이들과 혼혈인, 죄인들을 진정으로 사랑하는 것처럼 보이는 것이었다.

복음서의 저자인 마태는 레위라는 또 다른 이름을 가진 세리였는데, 그는 그런 만남 중 한 장면을 이렇게 기록한다.

예수께서 그 곳을 떠나 지나가시다가 마태라 하는 사람이 세관에 앉아 있는 것을 보시고 이르시되 나를 따르라 하시니 일어나 따르니라 예수께서 마태의 집에서 앉아 음식을 잡수실 때에 많은 세리와 죄인들이 와서 예수와 그의 제자들과 함께 앉았더니 바리새인들이 보고 그의 제자들에게 이르되 어찌하여 너희 선생은 세리와 죄인들과 함께 잡수시느냐 예수께서 들으시고 이르시되 건강한 자에게는 의사가 쓸 데 없고 병든 자에게라야 쓸 데 있느니라 너희는 가서 내가 긍휼을 원하고 제사를 원하지 아니하노라 하신 뜻이 무엇인지 배우라 나는 의인을 부르러 온 것이 아니요 죄인을 부르러 왔

노라 하시니라

마태복음 9:9-13

　예수님으로 하여금 길을 잃고 하나님으로부터 멀리 떨어져서 헤매는 사람들에게 모든 경계를 넘어 손을 뻗게 만들었던 것, 그것은 사랑이었다. '고립되고 따돌림 받는 이들'을 향해 손을 뻗고, 보살피며, 그들을 찾아내고, 관계를 맺는 예수님의 선택은 사람들을 단순히 놀라게 하는 데 그치지 않았다. 사람들은 욕설을 퍼붓고, 잣대를 들이대고, 심지어 증오하기까지 했다. 이것이 누가가 "인자는 와서 먹고 마시매 너희 말이 보라 먹기를 탐하고 포도주를 즐기는 사람이요 세리와 죄인의 친구로다 하니"(누가복음 7:34)라고 쓴 이유다.

　만약 예수님이 문화적이고 영적으로 유리한 입장에 있는 사람들에게만 봉사하셨다면 가장 안정적이셨을 것이다. 마찬가지로 우리가 사랑과 동정을 베풀고 싶다면 이미 하나님의 가족이 된 사람들에게 베푸는 일이 더 쉽고 더 안전하다. 우리는 물론 교회 문에 자물쇠를 채우고 영적인 명상에 잠겨서, 예수님이 목숨을 버리고 구하셨던 이 분열된 세상을 저 멀리 잊어버릴 수 있다. 하지만 그 안에 어떤 즐거움이 있을까? 모험심은 어디에서 찾을 수 있을까? 우리가 성령의 지혜와 힘을 소리쳐 간구해야 하는 곳에서 우리에게 어떤 식으로 용기를 주셨을까?

　예수님의 시대에 '우리'에서 '그들'로 주의를 돌리셨을 때, 그는 막대한 위험을 무릅쓰셨다. 예수님은 자신을 따르는 각각의 사람들에게 그와 같은 위험한 여행을 시작하라고 말씀하신다. 당신이 제일 마지막으로 세리와 죄인의 친구라는 비난을 받았던 때가 언제인지 기억하가? 만약 한 번도 없었다면, 지금이 원스텝 체인징을 일으킬 때일지 모른다.

복음의 전도가 아무리 어렵다 해도

세상을 향해 손을 뻗는 일은 어렵다. 일단 솔직하게 말해서, 성경에 충실한 모든 기독교인들은 하나님의 사랑의 메시지를 함께 나누는 일이 가장 중요하다고 언명하지만, 우리 대부분은 이 일을 계속 최우선 사항으로 두기 힘들다고 느낀다. 우리의 초점을 우리 자신에게서 떼어내어 하나님의 밖에 있는 사람들에게 맞추는 일은 가파른 언덕으로 큰 돌을 굴려 올리는 것과 같다. 숙명론적인 이야기로 들릴지도 모르지만 사실이다. 예수님을 따르는 이들로서 우리의 마음을 복음의 전도를 위해 지속적으로 움직이도록 유지하는 일은 정말 어려운 일이다.

요즘에 비전이 새고 있다는 말을 많이 한다. 복음의 전도라는 측면에서, 그 가운데 정말 큰 구멍이 나 있는 것처럼 보인다. 많은 신도들은 하나님의 사랑을 다른 이들과 나누는 일에 감동을 받아 한동안은 전념하지만, 안타깝게도 한 달 후 복음을 전도하기 위한 그들의 기도와 노력은 끼익 소리를 내며 멈추고 만다.

그 이유가 무엇일까? 예수님의 '좋은 소식'을 나누는 일이 기독교인들에게 그토록 높은 가치가 있다면, 구원자께서 우리에게 맡기신 '위대한 임무'를 이행하는 것이 왜 이렇게 힘들까? 지상에서의 마지막 말씀으로 예수님은 제자들에게 "하늘과 땅의 모든 권세를 내게 주셨으니 그러므로 너희는 가서 모든 민족을 제자로 삼아 아버지와 아들과 성령의 이름으로 세례를 베풀고 내가 너희에게 분부한 모든 것을 가르쳐 지키게 하라 볼지어다 내가 세상 끝날까지 너희와 항상 함께 있으리라"(마태복음 28:18-20)라고 말씀하셨다.

'우리'에서 '그들'로 움직이는 일이 그토록 어려운 데는 많은 이유가 있다. 가장 큰 것은 복음의 전도의 일을 방해하기 위해 마귀는 영적으로 모든 힘을 퍼붓는다는 사실이다. 교회가 하는 많은 일들 가운데는 사탄이 관여하지는 않는 일도 있지만, 복음의 전도는 그렇지 않다. 사실 사탄이 증오하는 모든 것들 가운데 가장 주된 것이 바로 복음의 전도다. 왜 그럴까? 가능한 한 많은 사람들을 지옥으로 데려가는 게 사탄의 욕망이기 때문이다. 사탄은 우리가 상상할 수 있는 것보다 더 많이 사악하며 증오로 차 있다. 사탄은 모든 창조물을 파괴하는 것을 목표로 하고 있으며, 파괴할 목록의 맨 위에 사람이 있다. 사탄은 포효하는 사자로, 삼킬 자를 찾아 두루 돌아다닌다(베드로서 5:8). 그러나 누군가가 하나님의 품에 안길 때마다 사탄은 죄로써 사로잡을 한 사람을 잃을 뿐만 아니라, 자신에 대항하여 일하기 시작하는 적을 얻는다.

우리에서 그들로 변화를 일으키는 일은 도전적이고 어렵다. 그렇다고 용기를 잃어서는 안 된다. 우리는 죄의 힘과 죽음의 위협을 깨부수고, 사탄에게 무거운 짐을 지우신 구원자를 섬기지 않는가? 우리 안에 계신 그분은 이 세상에서 작용하는 마귀보다 정말로 더 크시다(요한1서 4:4). 복음의 전도에 대한 도전이 있기 때문에 우리는 무릎을 꿇고 기도를 하며, 당장 행동에 나서도록 자극을 받는다. 그렇다면 구원이라는 좋은 소식을 가지고 당당히 세상에 나아가기 위해, 우리가 일으킬 수 있는 몇 가지 특별한 변화들을 소개하겠다.

1. 치우는 것에서 어지르는 것으로

하나님의 사랑의 메시지로 손을 뻗으려 한다면, 우리는 먼저 삶에서 질서와 혼돈의 균형을 잡고 사는 법을 배워야 한다. 미국의 저명한 목사 레너드 스위트Leonard Sweet는 우리가 우선 현실을 받아들여야 한다고 말한다. 그 현실이란 우리가 세상에서 하는 매우 많은 일들이 혼돈과 질서, 깨끗함과 더러움 사이의 긴장상태에 있게 만든다는 것이다. 이것은 우리가 하나님의 사랑으로 손을 뻗으려고 노력할 때도 모든 영역에 적용된다. 그 한 영역이 우리의 가정이다.

여러 해 전, 아내와 나는 우리 집을 언제나 각양각색의 사람들을 환영하는 아늑한 장소로 만들기로 결정했다. 우리 부부가 만나는 사람들과 세 아이의 친구들은 매우 다양한 부류의 사람들을 아우르고 있었다. 우리는 집안 분위기를 바꾸자고 했다. 사람들이 들어왔을 때 너무 깔끔하고 정돈되어 쭈뼛 물러나는 것이 아니라, 사람 사는 곳처럼 따뜻하게 반기는 분위기를 만들도록 말이다. 예를 들어 카펫을 깔 때도 가장 값비싸거나, 우리가 가장 처음 마음에 들었던 것은 구입하지 않았다. 우리는 더러운 것이 묻어 얼룩이 생기더라도 눈에 띄지 않는 밝은 다갈색과 황갈색이 혼합된 튼튼한 카펫을 선택했다. 방과 후 이웃 아이들과 세 아이의 친구들이 집 안을 뛰어다니며 이따금 뭔가를 엎지르거나 더럽게 만들더라도 카펫에 대한 걱정을 하지 않길 바랐다.

아이들이 사춘기에 접어들었을 때, 우리는 지하실을 손보기로 결정했다. 그때까지 지하실은 시멘트 바닥과 벽으로 이뤄진 텅 빈 상자나 다름없었고, 아이들은 거기서 뒹굴고 놀거나 인라인 스케이트를 타면서 보냈다. 그래서 우리는 지하실을 아이들이 재미있게 놀기 위해 모일 수 있는 장소로 만들었다. 어느 날 몇 명의 소년들이 '에어소프트'라고 불리는 놀이를 하고 있었다. 물감이 담긴 고무공을 서로 쏘는 서바이벌 게임의 축소형이라고 할 수 있었는데, 다행히 공에 물감은 담겨 있지 않았다. 그런데 누군가 크고 강력한 총을 가져왔고, 그 때문에 결국 문짝이나 계단의 난간, 벽에 백여 개의 자국과 홈이 파였다. 이 일을 통해 우리는 진지한 결정을 내리게 됐다. 우리 집은 실제로 이웃들을 위한 쉼터 역할을 했었는가? 아니면 아이들에게 불편함을 주는 전시용 장소였는가? 우리는 아이들이 더 이상 집을 망가뜨리지 않도록 확실히 하기 위해 이야기를 나눴다. 그렇지만 아무도 꾸지람을 듣지 않았고, 아무도 벌을 받지 않았으며, 어떤 청구서도 그 소년들의 집으로 전달되지 않았다.

원스텝 체인징 ■ 집안 분위기를 싹 바꿔보자

제안 집안을 이곳저곳 돌아다녀라. 그리고 스스로에게 '우리 집을 좀더 따뜻하고 사람들을 반기는 분위기로 만들려면 내가 무엇을 해야 할까?'라고 물어라. 집안의 뭔가를 수리하는 일일 수도 있고, 혹은 색상이나 소리를 부드럽게 하는 일일 수 있다. 중요한 건 다른 사람들에게 매력적인 공간이 되도록 연출하는 일이다. 교인이 아닌 친구들이 당신의 집을 환영받고 편안한 공간으로 느낄 수 있도록 한 가지 일을 실천하라.

2. '당신이 오시오'에서 '우리가 갑니다'로

교회를 다니지 않는 많은 사람들은 교회 안으로 잘 들어오지 않는다. 뾰족탑과 오르간 음악, 석조조각이 하나도 없는 현대적인 건축물조차 여전히 위협적으로 보일 수 있기 때문이다. 무엇보다 '교회에 간다'는 바로 그 생각이 사람들을 도망가게 만든다. 그러나 여기 좋은 소식이 있다. 예수님은 결코 "그러므로 가서 사람들을 교회에 오도록 권하라고" 말씀하지 않으셨다. 십자가에서 돌아가시고 무덤에 안치되신 후, 사흘째 되는 날 다시 살아나신 예수님이 제자들을 만나셨다. "열한 제자가 갈릴리에 가서 예수께서 지시하신 산에 이르러 예수를 뵈옵고 경배하나 아직도 의심하는 사람들이 있더라 예수께서 나아와 말씀하여 이르시되 하늘과 땅의 모든 권세를 내게 주셨으니 그러므로 너희는 가서 모든 민족을 제자로 삼아 아버지와 아들과 성령의 이름으로 세례를 베풀고 내가 너희에게 분부한 모든 것을 가르쳐 지키게 하라 볼지어다 내가 세상 끝날까지 너희와 항상 함께 있으리라 하시니라"(마태복음 28:16-20).

예수님의 메시지는 교회가 더 큰 건물을 짓고 "이리로 오시오!"라고 쓰인 간판을 세우는 게 아니었다. 예수님은 제자들에게 예루살렘(고향)에서부터 유대(주변지역), 사마리아(적들이 사는 땅), 지구의 끝에 이르기까지 세상의 큰길과 작은 길을 통해 그의 사랑을 함께 나누라고 말씀하셨다. 예수님의 사람들은 여전히 사랑과 용서라는 예수님의 메시지를 갖고 여행을 떠나도록 요구를 받는다. 우리의 고향에서부터 주변 지역, 적들이 있는 곳, 지구 끝까지라도. 당신이 열심히 귀 기울여 듣는다면, 우리의 구원자께서 내리시는 이 위대한 계명을 지금도 똑같이 들을 수 있다. "가거라!"

당신은 이번 주일에 어디를 가는가? 대형마트를 돌아다닐 예정인가? 그렇다면 예수님의 메시지를 지닌 사람으로서 떠나라. 혹시 싫어하는 사람들과 자리를 함께해야 하는가? 그렇다면 그곳을 전도의 장소로 바라보고, 하나님이 사람들을 사랑하시기 때문에 당신을 거기에 보내신다는 것을 기억하라. 하나님은 자신을 성나게 만드는 사람들에게도 마음을 쓰신다.

3. 하나님 자녀의 세상에서 바깥세상으로

나는 이런 말을 하는 기독교인을 많이 만났다. "다른 사람들에게 예수님에 대해 정말로 말하고 싶지만, 내가 아는 모든 사람이 이미 예수님을 믿고 있어요!" 어떤 이들은 슬픈 목소리로 말했고, 또 어떤 이들은 기쁨에 넘치는 만족으로 말했다. 그런데 두 경우 모두 커다란 문제를 가진다. 예수님을 따르는 너무나 많은 이들은 교인이 아닌 사람들로부터 고립되어 있다. 다시 말해, 우리는 자신과 우리가 사랑하는 사람들을 세상에서 보호하기 위해 둥글게 벽을 쌓고 그 안에 쭈그려 앉는다. 그러나 예수님은 자신을 따르는 이들에게 이런 행동을 추천해주지 않으셨다. 오히려 예수님은 우리에게 밖으로 나아가 위험을 무릅쓰고 그의 복음을 세상 끝까지 함께 전하라고 요구하셨다.

하지만 어디에서 시작해야 할까? 세상으로 나아가 예수님을 아는 기쁨을 발견하지 못한 사람들과 자연스럽게 접촉하려면 어떤 원스텝 체인징을 시작해야 할까?

새로운 관계의 세계를 만드는 데 마음을 쏟는 건 어떤가? 어쩌면 당신은 도자기 공예에 취미를 갖고 있을지 모른다. 그렇다면 지역의 취미생활 강좌를 수강하면서, 하나님이 당신을 도와 새로운 관계를 맺게 하시는 걸 지켜보라. 스크랩북 만드는 일을 좋아한다면 한 달에 한 번 사람들을 당신의 집으로 초대하라. 축구나 야구, 달리기 등 운동을 즐긴다면 동네에 결성돼 있는 팀에 들어가라. 독서광이라면 도서관에 전화를 걸어 독서토론회 모임이 있는지 알아보라. 중요한 건 당신이 좋아하는 일을 찾고, 당신의 지역에서 그 활동을 열심히 하는 것이다.

새로운 취미나 활동을 시작하는 일을 제외하고, 또한 당신이 이미 항상 만나는 사람들과 새로운 차원에서 관계를 맺기 시작할 수도 있다. 우리 주위에는 예수님의 사랑을 필요로 하고 원하며 알고 싶어 하는 사람들이 있을 수 있지만, 사실 우리는 그들과 관계 맺는 일에 대해 한 번도 진지하게 계획해본 적이 없다. 당신이 특정한 식당에서 자주 저녁을 먹는다면, 그곳에 있는 사람들과 관계를 맺기 위해 노력하라. 식당 종업원들의 이름을 알고 있는가? 그들의 삶에 대해 물어본 적이 있는가? 그들을 위해 기도하고, 주님께 그의 사랑을 그들과 함께 나누는 기회를 달라고 청해본 적이 있는가? 이런 것들이 우리가 세울 수 있는 자연스러운 관계의 다리가 된다. 이것은 또한 동네 시장이나 우리가 정기적으로 가는 가게에서도 마찬가지다. 당신에게 원스텝 체인징이 일어나면, 당신은 아마 걷는 속도를 늦추고, 사람들의 눈을 들여다보며, 당신의 계산을 도와주는 사람이 하나님의 사랑을 받고 있음을 알아차리게 될 것이다. 당신이 일주일에 한 번 그들을 꼭 만난다는 사실은 결코 우연이 아니다. 그것은 하나님이 정해놓으신 약속이다.

같은 지역에 속한 어떤 목사로부터 전화를 받은 적이 있었다. 그는 내가 교회 밖에 있는 이들에게 깊은 애정을 쏟는 교회를 세우려는 열정이 있다는 것을 알고 있었다. 그래서 내게 전화를 걸어 자신의 교회가 세상에 초점을 맞추도록 자신이 도울 수 있는 일들에 대해 나와 만나서 이야기를 할 수 있는지 물었다. 나는 흔쾌히 승낙했고, 함께 점심을 먹기 위해 자리에 앉았다. 그리고 그는 재빨리 수첩을 꺼내 꽤 많은 질문이 적힌 목록을 훑어보기 시작했다. 나는 그를 그날 처음 만났지만, 빈틈없고 유능한 지도자임을 단번에 알 수 있었다. 그는 자신의 교회 성도들이 지역사회에 봉사할 수 있도록 돕는 일을 진지하게 생각하고 있었다. 그는 계속해서 질문을 던졌고, 나는 최선을 다해 그의 봉사활동에 도움이 될

지도 모른다고 생각하는 답변을 해주었다.

그러다 갑자기 내가 이렇게 말했다. "질문 하나 해도 될까요?"

그는 자신이 준비한 질문들의 반 정도만 끝낸 상태라 약간 놀라는 표정이었지만, "물론입니다"라고 답했다.

"당신은 1주일에 예수님을 모르는 친구와 이웃, 집안사람들과 얼마나 많은 시간을 보내십니까?"

순간 침묵이 흐르며 그가 한동안 자신의 샐러드 접시를 내려다봤다. 나는 기다렸고, 그가 머릿속으로 지난 주일을 돌아보며 교회와 신앙 공동체 밖에 있는 사람들과 대화를 나눴던 다양한 시간들을 재구성하고 있다고 상상했다. 잠시 후, 그가 심각하고 슬픈 눈빛으로 나를 쳐다봤다. 그리고 아무 말도 하지 않은 채 엄지와 검지로 원을 그렸다. 영(0), 전혀 없다는 뜻이었다. 우리는 남은 점심시간 동안 대화의 주제를 바꿔, 아직 예수님의 사랑을 알지 못하는 사람들과 어깨를 비빌 수 있도록 우리의 시간과 삶을 어떻게 만들어야 할지에 대해 이야기했다. 그 사람과 나는 정말 뜻 깊은 대화를 나눴다. 우리는 길 잃은 사람들과 여전히 연결돼 있다는 것을 확인하기 위해 교회의 정신을 그들에게 선사하는 것이 얼마나 쉬운지, 그리고 우리의 생활과 일과를 끊임없이 평가할 필요가 있다고 결론을 내렸다.

우리는 세상의 소금이 될 것을 요구받지만, 식탁 위의 소금그릇 안에만 있다면 유익할 게 없다. 예수님은 우리가 세상의 빛이 되어야 하며, 등불은 등경 위에 놓여야 한다고 분명히 말씀하셨다(마태복음 5:14-15). 이제 우리는 하나님의 사람들이 교회의 밖, 기독교 문화의 밖, 즉 영원에 관련된 문제들을 해결한 작은 집단의 안락한 피난처 밖에서 좀더 많이 생활하는 일에 대해 진지하게 생각할 때다.

원스텝 체인징 ■ 당신은 그들과 얼마나 시간을 보내는가?
제안 　　지난 7일간의 일정표를 검토하라. 그리고 아직 하나님의 가족이 되지 못한 사람들과 언제 시간을 함께 보냈는지 확인하라. 그들과 많은 시간을 보냈다면 그것에 대해 하나님께 감사하고, 그런 관계를 계속 이어나가도록 마음을 쏟아라. 기독교인이 아닌 사람들과 보낸 시간이 없었다면, 다가오는 주에는 그런 기회를 만들 수 있도록 기도하라. 그리고 영적인 것을 중시하는 친구들과 정기적으로 만나는 시간을 가져라.

교회는 결코 '우리'에 머물러서는 안 된다

우리의 삶을 우리에서 그들로 움직이는 변화를 만들어야 하는 것은 물론, 교회에서도 이런 변화를 일으켜야 한다. 교회의 모인 성도 전체가 '우리는 오직 우리를 위해 이곳에 있습니다. 다른 사람들은 모두 저리 가세요'라는 식으로 움직일 수 있기 때문이다. 하지만 '모든 사람을 환영합니다!'라고 말하는 따뜻하고 반가운 마음을 보여주는 행동을 선택할 수도 있다. 텍사스에 있는 어떤 교회의 모토는 '완벽한 사람은 출입금지'라고 한다. 이것은 '네, 우리는 언제든지 당신을 환영합니다'라고 말하는 그들의 방식이다.

모든 교회는 자신이 어떻게 움직이고 있는지 정직하게 바라보고, 아직 가족이 되지 못한 이들에게 손길을 뻗는 일에 방해가 되는 행동을 하지 않았는가 살펴야 한다. 나는 어느 교회의 일원이 되었던 결정적인 순간을 기억하고 있다. 그 교회는 교회 안의 시설물들을 별로 좋지 않은 방식으로 다루고 있었다. 일을 시작한 첫 주에 나는 우연히 오전 중에 커피를 마시는 휴식시간이 있다는 것을 들었고, 그래서 잠깐 들렀다. 나는 커피를 마시지 않았지만 그곳에 갔을 때 맛있는 쿠키 또한 준비돼 있는 것을 알았다. 나는 다른 직원들과 잠시 이야기를 나눴고, 휴식시간이 끝났음을 자연스럽게 깨달은 듯 모두 자리에서 일어나 그들의 자리로 돌아갔다. 그곳을 걸어나올 때, 나는 쿠키 부스러기가 담긴 휴지를 뭉쳐서 문 옆에 있던 쓰레기통 속으로 가볍게 던졌다. 좀 떨어진 거리인데도 쓰레기가 통 속으로 쏙 들어간 것을 보고, 나의 농구솜씨가 녹슬지 않았음을 즐거워했다.

그러나 문을 나설 때 누군가 내 어깨를 가볍게 쳤다. 교회의 다른 지도자였으며 걱정스런 표정을 짓고 있었다. "왜 그러시죠?" 내가 물었다. 약간 난처하다는 듯 그가 마지못해 속삭였다. "우리는 평일에 쓰레기통을 사용하지 않습니다. 우리처럼 관리하는 위치에 있는 사람들은 쓰레기를 사무실로 가져가고, 교회건물 안에 있는 쓰레기통은 일요일과 수요일 밤에만 사용해요."

나는 그가 농담을 하고 있다고 생각하고 재미있다는 듯 그를 바라봤다. 하지만 쓰레기통을 들여다봤을 때, 나는 그의 말이 진담임을 알았다. 거의 사용되지 않았을 뿐만 아니라 누군가 규칙적으로 문질러 닦고 있었다. 쓰레기통이 위를 올려다보며 소리쳤다. "나한테 쓰레기를 버리지 말아요!" 얼룩 하나 없는 쓰레기통 바닥에 두 가지 물건이 보였다. 하나는 반듯하게 접혀서 쓰레기통 바닥에 놓여 있는 종이였다. 나는 곧 교회 강의실에 있는 모든 쓰레기통에 반듯하게 접힌 종이가 깔려 있다는 것을 알게 되었다. 또 하나는 더러운 쿠키 부스러기가 담긴 가증스러운 내 쓰레기였다.

나는 번쩍이는 쓰레기통과 둥글게 말린 휴지를 바라보며 그곳에 서 있었다. 어색한 침묵이 대기를 감쌌다. 결정을 내려야 했다. 그래서 "저는 쓰레기를 있어야 할 곳에 그냥 두겠습니다"라고 말했다. 그 사람은 마치 내가 아침식사로 새끼고양이를 먹었다고 말하기라도 한 것처럼 나를 쳐다봤다. 그리고 그는 충격적인 행동을 했다. 금지된 구역에 있는 단 한 개의 쓰레기를 줍기 위해 허리를 굽힌 것이다.

내가 침을 꿀꺽 삼키며 말했다. "그러지 마십시오." 나는 쓰레기통이 쓰레기를 담는 데 사용될 수 없다면 근본적으로 문제가 있는 거라고 설명했다. 내가 말하는 것을 그가 이해했는지는 확신하지 못하지만, 그는 일단 쓰레기를 그곳에 놔두는 데 동의했고, 내 행동에 대해 누군가 설명을 요구할 것이라고 말해주었다. 나는 그 일을 책임지겠다고 약속했으며, 우리 둘 다 그곳을 나왔다.

그날 나는 존재의 이유를 잊게 하는 강력한 유혹을 깨달았다. 교회 그리고 우리는 훌륭한 건축물을 짓거나, 우리의 생활방식을 고수하거나, 쓰레기통을 깨끗하게 유지하기 위해서 존재하는 것이 아니다. 사람들과 세상에서 가장 좋은 소식을 함께 나누기 위해 존재하는 것이다. 교회는 결코 '우리'에 머물러서는 안 된다. 예수님은 하늘의 영광을 떠나 인간의 모습으로 내려오셨고, 십자가에 못 박혀 돌아가셨으며, 다시 살아나셨다. 예수님은 길 잃고 죄 지은 사람들에게 천상의 아버지가 계신 집으로 돌아가는 길을 만들어주시기 위해 이 모든 일을 행하셨다. 예수님은 다른 사람들이 우리의 삶을 변화시킨 놀라운 소식을 들을 수 있을 만큼 그들을 위해 기도하고 일하며 희생하라고 요구하신다. 이제 우리에서 그들로 원스텝 체인징을 일으킬 때다.

원스텝 체인징 제안 ■ "교회는 여러분을 환영합니다!"

당신의 교회건물과 마당을 여기저기 산책해보라. 마치 그곳을 처음 방문하는 사람처럼 모든 것을 새롭게 바라보려고 노력하라. 당신이 신앙에 대한 것이나 어린이방의 위치, 종교적인 용어에 대해 아무것도 모른다고 상상하라. 건물 주위에서 어디로 가야 할지 길을 찾아갈 수 있는가? 길을 잃지 않고 예배를 하러 찾아갈 수 있는가? 방문객들을 좀더 기쁘고 반갑게 맞이하는 교회로 만들 수 있는 아이디어가 있다면, 그것을 교회임원에게 전하라. 그런 변화를 만드는 일을 기꺼이 돕고 싶다면, 언제든 그들이 당신에게 부탁할 수 있다는 것을 알게 하라.

● 작은 변화를 일으키는 오늘의 깊은 생각

• 하나님 가족의 밖에 있는 사람들과 더 많은 시간을 보내기 위해 나의 생활 방식이나 일정을 조정할 수 있다면 그 한 가지 방법은 무엇인가?

• 사람들이 우리 교회에 들어서는 순간, 자신이 환영받고 있음을 알 수 있도록 내가 할 수 있는 일은 무엇일까?

● 작은 변화를 일으키는 오늘의 기도

• 당신의 마음이 길 잃은 사람들을 향한 예수님의 마음처럼 좀더 넓어지기를 간구하라. 하나님으로부터 멀리 떨어져 있는 이들을 알아볼 수 있는 눈을 간구하라. 그런 다음 하나님의 사랑으로 그들에게 손을 뻗는 담대함을 주시도록 성령께 기도하라.

• 당신의 교회가 따뜻한 환영과 활짝 벌린 두 팔, 각계각층의 사람들을 진정으로 사랑하는 장소가 되게 해달라고 하나님께 청하라.

17

사랑을 전파하는
다양한 방법들로의
원스텝 체인징

너희 마음에 그리스도를 주로 삼아 거룩하게 하고 너희 속에 있는
소망에 관한 이유를 묻는 자에게는 대답할 것을 항상 준비하되 온
유와 두려움으로 하고

베드로전서 3:15

어떤 이들은 투기와 분쟁으로, 어떤 이들은 착한 뜻으로 그리스도
를 전파하나니 이들은 내가 복음을 변증하기 위하여 세우심을 받은
줄 알고 사랑으로 하나 그들은 나의 매임에 괴로움을 더하게 할 줄
로 생각하여 순수하지 못하게 다툼으로 그리스도를 전파하느니라
그러면 무엇이냐 겉치레로 하나 참으로 하나 무슨 방도로 하든지

전파되는 것은 그리스도니 이로써 나는 기뻐하고 또한 기뻐하리라

빌립보서 1:15-18

예수께서 그들에게 이 비유로 이르시되 너희 중에 어떤 사람이 양 백 마리가 있는데 그 중의 하나를 잃으면 아흔아홉 마리를 들에 두고 그 잃은 것을 찾아내기까지 찾아다니지 아니하겠느냐 또 찾아낸즉 즐거워 어깨에 메고 집에 와서 그 벗과 이웃을 불러 모으고 말하되 나와 함께 즐기자 나의 잃은 양을 찾아내었노라 하리라 내가 너희에게 이르노니 이와 같이 죄인 한 사람이 회개하면 하늘에서는 회개할 것 없는 의인 아흔아홉으로 말미암아 기뻐하는 것보다 더하리라

누가복음 15:3-7

당신이 좋은 남편이라면, 당신은 '그 의자'에 대한 모든 것을 알고 있다. 당신이 누군가의 남자친구거나 약혼한 남자라면 당신은 이것에 대해 곧 듣게 될 것이다. 또한 언젠가 당신이 그 의자에 앉아 몇 가지 도전적인 질문을 받게 될 날이 반드시 올 것이다.

이 의자 위에서 어떤 결혼은 강해지고 튼튼해지며 단단해진다. 또한 어떤 결혼은 긴장감에 휩싸이고 시험대에 오른다. 이 의자에서 남자는 어떤 큰 인생의 교훈, 사회에서의 수완, 사랑에 대한 진실을 말하는 것까지 여러 가지를 배운다. 또한 '프리 사이즈'가 모두에게 맞지는 않는다는 본질적인 교훈까지. 이 의자에 앉아 있을 때만큼 한 남자의 정직과 재치가 호되게 시험받는 장소는 없다.

당신은 모든 백화점의 똑같은 장소에서 그 의자를 발견할 것이다. '그 의자'는 여자들의 탈의실 바로 밖에 있다. 이 의자에 앉을 때 남자는 이런 질문을 듣게 될 것이다. "이 옷, 나한테 어울려요? 치수가 맞는 것 같아요? 엉덩이가 좀 뚱뚱해 보이지 않아요?"

이런 질문에 올바른 대답을 하는 것은 건강한 관계를 위해 필수적이다. 놀랍게도 많은 사람들에게 가장 좋은 해답은 은총으로 가득한 정직이다! 그리고 문제의 진실은, 모든 옷이 모든 사람에게 어울리지는 않는다는 것이다. 의자에 앉아서 진실을 말하려 하지 않는 남편은 득이 되기보다는 해를 끼친다. 아내가 입은 옷이 잘 맞지 않거나 어울리지 않는데도 여전히 "마음에 쏙 드는데? 예쁘다! 당신한테 딱 맞아"라고 말한다면, 그는 애정 어린 방식으로 행동하는 것이 아니다. 차라리 "다른 옷을 입어 보는 게 어때?"라고 말하는 편이 더 나을 것이다. 세상은 사랑하는 사람에게 진실을 말할 더 많은 사람들을 필요로 한다.

《벌거벗은 임금님》이라는 동화에는 왕이 벌거벗은 채 거리 한복판을 행진하고 있다고 지적하는 정직한 어린 소년이 등장한다. 이 동화에서 왕에게 진실을 말하고자 하는 사람은 아무도 없었다. 왕은 나쁜 꾀로 남을 속이는 재봉사로 인해, 자신이 세상에서 가장 훌륭하고 가장 아름다운 옷을 입고 있다고 확신했다. 문제는 재봉사가 옷을 만드는 데 필요한 모든 돈을 몰래 빼돌리고 왕에게 거짓의 옷을 입힌 것이다.

이와 유사하게, 그리스도를 따르는 많은 이들이 거짓에 속아 넘어간다. 그들은 예수님의 메시지를 나누는 방법이 단 한 가지

뿐이라고 믿는다. 대부분의 기독교인은 복음을 전도하려면 대결적이고 외향적이며 말솜씨가 화려해야 한다고 생각한다. 그들은 '한 사이즈 통일'의 사고방식을 받아들여, 복음 전도자는 거리에 서서 확고한 신념으로 일반 대중에게 전도할 수 있는 유형의 사람이라고 믿는다. 논리적인 말을 잘하고 언변이 화려한 사람만이 효과적인 전도를 할 수 있는 것이다. 교회를 다니는 평균적인 사람이 전도를 그렇게 바라본다면 아마 손을 휘저으며 이렇게 반응할 것이다. "그 옷은 나한테 안 맞아요! 나는 그 옷을 입지 않을 거예요!"

이제 누군가는 진실을 말할 때다. 임금님은 옷을 전혀 걸치고 있지 않았다. 그리고 프리 사이즈가 모두에게 맞지는 않는다! 예수님의 복음을 모든 장소에서, 모든 시간에, 모든 사람과 나누는 한 가지 옳은 방법이란 없다. 성경은 여러 가지 방식을 보여줌으로써 우리가 하나님의 메시지를 몹시 필요로 하는 다른 이들과 함께 나누는 기쁨을 맛볼 수 있도록 해준다. 그리고 믿음을 나누기 위해 꾸밈없이 기분 좋은 방법이 있다는 것을 마침내 깨달을 때, 예수님을 따르는 대부분의 사람들은 크게 기뻐한다.

백화점에서와 똑같이, 우리는 그것들이 어떻게 맞아 들어가는지 살펴보기 위해 다양한 방법들을 시도해봐야 한다. 복음의 전도에는 많은 방식이 있으며, 서로 다른 방식의 다양한 표현법이 있으므로 우리는 그것들을 하나하나 시험해봐야 한다. 하나가 맞지 않는다고 해도 문제될 건 없다. 다른 것을 시도하면 되니까! 그러나 하나님은 예수님을 따르는 모든 이들에게 그들만의 독특한 전도

방식을 주셨다. 그러므로 일상생활에서 그것을 발견하고 발전시키며 사용하는 일은 우리의 소명이자 책임이다.

<table>
<tr><td>원스텝 체인징
제안</td><td>■ 당신의 전도 스타일은 무엇입니까?

복음전도 옷장의 가장 좋은 원천은 당신의 교회다. 대부분의 교회는 신자들이 전도활동에 참여하도록 여러 프로그램과 기회를 제공한다. 다음주에는 당신 교회의 옷장을 살펴보라. 교회에서 전도를 할 때 도움이 되도록 이 장에서 설명된 전도 스타일을 참고하라. 그런 다음 하나를 시도해보라. 전도활동을 위한 강좌나 행사에 참여해보라. 그것이 당신에게 잘 맞는다면, 훌륭하다! 그것을 입어라. 맞지 않는다면 다른 것을 시도해보라. 단, 당신에게 어울리는지 보기 위해 마음을 다해서 시험하라.</td></tr>
</table>

당신의 전도 스타일을 찾아라

내 친구이자 존경받는 목사 마크는 예수님을 따르는 모든 이들에게는 자신만의 특별한 복음전도 스타일이 있다고 주장하는 책을 쓴 적이 있었다. 그 책에는 자신에게 잘 맞는 스타일을 찾으면 전도활동을 자연스럽고 즐거운 일로 만들 수 있다는 멋진 메시지가 가득하다. 그가 그 책을 집필할 때 나는 그의 연구를 보조했다. 6개월에 걸쳐 조사를 하고, 지도자들을 인터뷰하며, 미국과 유럽에서 가장 복음전파에 노력하는 교회를 백여 개 이상 연구했다.

나는 성경적인 모델에 기반을 둔 다양한 전도 스타일이 도처에서 실행되고 있다는 것을 발견했다. 그래서 다음에는 전도 스타일에는 어떤 것이 있는지 간단히 살펴볼 것이다.

1. 대결적인 접근

사도행전 2장에서 사도 베드로는 자리에서 일어나, 대결적인 복음전도 스타일을 우리에게 훌륭히 보여준다. 그는 군중의 눈을 들여다보며 예수님을 대망의 구원자로 믿는 근거를 담대히 제시한다. 그는 사람들의 관심을 환기시키고 응답할 것을 요구한다. 한마디로 베드로는 정면으로 맞선다. 이런 접근이 효과가 있는지 궁금하다면, 베드로가 복음을 전한 뒤 무슨 일이 일어났는지 읽어보라. "또 여러 말로 확증하며 권하여 이르되 너희가 이 패역한 세대에서 구원을 받으라 하니 그 말을 받은 사람들은 세례를 받으매 이 날에 신도의 수가 삼천이나 더하더라"(사도행전 4:40-41).

어떤 사람들은 이런 대담한 접근이 구식이라고 생각하지만 그렇지만은 않다. 내가 아는 어떤 교회에는 거리전도를 위해 훈련받은 팀이 있다. 그들은 도심지나 상점가로 가서 다른 사람들을 영적인 대화로 이끄는 기회를 찾는다. 그리고 주님이 문을 여시면, 그분의 은총의 메시지를 전한다. 이 접근은 모든 사람들을 위한 것은 아니지만, 분명 몇몇 사람들에게 효과가 있다. 모든 교회는 영적 구도자들을 위해 대결적으로, 직접 대면하는 방식으로 전도할 수 있는 기회를 만들어야 한다.

2. 지적인 접근

어떤 기독교인은 자연스럽게 복음을 전도하려면 지적인 접근이 가장 좋다고 생각할 것이다. 사도 바울은 이런 접근의 본보기다. 사도행전 17장을 보면 바울이 그 시대의 문화적이고 지적인 중심지에서 뿐만 아니라 예배의 장소에서 어떻게 사람들을 설득했는가에 대해 알 수 있다. 바울은 성경과 문화 연구가였다. 그는 믿음에 대해 이성적이고, 사려 깊으며, 사람의 마음을 사로잡는 근거를 진술하는 데 능했다.

오늘날 많은 사람들이 이런 스타일을 갖고 있다. 내가 아는 사람 중 리는 그 뛰어난 본보기다. 그는 무신론자였다가 신학적인 연구를 하면서 그리스도를 따르는 사람이 되었다. 그는 저널리스트로서의 기량을 발휘해 철저히 조사를 하고, 예수 그리스도에 대한 믿음이 지적으로 완전한 상태일 뿐만 아니라, 다른 어떤 세계관보다 더 이치에 맞는다는 결론에 이르렀다. 그 후 그는 자신의 연구와 성령의 부드러운 작용으로 예수님을 따르는 사람이 되었고, 다른 사람들이 그들의 지적인 장애물을 뛰어넘도록 돕고 있다.

3. 증언적인 접근

요한복음에서 우리는 증언적인 복음전도 스타일의 놀라운 예를 발견한다. 날 때부터 맹인이었던 한 남자가 예수님에 의해 눈을 뜨고, 이를 계기로 그의 믿음을 구원자께 두었다. 그는 무슨 일이 있었는지 질문을 받으면 "한 가지 아는 것은 내가 맹인으로 있다가 지금 보는 그것"(요한복음 9:25)이라고 말한다. 이 남자가 대결적인 용기를 보여주거나 지적인 대답을 하지는 않는다. 그가 가지고 있었던 것은 예수님이 어떻게 자신을 어루만지고 삶을 변화시키셨는지에 관한 오직 자신의 이야기였다. 그는 예수님에 대해 질문을 던졌던 사람들에게 그것을 전했다.

오늘날 많은 사람들이 구원자에 대한 믿음을 통해 영속적인 변화를 경험한다. 이런 체험을 한 사람들은 즐겁게 자신들의 이야기를 말한다. 삶을 변화시키는 예수님의 사랑과 힘의 진실을 세상에 증언한다. 또한 이런 사람들은 일상의 대화에서 그들의 전도 스타일을 자연스럽게 사용할 수 있으며, 그들의 이야기는 공적인 자리에서 공개되기도 한다. 우리 교회에서는 개인적인 증언을 비디오테이프에 담아서 예배를 올릴 때 함께 시청한다. 이것은 영적 구도자들의 마음을 움직이면서, 예수님을 아는 이들에게 자신들의 이야기를 함께 나누도록 계기를 만든다.

4. 대인관계적인 접근

그리스도를 따르는 많은 이들은 다른 사람과 관계를 맺고, 친해지며, 진정한 사랑을 나누는 능력이 탁월하여, 이 능력을 이용해 복음을 전도할 수 있다는 것을 발견한다. 이 대인관계적인 스타일은 신약에서 마태를 통해 나타난다. 신자가 되었을 때, 마태는 자신에게 2가지의 다른 관계적 세계가 있다는 것을 깨달았다. 거친 과거를 보냈던 그에게는 세리와 창녀, 죄인들로 이뤄진 옛 친구들이 있었고, 또한 예수님과 그의 제자들이 포함된 일군의 새 기독교인 친구들이 있었다. 마태는 자신의 집에서 큰 잔치를 열어 두 그룹을 함께 초대함으로써 그의 대인관계를 통해 복음을 전도했다 (누가복음 5:27-32). 이것은 그에게 매우 적합한 방식이었다. 마태에게 주어진 복음전도 스타일은 주위사람들과의 관계를 통해 진가를 발현했기 때문이다.

나는 은총과 끈기로 이 대인관계적인 스타일을 이용하는 한 여자 분을 알고 있다. 모두가 그녀를 '로이스 할머니'라고 부른다. 그녀에게는 모든 새 방문자를 탐지하여 자동으로 추적하는 레이더망이 있는 것이 아닐까 생각될 정도다. 그녀는 미사일 추적 장치 같다. 일단 방문자를 발견하면 절대 시야에서 놓치는 법이 없다. 그들을 만나고, 그들에게 인사하며, 그들을 사랑스럽게 꼭 껴안고, 교회의 다른 사람들에게 소개한다. 그녀는 주말마다 인간관계의 다리를 놓는 것은 물론, 하나님의 사랑을 보여주기 위해 자신의 대인관계를 활발하게 사용한다.

나는 로이스 할머니가 교회에서 어떤 일을 하시는지 항상 알고 있었지만, 어느 날 그것이 훨씬 더 깊어졌다는 것을 발견했다. 나는 사람들과 함께 새 주택단지에 이사온 가정들을 방문하고 있었다. 그 단지는 우연히 로이스 할머니의 집 건너편에 있었다. 우리가 문을 두드리고 작은 선물과 교회 초대장을 건넸을 때, 수많은 사람들이 내게 이렇게 말했다. "아, 로이스 할머니의 교회에서 오셨군요." 나는 "네, 그렇습니다!"라고 답했다. 그들이 그곳에 입주한 지 얼마 지나지 않았지만, 이 친애하는 로이스 할머니는 자신의 대인관계를 사용하여 이미 그들과 관계를 맺고, 사랑하며, 손을 뻗고 있었다.

5. 초대적인 접근

예수님에 대해 더 많이 배울 수 있는 곳으로 사람들을 초대하는 이들도 있다. 신앙심 넘치는 친구들과의 저녁식사, 교회예배, 기독교 음악회, 지역 소모임 등 예수님의 메시지가 높이 받들어지는 어떤 곳이든 사람들을 끌어당길 수 있다. 요한복음에도 이런 복음전도 스타일을 가진 여자가 있다. 그녀는 예수님을 만났고 예수님의 진리와 은총, 사랑의 메시지에 변화되었다. 이 삶을 변화시키는 만남에 응하여 그녀는 "내가 행한 모든 일을 내게 말한 사람을 와서 보라 이는 그리스도가 아니냐"(요한복음 4:29)라고 말했고, 많은 이들이 예수님을 만나러 왔다. 그녀가 감히 널리 사람들을 초대했기 때문에 그녀의 초대는 온 마을에 영향을 미쳤다. 그리고 훨씬 더 놀라운 건 그녀가 사회적으로 버림받은 사람이었다는 것이다. 그러나 그녀의 초대는 자연스럽게 흘러나왔다. 그것이 하나님께서 그녀가 믿음을 나누도록 만드신 특별한 방식이었기 때문이다.

내가 봉사하는 교회에서는 해마다 복음을 전도하고자 하는 사람들을 초대한다. 그리고 최근에 우리 지역으로 이사 온 가정에 그들을 보낸다. 그들은 초대장과 사탕, 교회 전화번호를 새긴 볼펜, 냉장고 자석, 책이 담긴 선물가방을 나눠준다. 선물가방을 전달하는 사람들은 문을 두드리고, 새로 이사온 것을 환영하며, 아직 기독교 단체의 일원이 아니라면 교회를 방문해달라고 마음 깊은 곳으로부터 그들을 초대한다. 또한 사람들을 만나기 전 문 앞에서 개들의 인사를 받을 수도 있다는 걸 알게 됐기 때문에, 개를 위한 선물가방까지 준비해간다. 물론 개에게 선물을 주어도 되는지 언제나 주인에게 먼저 묻는다. 사람들은 우리가 미리 그들의 애완동물을 위한 선물까지 준비했다는 것을 알고 전혀 생각지도 못했던 반응을 보인다. 집에 아무도 없는 경우에는 문손잡이에 가방을 걸어놓고 빠르게 기도를 올린 뒤 다음 집으로 향한다. 이 방법은 우리가 해마다 초대적인 스타일을 가진 사람들이 봉사활동에 참여하도록 돕는 한 가지일 뿐이다.

원스텝 체인징 ■ **초대 가방을 나눠주자**

제안   당신이 초대를 통한 복음전도 방식을 사용할 수 있을지 생각해보라. 크리스마스 전과 부활절 전, 그리고 여름이 다 끝나갈 무렵 사람들에게 초대가방을 전달하는 계획을 세워라. 이것은 지역사회에서 사람들과 관계를 맺고, 당신의 교회가 새로운 사람들을 환영한다는 것을 알리는 멋진 방법이다.

6. 섬기는 접근

사도행전 9장에서 우리는 다른 이들을 섬기는 마음을 가진 한 여자를 만난다. 그녀의 이름은 도르가였다. 그녀의 섬기는 태도는 복음을 전도하는 다리역할을 하였다. 그녀의 자비롭고 친절한 행동이 복음을 위한 문을 열었다. 마찬가지로 오늘날 어려운 이들을 돕는 데 헌신적인 사람들이 많다. 그들은 동정심을 느끼고 그들의 이웃, 심지어 한 번도 만난 적이 없는 사람들을 위해 자연스럽게 봉사한다.

이런 종류의 복음전도 스타일을 가진 사람들은 무료 급식시설에서 자원봉사를 하고, 사랑의 집짓기 운동에 동참하며, 도시 빈민 구제시설에서 옷을 나눠주고, 지역은 물론 전 세계에 걸쳐 많은 봉사 프로젝트에 참여하기를 매우 좋아한다. 그러므로 교회는 섬기는 스타일을 가진 사람들에게 이런 종류의 봉사활동에 참여할 수 있도록 기회를 제공해주어야 한다. 독특하고 강력한 봉사를 할 수 있는 한 가지 예는 '막차봉사'가 있다. 이것은 살짝 지나치게 술을 마시고 난 뒤 집까지 타고 갈 차를 필요로 하는 사람들을 돕는 봉사다. 여러 기독교들이 조를 이뤄 이들을 차에 태워 집까지 데려다주는 것이다. 이런 차편을 필요로 하는 사람들은 곧잘 마음이 느슨해지며, 운전해주는 기독교인에게 "토요일 밤에 왜 이런 일을 하며 보내십니까?"라고 묻고는 한다. 그들이 이유를 물을 때, 바로 하나님의 사랑에 대해 말할 수 있는 문이 열린다.

당신의 복음전도 스타일이 무엇이든, 하나님은 당신을 이 세상의 빛으로 사용하시려는 계획을 갖고 계시다. 전도활동은 불편하거나 두려운 일이 될 필요가 전혀 없다. 지극히 자연스럽고 즐거운 일이 될 수 있다. 중요한 건 우리가 각각 손길을 뻗는 독특한 방식을 가지고 있다는 걸 배우는 일이다. 우리의 DNA와 지문이 다 다르듯, 우리의 복음전도 스타일도 다 다르다. 하나님은 우리 각자에게 주신 접근법을 발견하고 전도활동의 새로운 변화에 참여하라고 요구하신다.

믿음은 듣는 것에서 생긴다

수년 동안 나는 사람들이 이렇게 말하는 소리를 들었다. "섬기는 건 복음의 전도가 아닙니다. 훌륭한 일이기는 하지만 섬기는 것만으로는 복음의 메시지를 전할 수 없어요." 혹은 "사람들을 교회나 기독교 음악회에 초대하는 일은 사실 전도가 아닙니다. 그건 복음을 전도하기 전 단계예요." "당신의 이야기를 나누는 것으로는 충분치 않습니다. 우린 반드시 예수님의 이야기를 해야 해요"라고 말하는 사람들도 있었다. 이런 견해와 이와 비슷한 다른 많은 의견들에 대해 나는 "100퍼센트 동의합니다!"라고 말한다.

로마서에서 사도 바울은 "그러므로 믿음은 들음에서 나며 들음은 그리스도의 말씀으로 말미암았느니라"(로마서 10:17)라고 말한다. 바울은 사람들을 사랑하고 돌보는 일만으로는 충분하지 않다고 분명히 밝힌다. 우리는 삶을 변화시키는 예수 그리스도의 메시지를 전달하도록 요구받는다. 그래서 수년간 나는 이와 같은 말들을 많이 들었다. "당신이 가는 곳마다 복음을 증명하라. 필요하다면 말을 사용하라." 나는 이 말이 담고 있는 속뜻을 이해하지만, 조금은 오해의 여지가 있다고 생각한다. 좀더 성경적인 표현을 한다면, "당신이 가는 곳마다 복음을 증명하라. 그때 말은 언제나 필요할 것이다"가 될 것이다. 사도 바울은 그것을 이렇게 표현한다. "너희 마음에 그리스도를 주로 삼아 거룩하게 하고 너희 속에 있는 소망에 관한 이유를 묻는 자에게는 대답할 것을 항상 준비하되 온유와 두려움으로 하고"(베드로 전서 3:15).

전도에는 많은 접근법이 있지만, 우리가 구원이라는 하나님의 선물을 이야기하는 놀라운 순간에 전도에 대한 모든 것이 포함된다. 우리가 누군가를 섬기고, 그가 우리에게 "왜 그렇게 신경써주십니까?"라고 물을 때, 우리는 하나님께서 땅 위의 우리들을 얼마나 걱정하시는지 그에게 알린다. 그리고 우리 죄의 대속을 위해 예수님을 보내실 만큼 하나님은 우리를 걱정하신다고 분명히 말하고, 우리의 봉사는 이런 이해에서 자연스럽게 샘솟는다고 말한다. 교회예배나 믿음을 바탕으로 하는 행사에 누군가를 초대했을 때, 그는 "이 모든 일이 예수님에 관한 거라고 정말로 믿습니까?"라고 물을 수 있다. 그때 우리는 우리가 어떻게 믿음에 이르게 되었으며, 우리가 믿는 게 무엇인지, 하나님께서 우리의 삶을 어떻게 변화시키셨는지를 함께 나눈다. 우리는 복음의 메시지를 분명히 전할 기회를 얻는다. 우리의 개인적인 스타일이 무엇이든 우리 모두 훈련을 받고 언제라도 복음의 핵심적인 메시지를 표현할 수 있어야 한다. 예수 그리스도에게 그들의 삶을 맡기도록 사람들을 인도하는 방법을 알고 있어야 한다.

어디에서든 기도가 넘쳐흐르도록 하라

우리는 하나님이 우리 각자에게 주신 독특한 복음전도 방식을 사용하고, 언제든지 복음의 메시지를 분명히 전달할 수 있도록 준비해야 한다. 거기에 더하여 우리는 기도하는 사람들이 되어야 한다. 우리가 무엇을 말하고 무엇을 하든, 성령께서 작용하지 않으시면 삶은 결코 변하지 않을 것이다. 성경과 역사의 곳곳에서, 우리는 기도하는 이들이 하나님의 부흥과 위대한 일들에 선행하는 것을 본다. 사도행전에서 우리는 이렇게 읽는다. "제자들이 감람원이라 하는 산으로부터 예루살렘에 돌아오니 이 산은 예루살렘에서 가까워 안식일에 가기 알맞은 길이라 들어가 그들이 유하는 다락방으로 올라가니 베드로, 요한, 야고보, 안드레와 빌립, 도마와 바돌로매, 마태와 및 알패오의 아들 야고보, 셀롯인 시몬, 야고보의 아들 유다가 다 거기 있어 여자들과 예수의 어머니 마리아와 예수의 아우들과 더불어 마음을 같이하여 오로지 기도에 힘쓰더라"(사도행전 1:12-14).

사도행전 2장에 나오는 성령의 놀라운 복음전도 부흥과 그 일은 하나님의 사람들이 올린 기도와 분명히 연결돼 있다. 남녀노소를 가리지 않고 성경에 등장하는 하나님의 인물들이 모여 열정적인 기도를 드리고, 성령이 강림하시고 복음이 선포되며, 3천 명 이상의 사람들이 예수님을 향해 그들의 마음과 삶을 바치는 일, 이는 얼마나 지켜보기 즐거운 일인가!

기도는 특히 전도 봉사활동과 관련해서 우리가 하는 모든 일을 흠뻑 적실만큼 넘쳐흘러야 한다. 예수님을 따르는 모든 사람은 예수님을 알지 못하는 친구와 가족, 지인들을 위해 기도해야 한다. 또한 기도를 통해 우리의 모든 전도 봉사활동을 뒷받침해야 한다. 우리 교회가 지역사회의 새로운 사람들에게 초대장을 전달하러 나갈 때, 우리는 언제나 기도로 이런 행사를 감싸 안는다. 두 사람이 한 조가 되어 방문할 곳들을 찾아다니며, 그들은 사람들의 대문과 함께 마음도 열리기를 기도한다. 거리에서 사람들을 예배에 초대하기 위해 예배 팀을 보낼 때, 우리는 늘 그들을 위해 간절히 기도한다. 우리는 기도를 모든 전도활동의 불가결한 요소로 만들려고 노력해야 한다.

교회의 전도활동에 대해 기도하는 것과 함께, 예수님을 따르는 이들은 기도의 힘을 발견하는 것이 매우 중요하다. 또한 하나님이 우리의 삶에 보내신 영적인 구도자들을 찾는 것도 마찬가지다. 수년 동안 나는 많은 비신자들에게 "당신을 위해 기도해드릴까요?"라고 질문을 던졌다. 지금껏 아무도 싫다고 말하지 않았다. 하나님에 대한 믿음을 갖고 있지 않은 사람들조차 기도를 갈망하고 있다는 것은 놀라운 일이 아닐 수 없다.

어느 겨울 나는 어떤 섬에 있었고, 사람들이 얼마나 간절히 기도를 바라는지 경험했다. 나는 가족휴가의 마지막 날에 렌터카를 타고 돌아오고 있었다. 시내에서 먹을거리를 좀 샀으며, 렌터카 회사 주인이 우리를 다시 호텔로 데려가는 동안 막내아들이 우리의 음식을 들고 뒷자리에 앉아 있었다. 운전을 하면서 렌터카 주인은 현재 자신에게 힘든 일들을 이야기하고, 자신의 영적인 여행에 대해 짧게 언급했다. 그 말을 들은 나는 답변으로 내가 어떻게 예수님을 믿게 되었는지 이야기하고, 그가 하나님을 찾는 여행을 계속하도록 격려했다. 그리고 성경구절을 들려주었다. "너희가 온 마음으로 나를 구하면 나를 찾을 것이요 나를 만나리라"(예레미야 29:13). 그는 내가 전하는 믿음의 메시지에 마음을 열고 큰 관심을 표현했다.

그러더니 갑자기 그가 길 한쪽에 차를 세우고 시동을 껐다. 아직 호텔에 도착하지 않았으므로 나는 무슨 일인지 궁금했다. 잠시 후 그가 말했다. "잠깐 이렇게 앉아서 조금 더 이야기해도 괜찮겠습니까?" 나는 빠르게 식어가는 음식을 들고 있는 아들을 흘긋 돌아봤고, 아들이 이해해줄 것이라는 걸 알았다. "물론입니다." 그래서 우리는 인생, 신앙, 예수님, 인간관계에서의 어려움, 개인적인 재정에 대해 이야기를 나눴다. 이 신성한 순간, 이 온화하고 영적으로 허기진 남자는 예수 그리스도의 메시지를 듣게 되었다. 그는 신앙에 헌신할 준비는 되어 있지 않았지만, 온 마음으로 희구하고 있었다.

풍성한 대화를 나눈 후 그가 "저녁이 다 식고 있군요"라고 말하며 엔진에 시동을 걸었다. 호텔을 향해 언덕을 오를 때, 나는 그를 위해 기도를 하고 싶은 강한 충동을 느꼈다. 괜찮겠느냐고 묻자 그가 "네!"라고 대답했다. 호텔에 주차를 하고 우리는 머리를 숙였다. 이상하게도 기도를 시작할 때 그 남자의 손을 잡고 싶었다. 그렇지만 내 행동을 그가 어떻게 받아들일지 확신할 수 없었다. 그런데 그가 팔을 쭉 뻗어 내 손을 잡았다. 마치 소중한 생명을 붙들 듯 내 손을 꼭 잡았다.

우리가 함께 기도할 때, 우리는 그 자동차 안에서 하나님을 만났다. 집에 돌아온 후 나는 그에게 기독교에 관한 많은 자료를 보내주었다. 우리는 지금까지도 이메일을 주고받고 있으며, 나는 그를 위해 항상 기도한다. 어느 날 그가 믿음의 마지막 단계를 밟고 기도할 때 내 손을 꼭 잡았던 것처럼 예수님의 손을 잡게 되기를 말이다. 그리고 마음속으로 이런 일이 일어날 것임을 확신한다.

원스텝 체인징
제안

■ 그 리 스 도 를 따 르 지 않 는 사 람 들 을 위 해 기 도 하 라

개인적으로 전도활동에 마음을 쏟기 위해 당신이 할 수 있는 가장 강력한 일은 아직 그리스도를 따르지 않는 사람들을 위해 기도하는 것이다. 기독교인이 아닌 친구와 집안사람, 지인들의 명단을 만들어라. 이것을 당신이 보게 될 장소에 붙이고, 매일 한두 사람을 위해 기도하라. 그들과 마음을 나누고, 그들을 사랑하며, 그들에게 예수님에 대해 말하기 위해 당신의 독특한 복음전도 스타일을 활용하도록 하나님께 도움을 청하라.

● 작은 변화를 일으키는 오늘의 깊은 생각

- 하나님은 나의 믿음의 여행에 영향을 미치시기 위해, 다양한 복음전도 스타일을 지닌 사람들을 어떻게 사용하셨는가?
- 조만간 교회에서 내가 참여할 수 있는 한 가지 전도활동이나 훈련기회는 무엇이 있는가?

● 작은 변화를 일으키는 오늘의 기도

- 당신의 '원스텝 체인징 기도목록'에 있는 사람들에 대해 하나님이 그들의 삶에서 행하고자 하시는 일에 대해서 마음을 열게 되기를 기도하라. 또한 당신이 이런 사람들과 인연이 닿아 하나님의 사랑을 반영하고 영적인 대화의 문을 열 수 있게 하나님께 도움을 구하라.
- 당신이 다니는 교회가 선교활동의 강력한 장소가 되도록 간구하라. 하나님께서 당신의 교회 성도들이 하나님으로부터 멀리 있는 사람들에게 손길을 뻗을 수 있도록 인도해달라고 청하라.

18

강압적인 전도보다
사랑으로 감싸 안는
원스텝 체인징

그런즉 아볼로는 무엇이며 바울은 무엇이냐 그들은 주께서 각각 주
신 대로 너희로 하여금 믿게 한 사역자들이니라 나는 심었고 아볼
로는 물을 주었으되 오직 하나님께서 자라나게 하셨나니 그런즉 심
는 이나 물 주는 이는 아무 것도 아니로되 오직 자라게 하시는 이는
하나님뿐이니라 심는 이와 물 주는 이는 한가지이나 각각 자기가
일한 대로 자기의 상을 받으리라 우리는 하나님의 동역자들이요 너
희는 하나님의 밭이요 하나님의 집이니라

고린도전서 3:5-9

인자는 와서 먹고 마시매 너희 말이 보라 먹기를 탐하고 포도주를

즐기는 사람이요 세리와 죄인의 친구로다 하니

누가복음 7:34

그것은 한 마디로 싸움이었다. 레슬링 시합이었으며, 의지력의 시험이었다.

매일, 정확히 같은 시간에 마거릿은 욕실 진열장으로 가서 문을 연 뒤 커다란 피마자유 한 병을 꺼냈다. 그런 다음 큰 숟가락을 가지러 부엌으로 향했다. 서랍이 열리고 은그릇이 덜거덕거리는 소리가 들리면 작은 애완견 패치스는 급하게 도망가 몸을 숨겼다. 때로는 침대 밑에, 때로는 욕조 안이나 마거릿의 안락의자 뒤에. 패치스는 곧 무슨 일이 일어날지 알고 있었기 때문이다.

누군가 마거릿에게 피마자유 한 숟가락을 강아지에게 매일 먹이면 이빨도 강해지고 털의 윤기도 돌며, 수명도 늘어날 거라고 이야기했다. 그래서 마거릿은 24시간마다 사랑의 증표로 패치스를 구석에 몰아 움직이지 못하게 한 뒤 억지로 입을 벌리게 했다. 패치스는 피마자유가 작은 목구멍을 타고 내려갈 때, 낑낑거리고 꿈틀대며 온몸으로 저항했다. 패치스도 마거릿도 매일 반복되는 씨름을 즐거워하지 않았다.

그러던 어느 날 고군분투를 하던 중간에 패치스의 옆 발차기로 피마자유 병이 부엌 바닥 위로 떨어지는 불상사가 일어났다. 드디어 패치스가 승리하는 순간이었고, 마거릿은 패치스를 놓아준 뒤 얼른 상황을 수습하기 위해 행주를 가지러 달려갔다.

부엌에 돌아온 마거릿은 완전히 깜짝 놀랐다. 패치스는 개만이

지어보일 수 있는 만족스런 표정으로 바닥에 쏟아진 피마자유를 핥아먹고 있었던 것이다. 마거릿은 터지기 시작한 웃음을 좀처럼 멈출 수 없었다. 한 순간에 모든 것이 명확해졌다! 패치스는 피마자유를 좋아했다. 단지 몸을 꼼짝할 수 없는 상태에서 피마자유를 목구멍에 넘기는 일을 싫어했을 뿐이었다.

자, 복음전도의 세계에 온 것을 환영한다!

수년 동안 많은 사람들이 몸을 꼼짝할 수 없는 상태에서 예수님의 메시지를 받아들여야 했다. 그래서 사람들은 반사적으로 그것을 거부했다. 대부분의 사람들이 저항하는 건 하나님의 사랑의 메시지가 아니라, 예수님을 따르는 많은 이들이 그 메시지를 전하는 방식이었다.

복음전도계의 공격적인 저격병

당신은 그 사람을 안다. 거리에서 또는 텔레비전에서 분명 그를 보았을 것이다. 그는 길모퉁이에 서서 지나가는 모든 사람에게 종교적인 말을 크게 외친다. 대개 "회개하라, 종말이 가까이 왔다!"라고 쓰인 큰 표지판을 들고 있거나, 한쪽에 "하나님을 믿거나 타죽거나", 반대쪽에 "예수천당 불신지옥"이라고 쓰인 거대한 판자를 샌드위치처럼 몸에 걸치고 있을지도 모른다. 정작 이런 사람들은 길 잃은 사람들이 하나님을 향해 여행하도록 관계를 맺고 이끌지 못하는 경우가 대부분이다. 그들은 인내심이 강하지 않고, 사람의 마음을 끌지 못하며, 신뢰에 근거한 관계를 쌓지 않는다. 그 대신 공격적인 전술로써 사람들에게 억지로 그 자리에서 결정을 내리게 한다. 슬프게도 대부분의 경우, 이런 복음전도의 저격병들은 사람들을 주님으로부터 멀어지게 하고, 이로움보다는 해를 더 많이 끼친다.

젊은 신자였을 때 나는 길모퉁이에서 "당신은 예수님의 피로 깨끗해졌습니까?"라고 불쑥 말을 건네는 한 남자를 만났다.

나는 그가 무슨 말을 하는지 알았지만, 갑작스런 행동에 깜짝 놀랐다. 잠시 후 내가 그에게 물었다. "그게 무슨 뜻입니까?"

그가 나를 바라보며 반문했다. "당신은 다시 태어나셨나요?"

질문은 이해했지만 나는 그의 접근법에 그만 말문이 막히고 말았다. 그의 대담함과 헌신을 존중한다 쳐도, 그는 너무 종교적인 언어와 공격적인 접근으로 오히려 역효과를 불러일으켰다. 그래서 내가 말했다. "예수님과의 관계를 통해 제가 하나님께 나아갔는지 물으시는 건가요? 내가 삶을 엉망으로 만들었고 스스로는 절대 바로잡을 수 없음을 하나님께 고백했는지 물으시는 건가요? 예수님께 저를 용서하고 제 삶을 인도하시도록 청했는지 물으시는 건가요?"

그는 매우 흥분해서 "네, 내가 말하는 게 바로 그거예요"라고 대답했다.

나는 내가 기독교인이라고 밝혔다. 그리고 지나치게 종교적인 색채의 언어를 쓰는 것이 막상 다른 사람에게 예수님에 대해 말할 때 어떤 문제를 일으킬 수 있는지 의미 있는 대화를 나눴다. 길모퉁이에서 이야기를 나누면서, 나는 그 남자의 마음은 옳지만 접근방식에 문제가 있음을 알게 됐다.

나는 전도의 대결적인 스타일이 틀렸다고 말하는 게 아니다. 우리는 17장에서 사도 베드로를 살펴보고 대결적인 전도활동 스타일이 어떻게 효과적일 수 있는지 보았다. 분명 이런 접근이 적합할 때도 있다. 그러나 이런 스타일을 사용하는 사람은 은총을 표현하고, 또한 교회의 언어를 모르는 사람들이 이해할 수 있는 말을 해야 한다.

진짜 문제는, 그리스도를 따르는 이들이 너무나 영적인 언어를 사용하며 사람들에게 억지로 그 자리에서 결정을 내리도록 밀어붙이는 것이다. 어떤 기독교인은 사람을 궁지로 모는 세일즈맨 같아서, 가장 좋은 접근법은 일단 문에 발을 들여놓고 모든 판매전략을 구사한 뒤 응답을 요구하는 거라고 생각한다. 그들의 목표는 거래를 끝내고 셈을 청산하는 것이다. 아마 이런 사람들은 모든 영적인 대화 끝에 상대방이 결정을 내리도록 요구한다. 만약 그렇게 하지 않는다면 그가 대화를 뒤로 한 채 거리를 헤매다 트럭에 치일지도 모르고, 결국 자신은 그 일 때문에 평생을 죄의식에 시달리며 살게 될 거라고 혼자서 확신한다.

원스텝 체인징　■ 당신이 복음을 전할 때 쓰는 말은?
　　　제안　다음주에는 주변의 기독교인 친구에게 복음을 말하는 연습을 해보자. 그에게 당신의 언어를 평가해달라고 부탁하라. 혹시 영적 탐구자에게 생소하거나 혼란을 줄지도 모르는 말을 사용했는지 지적해달라고 하라. 그리고 복음을 전하는 말이 좀더 쉽게 이해되려면 어떻게 표현을 해야 하는지 물어라. 이 책의 부록4에 나와 있는 복음 표현을 검토하면 좋겠다. 이 예시는 교회를 다니지 않는 사람이 모든 메시지를 이해할 수 있도록 하기 위해 준비된 것으로 적절히 활용하도록 하자.

예수님을 향한 느리지만 진실한 여행

대개의 경우 처음으로 복음을 전하고 반응을 요구하는 기독교인과 우연히 만났다고 해서 바로 예수님을 믿게 되지는 않는다. 이런 일은 일어날 수 있고 이따금 실제로 일어나기도 하지만, 대다수의 사람들은 시간이 지나감에 따라 서서히 예수님과의 삶을 변화시키는 진정한 관계에 이르게 된다. 그들은 자신을 점점 더 가까이 끌어당기시는 하나님을 찾고 배우며 발견하는 여행을 시작한다. 복음에 대한 응답으로 자연스러운 반응을 보이는 사람들 중에는 자신도 깨닫지 못하는 사이에 이미 여행을 시작하는 경우가 많다.

루디가 바로 그 적절한 예다. 그는 이웃의 초대를 받고 우리 교회를 방문했다. 루디는 그 이웃 가족과 매우 돈독한 사이였고, 그들이 자신을 사랑하며 염려한다는 것을 알았다. 그러나 그는 살면서 한 번도 교회예배에 참석한 적이 없었고, 성장하면서 어떤 '기독교' 이웃들에게 거부당한 상처를 안고 있었다. 아마도 루디의 아버지가 대단히 종교적인 이웃의 눈으로는 도저히 용서할 수 없는 죄를 지었던 것 같다. 그 일은 바로 일요일마다 잔디를 깎았다는 것이다! 그리고 그 구역에 사는 많은 부모들은 자신의 아이들에게 루디와 놀지 말라고 말하는 것으로 반응했다. 이를 계기로 그는 오랫동안 교회와 기독교인들에게 거부감을 느끼고 계속 떨어져 있었다.

그가 마침내 교회에 들어섰을 때, 루디는 어떻게 해야 하는지 몰라 당황했다. 그러나 그곳에 모인 사람들은 따뜻하고, 예배는 생각보다 어색하지 않다는 것을 발견하면서 즐겁게 놀랐다. 그와 그의 아내와 아이들은 곧 편안한 마음으로 교회를 받아들였다. 루디는 많은 질문을 하고 성경을 읽기 시작했다. 그리고 핵심적인 기독교 신앙에 대한 강의를 들었다. 나와 이야기를 나누기 위해 왔을 때, 그는 수업을 끝낸 뒤 기독교 신앙에 관한 질문이 가득한 노트 한 권을 들고 있었다. 우리는 그의 질문목록을 훑기 시작했고, 나는 루디가 날카롭고 분석적인 사고방식의 소유자임을 알았다. 컴퓨터 프로그래머로서 그는 상세히 이해하는 것을 좋아했고 모든 빈칸이 채워지기를 원했다.

우리는 여러 주일 동안 만나서 신학과 성경, 축구, 컴퓨터 프로그래밍, 가정교육, 패밀리 레스토랑의 새 메뉴, 그 밖의 많은 것들에 대해 대화를 나눴다. 마침내 내가 루디에게 물었다. "이제 준비가 됐다고 생각해요? 예수님을 믿고 예수님께 당신을 용서하고 당신의 삶을 인도하시도록 청할 준비가 됐습니까?"

그가 나를 바라보며 "모르겠습니다. 이건 아주 큰 결정이거든요"라고 말했다. 나는 그의 눈을 통해 알 수 있었다. 루디는 이 선택의 중대성을 알고 씨름하고 있었다. "이 결정은 결혼을 하거나 아이를 낳는 것보다 훨씬 더 큽니다. 제 인생에서 가장 중요한 결정이에요."

나는 그의 말에 전적으로 동의했고, 그에게 믿음을 향한 걸음을 떼어 예수님께 '네'라고 말할 준비가 되었는지 물었다.

그가 잠시 생각한 후 말했다. "시간이 좀더 필요합니다. 아직 준비되지 않았어요."

마음속에서 무언가 가라앉았지만, 나는 미소를 지으며 말했다. "괜찮습니다. 다음 주에도 다시 만나기 원하나요?"

루디는 그렇다고 힘주어 말했고, 우리는 같은 장소와 시간에서 보자고 의견의 일치를 내렸다. 그는 계속 요한복음을 통독하며 예수님에 대해 배우는 것을 자세히 기록하는 일에 전념했다. 우리가 헤어질 때 나는 루디와의 놀라운 여행을 함께하도록 허락하신 하나님께 조용히 감사의 기도를 올렸다. 그는 분명 예수님을 향해 점점 더 가까이 걸어가고 있었다.

그 다음주에 루디가 걸어 들어올 때, 나는 그의 상기된 얼굴과 활기에 넘치는 발걸음을 보았다. 무언가 달랐다. 우리는 잠시 이야기를 나눴고 내가 물었다. "그런데 무슨 일이지요? 예수님에 대해 당신은 무슨 생각을 하고 계신 거죠?"

그가 확신에 차서 말했다. "저는 준비됐습니다! 이제 제가 어떻게 해야 하죠?"

나는 그에게 예수님과 기도로 이야기하고, 그의 마음속에 있는 것을 말씀드려야 한다고 말했다. 지난 2~3개월 동안 모든 복음을 꾸준히 공부했기 때문에 그는 내가 무엇을 말하는지 알아들었다.

루디는 기도했다.

기도를 하면서, 그는 스스로를 하나님으로부터 떼어놓는 많은 일들을 했다고 고백했다. 깨어지고 뉘우치는 마음에서 죄의 고백이 일어났다. 그는 자신의 힘만으로는 하나님께 이를 수 없다는 것을 인정했다. 그리고 예수님께 자신을 용서하고, 십자가에서의 희생으로 자신의 모든 잘못이 씻긴 것으로 여겨지게 해달라고 청했다. 그 다음 루디는 하나님께 자신의 삶에 들어오셔서 모든 것을 새롭게 시작할 수 있도록 도와주시기를 청했다. 예수님께 자신의 삶을 인도하시고 그 순간부터 맡아주시기를 원한다고 말했다. 마지막으로 자신의 아내와 아이들을 위해 기도한 뒤, 여러 해 동안 많은 방식으로 사랑을 보여주신 하나님께 감사드렸다.

루디가 기도를 끝냈을 때 성스러운 고요가 그 방을 감싸고 있었다. 그가 나를 바라보며 물었다. "목사님께 뭔가 이야기 드릴 것이 있는데 해도 될까요?"

"물론이에요."

"이상하다고 생각하실지 모르지만, 아주 무거운 짐이 몸에서 떨어져나간 것처럼 가볍습니다."

나는 그에게 잘못과 죄, 죽음의 무게가 들어 올려진 것이며, 그의 느낌은 자연스럽고도 초자연적인 것이라고 말해주었다. 우리는 존 버니언의 《천로역정 The Pilgrim's Progress》이라는 훌륭한 책에서, 주인공이 십자가에 이르렀을 때 어떻게 죄의 짐을 어떻게 내려놓았는지 이야기했다. 루디는 그 말을 십분 이해할 수 있었다. 그는 자신 또한 순례자임을 깨달았다. 마지막으로 우리는 앞으로의 여행에 대해 이야기했으며, 여러 의미에서 루디는 하나님과의 모험을 막 시작하려 하고 있었다.

나는 루디를 만났던 바로 그 첫 주에 억지로 예수님께 마음을 돌리도록 강요했을지도 모른다고 생각한다. 다음 날 그가 트럭에 치일지도 모른다며 걱정했을 수도 있었다. 거래를 끝내려 했을지도 모른다. 그러나 나는 성령이 그의 삶에 작용하시는 것을 느꼈고, 내 역할이 그가 하나님을 향해 여행할 때 함께 걷는 것임을 알고 있었다. 그 기간 동안 많은 다른 사람들이 루디를 위해 기도하고 용기를 북돋아주었다. 그리고 우리 모두 하나님의 은총과 힘이 그를 보호하고 구원자를 향해 나아가게 하리라는 것을 믿어 의심치 않았다.

원스텝 체인징   ■ 하나님의 사랑을 보여준 그 사람을 생각하라
제안   당신이 지금까지 걸어온 믿음의 여행을 돌아보고, 실제로 당신과 함께 그 길을 걸으며 하나님의 사랑을 보여준 사람들을 찾아라. 그들 중 한 사람을 선택해서 그의 시간과 관심, 사랑이 당신의 삶에 얼마나 큰 의미가 있었는가를 알리는 편지를 쓰거나 이메일을 보내라.

복음의 씨를 심는 것은 우리지만,
싹을 틔우시는 분은 하나님이다

때때로 우리는 복음을 전도하는 우리의 역할을 올바로 보기 위

해 하나님의 도움을 필요로 한다.

우리는 영적 탐구자들의 삶에 행하시는 하나님의 일에 스스로의 헌신을 평가절하 하는 때가 있다. 반대로 우리의 역할을 지나치게 높이 평가하는 때도 있다. 사도 바울은 그것에 대해 이렇게 말한다. "그런즉 아볼로는 무엇이며 바울은 무엇이냐 그들은 주께서 각각 주신 대로 너희로 하여금 믿게 한 사역자들이니라 나는 심었고 아볼로는 물을 주었으되 오직 하나님께서 자라나게 하셨나니 그런즉 심는 이나 물 주는 이는 아무 것도 아니로되 오직 자라게 하시는 이는 하나님뿐이니라 심는 이와 물 주는 이는 한가지이나 각각 자기가 일한 대로 자기의 상을 받으리라 우리는 하나님의 동역자들이요 너희는 하나님의 밭이요 하나님의 집이니라"(고린도 전서 3:5-9).

바울은 우리가 귀담아들어야 하는 아주 명료한 조언을 해준다. 우리는 분명 복음의 씨를 심을 수 있다. 영적인 여행을 하는 사람들과 함께 걷고, 그들에게 하나님의 사랑을 베풀면서 그 씨에 물을 줄 수 있다. 친구가 되고, 은총을 베풀고, 질문에 답을 주며, 열심히 기도하고, 겸손하게 섬기고, 열렬히 사랑하는 일은 모두 매우 중요하다. 그러나 오직 하나님만이 복음의 씨를 자라게 하실 수 있다. 오직 성령만이 마음을 변하게 하실 수 있다.

우리는 이 진실로 인해 용기를 잃거나 전도활동에 대한 우리의 기여를 하찮게 느껴서는 안 된다. 오히려 더욱 확신에 찬 자유를 얻어야 한다. 우리는 믿음의 여행을 하는 사람들과 함께 걸어갈 수 있지만, 영원에 대한 그들의 선택은 궁극적으로 우리의 책임이 아니다. 우리는 책임을 질 수 없다. 그것은 하나님의 영역이다.

한 사람이 복음에 응답하고 예수 그리스도에게 진정으로 헌신할 때, 영광을 받는 사람은 우리가 아니라 하나님이시다. 우리는 영적인 공헌상을 수집하기 위해 다른 사람들의 믿음의 여행에 동참하는 것이 아니다. 누군가 예수님을 구원자로 받아들일 때, 그 공과 칭찬을 받는 것은 우리가 아니다. 마찬가지로 우리는 하나님의 은총의 메시지에 저항하는 사람들에 대해 두려움과 죄책감, 자책을 느끼며 살 필요가 없다. 우리의 역할은 즐겁게 씨를 뿌리고 성실하게 물을 주는 일이다. 그래서 남자나 여자, 아이가 예수 그리스도의 피로 하늘의 아버지께 나아갈 때마다 모든 영광을 하나님께 돌리면 된다.

세리도, 나병환자도 모두 사랑받아야 한다

우리가 사는 세상에는 개성이 무시되고 사회에서 소외됐다고 느끼는 사람들이 가득하다. 우리 대부분은 우리의 이름보다 숫자로 더 많이 알려져 있다. 많은 사람들에게 우리의 존재는 주민등록번호, 신용카드번호, 예금계좌번호, 단골고객번호, 헌금봉투번호로 대신된다. 이 비인격적인 세상에 예수님은 그가 처음에 언명했던 메시지를 말씀하기 원하신다. 예수님은 사람들을 사랑하고 걱정시며 우리가 그와 똑같이 하기를 원하신다.

예수님의 삶을 빠르게 살피는 것만으로도, 우리는 예수님이 인간을 얼마나 걱정하셨는지 알게 된다. 마태복음에서 우리는 이렇게 읽는다. "그 때에 사람들이 예수께서 안수하고 기도해 주심을 바라고 어린 아이들을 데리고 오매 제자들이 꾸짖거늘 예수께서 이르시되 어린 아이들을 용납하고 내게 오는 것을 금하지 말라 천국이 이런 사람의 것이니라 하시고 그들에게 안수하시고 거기를 떠나시니라"(마태복음 19:13–15). 예수님은 어린 아이들까지 모두 사랑하셨다. 정신없이 바쁘고 셀 수 없이 많은 일들의 한가운데에서, 예수님은 아이들을 보다 중요하게 생각하셨다.

요한복음에서 예수님은 사회적으로 버림받고 종교적으로 배척당한 한 여자를 우연히 만난다. 예수님은 유대교 랍비였고, 여자는 5번 결혼하고 6번째 남자와 살고 있는 사마리아 혼혈인이었다. 그러나 예수님은 그녀에게 손을 내밀며 말씀하셨다. "네가 만일 하나님의 선물과 또 네게 물 좀 달라 하는 이가 누구인 줄 알았더라면 네가 그에게 구하였을 것이요 그가 생수를 네게 주었으리라"(요한복음 4:10). 여자는 예수님이 자신에게 말을 걸고, 우물에서 물을 좀 길어달라고 부탁하신다는 데 충격을 받았다. 그 당시 1세기에는 바른 정신을 가진 유대인 랍비라면 바깥에서 여자와 대화를 나누는 일은 절대 하지 않았다. 더군다나 평판이 나쁜 사마리아 여자라면 더 말할 필요도 없었다. 그러나 예수님은 그녀에게 영원한 생명의 물을 선물로 주심으로써 여자를 깜짝 놀라게 하셨다. 사람들에 대한 예수님의 사랑은 사회와 종교와 성(性)의 모든 차이를 뛰어넘는 다리가 되었다.

레위에게 자신을 따르라고 하셨을 때도 예수님은 그 시대의 가장 혐오 받는 집단인 세리에 대한 사랑을 보여주셨다(마가복음 2:14). 이 사랑은 예수님이 삭개오라는 세리 장(長)에게 손을 뻗으실 때 다시 드러난다(누가복음 19:1-9). 이렇게 예수님은 몇 번이고 되풀이하여 버림받고 병들고 잊혀진 사람들에게 손을 내미셨다. 나병 환자를 손으로 어루만지시기까지 하셨다(마태복음 8:2-3). 예수님의 삶은 그를 따르는 모든 사람에게 귀감으로 우뚝 선다. 우리는 예수님이 하신 것처럼 사람들을 사랑해야 한다. 사람들을 그저 장애물이나 연구과제로 생각해서는 안 된다. 예수님의 눈으로 소중하고 중요하며, 하나님과 우리의 사랑을 받아야 할 가치 있는 존재로 바라봐야 한다.

그러나 죄책감이나 의무감으로만 전도하지 말라

나는 시카고에서 열린 복음전도 회의에서 연설을 한 적이 있었다. 하나님의 사랑으로 지역사회에 손길을 뻗는 일을 주제로 발표가 끝난 뒤, 질의응답 시간을 가졌다. 한 남자가 마이크를 잡고 진심 어린 질문을 했다.

"누군가에게 손을 뻗으려 하지만 그 사람과 공통점이 거의 없다면 어떻게 해야 하나요? 사실 저는 그 사람과 함께 있는 게 정말 즐겁지 않거든요!"

나는 잠시 생각에 잠겼고 빠르게 기도를 올린 뒤 그에게 물었다.

"그 사람을 사랑하십니까?"

남자는 그 자리에 선 채로 조용히 생각했다.

내가 좀더 깊은 질문을 던졌다.

"만일 그 사람이 결코 예수님을 믿게 되지 않는다면, 당신은 그래도 그의 친구가 될 건가요? 그 사람과 어울리고 계속해서 그를 사랑하시겠어요?"

남자가 침을 크게 꿀꺽 삼키고 말했다.

"그 사람을 그리스도께 인도하려는 목적이 없다면, 계속 그와 관계를 맺게 될지 정말 잘 모르겠어요."

나는 남자에게 일단 그 사람과 만나지 않는 일을 고려해보라고 권했다. 다소 모진 소리로 들릴지도 모른다. 그러나 나는 우리가 정말로 사람들을 사랑하지 않으면서 단지 우리의 개인적인 전도 활동 프로젝트를 실천한다면 오히려 상당한 해를 입힐 수 있다고 생각한다. 우리의 목적은 십자가에서 흐른 예수님의 피로 드러난 하나님의 사랑, 그 복음의 메시지를 언명하는 것이다. 그럼에도 정작 사랑이 흘러넘치는 삶을 실현시키지 않고 있다면, 우리는 실제로 사람들을 예수님에게서 밀어낼 수 있다. 나는 인색하거나 성급하게 판단을 내리려고 한 게 아니었다. 단지 복음전도 프로젝트를 위해 사람을 상대하는 일은 목적과 반대되는 결과를 낳을 수 있다는 걸 그 남자가 알기를 원했다.

나는 엄밀히 말해서 '임무'로 누군가에게 손을 뻗고 있다면, 잠시 그에게서 물러나서 우리의 마음이 변화되기를 간구해야 한다고 이야기했다. 복음의 전도는 다른 사람들에 대한 진정한 관심에서 싹트고 자라야 한다. 죄책감이나 의무감으로만 사람들에게 손길을 뻗는다면 그들은 금세 그것을 느끼고 알아채며, 우리가 그들을 일상의 한 가지 해야 할 일 정도로 바라본다는 걸 알게 될 것이다. 그러나 하나님의 사랑이 우리의 마음에 흘러넘치고 우리가 예수님의 눈으로 바라보기 때문에 영적인 여행을 하는 사람들과 함께 걸어갈 수 있다면, 그것은 강력하다. 이와 같은 진정한 관계를 통해, 사람들은 그들이 예수님과 관계를 맺기 훨씬 이전부터 하나님의 사랑을 받고 하나님의 소중한 존재였다는 걸 알게 될 것이다.

원스텝 체인징 ■ 당 신 과 함 께 걷 는 그 사 람
제안   하나님이 당신의 삶에 보내신, 예수님을 향해 여행하는 한 사람을 찾아라. 그의 여행에 기운을 북돋아주기 위해 당신을 사용하시도록 하나님께 청하라. 또한 시간을 들여 그 사람과 친해지기 위해 노력하라. 그 사람과 함께 계속 여행할 때 성령이 인도하시는 소리를 듣기 위해 귀를 기울여라. 성령이 당신에게 믿음을 함께 나누도록 암시를 주실 때 응답할 준비를 하라.

교회 안의 고립된 자에서 벗어나라

모든 교회는 그 성도들에게 중력과 같은 힘을 발휘한다. 효과적인 프로그램과 청소년 봉사, 섬김을 행할 수 있는 기회, 따뜻한 친교, 활기 넘치는 예배가 있을 때 사람들을 교회로 끌어당기는 힘은 더욱 강력해진다. 그에 따라 교회 성도들은 여분의 모든 시간을 교회에서 활동하는 데 보내기도 한다. 주일학교에서 아이들을 가르치거나, 청년부를 돕거나, 성경을 공부하는 소모임에 참여하거나, 매주 예배에 참석할 수 있다. 문제는 때때로 교회의 중력적인 힘이 마치 블랙홀 같다는 것이다. 그리스도를 따르는 이들이 교회나 그들의 신앙심 있는 친구들에게만 매우 이끌려서, 하나님 가족의 밖에 있는 사람들과 전혀 시간을 보내지 못하는 것이다. 게다가 그들은 예수님을 아는 이들에게 투자하는 데 자신의 온 인생을 바치고, 여기서 벗어나는 일은 거의 불가능하다고 느낀다.

원스텝 체인징   ■ 기독교인이 아닌 사람들과
   제안   만나는 자리에 참여하자

당신이 정말로 즐기는 취미나 활동에 대해 생각하라. 여러 해 동안 하지 않은 어떤 일이 될지도 모른다. 그리고 취미생활 차원에서 이 활동에 참여할 수 있는 방법을 찾자. 매주 카드놀이를 시작하거나, 조기축구팀에 들어가거나, 도자기 공예수업을 듣거나, 독서클럽을 찾거나, 지역 오케스트라의 단원이 될 수도 있다. 중요한 건 교회 밖에서 사람들과 만나는 것이다. 예수님을 향한 여행에서 함께 걸어갈 누군가를 필요로 하는 사람과 새로운 친교를 맺게 해달라고 하나님께 기도하라.

세상으로부터 고립되고픈 이런 유혹은 똑같이 목사에게도 강하게 작용한다. 하나님을 사랑하며 믿음의 영적인 여행자들과 함께 걸어가라는 그분의 말씀을 듣는 모든 사람은 교회의 중력에서 벗어나 세상 안에서 시간을 보낼 수 있어야 한다. 예수님은 그의 제자들이 세상에 있어야 한다는 것을 분명히 하셨다(요한복음 17:13-19, 로마서 12:2). 우리는 예수님이 보여주신 본보기에서 배움을 얻어야 한다.

우리를 교회의 중력으로부터 자유롭게 하고 세상으로 추진시키는 데는 무엇이 필요할까? 우주 왕복선을 지구의 대기 밖으로 밀어 올리는 데 필요한 로켓의 추진 엔진을 생각해보라. 우리에게도 그와 유사한 정도의 에너지가 필요하다.

우선, 하나님께서는 자신의 자녀들이 가족 밖에 있는 사람들과 관계를 맺도록 계획하셨다고 굳게 확신해야 한다. 우리의 구원자는 나병 환자를 어루만지고, 세리와 식사를 함께하며, 품행이 의심스러운 여자와 신학적인 대화를 하고, 당신과 나와 같은 사람들에게 자신을 따르라고 하셨다. 이를 통해 우리의 구원자는 자신처럼 사람들을 사랑하라고 요구하신다는 것을 항상 깨달으며 살아야 한다. 하나님이 이 세상을 매우 사랑하셨다는 걸 기억할 때, 우리 역시 그렇게 행동하도록 움직여질 것이다.

또한 목사와 교역자들은 세상과 관계를 맺는 데 헌신적인 신자들을 격려하고 지지해야 한다. 교회의 중력에서 벗어나 길 잃은 이들에게 나아가는 자연스러운 방법을 발견한 사람이 있다면, 우리는 그를 본받아야 한다. 문제는 우리가 교회생활에 매우 몰두해서, 믿음의 공동체 밖에 있는 이들과 걸을 시간이 없는 사람들을 오히려 드러내고 칭찬하는 경향이 있다는 것이다.

그에 더하여 교회는 신자들을 안으로 끌어당기는 것뿐만 아니라 세상 밖으로 내보내는 일도 계획해야 한다. 우리는 교회의 일정을 계획하면서 시간적인 여유를 둬야 한다. 왜냐하면 성도들에게는 그들이 사는 곳에서 친구들과 어울리며, 하나님을 향해 나아가는 길을 찾고 있는 이들과 자발적으로 교류하는 시간이 필요하기 때문이다. 때로 우리는 교회일정을 너무 꽉 채우기 때문에 세상과 관계 맺는 일을 힘들게 만든다. 간혹 우리는 7일 동안 꽉 짜여진 교회 관련 프로그램이 없을 때, 신도들에게 충분히 베풀고 있지 않다고 느낄 수 있다. 그러나 이따금 교회가 할 수 있는 가장 전략적인 일은 교회행사 일정표에 빈 공간을 남겨놓는 것이다. 당신의 교회가 365일 항상 바쁘다면 일정표를 재평가하도록 임원들에게 권하는 것을 고려해보라.

교회의 중력에서 벗어나도록 기독교인들을 돕는 또 다른 훌륭한 방법은 탐구자 소그룹을 시작하는 것이다. 이것은 성도들과 영적 탐구자들을 함께 만나게 하기 위해 계획된 소그룹 모임이다. 우리 교회에서 이 운동을 선도하고 있는데, 우리는 수년간 비기독교인에게 소그룹 일원이 되도록 권유해왔다. 자연스럽게 성도들과 친해지고 관계를 쌓아나가는 것은 사람들을 하나님을 향한 여행으로 자연스럽게 나아가게 한다. 또한 우리 교회는 아직 하나님의 가족이 되지 못한 사람들을 끌어당길 수 있는 여러 소그룹을 개발해왔다. 이럴 경우에는 지나치게 종교적인 형태를 피한다. 성도들을 교회의 분위기에서 벗어나 세상으로 나아가게 하는 가장 좋은 방법은 그들을 다른 성도, 그리고 영적 탐구자들과 동시에 교류

할 수 있도록 소그룹을 결성하는 것이다.

마지막으로 교회는 성도들에게 교회의 건물을 벗어난 곳에서 사람들과 연결될 수 있도록 더 많은 기회를 제공해야 한다. 모임을 가질 때, 지역사회에 있는 공간을 사용하는 것도 좋은 방법이다. 네덜란드 암스테르담에 있는 크로스로드 교회는 매주 예배를 보는 그들 소유의 건물이 없다. 10년 이상 그들은 지역사회에서 건강하고 영향력 있는 교회로 발전해왔지만, 그들은 여전히 학교 시설을 빌려서 만난다. 이것은 자연스럽게 교회 바깥의 사람들과 상호작용하게 만든다. 커피숍이나 지역 센터에서 소그룹 모임을 갖는 일에 대해 생각해보라. 혹은 학교나 영화관에서의 특별한 예배를 계획해보라. 찾아 오라고 권유하기보다, 교회가 직접 밖으로 찾아가는 전도활동 행사를 기획해보라. 의도적으로 교회를 벗어남으로써 당신은 지역사회 사람들과 많이, 그리고 자연스럽게 만나게 될 것이다.

원스텝 체인징 ■ 탐구자 소그룹 시작하기
제안 아직 예수님을 따르지 않는, 당신이 아는 네다섯 명의 사람들을 찾아라. 또한 이런 사람들과 잘 연결될 수 있는, 당신이 알고 존경하는 두세 명의 믿음 깊은 기독교인을 생각하라. 그런 다음 두 그룹의 모든 사람을 저녁식사나 가벼운 모임에 초대하라. 그들 사이에 일어나는 상호작용과 교류를 지켜보라. 그들이 서로 잘 어울리는 것으로 보이면, 모든 사람에게 6주 동안의 소그룹으로 활동하도록 권하는 일에 대해 기도하라.

당신은 어떤 의사를 원하는가?

내가 가장 좋아하는 영화 중 하나인 '밥에게 무슨 일이 생겼나?*What about Bob?*'에는 주인공 닥터 마빈이란 남자가 있다. 그는 자신의 직업적 성공과 새 책, 자아에 완전히 도취되어 있다. 그는 환자를 자신과 관계를 맺는 사람들이 아니라, 단지 자신이 서비스를 제공하는 고객으로 바라본다. 환자와의 대화는 환자가 그의 방으로 걸어 들어올 때 시작되고, 그로부터 정확히 50분 후에 끝난다.

그렇지만 밥을 만난 후 닥터 마빈의 모든 것은 뒤바뀐다. 밥은 심각한 경계선 성격장애를 안고 있고, 결국 닥터 마빈의 휴가에 따라나선다. 일련의 유머러스한 사건을 거치며 밥은 닥터 마빈의 가정생활에 끼어들고, 마빈의 아내와 아이들의 마음을 얻는다. 그의 가족이 밥에게 너무 냉정하다고 지적하면, 닥터 마빈은 퉁명스럽게 "밥은 그냥 환자야"라고 대꾸한다. 닥터 마빈은 자신의 일을 하고, 거래를 끝내고, 시간을 확인한 후 환자에게서 손을 뗀다.

다른 영화에서 우리는 패치 아담스라 불리는 의사를 만난다. '패치 아담스*Patch Adams*'라는 제목의 이 영화에는 의사라는 직업의 규범과 싸우는 한 남자가 등장한다. 많은 의사들이 환자와 마음을 나누지 않으면서 의술을 펼치라는 훈련을 받는다. 의료 시술자와 고객 사이에 선을 분명히 유지하는 것이다. 그러나 영화 속에서 패치 아담스는 사람들에 대해 진심으로 걱정한다. 환자를 그의 질병이 아닌 이름으로 부르고, 웃음을 북돋아주며, 아픈 사람들 때문에 몹시 슬퍼하고 눈물까지 흘린다. 만약 내가 의사가 필요할 하다면, 나는 틀림없이 나를 걱정하고 환자 번호가 아닌 사람으로 나를 대할 누군가를 원할 것이다.

마찬가지로 '위대한 의사'이신 예수님은 우리에게 이 깨지고 상처뿐인 세상에서 그의 관심과 걱정을 베풀도록 요구하신다. 우리는 안전한 거리에 서서 이따금 종교적인 구호를 외치며, 50분으로 맞춰진 시간을 확인하고 "오늘 할 분량은 다했으니 이제 끝났어"라고 말해서는 안 된다. 우리는 예수님이 하셨던 것처럼 사람들과 함께 걸어야 한다. 그들의 여행에 동참하고, 그들의 질문을 환영하며, 그들의 고통을 느끼고, 우리 자신을 희생하는 일까지 해야 한다. 이 모든 것은 예수님께서 우리를 위해 하셨던 일이다. 그러므로 우리도 역시 다른 사람을 위해 그렇게 할 수 있다. 우리의 구원자를 따르고 하나님을 향해 여행하는 영적 구도자들과 함께 걸어갈 때, 우리는 이 세상에서 가장 큰 기쁨을 발견한다.

● 작은 변화를 일으키는 오늘의 깊은 생각

• 하나님은 예수님을 향해 여행하는 누구와 함께 걷기를 내게 요구하시는가? 그에게 하나님의 은총이 더 많이 미치도록 내가 할 수 있는 일은 무엇인가?

• 아직 하나님의 가족이 되지 못한 사람들과 관계를 맺기 위해 어떻게 하면 더 많은 시간을 낼 수 있을까?

● 작은 변화를 일으키는 오늘의 기도

- 당신의 삶에서, 하나님이 자신의 사랑을 보여주시고 당신을 예수님께 이끌기 위해 사용하셨던 모든 사람들에 대해 찬양과 감사의 기도를 올려라.
- 당신의 삶에서 아직 하나님의 사랑을 알지 못하는 사람들을 위해 기도하라. 예수님을 향해 여행하는 그들과 함께 걸을 때, 인내와 담대함, 배려하는 마음을 당신에게 주시도록 성령께 청하라.

영광에서 영광으로

누구든지 하나님의 성전을 더럽히면 하나님이 그 사람을 멸하시리
라 하나님의 성전은 거룩하니 너희도 그러하니라 아무도 자신을 속
이지 말라 너희 중에 누구든지 이 세상에서 지혜 있는 줄로 생각하
거든 어리석은 자가 되라 그리하여야 지혜로운 자가 되리라

고린도전서 3:17-18

오스트레일리아 오지의 비포장도로 옆에 이런 푯말이 세워져
있었다. "주의 깊게 길을 선택하십시오. 당신은 앞으로 그 길로 쭉
322킬로미터를 달리게 됩니다." 이 운명적인 사고방식이 너무나
많은 기독교인의 삶을 지배하고 있다. 마치 변화가 불가능한 것처
럼 행동한다는 것이다.

이 책에서 당신은 하나님께서는 근본적인 삶의 변화를 위해 필
요한 힘을 주신다는 것을 발견했을 것이다. 이제 더 이상 판에 박
힌 생활에 머물러 있을 필요가 전혀 없다. 하나님은 당신의 눈을
뜨게 하시고, 당신을 흔들어 움직이시며, 오래된 삶의 방식에서 벗
어나 새로운 길로 나아가게 하는 변화를 일으키라고 권유하신다.

하나님은 당신이 하나님의 마음에 가까이 갈수록 영광에서 영광으로 나아갈 그 일생의 여행에 당신을 데리고 가려 하신다.

원스텝 체인징은 당신의 삶에 큰 차이를 낳는 작은 변화들이다. 그러나 당신을 대신해 이런 변화를 만들 수 있는 사람은 아무도 없다. 당신이 다음과 같을 일을 할 때, 하나님은 당신에게 큰 차이를 가져올 작은 변화들을 만들라고 권유하신다.

- 깊고 영속적인 기쁨을 경험하기
- 하나님과 점점 커지고 역동적인 관계 맺기
- 건강과 휴식, 평안 느끼기
- 정직한 의사소통으로 친밀한 인간관계 쌓기
- 재정적인 안정과 만족에 이르기
- 자연스럽고 한결같이 믿음을 나누는 즐거움 누리기

바라건대 당신의 삶에 강력한 변화를 가져올 원스텝 체인징이 일어날 때, 모든 영광의 하나님께서 그 존재와 힘을 보여주시기를. 바라건대 당신이 날마다 하나님의 영광스러운 존재를 느끼게 되기를. 그리고 부디 하나님의 영광이 당신의 삶을 가득 채워서 당신이 만나는 모든 사람들에게 넘쳐흐르기를. 아멘.

원스텝 체인징 6주를 위한 성경가이드

1주 : 거대한 기쁨의 파도가 몰려온다!

- 1일　시편 4-5

- 2일　시편 30

- 3일　에베소서 4

- 4일　시편 139

- 5일　빌립보서 3

- 주말　로마서 8

2주 : 더욱 깊고 진실한 믿음으로의 첫 시작

- 1일　히브리서 11-12:3

- 2일　이사야 6:1-8, 요한계시록 5

- 3일　시편 119:1-88

- 4일　시편 119:89-176

- 5일　요한복음 17

- 주말　마태복음 6:5-15, 골로새서 1:1-14

3주 : 한 박자 천천히 휴식과 건강을 되찾자

- 1일   창세기 1:1-2:3, 출애굽기 20:8-11
- 2일   마가복음 2:23-3:6, 누가복음 6:1-11
- 3일   고린도전서 6:12-20, 마태복음 6:25-34
- 4일   시편 139
- 5일   빌립보서 4
- 주말 요한복음 4

4주 : 더욱 진실하고 향기로운 인간관계를 위해

- 1일   잠언 12
- 2일   잠언 18
- 3일   요한복음 13
- 4일   빌립보서 2
- 5일   마가복음 10
- 주말 요한복음 19

5주 : 진정한 부자로 거듭나기 위한 천국의 투자전략

- 1일   말라기서 3
- 2일   마태복음 6:19-24
- 3일   디모데전서 6
- 4일   누가복음 12:13-34
- 5일   고린도후서 8
- 주말 고린도후서 9

6주: 이 세상 모든 곳에 사랑의 메시지를 전달하라

- 1일 마태복음 28, 9:35-38
- 2일 사도행전 1
- 3일 사도행전 2
- 4일 빌립보서 1
- 5일 고린도전서 3
- 주말 누가복음 15

- 부록 2

주기도문으로 기도하기

주기도문의 목적은 의미 있는 기도를 위해 방향과 출발점, 도약판을 제공하는 것이다. 예수님은 우리의 초점을 가장 중요한 것에 계속 맞출 수 있도록 돕는 실제적인 예시와 기본범주를 보여주신다.

경배의 기도

하늘에 계신 우리 아버지여 이름이 거룩히 여김을 받으시오며

- 하나님이 어떤 분이신가를 찬양하는 기도를 올려라.
- 성경에서 발견되는 하나님의 이름을 묵상하고, 하나님의 성품에 대해 당신이 배운 것을 숙고하라.
- 당신의 더할 나위 없는 아버지가 되어주시는 하나님께 감사와 깊은 이해를 표현하라.

복종의 기도

나라가 임하시오며 뜻이 하늘에서 이루어진 것 같이 땅에서도 이루어지이다

- 당신의 삶, 인간관계, 습관, 결정을 하나님의 뜻에 맡겨라.
- 하나님의 뜻이 국가나 국제적인 이해관계를 넘어서기를 기도하라.
- 당신의 교회가 하나님의 목적과 계획을 이해하고 받아들이기를 간구하라.
- 성령이 하나님의 나라에서 멀리 있는 사람들의 마음에 거주하시어, 그들이 예수님을 삶의 지도자로 깨닫고 맞이하게 되기를 청하라.

기원의 기도

오늘 우리에게 일용할 양식을 주시옵고

- 물질적인 것, 감정적인 것, 관계적인 것 등 당신이 날마다 필요한 것들을 청하라.
- 당신과 가까운 사람들과 그들이 필요로 하는 것들을 위해 기도하라.

고백의 기도

우리가 우리에게 죄 지은 자를 사하여 준 것 같이 우리 죄를 사하여 주시옵고

- 당신의 죄를 하나님께 고백하고, 하나님의 뜻에 반항했던 죄들에 대해 당신이 느끼는 것을 말씀드려라.
- 당신에게 상처를 주었던 사람들에게 자비와 용서를 베풀 수 있도록 하나님께 도움을 청하라.

• 하나님의 사랑과 은총의 위대함에 대해 하나님을 찬양하라.

보호의 기도

우리를 시험에 들게 하지 마시옵고 다만 악에서 구하시옵소서

• 사탄의 공격과 유혹으로부터 보호해주시기를 성령께 청하라.

• 당신이 힘들게 싸웠던 죄에 대해 생각하고, 그것에 저항하며
  이겨낼 수 있는 힘을 간구하라.

• 이 세상과 당신의 삶에서 사탄의 힘이 꺾이기를 예수님의 이
  름으로 기도하라.

건강한 식습관을 위한 식사 점검표

날짜:

중점 사항	오늘의 계획	메모
아침 : 식사하기 전에 내가 먹을 것들 적기. 식사하기 전에 기도하기. 만족을 느낄 때 그만 먹기!		
점심 : 식사하기 전에 내가 먹을 것들 적기. 식사하기 전에 기도하기. 만족을 느낄 때 그만 먹기!		
저녁 : 식사하기 전에 내가 먹을 것들 적기. 식사하기 전에 기도하기. 만족을 느낄 때 그만 먹기!		
간식 :		
운동이나 활동 :		
휴식과 회복 :		
다른 건강 목표 : • 하루에 마시는 물 잔 수. • 오후 _____ 시 이후 모든 식사 금지.		

주님, 저는 주님께 감사드리는 마음과 이것이 주님이 주신 선물임을 깨달으며 이 음식을 먹습니다.

제 몸이 건강하여 주님을 위한 성전으로 받아들여질 수 있도록 이 음식을 먹습니다.

제가 주님을 섬기며 매 순간 주님을 위해 살 수 있도록 이 음식이 제 몸을 강하게 하게 해주옵소서. 아멘!

기억할 것들

- 적당한 만족을 느낄 때 식사를 멈춘다.
- 음식의 맛을 보고 즐긴다. 천천히 느긋하게 먹는다.
- 서서 먹지 말고 자리에 앉아서 식사를 즐긴다. 패스트푸드나 모든 종류의 빠른 식사를 멀리한다.

너희 몸은 너희가 하나님께로부터 받은 바 너희 가운데 계신 성령의 전인 줄을 알지 못하느냐 너희는 너희 자신의 것이 아니라 값으로 산 것이 되었으니 그런즉 너희 몸으로 하나님께 영광을 돌리라

고린도전서 6:19-20

그런즉 사랑하는 자들아 이 약속들을 가진 우리는 하나님을 두려워하는 가운데서 거룩함을 온전히 이루어 육과 영의 온갖 더러운 것에서 자신을 깨끗하게 하자

고린도후서 7:1

세상의 가장 좋은 소식

사람들을 향한 하나님의 사랑은 거대하고 놀랍다. 성경은 하나님이 말로 표현할 수 있는 것보다 더 많이 당신을 사랑하신다고 가르친다. 성경의 모든 이야기는 하나님의 사랑으로 가득하다. 구원의 출발점은 '사랑'이다. 당신이 자신에 대해 어떻게 느끼든 다른 사람들이 당신을 어떻게 대하든, 하나님의 사랑은 변치 않는다. 하나님은 당신과 친밀한 관계에 있기를 간절히 원하신다.

그러나 주여 주는 긍휼히 여기시며 은혜를 베푸시며 노하기를 더디 하시며 인자와 진실이 풍성하신 하나님이시오니

시편 86:15

보라 아버지께서 어떠한 사랑을 우리에게 베푸사 하나님의 자녀라 일컬음을 받게 하셨는가, 우리가 그러하도다 그러므로 세상이 우리를 알지 못함은 그를 알지 못함이라

요한1서 3:1

인간은 죄를 지음으로써 하나님과의 관계를 단절시켰다. '죄'란 당신이 무슨 일을 하든 하나님의 계획과 일치하지 않을 때 성경이 사용하는 말이다. 하나님을 경배하지 않는 생각, 불친절한 말, 다른 사람에게 상처를 주거나 하나님께 반대하는 행동을 죄라고 부른다. 또한 성경은 우리가 해야 하는 좋은 일이 있다는 것을 알면서도 하지 않을 때, 그것을 죄라고 가르친다. 이런 정의에 비추어 우리 모두 매일 상당히 많은 죄를 짓고 있다는 게 분명하다.

죄는 우리와 하나님과의 관계를 파괴한다. 하나님은 여전히 우리를 사랑하시지만, 우리의 죄가 하나님과 우리 사이에 쐐기를 박는다. 하나님은 우리를 사랑하시고 우리와의 관계를 회복하기 원하시지만, 고개를 돌리어 우리의 죄를 모르는 척하지 않으신다. 하나님은 완전히 순수하고 성스러우시기 때문에 우리의 죄를 간과할 수 없으시다. 하나님은 완전히 공평하고 의로우시기 때문에 죄를 벌하셔야 한다. 성경은 죄에 대해 단 한 가지 형벌이 있다고 분명히 말한다. 가혹하게 들릴지도 모르지만 죄를 지으면 사형을 받아야 한다. 하나님의 절대적인 신성과 견줄 데 없는 정의는 이 궁극의 형벌이 치러져야 한다고 요구한다.

이것은 상상할 수 있는 것 중 가장 나쁜 소식이다! 죄 때문에 우리 모두를 사랑하시는 하나님과 분리된다니. 게다가 우리의 죄 때문에 사형을 선고받는다니! 이 나쁜 소식은 압도적이고 저항할 수 없는 것으로 보일 수 있다. 우리가 하나님과의 관계를 회복하고, 임박해 있는 형벌과 사형에서 자유로워질 수 있도록 하나님께서 행하신 일을 깨달을 때까지 말이다.

모든 사람이 죄를 범하였으매 하나님의 영광에 이르지 못하더니

로마서 3:23

죄의 삯은 사망이요 하나님의 은사는 그리스도 예수 우리 주 안에 있는 영생이니라

로마서 6:23

하나님은 이 문제에 대해 어떤 일을 행하셨고, 하나님께서 행하신 일은 세상의 가장 위대한 소식이다. 하나님은 우리를 위해 대가를 치르신다. 하나님은 이 땅에 인간, 예수님으로 오셨다. 이것이 바로 우리가 크리스마스를 축하하는 이유다. 예수님은 현실의 기쁨과 고통, 유혹으로 실제 삶을 사셨고, 우리가 직면하는 모든 것을 경험하셨다. 그러나 차이가 있다. 예수님은 결코 죄를 짓지 않으셨다. 예수님은 하늘에 계신 아버지의 이름을 더럽히는 생각이나 행동을 하나도 하지 않으셨다. 상처를 주거나 그릇된 말을 한 마디도 하지 않으셨다.

그러던 어느 날 예수님은 짓지도 않은 죄를 뒤집어쓰시고 사형을 선고받으셨다. 십자가에 못 박히시고 일반 죄인으로 사형이 집행되었다. 예수님은 옷이 찢기고, 매질을 당하고, 조롱을 받으시고, 돌아가셨다. 우리가 우리 죄의 대가를 치를 필요가 없도록 예수님께서 이 잔인한 죽음의 고통을 겪으셨다. 예수님의 죽음은 대속이었다. 우리는 죄를 지었으므로 마땅히 죽을 만하다. 그럼에도 예수님이 우리를 대신해 십자가에서 희생하셨다. 예수님의 죽음

이 우리의 죽음이 되었다. 우리는 마땅히 죽을 만하지만, 예수님을 받아들이고 예수님을 통해 하나님과 관계를 맺는다면 그럴 필요가 없다.

복음은 '좋은 소식'으로 불린다. 우리가 저질렀고 또 저지르게 될 모든 죄와 잘못을 용서받았기 때문이다. 우리는 예수님을 통해 새로운 삶을 시작하고 하나님과의 관계를 회복할 수 있다. 그렇다고 우리는 그것을 받거나 받을 만하지 않고, 그것을 우리의 명예로 삼을 수 있는 것은 아니다. 우리가 할 수 있는 건 그저 받아들이는 것뿐이다.

하나님이 세상을 이처럼 사랑하사 독생자를 주셨으니 이는 그를 믿는 자마다 멸망하지 않고 영생을 얻게 하려 하심이라

요한복음 3:16

사랑은 여기 있으니 우리가 하나님을 사랑한 것이 아니요 하나님이 우리를 사랑하사 우리 죄를 속하기 위하여 화목 제물로 그 아들을 보내셨음이라

요한1서 4:10

어떻게 사람이 예수님을 받아들이고, 죄가 씻겨지게 하며, 하나님과의 회복된 관계에 들어갈 수 있을까? 성경은 예수님을 통한 구원은 무료로 얻은 경품이라고 분명히 말한다. 그것은 해야 할 좋은 일들이 적힌 상자들을 조사한다고 얻게 되는 게 아니다. 구

원은 오직 예수님에 대한 믿음에 의해 주어질 수 있다. 이 믿음은 예수님께 당신의 죄를 용서하고, 당신 삶의 지도자가 되어주시기를 기도하고 청하는 것으로 시작된다. 이 믿음의 단계는 당신이 하나님께 반대되는 죄를 지었음을 인정하고 그것들을 뉘우치고 있다는 걸 의미한다. 또한 하나님을 경배하는 새롭고 변화된 삶을 살도록 하나님께 도움을 청한다는 걸 의미한다.

당신은 근사한 종교적인 용어들을 많이 알 필요가 없다. 단지 하나님께 당신이 죄를 지었음을 알고 있다고 말씀드리면 된다. 당신의 죄에 대한 슬픔을 표현하고, 예수님이 십자가에서 돌아가셨을 때 치르신 희생에서 오는 용서를 구하라. 그런 다음 예수님께 당신의 삶으로 들어오시고 그 순간부터 영원에 이르기까지 당신을 이끌어주시기를 청하라. 당신의 언어로 이런 기도를 표현하거나 다음과 같은 기도를 사용할 수 있다.

주님, 제게 주님이 필요하다는 것을 표현하기 위해 주님께 나아갑니다. 어쩌면 저는 제가 아는 것보다 더 많이 주님을 필요로 하고 있을지 모릅니다. 저는 저의 죄를 인정하기 원합니다. 저는 주님을 기쁘게 하지 않는 일들을 생각했고, 말을 했으며, 행했습니다. (이 때 당신이 뉘우치는 어떤 이들을 구체적으로 말하면 좋다) 저는 저의 죄로 사형선고를 받았음을 깨닫습니다. 또한 주님께서 독생자 예수님을 보내시어 저를 대신해 돌아가심으로써 저의 죄의 대가를 치르게 하셨다는 것을 알게 되었습니다. 예수님, 저의 죄를 대속해주신 데 감사합니다. 저는 예수님의 용서가 필요하며, 예수님이 제 삶에 들어오셔서 지금 이 순간부터 저의 지도자가 되시기를 원합니다. 예수님이 제 삶에서 행하신 모든 일들과 앞으로 행하실 모든 일들에 감사드립니다. 아멘!

이 기도를 올렸을 때, 당신은 이제 하나님과의 회복된 관계에 있으며 당신의 모든 죄가 용서받았음을 확신할 수 있다.

만일 우리가 우리 죄를 자백하면 그는 미쁘시고 의로우사 우리 죄를 사하시며 우리를 모든 불의에서 깨끗하게 하실 것이요

요한1서 1:9

동이 서에서 먼 것 같이 우리의 죄과를 우리에게서 멀리 옮기셨으며

시편 103:12

네가 만일 네 입으로 예수를 주로 시인하며 또 하나님께서 그를 죽은 자 가운데서 살리신 것을 네 마음에 믿으면 구원을 받으리라

로마서 10:9

스터디 가이드

1부. 거대한 기쁨의 파도가 몰려온다!

1. 이 책의 서문에는 단층선을 따른 지진파동, 볼펜에 붙인 손가락, 예배방식에 대한 한 사람의 태도, 연쇄적으로 넘어지는 도미노, '당신을 사랑하오'라는 남편의 말과 같은, 큰 차이를 낳는 작은 변화나 활동의 많은 예들이 나온다. 당신 삶의 어떤 영역에서 경험했던 지진 파동과 작은 변화가 어떻게 큰 영향을 미쳤는지에 대해 이야기하라.

2. 원스텝 체인징에 대해 배우기 위해 6주를 보낸다고 할 때, 당신은 어떤 영역에서 변화를 경험할 때 가장 흥분될 것 같은가?

   • 새로운 수준의 기쁨을 가져오는 변화

   • 더 깊은 믿음으로 나아가게 돕는 변화

   • 신체적인 건강과 영적인 휴식으로 이끄는 변화

   • 강하고 지속적인 관계를 쌓는 변화

   • 진정한 부와 만족으로 이끄는 변화

   • 매일 만나는 사람들과 하나님의 사랑을 나눌 수 있도록 당신을 준비시키는 변화

이런 삶의 영역에서 당신이 진정 경험하기를 바라는 변화는 무엇인가?

3. 앞으로 돌아가서 서문을 읽어보라. 하나님이 "바닷가에서의 휴일"을 제안하실 때 어떤 사람이 "빈민굴에서 진흙을 갖고 노는데" 만족한다면 그 모습이 어떻게 보일까? 자신의 자녀들이 이렇게 사는 모습을 보실 때 하나님이 어떻게 느끼실 거라고 생각하는가?

4. 에베소서 4:14-15와 히브리서 5:12-6:1을 읽어라. 영적으로 한 장소에 안주하는 데 편안해하며, 믿음의 성숙을 바라지 않는 사람들에게 하나님이 주시는 메시지는 무엇인가?

5. 수영을 배우는 책에 대한 이야기를 다시 읽어보라. 하나님이 당신에게 수영을 가르치려 하시지만 당신이 울타리에서 손을 놓지 않으려고 하는 삶의 한 영역은 무엇인가? 그 영역에서 이제 변화를 일으키는 일에 대해 하나님이 당신에게 무슨 말씀을 하시고 싶어 한다고 생각하는가?

6. 1장에서 우리는 영적인 성숙을 향해 기쁨에 가득한 발걸음을 옮기고 있음을 증명하는 주요한 지표들을 살펴봤다. 아래에 그 7가지가 있다. 각각의 영역에서 당신의 영적인 성장이 어디에 위치해 있는지 점검해보자.

스스로 먹는 법을 배운다(성경 공부하기)

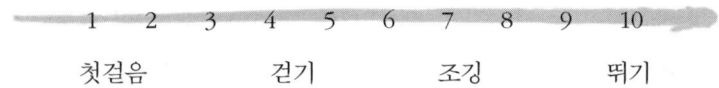

1	2	3	4	5	6	7	8	9	10
첫걸음			걷기			조깅			뛰기

말하고 듣는 법을 배운다(기도하는 삶 만들기)

| 1 | 2 | 3 | 4 | 5 | 6 | 7 | 8 | 9 | 10 |

첫걸음 　　　　 걷기 　　　　 조깅 　　　　 뛰기

혼자 차지하기보다는 함께 나눈다(아낌없이 주는 마음 키우기)

| 1 | 2 | 3 | 4 | 5 | 6 | 7 | 8 | 9 | 10 |

첫걸음 　　　　 걷기 　　　　 조깅 　　　　 뛰기

다른 사람을 도울 줄 안다(다른 사람을 섬기고 봉사로 나아가기)

| 1 | 2 | 3 | 4 | 5 | 6 | 7 | 8 | 9 | 10 |

첫걸음 　　　　 걷기 　　　　 조깅 　　　　 뛰기

사람들에게 사랑을 준다(이웃을 사랑하라는 하나님의 말씀 이행하기)

| 1 | 2 | 3 | 4 | 5 | 6 | 7 | 8 | 9 | 10 |

첫걸음 　　　　 걷기 　　　　 조깅 　　　　 뛰기

하나님을 사랑한다(온 마음과 영혼, 정신으로 하나님 사랑하기)

| 1 | 2 | 3 | 4 | 5 | 6 | 7 | 8 | 9 | 10 |

첫걸음 　　　　 걷기 　　　　 조깅 　　　　 뛰기

더 큰 세상에서 산다(하나님의 가족 밖에 있는 사람들 돌보기)

| 1 | 2 | 3 | 4 | 5 | 6 | 7 | 8 | 9 | 10 |

첫걸음 　　　　 걷기 　　　　 조깅 　　　　 뛰기

7. 당신이 잘하고 있고, 또한 성장의 지표를 발견하는 한 영역을 찾아라. 그리고 당신의 소그룹 사람들에게 당신이 영적으로 성숙하면서 기쁨을 어떻게 경험하고 있는지 말하라. 또한 앞으로 영적인 성숙을 향해 조금 더 나아가길 원하는 영역을 확인하라. 이 영역에서 믿음을 키우기 위해 당신이 만들 수 있는 원스텝 체인징은 무엇인가?

8. 시편 139:1-16을 읽어라. 이 구절에서 하나님이 당신을 어떻게 바라보시고 당신에 대해 어떻게 느끼신다고 배우는가?

9. 2장이 시작되는 부분에서 유치원에서의 낮잠시간에 대한 이야기를 읽어라. 당신 가치의 커다란 부분이 다른 사람들이 보는 당신의 행동이나 일의 수행에 따라 평가되고 있다는 것을 발견했던 때에 대해 말하라. 그리고 그것이 당신 자신을 바라보는 방식에 어떻게 영향을 미쳤는지 설명하라.

10. 요한복음 3:16-17과 로마서 8:18, 요한복음 15:13을 읽어라. 하나님의 사랑의 메시지가 세상이 우리의 가치에 대해 가르치는 것을 거슬러 어떻게 퍼지고 있는가?

11. 고린도후서 11:23-28과 고린도후서 4:16-18, 로마서 8:18을 읽어라. 이 구절들은 모두 사도 바울이 쓴 것이다. 고린도후서 11:23-18에 나열된 모든 고통을 겪은 사람이 깊고 영속적인 기쁨으로 살 수 있었던 것이다. 깊은 고통에 직면한 사람이 그럼에도 불구하고 영속하는 기쁨으로 사는 일이 어떻게 가능할까?

12. 1부에서 당신이 다음주에 시도하기로 결심한 한 가지 '원스텝 체인징 제안'은 무엇인가? 이런 삶의 영역에서 당신이 변화의

경험을 추구할 때, 당신의 소그룹 사람들은 어떻게 당신을 위해 기도하고 당신에게 책임감을 심어줄 수 있을까?

2부. 더욱 깊고 진실한 믿음으로의 첫 시작

1. 이사야 6:1-8과 히브리서 12:1-3을 읽어라. 그런 다음 2부가 시작되는 부분에서 카메론에 대한 이야기를 읽어라. 카메론은 두려움을 느끼게 하는 상황에서 어떻게 힘과 평안과 확신을 찾았는가? 당신의 눈을 자신에게서 떼어 하나님께 초점을 맞춤으로써 확신을 얻었던 때에 말하라.

2. 영적인 근시안의 질병은 우리의 문화와 교회에 어떻게 퍼져 있는가?

3. 우리의 시선을 계속 하나님께 두는 일이 어려운 이유가 뭘까?

4. 하루를 보내면서 당신보다 하나님께 더 많이 초점을 맞추기 위해 당신이 할 수 있는 한 가지 일은 무엇인가?

5. 이런 사고방식으로 당신의 예배에 참석한 어떤 사람을 상상해 보라. '나는 받기 위해 여기에 왔다. 나를 만족시키는 음악과 내 관심을 사로잡는 설교, 내 취향과 스타일을 맞는 예배환경을 원한다. 예배에서 내가 필요로 하는 것을 충족시키지 못하거나 나의 관심을 끌지 못하는 어떤 요소가 있다면, 나는 재빨리 그것을 비평하고 사람들에게 내가 그것 때문에 행복하지 못하다고 말할 것이다.'

다음의 질문 중 하나에 응답하라.

• 이런 태도는 이 사람의 예배 경험에 어떤 영향을 미치게 될까?

- 이 사람의 기질이 다른 사람들에게 어떤 영향을 미치게 될까?

- 당신은 이 사람에게 어떤 충고를 해줄 것인가?

6. 이런 태도로 당신의 예배에 참석한 또 다른 사람을 상상해보라. '나는 하나님을 찬양하고 경배하기 위해 여기에 왔다. 예배는 나를 위한 것이 아니라 하나님의 영광을 위한 것이다. 음악이나 기도나 설교가 어떠하든 나는 내가 할 수 있는 만큼 예수님을 높이 들어올리고 진정으로 예배하는 자가 될 것이다.'

다음에 오는 질문 중 하나에 응답하라.

- 이런 태도는 이 사람의 예배 경험에 어떤 영향을 미치게 될까?

- 이 사람의 기질이 다른 사람들에게 어떤 영향을 미치게 될까?

- 이 사람과 같은 태도를 지니기 위해 당신은 어떤 변화를 만들 수 있는가?

7. 5장에서 우리는 성경이 우리의 삶에 작용하는 5가지 이미지를 살펴봤다.

- 우리의 길을 비추는 등불(시편 119:105)

- 달콤한 꿀(시편 119:1-5)

- 우리를 준비시키는 훈련교본(디모데후서 3:16-17)

- 베어서 치유하는 의사의 메스(히브리서 4:12-13)

- 영적인 전투를 위한 검(에베소서 6:17)

성경이 당신의 삶에서 이런 이미지들 중 하나로 작용하는 것을 어떻게 경험했는가?

8. 요한복음 10:1-6을 읽어라. 자신과 제자들과의 관계에 대해 가르치실 때 예수님은 목자와 양의 이미지를 사용하신다. 예수님

은 "양들이 그의 음성을 아는 고로 따라오되"라고 말씀하신다. 6장에서 우리는 하나님이 그의 자녀들에게 말씀하시는 방식들을 살펴봤다.

- 성경
- 다른 사람들
- 주변의 상황
- 나직하고 작은 음성
- 꿈과 환상
- 다른 방식들

당신은 하나님의 음성을 알아들은 적이 있는가?

9. 2부에서 당신이 돌아오는 주일에 시도하기로 결심한 한 가지 '원스텝 체인징 제안'은 무엇인가? 이런 삶의 영역에서 당신이 변화의 경험을 추구할 때, 당신의 소그룹 사람들은 어떻게 당신을 위해 기도하고 당신에게 책임감을 심어줄 수 있을까?

3부. 한 박자 천천히 휴식과 건강을 되찾자

1. 출애굽기 20:8-11과 마태복음 11:28-30을 읽어라. 바쁘고 조급하며, 많은 사람들이 끊임없이 피로함을 느끼는 문화에서 이 두 메시지는 우리의 마음에 무엇을 말하는가?

2. 로버트에 대한 이야기를 읽어라. 당신은 당신의 삶에서 '로버트 증후군'을 어떻게 경험했는가? 이 증후군이 우리 사회에 어떻게 영향을 미치고 있는가?

3. 하나님은 자신의 자녀들이 안식일의 비밀을 배우는 일에 대해

매우 진지하시다. 당신은 그 이유가 무엇이라고 생각하는가?

4. 예수님은 안식일이 율법주의로 우리를 구속하는 게 아니라 자유롭게 하는 데 그 뜻이 있다고 분명히 말씀하셨다. 안식일에 대한 다음의 언명 중 하나에 응답하라.

    I. 매주 안식일을 지키는 것은 하나님께서 내가 없어도 우주를 다스리실 수 있다는 것을 믿는다는 선언이다.

    2. 매주 안식일을 지키는 것은 하나님께서 내게 필요한 모든 것을 6일간의 노동으로 주신다는 걸 내가 알고 있다는 뜻이다.

    3. 매주 안식일을 지키는 것은 예배를 위해 하나님의 사람들과 만나는 일이 나의 영적인 건강을 위해 보다 중요한 일임을 규칙적으로 깨닫게 한다.

5. 당신의 안식일에 휴식과 상쾌함과 자양분을 영혼에 불어넣기 위해 당신이 할 수 있는 일은 무엇인가?

6. 고린도전서 6:18-20과 로마서 12:1-2를 읽어라. 성령이 우리 안에 거주하심을 진심으로 믿는 일은 우리의 몸을 바라보고 다루는 방식에 어떤 영향을 주는가?

7. 8장에는 우리의 몸을 성령이 거주하시는 장소로 유지하고 다루기 위한 8가지 제안이 나온다. 그것은 아래와 같은 변화들이다.

    • 무턱대고 채우는 것에서 적당히 만족하는 쪽으로

    • 삼키는 것에서 맛을 음미하는 쪽으로

    • 죄의식에서 감사한 마음으로

    • 되는대로의 식사에서 계획적인 식사로

    • 서서 먹는 패스트푸드에서 앉아서 먹는 식사로

- 달콤한 음료수에서 깨끗한 물로

- 배고플 때마다 먹는 것에서 정해진 시간에 먹는 쪽으로

- 비활동적인 생활에서 활동적인 생활로

당신의 몸을 돌보는 방식에서 일으키고 싶은 원스텝 체인징은 무엇인가? 이것이 생활방식의 일부가 되게 하기 위해 당신은 돌아오는 주일에 어떤 조처를 취할 수 있는가?

8. 당신의 몸을 돌보는 데 전념하는 것을 가로막는 한 가지 장애는 무엇인가? 그 장애를 제거하기 위해 무엇을 할 수 있는가?

9. 빌립보서 4:6-7과 마태복음 6:25-27을 읽어라. 삶을 불안에 내맡긴 사람들에게 하나님은 무슨 말씀을 하기 원하시는가?

10. 9장에서 로라와 그녀의 가족에 대한 이야기를 읽어라. 불안하고 걱정스러운 때에 기도를 올리고 하나님을 크게 외침으로써 하나님의 평강이 당신의 삶을 감싸 안았던 경험에 대해 말하라.

11. 당신이 매우 심한 불안을 경험하게 되는 한 가지 상황은 무엇이며, 그 순간 기도가 어떻게 걱정의 해독제로 작용할 수 있을까?

12. 3부에서 당신이 돌아오는 주일에 시도하기로 결심한 한 가지 '원스텝 체인징 제안'은 무엇인가? 이런 삶의 영역에서 당신이 변화의 경험을 추구할 때, 당신의 소그룹 사람들은 어떻게 당신을 위해 기도하고 당신에게 책임감을 심어줄 수 있을까?

4부. 보다 진실하고 향기로운 인간관계를 위해

1. 다음의 인용문을 읽어보자.

우리 인간은 겨울의 고슴도치와 같다. 따뜻한 기운을 느끼기 위해 가까이 서 있으려 하지만 지나치게 가까이 다가가지는 않는다. 서로의 가시에 찔릴지도 모른다는 두려움 때문에.

독일 철학자 쇼펜하우어

우리는 홀로 살지 않는다. 우리는 한 몸의 구성원들이다. 우리는 서로에게 책임이 있다. 인간이 그 교훈을 배우지 못한다면, 그것을 불과 피와 고통 속에서 배우게 될 날이 곧 올 것이다.

영국 작가 J. B. 프리스틀리

우리 세상은 형제애가 없는 이웃이 되었다.

빌리 그레이엄

어떤 인용문이 당신의 마음에 이야기를 하는가? 설명해보라.

2. 4부가 시작되는 부분을 읽어라. 우리의 인간관계가 보다 중요한 일이라면, 그것이 깨어지지 않도록 정기적으로 점검하고 유지해야 하지 않겠는가?

3. 잠언 18:21, 잠언 12:18, 야고보서 3:3-12를 읽어라. 하나님은 우리의 말이 가지는 힘에 대해 어떤 경고를 주시는가?

4. 날카롭게 베고, 불로 태우며, 고통을 가져오는 말의 힘을 경험한 적이 있는가?

5. 다른 사람의 말을 통해 당신은 어떻게 축복을 받고 사기와 용기를 얻었는가?

6. 고린도전서 10:6-10을 읽어라. 성경은 불평이라는 심각한 위험에 대해 경고한다. 하나님께서 이것을 왜 중대한 죄로 여기신다고 생각하는가?

7. 10장에는 불평에 대해 '불평제로지대'를 선언하는 제안이 나온다. 당신의 가정이나 교회, 일터, 이웃에 불평제로지대를 만든다면 무슨 일이 일어나게 될까? 불평이 없는 환경과 분위기를 만들어내기 위해 당신이 할 수 있는 일은 무엇인가?

8. 말은 불처럼 태울 수도 있지만, 다른 사람을 축복하고 사기를 북돋을 수도 있다. 하나님은 우리가 다른 사람들을 강하게 하고 지지하는 데 이 커다란 힘을 사용하기 원하신다. 다른 사람들을 당신의 말로 축복하기 위해 당신이 할 수 있는 한 가지 행동은 무엇인가?

9. 요한복음 13:1-17과 마가복음 10:45를 읽어라. 예수님은 자신의 제자가 되기를 원하는 이들에게 어떤 메시지를 주시고 있는가?

10. 예수님의 시대에 발을 씻어주는 일은 가장 겸손한 섬김의 행위였다. 오늘날 발을 씻어주는 것과 같은 행위는 무엇일까? 하나님이 당신에게 더 충실히 섬기기를 원하신다고 생각되는 한 사람은 누구이며, 당신은 그 사람에게 어떤 섬김의 행위를 할 수 있는가?

11. 당신이 섬기는 일을 하기에 가장 어려운 때는 언제인가?

12. 4부에서 당신이 돌아오는 주일에 시도하기로 결심한 한 가지

'원스텝 체인징 제안'은 무엇인가? 이런 삶의 영역에서 당신이 변화의 경험을 추구할 때, 당신의 소그룹 사람들은 어떻게 당신을 위해 기도하고 당신에게 책임감을 심어줄 수 있을까?

5부. 진정한 부자로 거듭나기 위한 천국의 투자전략

1. 5부가 시작되는 부분에서 돈 괴물에 대해 읽어보라. 돈 괴물이 다음과 같은 영역에서 어떻게 해를 입혔는가?
   - 우리의 문화에서
   - 교회에서
   - 당신의 삶에서
   - 당신이 사랑하는 누군가의 삶에서(그 사람의 이름은 언급하지 말기를)

2. 마태복음 6:19-21, 마태복음 24, 디모데전서 6:10을 읽어라. 물질적인 것에 대한 예수님의 관점은 우리 문화의 관점과 어떻게 반대되는가?

3. 말라기 3:8-12를 읽어라. 이 구절에서 하나님은 무엇을 요구하시고 무엇을 약속하시는가?

4. 13장이 시작되는 부분에서 더스틴에 대한 이야기를 읽어라. 당신의 삶에서 기쁘게 아낌없이 내놓는 생활방식의 본보기가 되었던 영웅에 대해 말하라.

5. 무엇이 우리로 하여금 캐러멜을 꼭 쥐고 함께 나누지 못하게 하는가?

6. '십일조란 무엇인가요?'라는 제목의 글을 읽어라. 우리가 가진

모든 것이 하나님의 것이라고 진심으로 믿는다면, 이 믿음이 우리의 자원을 사용하는 방식에 어떤 변화를 가져오게 될까?

7. 14장이 시작되는 부분을 읽어라. 당신은 햄스터 기질이 오늘날 세상에서 어떻게 작용하는 것을 보는가?

8. 고린도후서 9:6–8을 읽어라. 이 구절은 베푸는 데 있어서 하나님의 역할과 우리의 역할에 대해 무엇을 가르치는가?

9. ''즐거운 기부자'란 말은 모순일까?' 라는 제목의 글을 읽어라. 이 이야기 속의 어린 소년에게서 우리는 무엇을 배울 수 있는가?

10. 마태복음 6:19–21, 디모데전서 6:17–19를 읽어라. 이 세상의 부와 하늘의 부는 어떤 차이가 있는가?

11. 영원히 지속될 것들에 투자하기 위해 당신이 내딛을 수 있는 한 걸음은 무엇인가?

12. 5부에서 당신이 돌아오는 주일에 시도하기로 결심한 한 가지 '원스텝 체인징 제안'은 무엇인가? 이런 삶의 영역에서 당신이 변화의 경험을 추구할 때, 당신의 소그룹 사람들은 어떻게 당신을 위해 기도하고 당신에게 책임감을 심어줄 수 있을까?

6부. 이 세상 모든 곳에 사랑의 메시지를 전달하라

1. 마태복음 9:35–38을 읽어라. 이 구절에서 예수님은 추수와 추수하는 일꾼의 이미지를 사용하신다. 추수는 아직 예수 그리스도를 믿지 않는 사람들이다. 추수하는 일꾼은 이미 예수님을 알고 있고, 밖으로 나가 그의 사랑과 메시지를 함께 나누도록 요

구받는 사람들이다. 예수님은 추수와 추수하기 위해 보내진 사람들에 대해 무엇을 가르치시는가?

2. 16장이 시작되는 부분에서 "하지만 목사님, 우리는요? 우리를 잊으시면 안 돼요!"라고 말하는 사람들에 대해 읽어보라. 모든 시간과 에너지를 이미 하나님의 가족이 된 사람들을 돌보는 데 쓰고, 바깥에 있는 이들을 소홀히 하는 교회에 무슨 일이 일어날 수 있을까?

3. 우리 자신에게 초점을 맞추는 것에서 세상으로 관심을 돌리는 원스텝 체인징을 시작하는 한 가지 방법은, 우리가 가진 것이 예수님 덕분이라는 것을 기억하는 일이다. 예수님에 대한 믿음으로 하나님의 자녀가 되었을 때, 우리가 받는 모든 영속적인 것들을 목록으로 만들어라. 이제 예수님을 따르지 않는 이들이 가지고 있는, 영원한 가치를 지닌 모든 것을 목록으로 만들어라.

4. 이 2가지 목록이 우리가 우리의 삶과 교회에서 보다 중요하고 우선으로 두는 것들에 어떻게 영향을 미쳐야 하는가?

5. 버림받고, 길을 잃고, 목자 없는 양처럼 헤매는 사람들에게 손길을 뻗기 위해 예수님은 어떤 위험을 무릅쓰셨는가? 예수님께서 위험을 무릅쓰신 결과들에는 어떤 것들이 있는가?

6. 예수님을 따르지 않는 이들에게 손을 뻗는 일은 까다롭고 비용이 많이 드는 일일 수 있다. 그러나 하나님이 예수님을 믿는 추수하는 일꾼들을 데려오실 때 그것은 언제나 투자할 가치가 있다. 하나님의 사랑을 보다 효과적으로 나눌 수 있게 하기 위해 하나님께서 당신에게 무릅쓰라고 요구하시는 위험은 무엇인가? 하나

님은 당신의 교회에게 어떤 위험을 무릅쓰라고 요구하실까?

7. 세상으로 나아가라는 하나님의 요구에 응하는 일은 교회를 벗어나 우리의 안락한 크리스천 공동체 밖에서 사는 법을 배우는 것이다. 이것은 우리가 예수님을 인생의 지도자로 알지 못하는 사람들의 삶과 세상 속으로 들어갈 때 일어난다. 당신의 지역사회에서 하나님의 가족 밖에 있는 사람들과 좀 더 친밀히 연결되기 위해 당신이 내딛을 수 있는 한 걸음은 무엇인가?

8. 베드로전서 3:15와 마태복음 5:13-16을 읽어라. 예수님을 따르는 모든 이들은 그들의 빛이 환하게 비치도록 요구받는다. 우리의 삶은 사람들로 하여금 오직 예수님만이 주실 수 있는 생명을 물을 갈망하게 하는 소금과 같아야 한다. 우리는 다른 사람들에게 우리가 예수 그리스도에 대해 품고 있는 희망을 말할 준비가 되어 있어야 한다. 그러나 우리는 각자만의 독특한 스타일로 다르게 행해야 한다. 복음전도 스타일을 발견하는 일은 옷을 입어 보는 일과 같다. 중요한 건 우리에게 꼭 맞는 한 가지를 찾을 때까지 다양한 복음전도 스타일을 시도하는 것이다. 17장에서 우리는 6가지의 뚜렷한 복음전도 스타일을 살펴봤다.

• 대결적인(사도행전 2장의 베드로 같은)

• 지적인(사도행전 17장의 바울 같은)

• 증언적인(요한복음 9장의 맹인 같은)

• 대인관계적인(누가복음 5장의 마태 같은)

• 초대적인(요한복음 4장의 우물가에 있는 여자 같은)

• 섬기는(사도행전 9장의 도르가 같은)

당신은 이런 스타일을 어떻게 시도했는지에 대해 말하라. 어떤 스타일이 당신에게 가장 잘 맞는다고 생각하는가?

9. 18장이 시작되는 부분에서 애완견 패치스에 대해 읽어라. 우리 대부분은 예수님의 메시지를 피마자유처럼 억지로 우리의 입에 넘기게 하려고 했던 사람들을 만난 적이 있다. 우리는 또한 애정 어린 관계로 인내심 있게 우리와 함께 걸으며 그 관계의 자연스러운 흐름 속에서 예수님의 메시지를 함께 나눴던 사람들을 알고 있다. 복음전도에 대해 이 두 가지 접근이 아직 예수님을 따르지 않는 이들에게 어떤 영향을 미치는지 당신의 생각을 말하라.

10. 고린도전서 3:5-9를 읽어라. 복음전도의 과정에서 우리의 역할은 무엇이며, 하나님의 역할은 무엇인가? 우리의 역할에 대한 분명한 이해가 어떻게 확신과 평화, 자유를 이끌어낼 수 있는가?

11. 6부에서 당신이 돌아오는 주일에 시도하기로 결심한 한 가지 '원스텝 체인징 제안'은 무엇인가? 이런 삶의 영역에서 당신이 변화의 경험을 추구할 때, 당신의 소그룹 사람들은 어떻게 당신을 위해 기도하고 당신에게 책임감을 심어줄 수 있을까?

추천도서

이 책에서 논의된 주제들을 좀더 깊이 탐구하도록 당신을 도와 줄 많은 유용한 책과 자료들이 있다. 그 중 일부를 소개한다.

※ 한국어판으로 출간되지 않은 도서는 원서의 제목을 그대로 표기했습니다.

1부. 거대한 기쁨의 파도가 몰려온다!

《Boomerang Joy》Barbara Johnson 저

《The Christian's Secret of a Happy Life》Hannah Whitall Smith 저

《하나님의 모략 The Divine Conspiracy》달라스 윌 라드 Dallas Willard 저

《The Life You've Always Wanted》John Ortberg 저

2부. 더욱 깊고 진실한 믿음으로의 첫 시작

《영적 성장을 위한 제자훈련 Celebration of Discipline》리처드 포스터 Richard Foster 저

《Deepening Your Conversation with God》Ben Patterson 저

《함께 하나님을 경험하는 삶 Experiencing God》헨리 블랙가비 Henry T.

Blackaby 외 저

《하나님의 음성을 듣는 법 *How to Listen to God*》 찰스 스탠리 *Charles Stanley* 저

《Listening for God》 Marilyn Honts 저

《Prayer Devotion Bible》 Ben Patterson 저

《너무 바빠서 기도합니다 *Too Busy Not to Pray by*》 빌 하이벨스 *Bill Hybels* 저

3부. 한 박자 천천히 휴식과 건강을 되찾자

《Food for Life》 Pamela M. Smith, R. D. 저

《The Life You've Always Wanted》 John Ortberg 저

《Making Room for Life》 Randy Frazee 저

《목적이 이끄는 삶 *The Purpose-Driven Life*》 릭 워렌 *Rick Warren* 저

《Ten Essentials of Highly Healthy People》 Walt Larimore, M. D. 저

《Thin Within》 Judy and Arthur Halliday 저

4부. 보다 진실하고 향기로운 인간관계를 위해

《Boundaries Face to Face》 Dr. Henry Cloud 저

《The Connecting Church》 Randy Frazee 저

《Doing Life Together》 Brett and Dee Eastman 저

《나는 안전한 사람인가? *Safe People*》 헨리 클라우드 *Dr. Henry Cloud* 저

5부. 진정한 부자로 거듭나기 위한 천국의 투자전략

《Answer to Your Family's Financial Questions》 Larry Burkett 저

《Good Sense Budget Course》 Dick Towner 외 저

《돈키호테, 재정관리의 달인이 되다 *Your Money Counts*》 하워드 데이톤
Howard Dayton 저

6부. 이 세상 모든 곳에 사랑의 메시지를 전달하라

《전도 바이러스 *Building a Contagious Church*》 마크 미텔버그 *Mark Mittelberg* 저

《The Case for Christ》 Lee Strobel 저

《The Case for Faith》 Lee Strobel 저

《Rumors of Another World》 Philip Yancey 저

《Sharing the Truth in Love》 Ajith Fernaddo 저

《The Unchurched Next Door》 Thom S. Rainer 저

• 옮 긴 이 의 글

보다 성숙하고 녹슬지 않는 삶을 위해

이 책을 번역하면서 믿음이 바르고 깊은, 그런 종교적인 삶이 내 자신은 물론 나의 가족과 이웃, 세상을 참 따뜻하게 만들 수 있겠구나 하고 깊이 생각해볼 수 있었다.

후덕하고 사람 좋은 옆집 아저씨 같은 인상의 케빈 하니 목사는 우리가 깨닫고 있거나, 그렇지 못한 삶의 본질적인 문제들에 명쾌하고 실천적인 답을 제시해주었다. 그래서 우리를 하나님의 은혜와 크나큰 사랑으로 자연스럽게 인도한다. 그런데 그 과정이 대단히 설득적이며 때로는 감동을, 때로는 웃음을, 때로는 흥미와 탄성을 자아낸다. 그것이 바로 이 책의 가장 좋은 점일 것이다.

살아가면서 우리는 '변화'에 대해 참으로 많은 이야기를 한다. 흔히 세상에 변하지 않는 건 아무것도 없다고들 한다. 하지만 보다 성숙하고 녹슬지 않는 삶을 살기 위해서는 시간에 따라 저절로 생겨나고 소멸되는 변화가 아니라, 날마다 혹은 매 순간 애쓰고 공들여야 하는 변화가 반드시 필요하다. 저자는 그러한 작은 변화들로 삶을 크게 바꿀 수 있다고 확신에 찬 목소리로 말하며 그 구체적인 방법들을 들려주었다.

그래서인지 저자의 진솔하고 에너지 넘치는 문체에 한 여름 무더위도 잠시 잊은 채 번역을 마칠 수 있었다.

2006년 가을 권희정

지은이
케빈 하니

케빈 하니 *Kevin Harney*는 비기독교 집안에서 태어나 15세 때 "남은 생애 동안 네가 예수님에 대해 배운 것을 다른 이들에게 이야기하며 살아라"는 하나님의 목소리를 듣고 기독교인이 되었다. 머리카락은 덥수룩하고 공부에도 별로 관심이 없었던 소년은 목사가 되기 위해 자신의 많은 부분을 바꿔나갔다. 그리고 지금은 미국 미시간 주 코린스 교회 *Corinth Church*의 교육담당 목사로 20년 넘게 사역하고 있다. 저서로는 《사랑할 수 있는 교회찾기와 당신이 찾은 교회 사랑하기 *Finding a Church You Can Love and Loving the Church You've Found*》, 《구약 성경 도전 *Old Testament Challenge*》(공저)가 있다.

옮긴이
권희정

성신여자대학교 영어영문학과를 졸업한 후 성균관대학교 번역-TESOL 대학원 번역학과를 졸업했다. 현재 전문번역가로서 왕성한 활동을 하고 있다. 역서로는 《마셜 맥루언 : 미디어와 메신저》, 《디즈니 속의 복음》, 《톨스토이 단편선 1, 2》(공역) 등이 있다.

한언의 사명선언문

Our Mission ─·우리는 새로운 지식을 창출, 전파하여 전 인류가 이를 공유케
함으로써 인류문화의 발전과 행복에 이바지한다.

─·우리는 끊임없이 학습하는 조직으로서 자신과 조직의 발전
을 위해 쉼없이 노력하며, 궁극적으로는 세계적 컨텐츠 그룹
을 지향한다.

─·우리는 정신적, 물질적으로 최고 수준의 복지를 실현하기 위
해 노력하며, 명실공히 초일류 사원들의 집합체로서 부끄럼없
이 행동한다.

Our Vision 한언은 컨텐츠 기업의 선도적 성공모델이 된다.

저희 한언인들은 위와 같은 사명을 항상 가슴 속에 간직하고
좋은 책을 만들기 위해 최선을 다하고 있습니다.
독자 여러분의 아낌없는 충고와 격려를 부탁드립니다.
· 한언 가족 ·

HanEon's Mission statement

Our Mission ─· We create and broadcast new knowledge for the
advancement and happiness of the whole human
race.

─· We do our best to improve ourselves and the
organization, with the ultimate goal of striving to
be the best content group in the world.

─· We try to realize the highest quality of welfare
system in both mental and physical ways and we
behave in a manner that reflects our mission as
proud members of HanEon Community.

Our Vision HanEon will be the leading Success Model of the
content group.